학교상담과 생활지도

학교폭력의 예방

최윤정 저

학지사

머리말
....

.

긴 시간이 흘렀습니다. 학지사 영업부에서 찾아와 학교상담과 생활지도 교재의 집필 계획이 있냐고 묻기에, 계획이 있지만 아직 준비되지 않았다고 답변을 하였습니다. 얼마 후, 충분히 시간을 드릴 테니 5년 안에만 집필하면 된다며 계약을 요청하였고, '5년'이라는 시간이 저를 유혹하여 선뜻 계약하고 말았습니다. 그때부터 마음속에 짐이 되어 버린 학교상담과 생활지도의 집필 과정은 마음의 준비에만 4년이 넘게 걸렸고, 5년의 기한이 다가오자 본격적으로 집필을 할 수밖에 없었습니다. '앎이라는 우주의 세계'에서 제가 알고 있는 것은 극히 일부분에 불과한데 내가 어떻게 이 방대한 내용을 혼자서 집필하겠다고 했는지 후회가 막심했지만, 계약에 대한 책임을 지기 위해서 어쩔 수 없이 용기를 내어 '이제 시작이다.'라는 마음으로 집필을 시작하였습니다. 비록 지금은 아는 것이 미천하지만, 이 책을 디딤돌로 삼아 학교상담 분야에 대한 앎의 깊이를 조금씩 더 키워 가야겠다는 다짐을 해 봅니다.

어느새 은퇴하신 은사님 김계현 교수님과 여러 선배 교수님께서 우리나라의 학교상담과 생활지도의 대표 교과서를 집필하셨고, 저는 이분들의 업적을 토대로 시대의 흐름에 맞게 재구성해 보고자 하였습니다. 이 책의 특징이라고 한다면, 필자가 학교상담과 생활지도의 발전사를 공부하면서 근대화 과정에서 우리 고유의 마음 교육 전통을 잃게 된 것을 알게 되었고, 이에 우리나라 학교상담의 철학적 배경에 대해 스승과 제자의 마음을 잇는 '전심(傳心) 교육'을 소개한 점입니다. 학교교육에서 '학교상담과 생활지도'는 우리 선조의 마음 교육 전통을 계승함으로써 우리나라 교육이 지식 위주의 교육에서 탈피하여, 감성과 이성을 초월하는 지혜를 키우는 교육으로 변화하기 위한 교육 혁신의 중심에 있다는 것을 강조하고 싶습니다.

우리 교육은 학생들의 전인적 성장을 위해서 그들에게 답을 주는 것이 아니라 자신에 대한 철저한 이해를 바탕으로 인성, 학업, 진로의 발달을 위해 학생이 스스로 지혜를 키울 수 있도록 변화해야 할 것입니다. '상담학'은 지혜를 갈고닦는 원리와 효과적인 실천 방법을 연구하는 실천 학문으로서 우리 교육이 나아가야 할 방향에 대한 철학과 구체적인 실천 방안을 제시하고 있습니다. 학교폭력의 문제가 심각해지고 있는 오늘날, 학교상담과 생활지도가 옳고 그름을 따지는 도덕적 판단 수준에 머무는 훈육 중심에서 벗어나, 인간의 마음에 대한 본질적인 이해를 바탕으로 학생들의 인성 발달에 조력할 수 있도록 발전하여 우리 교육이 당면하고 있는 여러 문제를 지혜롭게 해결할 수 있기를 희망해 봅니다.

오랜 시간 동안 기다려 주신 학지사 김진환 사장님과 영업 담당자인 성스러움 대리님, 편집을 맡아 주신 유가현 대리님, 그리고 교정 작업을 함께한 박사 과정생 김시정, 최서윤, 김미헌 선생님께 진심으로 감사한 마음을 전합니다. 끝으로 각자 자신의 일에 최선을 다해 열심히 살아가는 가족이 있기에 저 또한 이렇게 집필을 완료하고 책을 출판할 수 있게 된 게 아닌가 싶습니다. 남편과 이제 성인이 된 아들딸에게 서로서로 힘이 되는 가족이어서 감사하다고 전하고 싶습니다.

2020년 9월
최윤정

이 책의 구성

·····················

이 책은 다음 [그림]에서 볼 수 있듯이, 마음 교육의 철학을 기본으로 우리나라 학교상담과 생활지도의 현재를 이해하기 위해 발달 과정과 역사를 살펴보고, 학교상담과 생활지도의 방향을 제시하는 이론적 배경을 주춧돌로 삼아(제1부), 학교상담의 목적인 학생들의 온전한 인격 형성을 위해 학교상담과 생활지도의 방법(제2부)과 구체적인 방안들(제3부)로 구성되어 있습니다. 이론적 배경에서 학습하는 미국의 종합적 학교상담 모형과 3차원적 예방 구조의 긍정적 행동 개입 지원(PBIS)을 학교상담의 내용 영역(인성, 사회성, 진로, 학업 발달)과 학교상담과 생활지도의 전달 체계와 방법을 안내하는 이론적 틀로 제시하였습니다. 학교상담의 전달 체계와 개입의 내용은 전체 학생을 위한 1차원적 예방 개입과 소수의 학생을 위한 2, 3차 예방을 위한 개입으로 구성하였습니다.

마지막 제4부에서는 학교상담 개입의 평가 방법에 대해 학습하여 학교상담이 실제 학생들의 전인적 발달에 얼마나 효과가 있는지에 관한 증거를 확보하는 효과성 연구가 학교상담 현장에서 왜 중요한지에 대해 학교상담과 생활지도의 책무성 실현을 위한 방안의 측면에서 살펴보았습니다.

이 책은 사범대학의 교직과목인 '학교상담과 학교폭력의 예방'을 위한 교재로서 중·고등학생의 전인적 성장과 발달 촉진을 목표로 합니다. 따라서 학교상담자뿐만 아니라 예비 교사들이 현장 중심의 생활지도 역량을 함양할 수 있도록 청소년의 발달적 이해를 돕고, 청소년에게 적합한 상담의 방법과 인성, 진로, 학업 등의 여러 문제 유형별 지도 방안을 학습할 수 있도록 하였습니다. 특히 현대 사회에서 학교는 학생들의 정신건강을 위한 사전 예방과 조기 개입을 제공하고 위기의 학생들에게 돌봄을 제공해야 하는 사회적 대안 시스템으로서의 역할이 커지고 있기 때문에 정서·행동 문제 유형별 상담과 학교폭력 예방 상담 내용을 함께 다루었습니다.

제2부. 학교상담과 생활지도의 방법	제3부. 영역별 학교상담과 생활지도의 실제
제4장. 학생과 환경 평가 제5장. 집단지도와 집단상담 제6장. 개인상담의 기초 제7장. 자문과 협력	제8장. 인성과 사회성 발달을 위한 상담의 이론과 실제 제9장. 학업발달을 위한 상담과 생활지도 제10장. 진로발달을 위한 상담과 생활지도 제11장. 정서·행동 문제 유형별 상담과 생활지도 제12장. 학교폭력 예방을 위한 상담과 생활지도

제4부. 학교상담과 생활지도의 책무성 실현

제13장. 학교상담과 개입의 평가

온전한 인격 형성: 학교폭력의 예방

제1부. 학교상담과 생활지도의 기초

제3장. 학교상담과 생활지도의 이론적 배경 　－종합적 학교상담 프로그램 　－예방상담학적 관점 　－청소년기의 발달적 이해	제2장. 우리나라 학교상담 제도 　－학교상담과 생활지도의 발달과 역사 　－Wee 프로젝트 　－학교상담 관련 법규 　－학교상담의 인력과 역할 및 직무 　－학교상담의 윤리

제1장. 학교상담과 생활지도의 개관
－개념 및 목적, 필요성, 목표

철학적 배경: 우리나라 전통의 마음 교육

[그림] 『학교상담과 생활지도: 학교폭력의 예방』의 내용 구조

이 책을 활용하여 15주 동안 '학교상담과 학교폭력의 예방' 강의(3학점)를 진행할 수 있는 계획안을 함께 제시합니다. 수강 대상과 수업 시수를 고려하여 구성하되, 제3부 영역별 학교상담과 생활지도의 실제에서 제8장의 경우 대표적인 상담이론을 선택하여 학습할 것을 제안합니다.

〈'학교상담과 학교폭력의 예방' 강의 계획안〉

주차	수업 내용	교재 범위
1	• 수업 내용에 대한 오리엔테이션 및 자기소개 • 학교상담과 생활지도의 개관	제1장
2	• 우리나라 학교상담 제도	제2장
3	• 학교상담과 생활지도의 이론적 배경	제3장
4	• 학교상담과 생활지도의 방법(1): 학생과 환경 평가	제4장
5	• 학교상담과 생활지도의 방법(2): 집단지도와 집단상담	제5장
6	• 학교상담과 생활지도의 방법(3): 개인상담의 기초	제6장
7	• 학교상담과 생활지도의 방법(4): 자문과 협력	제7장
8	• 중간고사	
9	• 인성과 사회성 발달을 위한 상담이론과 실제(1): 정신분석, 아들러 상담이론	제8장
10	• 인성과 사회성 발달을 위한 상담이론과 실제(2): 인간중심, 인지행동적 상담이론	제8장
11	• 학업 및 진로 발달을 위한 상담과 생활지도	제9, 10장
12	• 정서 · 행동 문제 유형별 상담과 생활지도(1): 정서 · 행동 문제의 진단, 우울장애, 자살행동	제11장
13	• 정서 · 행동 문제 유형별 상담과 생활지도(2): 불안장애, 공격성	제11장
14	• 학교폭력 예방 및 상담을 위한 상담과 생활지도	제12장
15	• 학교상담과 생활지도의 책무성 실현: 학교상담 개입의 평가 • 기말고사	제13장

차례
....

제3부 _ 영역별 학교상담과 생활지도의 실제

제4부 _ 학교상담과 생활지도의 책무성 실현

제1부

학교상담과 생활지도의 기초

우리나라 교육의 목적은 지(智)·덕(德)·체(體)의 조화를 이루는 전인(全人)적 인간을 육성하는 데 있다. 여기서 말하는 지(智)란 단순한 지식의 습득이 아니라, 지식을 바탕으로 나도 좋고 남도 좋은 방향으로 지식을 활용할 수 있는 지혜를 의미하며, 덕(德)은 이를 실천하는 것이고, 체(體)는 지혜를 몸에 익히는 과정이라 해석할 수 있다. 이런 교육의 목적 측면에서 우리나라의 교육이 과연 얼마나 전인적 인간을 육성하는 데 효과적이었는가에 대한 회의와 의심은 급기야 학생들의 건강한 인성발달을 위한 인성교육 진흥법의 시행까지 초래하게 되었다. 사실상 「교육기본법」 제2조에, "교육은 홍익인간(弘益人間)의 이념 아래 모든 국민으로 하여금 인격을 도야(陶冶)하고 자주적 생활능력과 민주시민으로서 필요한 자질을 갖추게 함으로써 인간다운 삶을 영위하게 하고 민주국가의 발전과 인류공영(人類共榮)의 이상을 실현하는 데에 이바지하게 함을 목적으로 한다."라고 명시하고 있음에도 말이다. 이와 같은 시대적 흐름 속에서 교육의 근본이념을 바탕으로 전인적 인간의 육성이라는 교육의 목적을 달성하기 위해서 학생들의 인성 발달을 조력하는 학교상담과 생활지도는 그 어느 때보다도 중요한 교육의 영역이라 하겠다. 이에 이 책의 제1부에서는 학교상담과 생활지도에 대한 기초적인 이해를 목적으로 학교상담과 생활지도에 대한 개관과 이론적 배경 그리고 우리나라 학교상담 제도에 대해 살펴보기로 한다.

제1장

학교상담과 생활지도의 개관

우리나라 학교상담과 생활지도는 8 · 15 해방 이후 근대화 과정에서 민주주의 사상에 기초한 아동중심 교육관을 토대로 미국의 생활지도를 수입하여 발전해 왔다. 그러나 일제 강점기부터 근대화의 역사 동안 잊힌 우리 고유의 '마음 교육' 유산이야말로 전인적 인간의 육성을 위한 교육의 본질적 목적을 추구하고 있어 학교상담과 생활지도가 나아가야할 방향을 모색할 수 있는 교육 철학으로서 조명될 필요가 있다. 중국과 일본과는 달리, 근대화 과정에서 자기정체성을 확보하지 못한 우리나라는 근대 사상가나 혁명가가 아닌 조선 유학의 정통인 퇴계 이황과 율곡 이이의 사상이나 고려시대 불교 사상에서 한국의 사상적 정통을 계승하고 발전시켜 왔다(박미옥, 고진호, 2013; 정혜정, 2012; 허남진, 2011; 황금중, 2012). 이 장에서는 학교상담과 생활지도의 철학적 배경에 대해 우리 고유의 '마음교육 철학'에서 되짚어 보고 구체적으로 학교상담과 생활지도의 개념과 필요성 그리고 목적에 대해 살펴보고자 한다.

1. 철학적 배경: 우리나라 전통의 마음 교육

우리나라 전통의 마음 교육은 유 · 불교에 근거한 '전심(傳心) 교육', 즉 마음을 전하는 과업으로 이해할 수 있다(황금중, 2012). 마음을 전한다는 의미는 마음의 의미와 마음의 본래의 자리를 깨닫고 실현하는 방법을 전하는 일로서 스승이 일방적으로 그 방법을 전하는 일이 아니라, 배우는 자가 스스로 먼저 깨달은 자인 스승을 안내자로 여기고 자율적이고 창조적인 수행을 통해 깨닫는 과정을 말한다. 이러한 마음의 의미를 깨닫고 실현하고자 하는 방법론을 심법(心法)이라 하며, 우리나라 교육 전통에서 주자학과 불교는 교육의 핵심을 마음을 돌아보는 일로 삼았다. 이를 간략히 살펴보면 다음과 같다.

1) 유교 사상에 근거한 마음 교육

먼저 조선의 주자학의 심법은 인심(人心)과 도심(道心)을 구분해서 살펴볼 수가 있다. 인심은 사람들의 사사로운 마음으로 의식, 잠재의식의 세계와 관련이 있고 도심은 하늘의 본성을 담은 마음으로 초의식의 영역에 해당한다고 한다. 사람은 바로 이 두 가지 차원의 마음을 동시에 지니고 있다. 참된 자신은 우리 신체와 연결된 인심과 모든 존재가 공유하는 도심, 즉 우주의 마음 영역을 아우르고 있다(황금중, 2012). 우주의 덕성 및 지성의 에너지인 도심은 늘 선한 데 비해, 인심은 선할 때도 있지만 선하지 않을 때도 있다. 인심의 흐름이 안정적으로 선하기 위해서는 도심의 흐름과 연결되어야 한다. 도심의 에너지 흐름이 차단된 인심의 흐름은 도심이 약해져 인욕이 천리를 이기는 상황이 되어 참된 자신과 멀어지게 된다.

현대 과학이 발전하면서 인류에게 미지의 영역이었던 인간의 뇌에 관한 과학적인 정보들이 밝혀지고 있는 오늘날, 인간의 뇌는 진화의 산물로서, 파충류와 구포유류의 뇌가 우리에게도 있다고 한다. 그렇다면, 인심 안에는 동물의 마음도 있을 것이며 욕망을 이기지 못해 타인에게 해가 되는 마음도 공존하게 된다. 안정적으로 선한 인심을 유지하기 위해서는 반드시 도심과 연결되어야 하는데, 이를 위해서는 내 안에 있는 여러 가지 마음이 생기고 사라지는 것을 자각하지 못한 채 일어나는 충동적인 마음을 알아차리고 이를 잘 조절하는 노력이 수반되어야 한다. 자신의 인심과 도심을 바로 볼 줄 알고 도심으로 향해 나아가려는 실천적 노력을 중심 과업으로 삼는 우리 전통의 마음 교육이야말로 오늘날의 학교상담과 생활지도가 궁극적으로 추구해야 할 지향점이 될 수 있다.

■ 주자학의 심법: 정(精)과 일(一)

주자학은 인심과 도심의 균형 상태를 유지할 수 있는 방법으로서 '정(精)과 일(一)'을 제안한다. 정(精)은 잘 살피는 것이요, 일(一)은 한결같이 머무는 것이다. 도심이 마음의 주인 자리에 있는지 살피는 것이 정(精)이고, 도심이 그곳에 계속 있도록 하는 것이 일(一)이다. 정(精)과 일(一)을 통해서 인심의 도심화가 이루어진다면 마음은 지나침이나 모자람이 없는 중(中)의 상태에 이르게 된다. 주희가 교육과 배움에서 강조한 경(敬)과 격물치지(格物致知)는 마음의 본성이 잘 길러지는, 즉 도심을 키워(敬) 도심의 상태에서 세상의 이치를 이해할 수 있는 지혜(格物致知)를 쌓는 공부의 방법이다. 우리나라 대표적인 조선 성리학자인 율곡 이이는 이러한 주자학을 바탕으로 거경궁리(居敬窮理)의 수양론을 펼쳤는데 마음은 늘 도심에 머무르면서 조심하며 마음을 살피는 생활을 강조하였다. 우리 마음 안에서 요동치는 수많은 생각과 판단, 분별의 마음을 늘 살피고 자연의 이치에 맞게 사는 삶을 지향하는 것이야말로 가장 사람다운 모습이라고 보았다. 이러한 마음 교육을 통해서 마음을 도심에 맞춰 생활하는 것이 바로 도덕적인 삶이라 말씀하셨다.

요약하면, 주자학의 심법에 근거하여 인성교육의 요체인 학교상담과 생활지도는 학생들 각자가 자신의 마음 상태를 도심을 중심으로 인심을 운용할 수 있는 참된 자신이 되도록 하는 데 목적을 두어야 할 것이며, 인심의 도심화를 위한 '정(精)과 일(一)'의 방법 또는 '경(敬)과 격물치지(格物致知)'의 원리를 교육에 적용할 필요가 있다. 학생들이 성장하는 과정에서 나타나는 여러 가지 문제행동을 이해할 때, 문제행동 자체를 제거하는 노력보다는 참된 자신을 찾아갈 수 있는 마음 교육이 선행될 때, 스스로 문제행동을 하게 되는 자신의 마음을 들여다볼 수 있는 지혜를 쌓아 건강한 인성 발달을 도모할 수 있을 것이다.

2) 불교 사상에 근거한 마음 교육

주자학과 더불어 마음을 깨우쳐 전하는 우리나라 전심(傳心) 교육의 핵심을 전한 사상은 불교이다. 일명 '해골물 설화'로 유명한 원효는 일심(一心)사상을 통해서 모든 것이 마음에서 비롯된다는 '일체유심조(一切唯心造)'를 설파하였다. 해골물임을 알고 구토가 나는 상황과 해골물인지 모르고 마신 해갈의 상황을 체험하면서 모든 드러나는 현상은 내 마음이 만들어 낸 것이라는 것을 깨닫고 오염된 마음과 참된 마음이 구분된 것이 아니라 원래부터 본래의 실상을 볼 수 있는 마음인 '일심'을 깨우칠 것을 강조하였다. 즉, 일심이란 모든 분별을 내려놓고 사물의 실상을 볼 수 있는 정신적 면모라 하겠다(황금중, 2012).

(1) 불교의 심법: 선정과 지혜

위와 같이 분별하지 않는 본래의 마음을 닦는 방법에 대해서는 우리나라 선종의 토대를 닦은 지눌의 '마음을 닦는 비결(修心訣)'에서 잘 나타나 있는데, 돈오점수(頓悟漸修)와 정혜쌍수(定慧雙修)가 그 핵심 원리이다. 돈오란 단박의 본성을 깨닫는 것이다. 본성을 깨달았다고 끝내는 것이 아니라 점차 마음에 낀 먼지를 닦아 가는 점수가 꼭 동반되어야 한다. 지눌은 점수의 방법으로 정혜쌍수(定慧雙修)를 강조한다. 정(定)은 선정(조용한 상태)으로 선종에서 강조하는 것이고 혜는 지혜(바른 견해)로 교종에서 강조하는 것이다. 선정과 지혜를 함께 닦으면서 지눌은 마음에 낀 먼지를 닦을 수 있다고 생각했다.

(2) 현대의 심법: 마음챙김 명상

이러한 불교 철학에 근거한 선정과 지혜를 닦는 마음 수련의 방법으로서 마음챙김 명상은 최근 서양의 상담 및 심리치료에서 심신의 고통을 치유하는 실제적이고 과학적인 임상 개입으로 발전하고 있으며(김완석, 2016), 미국에서는 학생들의 정서·사회적 학습을 위한 핵심 방법으로서 마음챙김에 기반을 둔 교육이 학교에서 실시되고 있다(고형일, 2015). 서양 과학의 힘에 의해 우리 선조들의 마음 교육이 심신의 건강과 정신적 기능의 향상 그리고 정서적인 안정에 탁월한 효과가 있다는 것이 밝혀지자 우리는 이제야 선조들의 마음 교육의 가치를 되살리려는 노력을 한다는 점에서 참으로 부끄러운 일이 아닐 수 없다. 우리 전통의 마음 교육의 철학을 바탕으로 현대의 학교상담과 생활지도의 방향을 모색하는 것은 새로운 계기를 마련할 수 있을 것이다. 이러한 마음챙김 명상에 대해서는 제8장 인성과 사회성 발달을 위한 상담의 이론과 실제에서 자세하게 살펴보기로 한다.

3) 전심 전통을 잇는 학교상담과 생활지도의 목적

지(智)·덕(德)·체(體)의 조화를 이루는 전인적 인간의 육성이라는 교육의 목적([그림 1-1])을 바탕으로 학교상담과 생활지도의 궁극적인 목적은, 앞서 우리나라 전통의 마음 교육에서 살펴보았듯이 학생과 교사 모두가 각자 마음의 의미를 깨닫고 본성을 실현하는 전심(傳心)의 과업을 이루는 것이다. 우리가 자신의 마음을 바로 보고 철저하게 자신에 대해 명확하게 이해를 한다면, 내가 소중한 만큼 타인도 소중하고 나와 남과 세상을 향해 모두 유익한 방향으로 행동할 수 있는 근본의 마음자리 바탕에서 살아갈 수 있는 지혜가 샘솟을 것이다.

인공 지능의 로봇과 함께 살아갈 미래의 학생들은 어떠한 인간이어야 할까? 4차 산업 혁명의 시대에서 살아남기 위해서는 정답을 찾는 교육이 아니라 학습을 통해서 누구나 찾을 수 있는 정답이 아닌, 그 누구도 생각하지 못한 것을 생각해 낼 수 있는 창의적 사고를 지닌 인재가 필요하다. 아무리 인공 지능의 로봇이 인간보다 수만 배의 정보를 저장하고 전달할 수 있어도 사람과 사람, 사람과 기계와의 관계 안에서 정답이 없는 문제를 해결하는 것은 인간의 '지혜'를 넘어설 수는 없을 것이다. 바로 이 부분에서 우리나라 교육은 기존에 성공한 지식 위주의 교육과 더불어 '지혜'를 터득할 수 있는 방향의 교육을 지향해야 한다. 즉, 우리 고유의 교육 전통인 전심 교육을 되살려 인간의 참된 본성인 열린 지혜를 깨닫는 실천 교육이야말로 새로운 시대에 난제들을 해결할 희망이며 학교상담과 생활지도가 중요한 교육의 방편이자 목적이 되는 이유이기도 하다.

비록 일제강점기와 미군 정치 그리고 6 · 25 전쟁과 같은 민족의 아픔으로 말미암아 잠시 잊었던 '마음 교육의 DNA'를 다시금 발현하는 전심 교육의 사상을 바탕으로, 학교상담과 생활지도는 학생들이 자신의 마음을 철저하게 이해함으로써 타인과 공존하고 상생하는 전인으로 성장하는 데 목적을 두어야 할 것이다.

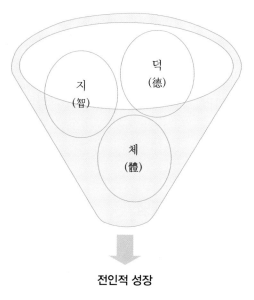

전인적 성장

그림 1-1　우리나라 교육의 목적

4) 마음 교육을 위한 학교와 교사의 역할

마음의 존재와 그 의미를 알아차리고 실현하는 방법을 전하는 전심 교육을 위해서는 스승과 교육과정, 그리고 학교가 있어야 한다(황금중, 2012). 주희에 의하면, 스승이란 하늘이 부여한 본성이 자신에게 있음을 알고 그 본성을 실현한 자이며 스승의 역할은 다른 사람들을 다스리고 본성을 회복하는 것이다. 그리고 학교는 사람들의 본성을 일깨우고 실현하는 곳으로서, 곳곳에 설치되어야 하며 신분을 막론하고 학교에 참여하여야 한다고 했다. 이같은 가르침은 현대의 학교에서 전심 교육을 실시하기 위해서 학생들뿐만 아니라 교사 자신들의 마음 수행이 전제되어야 함을 알 수 있다. 그렇다면, 학교폭력이나 심리적 부적응과 같은 다양한 인성의 문제를 해결하기 위해서는 학생과 교사를 위한 마음 교육과정이 필요하며 마음 교육을 수행할 수 있는 도량으로서 학교 본래의 역할을 되살릴 필요가 있다. 교사와 학생의 기계적인 만남이 아니라 스승과 학생의 관계 안에서 하늘이 부여한 본성의 만남이 이루어질 수 있도록 교사들은 끊임없이 자신의 마음을 갈고닦는 노력을 통해 학생들에게 건강한 인성 계발의 본보기가 되어야 한다.

학생들에게 마음 수행의 선지식이 되는 교사들이야말로, 학교상담과 생활지도의 요체이며 이들이 마음을 다스리고 본성을 실현해 가는 심법(心法)을 전할 수 있는 스승이 될 수 있도록 예비교사들의 마음 수련을 강화할 필요가 있다. 학생들을 대하면서 학생들이 말썽을 피운다고 짜증 내고 버럭 소리를 지르는 선생님은 지식 전달자나 지도자는 될 수 있어도 스승은 될 수 없을 것이다. 그러면서 문제행동을 보이는 학생들을 징계하는 방식의 생활지도는 진정한 마음 교육이 될 수 없다. 따라서 학교상담과 생활지도를 통해서 학생들의 건강한 인성 발달을 도모하기 위해서는 우리 전통의 마음 교육이 지향하는 도량으로서의 학교로 변모해야 할 것이며, 학교상담과 생활지도는 그러한 변혁의 중심적 역할을 수행해야 할 것이다.

2. 학교상담과 생활지도의 개념

앞서 언급했듯이, 우리나라의 학교상담은 미국의 생활지도를 수입하여 발전하였기 때문에 학교상담의 개념을 이해하기 위해서는 미국에서 학교상담과 생활지도가 어떻게 다르고 발전되었는지 살펴볼 필요가 있다. 미국의 경우, 과거 20세기 초에는 직업 생활지도

(vocational guidance)라는 용어로 학교 생활지도 활동이 시작되었고, 이후에 직업적 선택만이 아니라 학생들의 전반적인 성장과 발달에 초점을 두기 위해 학생 생활지도(personnel guidance)로 발전하였다. 이후, 학교에서 이루어지는 생활지도의 전문성을 강조하여 전문가 자격증이 제도화되면서 전문적 활동의 영역으로서 학교상담으로 발전해 왔다(Schmidt, 2014). 상담 및 심리치료의 발전과는 별도로 발전해 온 직업 생활지도는 진로상담의 시초이기도 하며(Zunker, 2016), 미래의 삶을 준비하는 학생들의 진로 발달을 조력하는 학교상담의 주요 영역으로서 발전해 온 배경이 있다. 즉, 미국의 학교상담은 학생들을 위한 진로교육 및 진로상담의 발달사와 맥을 같이하고 있다. 따라서 미국의 생활지도와 학교상담은 학생들의 건강한 성장과 발달의 촉진 및 미래의 삶을 준비할 수 있도록 진로 발달을 조력하는 전문적인 활동으로서 시대적 맥락에 따라 그 용어와 활동의 범위 및 내용 그리고 전문성 측면에서 다소간 질적인 차이가 존재한다.

우리나라의 학교상담과 생활지도는 발전 초기에 미국의 학생 생활지도를 수입하여 적용하였기 때문에 그 당시 미국에서 의미하던 생활지도 활동이 우리나라에 그대로 적용되었다. 우리나라의 학교상담은 학생 생활지도 활동에서 시작하여 우리나라 실정에 맞게 발전하고 있으며 오늘날 생활지도는 전문적인 학교상담으로서 그 체제가 구축되고 있다. 특히 2015년 「진로교육법」이 제정됨에 따라 학교상담 내에서 학생들의 진로 발달을 촉진하기 위한 진로교육과 상담의 중요성이 더욱 강조되고 있다. 다음 부분에서는 생활지도로 시작된 학교상담의 개념을 이 둘 간의 개념적 비교를 통해 살펴보고자 한다.

1) 생활지도의 개념

생활지도는 크게 두 가지로 이해할 수 있는데 하나는 영어 'guidance'의 번역어로 학생들의 진로와 인성 등의 영역에서 발달, 의사결정, 문제 해결의 과정을 돕는 활동으로 정의한다(김계현 외, 2009). 해방 이후 사회 전반의 제도들을 정비하는 과정에서 미국의 영향을 받은 경향이 교육도 예외가 아니어서 당시 미국에서 유행하던 학생 생활지도(personnel guidance)가 수입되어 적용되었다. 이러한 생활지도는 전문적인 활동 영역으로서 학생들을 조력하기 위한 심리검사의 활용이나 또래 상담활동을 포함한다. 학창시절에 학교에서 실시한 진로나 적성 탐색 검사 결과지를 받고 자신에게 적합한 진로나 직업이 무엇인지 친구들 간에 이야기를 나누던 기억들은 바로 전문적인 생활지도 활동과 관련된 것이라 하겠다.

또 다른 생활지도의 의미는 학생의 생활 및 행동 지도를 총칭하는 용어로서 교과지도나 학업지도 이외의 학생 생활지도를 말한다(김계현 외, 2009). 현재 학교교육은 전인적 성장이라는 교육의 목적을 달성하기 위해서, [그림 1-2]에서 살펴볼 수 있듯이 교과교육 그리고 학교상담과 생활지도로 구분되어 있다. 학업지도 이외의 생활지도는 학생들의 바른 행동 습관, 출결 관리, 청결과 위생, 예절, 가치관 교육 등 비전문적이지만 학생 생활의 전반에 관여하는 활동이다. 생활지도와 관련된 필자의 학창시절을 떠올리면 아침 등교 시간에 헤어 무스를 바르거나 파마를 한 학생, 또는 교복 치마나 바지를 줄여 입은 학생들을 골라 체벌이나 징계를 주었던 생활지도 담당 선생님의 기억이 떠오른다. 어느 시기에 학교를 다녔느냐에 따라 경험한 생활지도의 내용은 조금씩 다르겠지만, 생활지도는 학생들의 생활을 규제하고 체벌을 포함하는 훈계 및 훈육 활동의 의미를 담고 있다. 하지만 오늘날 학생의 인권 존중을 위해 2011년 직접체벌을 명시적으로 금지하는「초·중등교육법 시행령」이 개정됨(「초·중등교육법 시행령」 제31조 제8항)에 따라 학교에서는 용의 복장 규정 위반, 음주 및 흡연, 학습태도 불량, 교사에 대한 불손한 언행 등 학교에서 발생하는 문제행동에 대해 직접적인 체벌은 금지하고 있다(조국, 2013). 그러므로 생활지도의 비전문적인 활동은 학생들의 건전한 학교생활 유지를 위한 규제와 훈육을 포함하되, 그 방법으로서 체벌은 생활지도가 될 수 없음을 알 수 있다.

결론적으로, 위의 두 가지 의미를 바탕으로 생활지도를 정의한다면, 생활지도란 학생 개개인이 학교나 가정, 사회에서 최대한 적응하고 발달할 수 있도록 지도하는 전문적 활동과 문제행동에 대한 훈계와 훈육과 같은 비전문적 활동 모두를 포함하는 교육활동이라 하겠다. 여기서 전문적 활동이란 심리적 방법을 활용하는 상담활동을 포함하는 것으로, 이

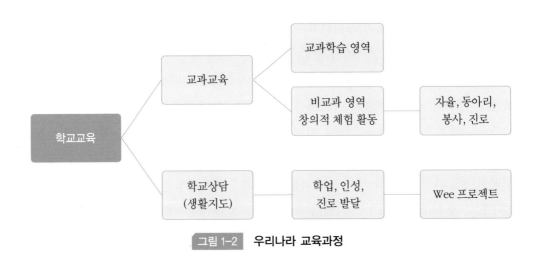

그림 1-2 우리나라 교육과정

에 대해 교사들은 적절한 훈련을 받아야 한다.

2) 학교상담의 개념

학교상담이란 학교에서 이루어지는 상담을 의미한다(김계현 외, 2009). 학교상담과 생활지도의 방법과 실행 부분(제2부)에서 상담의 의미와 목적에 대해서 좀 더 자세히 다루겠지만 일반적으로 상담이란 '적절한 훈련을 받은 자격을 갖춘 상담자들이 심리적 방법을 활용하여 상담을 필요로 하는 사람의 정신적 치유 및 성장을 도모하는 활동'이라 정의할 수 있다. 그러면 학교상담이란 학교에서 이루어지는 상담으로서 자격을 갖춘 상담자가 상담을 필요로 하는 학생이나 누군가의 정신적 성장을 도와주는 상담이라는 의미를 지닌다. Schmidt(2014)에 의하면, 학교상담은 학교 공동체 구성원들(학생과 부모 또는 교사)이 자기 자신에 대해 자각하고 개인적인 특성과 인간의 잠재력 그리고 각자의 행동들이 어떻게 타인과의 관계에 영향을 미치는지 이해할 수 있도록 학교상담자가 조력함으로써 최적의 발달 전략을 계획하고 현안의 문제들을 해결할 수 있도록 돕는 과정이다.

학교상담이 발전하면서 오늘날 초 · 중 · 고등학교에는 전문적인 상담을 수행할 수 있는 학교상담자로서 전문상담교사(「초 · 중등교육법」 제19조의 2)와 진로전담교사(「진로교육법」 제9조) 그리고 전문상담사(교육청 계약직; 상담심리사, 임상심리사 자격증 소지자)들이 학교상담 서비스를 제공하고 있다. 그러나 전문적인 상담이 아니더라도 담임교사들도 직무상 학생이나 학부모를 대상으로 상담을 진행하는 경우가 대부분이어서 일반 교사들 또한 학교상담에 대한 지식과 실무 역량을 개발할 필요가 있다. 위와 같은 구체적인 학교상담의 인력과 자격에 대해서는 제2장에서 자세히 살펴볼 수 있다.

그렇다면 '상담과 전문적인 활동으로서 생활지도는 어떻게 다른가?' 하는 질문이 생긴다. 이에 대해 답하기 위해서는 학교의 주인공인 아동 · 청소년이 건강한 사회인으로 성장 · 발달하는 과정에서 나타날 수 있는 다양한 정신건강 및 행동 문제에 대해 교육이 어떻게 접근할 것인가에 대한 물음이 선행되어야 할 필요가 있다. 우리나라 청소년들은 OECD 국가 중에 가장 불행하다고 스스로 보고하고 있고(OECD, 2018), 과거에 비해 집단 따돌림과 학교폭력, 만성적 무력감, 우울 및 자살 등 정서 · 행동 문제가 증가하고 있다는 점에서 학교에서는 학생들의 정신적 치유의 목적이 있는 상담활동이 그 어느 때보다도 강조되고 있다(김인규, 2010; 박근영, 2014). 그런 측면에서 과거에 이루어졌던 학생들의 훈육과 같은 생활지도의 형태로는 다양한 학생들의 성장과 발달을 조력하는 데에는 한계가 있고 생활

지도 자체 또한 '상담'의 원리와 방법을 바탕으로 보다 전문적으로 이루어져야 할 필요가
있다.

　다시 앞의 질문에 답을 해 보자. 상담과 전문적 활동으로서 생활지도는 중첩되는 개념
이지만 상담은 좀 더 심각한 문제행동을 보이는 학생들을 위한 전문적인 개입활동으로서
정신적 치유의 목표를 포함하는 교육활동이다. 이러한 학교상담을 수행하는 전문 인력의
중심에는 학교상담자들이 있다. 학교상담을 담당하는 전문 인력의 자격에 대한 법적 근
거(예: 「초·중등교육법」 제19조의 2, 「학교폭력 예방법」 제14조, 「학교보건법」 제7조, 「진로교육
법」 제10조, 제11조; 제2장 참조)에 의하면, 좀 더 심각한 문제를 보이는 학생을 위한 전문적
인 개입으로서 상담활동을 이해하고 있고 그 자격(전문상담교사, 진로전담교사)에 대한 전문
성을 명시하고 있다. 반면, 전문적 활동으로서 생활지도의 경우는 담임교사와 생활지도부
교사, 그리고 교과목 담당 교사, 보건교사, 영양교사 등 학생들을 지도하고 가르치는 모든
교사들이 학생의 건강한 성장과 발달을 조력하기 위해 상담의 방법과 원리를 활용하여 학
생상담 및 생활지도를 수행하는 것으로 이해할 수 있다.

3. 학교상담과 생활지도의 필요성

　학교상담과 생활지도의 필요성은 아동·청소년의 발달적 시기, 가족 구조의 변화, 급격
한 환경의 변화와 그에 따르는 학생 문제의 심각성 증가에서 찾아볼 수 있다. 이에 대해 자
세하게 살펴보면 다음과 같다.

1) 아동·청소년의 발달적 시기의 중요성

　아동·청소년 시기는 성격발달의 중요한 시기이다(김계현 외, 2009). 자신이 속한 환경
안에서 자신을 이해하고 타인과의 원만한 관계를 유지하면서 환경의 요구와 자신의 욕구
충족을 적절하게 조절할 수 있는 성격을 형성하기 위해 다양한 실험을 하는 발달 단계에
있다. 청소년기에 이르러 소위 사춘기에 접어들면 신체적·정서적·인지적·사회적 성장
이 급격히 이루어져 발달적으로 내적 혼란과 갈등을 경험하여 부모나 교사들과의 관계에
서 갈등이 나타나기도 하고 또래 친구들의 의견에 지나치게 가치를 두는 등 불안정한 가
치체계에서 자신의 정체성을 찾지 못해 일시적으로 학교나 가정에서 어려움을 겪을 수도

있다. 점차 자신의 목소리가 분명해지고, 자기 자신이 어떤 사람인지에 대해 끊임없이 자문하며, 내면적으로 성장하기까지 충분한 시간이 필요하기 때문에 이러한 과도기적 단계에서 발달적으로 보일 수 있는 학생 문제에 대한 이해와 상담은 건강한 인성 발달에 필수적인 활동이다. 문제행동을 예방하기 위해 학생들이 자신의 상황을 객관적으로 이해할 수 있도록 개입하는 심리교육이나 문제의 심각성에 따라 심리상담을 진행하는 것은 학교상담과 생활지도의 중요한 기능이라 하겠다.

2) 가족 구조의 변화

과거에는 개인의 인성 발달을 촉진하여 적응력을 향상시키는 기능은 가족 내에서 주로 이루어져 왔으나 오늘날 가족 구조의 변화로 인하여 청소년들에게 보살핌을 제공하는 가족의 기능이 학교로 이양되고 있다. 대가족 체계에서 여러 어른이나 많은 수의 형제, 자매들로부터 사랑과 보살핌을 받으면서 자라난 과거와는 달리, 맞벌이 가정이나 이혼 가정 그리고 조손 가정 등 현대의 가정은 사회적 지지의 기능이 약화되어 이에 대한 사회적 대안으로서 학교상담과 생활지도가 더욱 필요하게 되었다. 과거에 교과교육을 주로 담당하였던 학교는 개인의 인격 형성과 발달을 지원하였던 가정교육의 기능을 수용하여 청소년들이 따뜻한 보호막 속에서 혼란과 위기를 견딜 수 있도록 사회적 지지의 역할을 제공할 필요가 있다. 날로 심각해지는 청소년의 문제행동의 본질적인 해결책은 사실상 건강한 가족 기능의 회복이지만, 건강한 가족의 기능이 쉽게 복원되지 못하는 가정의 아동·청소년들이 늘어 가고 있다면, 사회적 대안으로서 학교에서 상담과 생활지도를 확대해야 할 필요가 있다.

3) 급격한 환경의 변화에 따른 학생 문제의 증가

급격한 사회변화에 따른 가치관의 혼란과 학교폭력, 자살, 우울, 게임 중독, SNS를 통한 사이버 폭력, 학업부진, 학교 중도탈락 등 학생 문제의 유형이 다양해지고 그 심각성의 수준은 날로 높아지고 있어 이에 대한 적극적인 심리 개입이 요구되고 있다. 생활지도 차원에서 담임교사와 교과 교사 그리고 생활지도부 교사들이 상담하여 해결하기에는 어려운 사례들이 늘어나고 있어 보다 전문적인 교육활동으로서 학교상담과 생활지도가 요청된다.
최근의 대표적인 학생 문제인 학교폭력은 청소년의 삶의 질을 떨어뜨리는 학교생활의 가장 큰 어려움 중의 하나로 이에 대해 학교는 적극적으로 학교폭력 가해·피해 학생들을 위한 전문적인 상담과 생활지도를 실시해야 한다. 학교폭력 실태조사에 의하면(청소년폭력예방재단, 2014), 학교폭력으로부터 비롯되는 심리적 고통은 과거에 비해 더욱 심각해졌고, 이로 인해 피해학생 10명 중 4명은 자살을 생각해 본 적이 있는 것으로 나타났다. 또한 학교폭력 피해 이후, 가해자에게 보복 심리를 갖고 있는 학생은 10명 중 7.7명으로 나타나고 있어, 2차 피해의 우려가 많은 상황이다. 실제 참지 못해 보복 행위로 인해 범죄자가 되는 사례도 증가하고 있어 이에 대한 근본적인 원인을 분석하고 타당한 방법으로 학생들을 개입할 필요가 있다.

한편, 타인을 향한 공격과 분노의 표출과는 다르게 심리 내적으로 어려움을 겪는 또 다른 정신건강 문제로, 우리나라 청소년의 자살은 외국에 비해 매우 높은 편이며 자살자의 90%가 심리적 장애를 보였고, 이 가운데 30% 이상이 우울증이 원인이었던 것으로 나타났다(중앙자살예방센터, 2015). 이러한 청소년 우울은 불안이나 주의력결핍 과잉행동장애(ADHD), 물질관련 장애, 그리고 섭식장애와 흔히 연관되어 나타나고 있으므로, 학교에서 교사들은 학생들의 정신건강과 관련된 문제들을 조기 발견하여 보다 심각한 문제를 예방하고 적절한 시기에 학교상담자로부터 상담을 받을 수 있도록 조치를 취해야 한다. 정신장애가 있는 성인의 절반 이상이 14세에 이미 증상이 나타났다고 보고하고 있기 때문에 (Wicks-Nelson & Israel, 2014), 청소년 시기에 해당되는 중·고등학교에서 나타나는 학생들의 외현화 및 내재화 정서·행동장애에 대한 조기 발견과 처치는 학생 개인뿐만 아니라 가족과 사회 모두에게 유익한 가치가 있다. 따라서 아동·청소년의 정신건강에 대한 예방과 치유를 위한 학교상담의 중요한 역할과 기능이 절실히 요청되고 있다.

4. 학교상담과 생활지도의 목표

지(智)·덕(德)·체(體)의 조화를 이루는 전인적 인간의 육성이라는 교육의 목적을 바탕으로 우리나라 전통의 마음 교육의 관점에서 학교상담과 생활지도의 궁극적인 목적은 학생과 교사 모두가 각자 마음의 의미를 깨닫고 본성을 실현하는 것임을 앞서 살펴보았다. 즉, 학교상담과 생활지도는 지식(知)을 넘어선 지혜(智)를 키우고 나 자신에서 벗어나 타인을 배려할 수 있는 마음인 덕(德)을 함양하고 이를 실천하는 지·덕·체(體)의 고른 발달과 성장을 목적으로 하고 있다. 이러한 교육목적론에 기초하여 학교상담과 생활지도의 구체적인 목표에 대해 상담 전문가 집단에서 제시하고 있는 주요 강조점(Schmidt, 2014)을 바탕으로 살펴보면 다음과 같다.

1) 인성, 학업, 진로 발달의 촉진

학교상담은 학생들이 건강한 성격을 토대로 원만한 대인관계를 맺고 학교생활을 할 수 있도록 인성 및 사회성 발달과 미래의 삶을 준비하기 위한 학업 및 진로 발달을 촉진하는 것을 목표로 한다. 이런 목표를 달성하기 위해서 교사나 학교상담자들은 학생들이 스스로 자신의 마음과 행동을 제대로 인식하고 자신이 원하는 것을 성취하기 위해서 자신이 속한 환경에서 적절한 행동이 무엇인지 깨달아 '나도 좋고 남도 좋은' 세상의 이치대로 살아갈 수 있도록 다양한 상담과 생활지도의 활동을 실시할 수 있다. 인성 및 사회성 발달과 학업 및 진로 발달을 지원하기 위한 구체적인 상담과 생활지도의 방법은 제3부에서 자세히 살펴볼 수 있다.

청소년들은 자신이 어떤 사람인지 가정이나 학교에서 다양한 경험과 체험을 바탕으로 알아 가고 있는 단계에 있으므로, 교사나 학부모 그리고 학교상담자들은 이들의 입장에서 이해하고 수용하여 기다릴 필요가 있다. 그런데 그동안 교육이라는 이름으로 어른들의 안목으로 바른 길을 정해서 부모가 바라는 대로, 또는 교사가 바라는 대로 행동을 하는 청소년들은 문제가 없이 건강한 청소년이라 여겼으며, 반대로 문제를 일으키고 어른들을 힘겹게 하는 청소년들은 어떻게 하면 부모나 교사의 말을 잘 듣게 할 수 있을까 고민하고 상담 및 생활지도의 대상으로 여기는 경우가 많았다.

오히려 교사나 부모의 말을 듣지 않고 자신의 답을 찾아가고 있는 학생들이 건강하게 성장하고 발달하고 있는 중임에도, 교사나 부모의 입장에서 '말 잘 듣는 자녀나 학생'이 바람직한 성장기를 보내는 것으로 착각하는 어리석음에서 우리는 벗어날 필요가 있다. 따라서 학교상담자는 학생들이 주체성을 갖고 미래 사회에 적응하는 사회인으로 성장할 수 있도록 자신의 삶에 대해 스스로 질문하고 답을 찾도록 안내하는 역할을 해야 할 것이다. 그 답을 찾는 과정에서 겪는 어려움을 교사나 상담자가 함께 견뎌 준다면 학생들은 스스로 자신의 길을 찾아가는 자기주도적인 성인으로 성장·발달할 것이다.

2) 발달적 문제에 대한 예방

학교상담과 생활지도의 두 번째 목표는 청소년기에 나타날 수 있는 여러 문제에 대한 예방이다. 학생들이 저마다 자신에 대해 이해하고 발달 단계마다 요구되는 삶의 과업을 잘 달성하여 발달하는 것 그 자체는 예방의 기능이 있다. 사춘기에 접어들면서 신체적·심리적 변화에 대해 심리 교육을 실시하는 것은 학생들의 발달을 촉진함과 동시에 예방의 목표를 성취할 수 있는 방법이기도 하다. 그런데 첫 번째 학교상담의 목표가 잘 성취된다면 문제 될 것이 없겠지만, 발달하는 과정에서 심리적 부적응의 문제들이 나타난다면, 문제가 더 악화되기 이전에 학생들에게 적절한 상담 개입을 통해 예방할 필요가 있다. 학교상담과 생활지도의 이론적 배경에서 살펴볼 수 있는 예방상담학적 관점의 긍정적 행동 개입 지원(Positive Behavior Intervention Support: PBIS, Sugai & Horner, 2006)의 3차원 예방 구조는 학생의 발달에 영향을 미치는 다양한 요인들을 체계적으로 이해하고 개입할 수 있는 이론적 틀을 제공한다. 이에 대해서는 제2장에서 자세하게 살펴볼 수 있다.

3) 심리·정서적 문제에 대한 치료와 개선

학교상담과 생활지도의 또 다른 목표는 이미 발생한 문제에 대한 치료와 개선이다. 예방의 목적을 이루지 못하여 심각한 문제를 보이는 소수의 학생들을 위해 문제에 대한 치료와 개선 자체는 최악의 상황을 막기 위한 3차 예방이라는 목적이 동시에 적용된다. 대부분의 심리적 고통은 상담을 통해서 치료될 수 있고, 완전히 치료될 수는 없어도 개선될 수는 있다. 그러나 심리적 문제에 따라서 치료와 개선의 목표를 세우는 것보다 우선적으로 돌봄을 필요로 하는 학생들에게는 다른 차원의 접근을 시도해야 한다. 학교폭력의 문제로 세간을 들썩이게 하는 비행 청소년들의 경우, 상담 및 심리치료에 반응할 만큼 상담 관계를 형성하는 것이 곤란한 극소수의 집단들이다. 반사회적인 경향을 보이는 청소년들의 경우는 심각한 정서적 박탈 경험이 있기 때문에 신뢰 깊은 인간관계를 바탕으로 접근하는 상담과 심리치료보다는 박탈로 인해 망가진 자신의 아픔을 어루만져 주고 돌봐 주는 따뜻한 사랑과 보살핌이 보다 효과적일 수 있다.

4) 사회 정의의 실현과 옹호

사회 정의의 실현과 옹호의 목표는 치료와 개선의 목표로 접근하기 어려운 청소년들을 위해서 학교는 무엇을 할 수 있는가와 관련이 있다. 예를 들어, 살인 미수로 형사처벌을 받게 된 학생이 있다고 하자. 이 학생은 룸메이트가 자신을 무시한다며 순간 상대 친구의 목을 졸라 죽일 뻔하여 상담에 의뢰되었다. 그 학생이 과거에 어떤 경험을 하였는지 듣는 과정에서 상담자는 중요한 사실을 알게 되었다. 학대 받는 아이들은 자신이 학대를 받는 줄도 모르고 자라고 있고, 그것이 정상이 아니라는 것을 모른다는 것이다. 말을 듣지 않는다고 어린 8살짜리 여자아이를 야구 방망이로 때리고 다리를 분지르는 부모 밑에 자라면서도 그러한 상황이 잘못된 것인 줄 모르며 자란다. 왜냐하면 그러한 환경조차도 생존하기 위한 안식처이기 때문이다. 세상의 많은 범죄자의 과거를 들으면, 인간의 존엄성이 과연 무엇인가 싶을 만큼 험악하고 끔찍하게 유린된 어린 시절을 보낸 경우가 많다. 이들에게는 세상 사람들과 어울려 살아갈 만큼의 심리적 토대가 탄탄하지 않기 때문에 상담을 통해 치료와 개선을 바라기는 어렵다. 그 전에 이들에게는 인간이라면 누구나 받았어야 할 사랑과 보살핌이 우선적으로 제공되어야 한다. 그런 측면에서, 학교상담은, 사회로부터 지탄을 받는 청소년 범죄자들의 만행에 대해 보복해야 한다는 여론에 휩쓸리기보다는 그들이 인간의 존엄성을 갖고 인간답게 살아갈 수 있도록 지역사회와 연계하여 이들을 옹호함으로써 다시금 건강한 개인으로 성장할 수 있도록 한다면, 그 자체는 사회 정의의 실현을 성취하는 것이라 할 수 있다.

지금까지 살펴본 학교상담의 목표를 도식화하여 [그림 1-3]에 제시하였다. 수업활동 1-1에 제시된 사례를 통해서 학교상담과 생활지도의 필요성과 목표에 대해 토의해 보도록 하자.

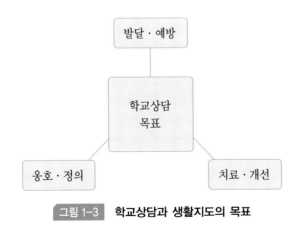

그림 1-3　학교상담과 생활지도의 목표

수업활동 1-1 학교상담과 생활지도의 필요성

◎ 다음 사례를 읽고, 여러분이 교사라면 민지를 도와주기 위해서 어떤 노력을 할 수 있을지 생각해 보자. 이 사례를 통해서 학교상담과 생활지도의 필요성과 목표에 대해 조원들과 이야기를 나누어 보자.

사례 어느 중학교 교실의 예

민지는 자꾸만 떨리는 입술을 깨물었다. 담임 선생님의 질문에 대한 답을 알고 있었지만 소리 내어 대답을 할 수 없었다. 학급에서 제일 인기 있는 재훈이와 영은이가 민지를 돌아보며 놀렸다. 민지는 그들이 놀리는 것을 보고 책상 밑으로 숨어 버리고 싶었다. 교실에 있는 시간이 싫었다. 얼굴에는 여드름이 나서 더욱 싫었다. 민지의 유일한 친구인 은주도 반에서 인기가 없었다. 둘은 방과 후에 나란히 앉아 이 지긋지긋한 학교에 오지 않아도 된다면 얼마나 좋을까 생각하곤 한다. 민지의 담임교사 임 씨는 민지를 도와주고 싶었다!!! 민지는 똑똑한 학생인데 점차 학교 활동에 참여하지 않고 있어서 그러다가 학교생활에 실패할 것 같아 안타까웠다. 그는 민지를 괴롭히는 다른 학생들을 설득하기도 하고 야단을 치기도 하였다. 또 민지의 자아존중감을 향상시키기 위해 상담을 실시해 보기도 하였다. 그러나 그 어떤 노력도 소용이 없었다. 그는 학생들이 민지를 괴롭히는 것을 이해할 수가 없었다. 왜 그 아이들은 민지의 입장에서 생각해 보지 않을까? 민지는 또 왜 그렇게 쉽게 좌절하는 걸까?

참고문헌

고형일(2015). 미국의 마음챙김 훈련 프로그램과 한국교육에의 함의. 한국교육, 42(2), 5-27.

김계현, 김동일, 김봉환, 김창대, 김혜숙, 남상인, 천성문(2009). 학교상담과 생활지도. 서울: 학지사.

김완석(2016). 명상. 커뮤니케이션즈.

박미옥, 고진호(2013). 마음챙김의 치유적 기능이 가지는 교육적 함의-위빠사나 수행을 중심으로-. 종교교육학연구, 42, 97-120.

정혜정(2012). 조선 선불교의 심성 이해와 마음공부론: 득통 기화의 삼교합일 사상을 중심으로. 교육학연구, 50(2), 51-70.

조국(2013). 학생인권조례 이후 학교체벌의 허용 여부와 범위. 서울대학교 법학, 54(1), 111-134.

중앙자살예방센터(2015). 2015 자살예방백서.

허남진(2011). 거경(居敬)과 궁리(窮理): 퇴계와 율곡의 철학적 차이에 관하여. 인간 · 미래 · 환경, 7, 59-83.

황금중(2012). 잊혀진 교육 전통, 전심(傳心): 주자학과 불교의 심법(心法) 전승 전통과 교육. **교육사학연구, 22**(2), 113-148.

OECD(2018). Programme for International Student Assessment 2018 Results.

Schmidt, J. J. (2014). *Counseling in schools: Comprehensive programs of Responsive services for all students* (6th ed.). NJ: Pearson.

Sugai, G., & Horner, R. R. (2006), A Promising Approach for Expanding and Sustaining School-Wide Positive Behavior Support. *School Psychology Review, 35*(2), 245-259.

Wicks-Nelson, R., & Israel, A. C. (2014). *Abnormal Child and Adolescent Psychology with DSM-5 Updates* (8th ed.). NY: Routledge.

Zunker, V. G. (2016). *Career counseling: A holistic approach* (9th ed.). Cengage Learning.

제2장

우리나라 학교상담 제도

　우리나라의 학교상담과 생활지도는 1945년 해방 이후, 근대화 과정에서 도입된 미국의 교육 철학과 생활지도의 이론을 토대로 발전되었다(김계현 외, 2009). 1990년대 청소년 비행 문제가 심각한 사회 문제로 대두되면서부터 본격적으로 학교상담이 발전하기 시작하였고, 이후 오늘날 학교폭력의 문제에 이르기까지, 학교에서 발생하는 학생들의 문제행동을 개입하고 지도하기 위한 학교상담과 생활지도는 우리나라 실정에 맞게 발전해 오고 있다. 비록 전인교육을 위한 학교상담과 생활지도의 청사진 없이 시의적으로 요구되는 문제들을 해결하기 위해 학교상담 제도가 구축되어 왔을지라도, 결과적으로 오늘날의 학교상담과 생활지도는 학생들의 건강한 인성 및 사회성 발달을 포함하여 학업과 진로 발달을 조력하고 촉진하는 중요한 역할을 담당하고 있다. 이 장에서는 근대화 이후, 우리나라 학교상담이 어떻게 발달해 왔는지 제도의 변천사를 살펴보고 현재 학교상담의 체제라 할 수 있는 위(Wee) 프로젝트와 학교상담의 인력과 자격, 그리고 학교상담자의 역할과 직무에 대해 살펴보도록 한다.

1. 학교상담과 생활지도의 발달과 역사

학교상담에 대한 논의가 본격적으로 시작된 것은 1950년대 미국 교육사절단을 통해서이다. 1952년 10월부터 1953년 6월까지 국내에 체류한 미국 교육사절단은 아동중심 교육사상에 기초한 미국의 교육 철학, 교육 행정, 교육 방법 및 정신위생 등에 관한 다양한 교육 이론을 소개하였다(김인규, 2011). 미국 교육사절단으로부터 도입된 민주주의 이념과 아동중심 교육사상은 기존에 훈육을 통한 통제적 학생지도 방식에서 벗어나 상담과 생활지도를 새로운 대안적인 교육방법으로 수용하도록 영향을 미쳤다. 우리나라에서 생활지도와 상담의 이론과 실제 연구는 대한교육연합회(1953)의 중앙교육연구소에서 처음 시작된 것으로 확인되고 있다(김계현 외, 2009). 실질적으로 상담과 생활지도가 학교교육에 적용되고 정착되는 과정은 1957년 교도교사 양성의 시작에서부터 1973년 교도주임교사 제도, 1990년대 진로상담교사 및 진로주임교사 제도, 1999년 전문상담교사 자격제도의 신설, 2005년 전문상담교사 1, 2급 자격 개정 그리고 2010년 진로진학상담교사 및 2015년 진로전담교사 제도를 중심으로 살펴볼 수가 있다. 이에 대해 간략하게 살펴보면 다음과 같다.

1) 교도교사 제도

상담과 생활지도에 관한 이론이 소개되고 실제 학교교육에 적용되기 시작한 시점은 1957년 교도교사 양성의 시작에서부터이다(김계현 외, 2009). 1956년 발족한 서울시교육위원회는 1957년에 선발된 40여 명의 교사들에게 발달심리학 66시간, 상담기술 56시간, 심리검사 22시간 등 총 240시간의 장기 연수를 통해 상담교사 교육을 실시하였다. 1961년까지 서울시교육위원회는 '교도교사 강습회'를 통해 5회기에 걸쳐 약 170여 명의 교도교사를 배출하였다(한국카운슬러협회, 1993). 서울시교육위원회 연수 이외에, 1958년 문교부와 중앙교육연구원이 공동으로 360시간 동안 2회기에 걸쳐 182명의 생활지도 담당자를 교육하였다. 이후 1964년 교육공무원법에서 중등학교 교도교사 자격증 제도를 신설하였다. 그러나 교도교사자격이 법조문에 명문화되어 자격증이 발급되었을지라도, 문교부령으로 제정된 교육공무원령에 교도교사에 대한 명문이 없고 교도교사의 설치는 학교장의 결정에 의해 이루어지는 권장사항이었기 때문에 교도교사로서의 활동을 보장받는 데에는 한계가 있었다(유정이, 1997).

2) 교도주임 제도

1973년 「교육법 시행령」을 개정하여 18개 학급 이상 규모의 중·고등학교에 교도주임 배치 규정이 신설되었다. 이로써 학교교육에서 교도부의 전문성이 법률적으로 공식 인정을 받게 되었다(김인규, 2011). 이 법에 따라 18학급 이상의 중등학교에는 교도주임 교사를 의무적으로 두게 되었으며, 1985년 교도주임 배치에 관한 규정은 중학교 12학급 이상, 고등학교 9학급 이상일 경우 교도주임을 두도록 하였다(손은령, 2014).

3) 시·도 교육청 단위의 상담 제도

시·도 교육청 단위 조례에 1990년 3월부터 15개 시·도 교육청의 교육연구원에서 교육상담부와 진로상담부가 신설되어, 학교에서 각종 상담에 필요한 연구와 프로그램을 제작·보급하고 1985년부터 실시해 온 학생상담자원봉사자 양성과 배치를 담당하며 단위학교 상담실을 지원하였다(손은령, 2014). 이때부터 '교도교사'와 '교도주임'이라는 명칭은 1990년대 초에 '진로상담교사' 그리고 '진로주임'이라는 명칭으로 변경되었다. 이러한 명칭의 변경을 통해 진로 교육 및 상담을 강조하였다 할지라도 당시 진로상담은 주로 입시와 관련한 진학 지도였고 이 또한 고3 담임의 역할이었다. 진로 관련 검사를 실시하는 일은 기존의 교도교사가 실시하던 일이었기 때문에 진로상담교사 또는 진로주임의 새로운 역할은 미비했던 것으로 평가되고 있다(김계현 외, 2009).

4) 전문상담교사 제도

이후 1999년 「초·중등교육법」(제21조) 개정을 통해 '전문상담교사' 자격제도가 신설되면서 진로상담교사의 명칭은 '전문상담교사'로 변경되었으며, 이 법에 따라서 새로운 양성제도가 실시되었다. 즉, 교육인적자원부 장관이 지정하는 전국의 교육대학원 또는 대학원에 전문상담교사 양성과정(교육부령 제 735호)을 설치하여, 초·중등학교 그리고 특수학교에 상담교사를 배치하도록 하는 새로운 학교상담교사 양성체계가 마련되었다(손은령, 2014).

전문상담교사 양성과정은 2급 정교사 자격을 가진 3년 이상의 교육경력이 있는 현직 교원을 대상으로 하였으나, 2005년부터는 1급과 2급을 구분하기 시작하여 기존의 전문상담교사는 '전문상담교사 1급'으로 변환되었고, 학부의 상담학과 및 상담관련학과 졸업생들에

게 교직과목을 이수하고 소정의 전문상담교사 과정을 이수하면 2급 전문상담교사 자격을
부여하기 시작하였다. 2005년 9월부터 다른 교과목 교사와 마찬가지로 임용고사에 합격하
면 각급 학교에 전문상담교사로 배치되거나 교육청 소속 전문상담 순회교사로 근무하도록
하였다. 그러나 지역교육청과 공립 및 사립학교에 전문상담교사를 배치해 오고 있으나, 상
담 수요를 충족하기 어려워 2009년부터는 전문상담인턴교사제도를 병행하여 실시하고 있
고 상담관련 자격증 소지자를 전문상담사로 채용하여 학교상담의 인력을 충원하고 있다.
학교상담 관련 인력과 자격에 대해서는 이 장의 4절에서 자세히 살펴볼 수가 있다.

5) 진로전담교사 제도

한편, 이와는 별도로 2010년 「교원자격검정령 시행규칙」 제2조 제2항에 '진로진학상담
교사'의 신설 및 배치에 관한 규정이 마련되면서 2011년 1월부터 양성된 진로진학상담교
사들이 학교 진로 교육을 총괄 수행하는 보직교사로서 2011년 3월부터 각급 학교에 배치
되기 시작하였다. 다시 진로진학상담교사는 2015년 「진로교육법」이 제정됨에 따라 제2장
제9조에 진로전담교사의 명칭으로 변경되어 오늘날 학교상담은 심리적 부적응 관련해서
는 전문상담교사가 진로 및 진학 상담은 진로전담교사가 담당하는 분업화된 체제가 구축
되었다.

이상 우리나라 학교상담 제도의 변천사를 살펴보았다. 요약하면([그림 2-1]), 한국의 학
교상담은 교도교사 양성의 법제화를 시작으로 학교상담이 시작되었지만 이를 뒷받침할 만
한 이론적 기반이 약하였고 제도 역시 현실성이 떨어지거나(예: 교도교사의 높은 수업 시수)

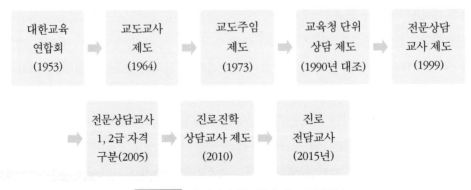

그림 2-1 우리나라 학교상담 제도의 변천사

제도의 취지가 변질되는 등(예: 승진을 위해 전문상담교사 제도를 이용)의 상황으로 인해 발전이 늦어졌다. 앞서 살펴본 것과 같이 교도교사, 진로상담교사, 전문상담교사로 학교상담이 변화하며 제도적 발전을 통해 외적·양적으로는 성장하였지만, 그에 상응하는 실제적 역할이나 전문성의 변화를 통한 질적 성장을 이루어 내지는 못한 채 발전해 온 한계가 있다.

다행하게도 2008년부터 위(Wee) 프로젝트 사업을 통해 수업 시수 없이 학교상담만을 전담하는 전문상담교사와 전문상담사를 배치하여 학교상담의 전문성을 향상시키고 있다. 이러한 정책이 성공하기 위해서 대학에서는 학교상담의 이론적 뒷받침, 특히 학교상담 모형의 개발과 같은 다양한 학교상담 연구가 활발히 진행되어야 할 것이며, 실무자인 일선 교육청과 학교의 전문상담교사는 학생들의 요구에 맞는 다양한 상담 프로그램을 끊임없이 개발하여야 할 것이다. 이러한 양적이며 질적으로 학교상담의 발전이 함께 이루어질 때 학생의 전인적 성장을 위한 교육의 목적을 성취할 수 있을 것이다. 우리나라 학교상담의 전문성의 측면에서 Wee 프로젝트의 시행은 주목할 만한 성취이나, 「초·중등교육법 시행령」 제54조 제3항 제2호 및 제4항에 따른 지원 사업에 관하여 필요한 세부사항인 교육부 훈령에 기반하고 있다는 점에서 정부의 방침에 따라 제도의 정착 여부가 달라질 수 있다는 한계가 있다. Wee 프로젝트에 대해서는 다음 절에서 살펴보도록 한다.

2. Wee 프로젝트

2008년 대통령 공약 사항으로 학업, 교육관계, 가정 문제 등 다양한 원인으로 학교생활에서 위기에 처한 학생을 지원하기 위해 '위(Wee) 프로젝트'(학생안전통합시스템)가 시작되었다. 여기서 'Wee(We+Education+Emotional)'는 우리들의 감성공간에서 잠재력을 발견하자는 의미이다. Wee 프로젝트는 Wee 클래스(학교)-Wee 센터(교육청)-Wee 스쿨(시도 교육청)의 3단계 안전망을 구축하여 학생의 정서불안, 폭력, 학교 부적응, 일탈행동 등 위기 학생을 대상으로 상담과 지도를 통해 학교적응을 지원하고 있다. 구체적으로 '위기학생'의 범위는 학습부진, 학업중단, 범죄, 가출, 성경험, 폭력, 흡연, 빈곤, 부모의 이혼, 다문화가정으로 위기를 맞은 학생과 사이버 따돌림, 상해, 폭행, 감금, 협박, 약취·유린, 명예훼손·모욕, 공갈, 강요 및 성폭력, 따돌림, 정보통신망을 이용한 음란·폭력절도 등에 의하여 신체·정신 또는 재산상의 가해·피해를 받은 학생으로 규정하고 있다. 이 절에서는 학교교육에서 문제행동의 예방과 학생들의 전인적 성장을 목적으로 하는 학교상담의 제도로서 Wee 프로젝트의 체계와 각 단계별 운영내용을 간략하게 살펴보도록 한다. 그리고 현재까지 Wee 프로젝트의 구축 현황과 성과를 알아보고자 한다.

1) Wee 프로젝트 체계도

Wee 프로젝트의 체계는 학교상담의 이론적 배경에서 학습하게 될, 3차원적 예방 접근으로서 문제행동에 대한 긍정적 행동 개입 지원(PIBS)과 유사하게 구성되어 있다. 1차 안전망인 Wee 클래스는 학교부적응 학생의 조기 발견과 예방에 초점을 두고 단위학교에서 실시하고 있다. 교육지원청 소속의 2차 안전망 Wee 센터에서는 전문가의 지속적인 관리가 필요한 학생을 위한 진단-상담-치유 원스톱 서비스를 제공하고, 3차 안전망인 Wee 스쿨은 시·도 교육청 차원에 설치되어 장기적으로 치유가 필요한 고위험군 학생을 위한 상담과 돌봄을 제공하고 있다. 이러한 3차원적인 지원 체계는 학생의 부적응 수준에 따라서 효과적인 개입 서비스를 차별적으로 제공하는 데 적합하다. 3차 예방을 위한 위기 학생들의 경우에는 상담과 심리치료도 중요하지만 이들의 건강한 인성 발달을 위해서는 따뜻하고 일관된 사회·정서적인 지지와 돌봄이 우선적으로 필요하다. 이런 측면에서 볼 때,

대상	단계	내용
학습부진, 따돌림, 대인관계 미숙, 학교폭력, 미디어 중독, 비행 등으로 인한 학교부적응 학생 및 징계대상자	1차 안전망 Wee 클래스	• 단위학교에 설치 • 학교 부적응 학생 조기발견/예방 및 학교 적응력 향상 지원
단위학교에서 선도 및 치유가 어려워 학교에서 의뢰한 위기 학생 및 상담 희망 학생	2차 안전망 Wee 센터	• 교육지원청에 설치 • 전문가의 지속적인 관리가 필요한 학생을 위한 진단-상담-치유 원스톱 서비스
심각한 위기 상황으로 장기적인 치유·교육이 필요한 학생과 학교나 Wee 센터에서 의뢰한 학생 또는 학업중단자	3차 안전망 Wee 스쿨	• 시·도 교육청 차원에서 설치 • 장기적으로 치유가 필요한 고위기군 학생을 위한 기숙형 자기 위탁교육 서비스

그림 2-2 **Wee 프로젝트 3단계 개입 내용**

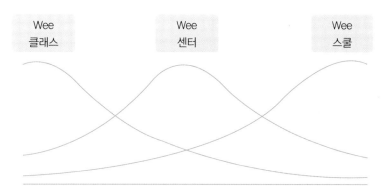

- 모든 학생을 대상
- 부적응 조기발견
- 예방 및 적응력 지도

- 위기학생을 대상
- 전문적 진단 및 평가
- 상담 및 치료 서비스 제공

- 고위험군 학생을 대상
- 집중적 상담 서비스 제공
- 장기적 치료 서비스 제공

그림 2-3 **Wee 프로젝트 단계별 개입 내용의 비교**

출처: 최상근 외(2011).

기숙형위탁교육기관으로서 Wee 센터는 가정의 돌봄이 열악한 고위험 학생들이 건강한 인격을 형성하고 성장할 수 있도록 하는 사회적 대안시스템으로서 안식처의 역할을 제공하고 있다고 하겠다. 구체적인 내용은 [그림 2-2]에서 확인할 수 있다. [그림 2-3]은 Wee 프로젝트 단계별 개입 내용이 어떻게 다른지 비교한 내용이다.

2) Wee 프로젝트 구축 현황과 성과

2008년에 시작된 Wee 프로젝트는 2014년에 모든 교육지원청에 Wee 센터 구축이 완료되어 학생 100명 중 10명 이상은 Wee 센터의 상담 서비스를 이용하고 있으며, 학교폭력 피해 응답률이 지속적으로 낮아지는 성과로 이어지고 있다. 연도별 Wee 프로젝트와 학교급별 Wee 클래스 구축현황은 각각 〈표 2-1〉과 〈표 2-2〉에 제시하였다. 현재까지 단위학교에 설치되어 있는 Wee 클래스의 수는 5,633개, Wee 센터는 188개, Wee 스쿨은 9개

표 2-1 **연도별 Wee 프로젝트 구축 현황(2014년 통계자료; 단위: 개)**

구분	2008	2009	2010	2011	2012	2013	2014
Wee 클래스	530	1,530	2,530	3,170	4,658	4,904	5,633
Wee 센터	31	80	110	126	140	155	188
Wee 스쿨	−	−	3	3	4	7	9

표 2-2 **학교급별 Wee 클래스 구축 현황(단위: 개)**

초		중		고		합계	
설치 수	구축 률	설치 수	구축 률	설치 수	구축 률	설치 수	구축 률
2,68	36.2%	2,599	81.2%	1,857	79.6%	6,624	57.5%

주: 학교 수는 2016년 교육통계연보 기준
출처: 교육부.

로 집계되고 있다.

지금까지 살펴본 Wee 프로젝트가 과연 학생들의 전인적 성장을 위해 얼마나 효과가 있는지 그 성과를 평가하는 노력은 학교상담의 발전과 새로운 제도 도입에 대한 책무성을 위해 반드시 필요하다. 단위학교에 설치된 Wee 클래스 사업효과에 관한 연구 결과(심정연, 2017)에 의하면, Wee 클래스는 학생의 정서 및 인지발달에 유의미한 정적 효과가 있는 것으로 보고하였다. 특히, 효과의 차이를 유발하는 요인을 분석한 결과를 살펴보면, 학교 특성 중 개방적 학교풍토 조성도가 높을수록 방과후 동아리가 활성화되어 있을수록 성적 향상도가 큰 것으로 나타났다. 교사특성 중 교사-학생 대면 정도가 높을수록 학교폭력 피해 경험이 크게 감소했고, 정규직 교직원의 높은 비율은 정서 발달에 긍정적인 영향을 미치는 것으로 확인되었다. 이러한 결과는, 학교상담 제도의 성과를 높이는 것이 학교 공동체 구성원들 간의 협력과 학교풍토, 그리고 학생과 교사 그리고 교사들 간 원만한 소통을 할 수 있는 분위기를 조성하는 데 중요함을 알 수 있다.

3) Wee 프로젝트 사업 관리운영에 관한 규정

앞서 언급하였듯이, Wee 프로젝트 사업은 학교상담의 발전사에서 학교상담의 전문성과 학교상담 실무자가 학교교육에서 학생의 전인적 성장과 발달에 중요한 역할을 한다는 학교 풍토를 형성하게 한 중요한 학교상담 제도이다. 그러나 법률적으로는 「초 · 중등교육법 시행령」 제54조 학습부진아 등에 대한 교육 및 시책의 제3항에 기초하여 학습부진 아동에 대하여 진단, 상담, 치유, 학습 지원 프로그램을 제공하는 지원사업으로 교육부 훈령에 근거하여 이루어지고 있다. 학교상담의 전문적 역할을 담당하고 있는 Wee 프로젝트가 지속적으로 학교상담의 주요 기능을 담당하기 위해서는 법률 조항에 명시될 필요가 있다. 2014년 6월 2일에 시행된 [교육부훈령 제 108호] 제1, 4, 5조를 살펴보면 글상자 2-1과 같다.

📖 글상자 2-1   **교육부훈령 제108호의 내용**

제1조(목적) 이 규정은「초·중등교육법 시행령」제54조 제3항 제2호 및 제4항에 따른 지원 사업에 관하여 필요한 세부사항을 정함을 목적으로 한다.

제4조(학교상담실) ① 학교상담실[이하 '위 클래스(Wee Class)'라 한다]은 학교 단위에 설치하고, 해당 학교의 장이 위 클래스의 장이 된다. ② 위 클래스의 장은 학교 내 부적응 학생 예방, 조기발견 및 상담 지원 등을 위하여 필요한 다음 각 호의 사항을 추진한다.

제5조(학생상담지원센터) ① 학생상담지원센터[이하 '위 센터(Wee Center)'라 한다]는 교육 지원청 단위에 설치하고, 당해 교육 지원청의 장 또는 수탁기관의 장이 위 센터의 장이 된다.

💻 수업활동 2-1   **조별 토의: 우리나라 학교상담 제도의 이해**

◎ 1964년 교도교사를 시작으로 현재 우리나라 학교상담의 최종적인 제도를 어떻게 이해할 수 있는지 각자 이해한 내용을 바탕으로 자유롭게 의견을 나누어 보자.

_____

_____

_____

◎ 오늘 수업을 통해 새롭게 배우고 깨달은 점에 대해서 자유롭게 의견을 나누어 보자.

_____

_____

_____

3. 학교상담 관련 법규

앞서 우리나라의 학교상담 제도의 변천사를 살펴보면서 짐작할 수 있듯이, 학교상담의 제도는 법으로 문서화되었을 때 해당 법에 기초하여 그 내용과 외형이 갖추어질 수 있었다. 이에 이 절에서는 현재 학교상담의 제도를 뒷받침하는 법의 종류와 중요한 내용을 중심으로 살펴보고자 한다. 구체적으로 전문상담교사 배치에 관한 「초 · 중등교육법」 제19조의 2, 전문상담교사 배치 규정에 관한 「학교폭력 예방 및 대책에 관한 법률(이하 학교폭력 예방법)」 제14조, 제14조의 1항, 진로진학상담교사 배치에 관한 「초 · 중등교육법 시행령」, 진로전담교사의 배치 및 직무 규정 「진로교육법」 제9조, 학생건강증진계획의 수립 및 시행에 관한 「학교보건법」 제7조, 제7조의 2, 치료 및 예방조치에 대한 사항인 동법 11조 등의 내용을 간략하게 살펴보기로 한다.

1) 전문상담교사 배치에 관한 법

(1) 「초 · 중등교육법」 제19조의 2

제19조의 2 제1항에 '학교에 전문상담교사를 두거나 시 · 도 교육행정기관에 「교육공무원법」 제22조의 2에 따라 전문상담순회교사를 둔다.'라고 명시하고 있고, 제2항은 '전문상담순회교사의 정원 배치 기준 등에 필요한 사항은 대통령령으로 규정한다.'고 명시하고 있다. 동법 시행령 제40조의 2에 의하면, '시 · 도 교육청 또는 교육지원청에 전문상담순회교사를 둔다.'고 명시하고 있다. 전문상담교사 자격에 관한 사항은 동법 제21조 교원의 자격 제2항과 관련되며, 이에 대해서는 다음 절에서 살펴볼 수 있다.

(2) 「학교폭력 예방 및 대책에 관한 법률」

제14조는 전문상담교사의 배치에 관한 규정을 다루고 있다. 14조의 제1항에 의하면, '학교의 장은 학교에 대통령령으로 정하는 바에 따라 상담실을 설치하고, 「초 · 중등교육법」 제19조의 2에 따라 전문상담교사를 둔다.'라고 명시하고 있다. 구체적인 법률 내용은 다음 글상자 2-2를 참조하기 바란다.

📋 **글상자 2-2**   「학교폭력 예방 및 대책에 관한 법률」(약칭 '학교폭력 예방법')

제14조 (전문상담교사 배치 및 전담기구 구성) ① 학교의 장은 학교에 대통령령으로 정하는 바에 따라 상담실을 설치하고,「초·중등교육법」제19조의 2에 따라 전문상담교사를 둔다. ② 전문상담교사는 학교의 장 및 자치위원회의 요구가 있는 때에는 학교폭력에 관련된 피해학생 및 가해학생과의 상담결과를 보고하여야 한다.

③ 학교의 장은 교감, 전문상담교사, 보건교사 및 책임교사(학교폭력문제를 담당하는 교사를 말한다) 등으로 학교폭력문제를 담당하는 전담기구(이하 "전담기구"라 한다)를 구성하며, 학교폭력 사태를 인지한 경우 지체 없이 전담기구 또는 소속 교원으로 하여금 가해 및 피해 사실 여부를 확인하도록 한다. 〈개정 2012.3.21.〉

2) 진로전담교사 배치에 관한 법

2010년 진로진학상담(중등)교사 충원 및 활용 기본 계획에 따라 2011년 교원자격검정령 시행규칙 제2조 제2항의 '진로진학상담' 과목으로 자격을 취득하고, 시·도 교육감에 의하여 그 취득한 자격에 따라 발령을 받은 교사를 진로진학상담교사라 정의한다. 2011년 당시 교육과학기술부의 기본 계획에 따라 각 시·도에서 실시하는 진로교사 부전공 자격연수인 '진로진학상담(2급)'을 이수하면 진로교사로 배치될 수 있었다. 현재는 진로교사 양성 기관으로 인증된 대학원에서 교육을 이수하면 진로교사가 될 수 있다. 여기서 교원자격검정령시행 규칙이란「초·중등교육법」및「교원자격검정령」에 따른 교원자격검정의 시행에 관하여 필요한 사항을 규정하는 내용이다.

이후, 2015년 창의적 인재 양성을 위한 진로 교육에서의 변화를 위해「진로교육법」이 제정되었고, 이 법에 기초하여 진로진학상담교사는 중등뿐만 아니라 초등학교에도 배치되기 시작했으며 명칭도 진로전담교사로 변경되었다. 진로전담교사에 대한 배치 규정과 진로상담에 관한 내용을 다룬 법률 조항을 살펴보면 글상자 2-3에서 살펴볼 수 있다.

📖 **글상자 2-3**   「진로교육법」

제9조 (진로전담교사에 대한 배치 규정) 교육부장관과 교육감은 초중등학교에 학생의 진
로 교육을 전담하는 교사(진로전담교사)를 둔다고 명시함. 진로상담 시간은 수업시간
으로 간주함.

제10조 (진로심리검사에 대한 규정) 초·중등학교의 장은 학생이 소질과 적성을 이해하고
진로상담 자료를 활용할 수 있도록 진로에 관한 심리검사를 제공할 수 있음을 명시함.

제11조 (진로상담 제공에 대한 규정) 초·중등학교의 장은 학생의 진로 탐색 및 선택을 지
원할 수 있는 진로상담을 제공해야 함을 명시함.

---

3) 학생정신건강 증진 계획에 관한 법

「학교보건법」에 의하면, 교육감과 학교장은 학생의 정신건강을 증진하기 위한 계획을
수립하고 시행하도록 명시하고 있다. 학교상담은 학생의 건강한 인성 및 사회성 발달을
지원하는 목적이 있기 때문에 학생의 정신건강의 증진을 위한 「학교보건법」을 살펴볼 필
요가 있다. 「학교보건법」 제7조 건강검사 등에 관한 내용 중 제7조의 2, 학생건강증진계획
의 수립, 시행에 대한 사항에 교육감과 학교의 장은 학생정신건강 증진 계획을 수립하여
시행하도록 명시하고 있다. 동법 제11조, 치료 및 예방 조치에 대한 사항을 살펴보면, 학교
의 장은 제7조 제1항에 따라 학생의 대하여 정신건강 상태를 검사한 결과 필요하면 학생
의 정신건강 증진을 위해 조치를 취하도록 명시하고 있다(글상자 2-4). 학생 정신건강 증
진을 위한 조치를 살펴보면, 학생, 학부모, 교직원에 대한 정신건강 증진 및 이해를 위한

📖 **글상자 2-4**   「학교보건법」 제11조(치료 및 예방조치)의 제2항의 조치

1. 학생·학부모·교직원에 대한 정신건강 증진 및 이해 교육
2. 해당 학생에 대한 상담 및 관리
3. 해당 학생에 대한 전문상담기관 또는 의료기관 연계
4. 그 밖에 학생 정신건강 증진을 위하여 필요한 조치

교육과 해당 학생에 대한 상담 및 관리를 명시하여 학교 내에서 전문상담교사가 수행하는 업무를 규정하고 있다.

4. 학교상담 인력과 역할 및 직무

　오늘날 우리나라의 학교상담을 담당하는 핵심 인력은 전문상담교사와 진로전담교사 그리고 Wee 센터 소속 전문상담사이다. 그러나 이들이 핵심 인력이라고 해서 나머지 담임교사와 교과목 교사들은 학교상담과 관련된 직무를 수행할 필요가 없다는 것을 의미하지는 않는다. 오히려 담임교사와 교과목 교사야말로 학생과 직접 대면하고 생활지도를 담당하고 있기 때문에 학생들의 문제행동을 예방하고 건강한 방향으로 성장을 돕는 일은 모든 교사의 책임이다. 그렇다면 학교상담을 주로 담당하는 전문상담교사와 전문상담사 그리고 진로전담교사는 각각 어떠한 자격으로 학교상담 업무를 맡고 있는지 그리고 이들이 수행하는 역할과 직무는 무엇인지 살펴보기로 한다.

1) 전문상담교사

(1) 자격

　전문상담교사의 자격은 「초 · 중등교육법」 제21조(교원의 자격) 제2항에 근거하고 있으며, 전문상담교사 1급과 2급에 대한 자격기준을 살펴보면 〈표 2-3〉에서 확인할 수 있다. 1급과 2급의 차이점은 1급의 경우, 반드시 상담 및 심리관련 전공자가 아니더라도 2급 이상의 교사자격증을 가진 자가 3년 이상의 교육경력이 있고 소정의 전문상담교사 양성과정을 이수하게 되면 취득할 수 있는 반면에, 2급은 자격기준 1, 2번에서 확인할 수 있듯이, 상담 및 심리 관련 전공에 대한 학부 또는 대학원 교육과정을 이수해야 한다는 점에서 다르다. 즉, 똑같이 전문상담교사 양성과정인 교육대학원에서 석사학위를 취득하더라도, 교육경력 3년이 있으면 1급, 없으면 2급을 취득하게 되는 것이다. 1급 자격증 및 석사학위 취득을 했다고 해서 2급에 비해 보다 전문적인 상담 업무를 수행하는 데 더 많은 역량을 갖추게 되는 것은 아니라는 점에서 현재 전문상담교사 1, 2급 자격 종별의 자격기준에는 문제가 있다. 따라서 앞으로 학교상담의 전문성을 구축하기 위해서는 2급의 자격증으로 임용고사를 통해 전문상담교사로 배치되어 경력을 쌓은 후, 심화교육 및 자격 심사를 거쳐 1급

| 표 2-3 | 「초·중등교육법」 제21조 제2항 별표 2-자격기준 |

구분	자격기준
전문상담교사(1급)	1. 2급 이상의 교사자격증(「유아교육법」에 따른 2급 이상의 교사자격증을 포함한다)을 가진 사람으로서 3년 이상의 교육경력이 있는 사람이 교육부장관이 지정하는 교육대학원 또는 대학원에서 일정한 전문상담교사 양성과정을 마친 사람 2. 전문상담교사(2급) 자격증을 가진 사람으로서 3년 이상의 전문상담교사 경력을 가지고 자격연수를 받은 사람
전문상담교사(2급)	1. 대학·산업대학의 상담·심리 관련 학과를 졸업한 사람으로서 재학 중 일정한 교직학점을 취득한 사람 2. 교육대학원 또는 교육부장관이 지정하는 대학원의 상담·심리교육과에서 전문상담 교육과정을 마치고 석사학위를 받은 사람 3. 2급 이상의 교사자격증(「유아교육법」에 따른 2급 이상의 교사자격증을 포함한다)을 가진 사람으로서 교육부장관이 지정하는 교육대학원 또는 대학원에서 일정한 전문상담교사 양성과정을 마친 사람

을 취득하는 방안 즉, 현재의 1급 자격을 취득할 수 있는 2번 항목으로만 국한하는 것이 필요하다.

미국의 경우, 학교상담자 자격 취득을 위해 요구되는 필수 규정 중 수련감독하에 상담실습과 인턴십이 포함되어 있다. 예비 학교상담자의 경우, 수련감독하에 상담실습을 총 100시간 이상 실시하여 개인상담과 집단상담기술을 숙지한 후, 600시간 이상의 인턴십(상담 업무 등 실제 학교상담자로서의 업무 수행 시간)을 이수하도록 요구하고 있다. 인턴십은 전문가 자격증을 소지한 상담 전문가의 수련감독하에 이루어져야 하며, 600시간 중 240시간의 상담 실습 시간은 개인상담, 집단활동, 학급단위 생활지도, 컨설팅을 포함한다(Witmer & Clark, 2007). 이에 반해, 우리나라 전문상담교사들은 인턴십이 필수적인 교육 요건에 해당되지 않으며, 전문상담교사 1급의 경우 상담 실습을 요구하고 있지만 이 또한 20시간이어서 미국과 비교해 본다면, 상담 실무자 역할을 수행하는 데 매우 부족한 실정이므로 학교상담자의 전문성 향상을 위한 노력은 계속 이루어져야 할 것이다.

(2) 역할과 직무

2005년 9월 전문상담순회교사가 선발되어 배치되기 시작하면서 상담학계에서 학교상담의 전문성을 구축하기 위한 연구들이 시작되었다. 연구 초반에는 주로 전문상담교사의

표 2-4 전문상담교사의 직무

연구자	직무내용	상담교사 구분
금명자(2007)	자문, 조정, 생활지도 및 교육, 소집단 상담, 개인상담	전체 전문상담교사
유순화, 류남애 (2006)	상담, 전문가 의뢰, 자기개발 및 연구, 조정, 프로그램 개발 및 관리, 검사 및 기록, 대집단 지도와 상담교육과정, 행정 및 사무	전체 전문상담교사
이종헌(2005)	상담활동, 검사 및 기록유지, 대집단 생활지도, 프로그램 개발 및 관리, 조정, 자문, 행정 및 자문, 자기개발 및 연구활동	전체 전문상담교사
강진령, 손현동, 조은문(2005a)	인성 사회성 상담, 학업진로상담, 소집단상담, 자문, 조정, 학교 상담 프로그램	고등학교 상담교사
강진령 외 (2005b)	학생상담, 자문, 조정, 대집단 생활지도, 학교상담 프로그램	중학교 상담교사

역할과 학교에서 기대되는 이들의 직무가 무엇인지에 대해서 교사의 입장(강진령, 손현동, 조은문, 2005a; 2005b; 금명자, 2007; 유순화, 류남애, 2006)과 학부모와 교사의 입장(허승희, 박성미, 2008)에서 조사함으로써 학교상담자의 역할과 직무의 범위에 대한 논의가 진행되었다. 이러한 연구 결과들을 토대로 오늘날 학교상담 현장에서 요구하는 전문상담교사의 직무와 역할을 정리한 내용을 각각 〈표 2-4〉와 〈표 2-5〉에 제시하였다.

전문상담교사의 역할별 직무를 살펴보면, 전문상담교사의 역할은 크게 상담자, 자문가, 협상 및 조정가, 행정가, 교육자/연구자 5개의 역할을 수행하면서 각 역할을 위해 필요한 직무로 구분할 수 있다. 상담자의 역할을 위해서 학교상담자에게 기대되는 직무는 개인상담과 집단상담, 심리검사의 실시 그리고 학교상담 프로그램 개발 등이 있다. 자문에 대한 구체적인 내용에 대해서 국내 연구에서는 활발하게 이루어지지 않았지만, Schmidt(1999; 2014)에 의하면, 교육 및 정보 제공, 조정과 문제해결을 위한 자문 활동을 수행할 필요가 있다. 협상 및 조정자의 역할은 학교 공동체 구성원들과 학교교육 안에서 학교상담을 수행하기 위한 업무로 국내 연구자들 모두 조정의 역할을 언급하고 있다. 국내 연구들과는 달리, 해외 연구에서는 학교상담자의 역할 중 교육자와 행정자에 대한 역할을 언급한 경우는 드물었다.

표 2-5 전문상담교사의 역할별 직무 내용

연구자	상담자	교육자/연구자	자문가	조정가(협상)	평가자/행정가
Schmidt (1999)	• 개인상담/집단상담 • 학생상담/부모 및 교사 상담		• 자문의 목적에 따라 교육 및 정보제공 자문 • 문제해결을 위한 자문	• 자료수집과 공유 • 의뢰와 추수 활동 • 학교행사	• 학생평가 • 환경평가
Gysbers & Henderson (2001)	• 반응적 서비스 • 학교상담교육과정		• 체제지원	• 체제지원	• 개별계획과 평가
강진령, 손현동, 조은문(2005a)	• 소집단상담 • 대집단생활지도 • 학교상담 프로그램 (부적응 상담, 개인 상담)		• 자문	• 조정	
강진령, 손현동, 조은문(2005b)	• 학생상담 • 학교상담 프로그램	• 대집단 생활지도	• 자문	• 조정	
금명자(2007)	• 개인상담 • 소집단 상담	• 생활지도와 교육	• 자문	• 조정	
김지연, 김동일 (2016)	• 상담	• 교육 및 연수 • 대집단 생활지도 • 자기개발 및 연구	• 자문	• 의뢰 및 조정 • 학교공동체 구성원과의 협력적 관계	• 심리평가 • 행정 및 사무관리
이기학 외 (2008)	• 개인상담 • 집단상담	• 교육 및 연수	• 자문		• 심리평가 • 행정업무의 목록
이종헌(2005)	• 상담 • 프로그램 개발 및 관리	• 대집단 생활지도 • 자기개발 및 연구	• 자문	• 조정	• 검사 및 기록 유지 • 행정업무, 복무의무

2009년 교육과학기술부(교육부)가 배포한 전문상담교사 운영 및 활동 매뉴얼에 나와 있는 전문상담교사의 직무활동은 크게 개인상담, 집단상담, 심리평가, 자문, 교육 및 연수, 행정업무의 6가지로 대분류하여 세부 직무 내용을 다루고 있다. 이에 대한 구체적인 내용은 〈표 2-6〉에 제시하였다. 표의 내용에서 확인할 수 있듯이, 전문상담교사의 직무는 상

| 표 2-6 | 전문상담교사의 직무활동 |

직무활동		내용
집단상담	소규모 집단상담	주당 1~3집단, 회당 40~50분
	학급단위집단 교육프로그램	주당 1회, 5개 학급 이내, 회당 40분
심리평가		주당 10건 이상, 사례당 30분 이내
자문		30분 이내의 교사/부모 대상 자문활동
교육 및 연수		연 3회 이내의 연수교육 참여
행정업무	상담환경	상담실 구축, 심리검사 구비, 관련 책자 구비
	홍보	학생, 교사, 학부모 대상 연간 상담실 운영 및 프로그램 소개
	사례관리 및 평가	사례관리, 연 4회 이내의 사례평가
	사업평가 및 수퍼비전	개인 및 집단프로그램 효과성 검증, 자문회의 및 개인 상담사례 지도감독 교육
	지역사회 네트워크	연계체계 구축, 자원 활용

담 업무와 행정 업무의 두 가지로 크게 분류할 수 있다. 행정 업무의 주된 내용을 보면, 상담환경 구축, 홍보, 사례관리 및 평가, 사업평가 및 수퍼비전, 지역사회 네트워크 등 평가, 조정가의 역할로 분류하고 있음을 알 수 있다. 결론적으로, 전문상담교사는 상담자, 교육자/연구자, 자문가/조정자, 평가자/행정가의 역할을 수행하고, 그 역할에 따른 직무를 수행할 수 있는 역량을 개발할 필요가 있다. 이 책은 학교교육에서 보다 전문적인 학교상담과 생활지도를 수행하는 전문상담교사와 학생의 생활지도를 위한 상담에 대한 역량을 요구하는 교과 교사가 되고자 하는 예비교사들을 위해 전문상담교사의 직무활동을 중심으로 학교상담에 대한 기초 지식과 태도, 기술을 함양할 수 있도록 내용을 구성하였다.

2) Wee 센터 소속 전문상담사, 임상심리사

Wee 센터에는 전문상담교사와 함께 전문상담사, 임상심리사, 사회복지사 등이 근무하고 있다. 전문상담사는 특별한 자격 기준은 없으나 청소년상담사(여성가족부), 상담심리사(한국상담심리학회), 전문상담사(한국상담학회) 등의 전문상담자 자격 소지자를 선발하는 것을 원칙으로 하고 있다(글상자 2-5 참조). 계약직으로 각 교육청에서 자체적으로 선발하

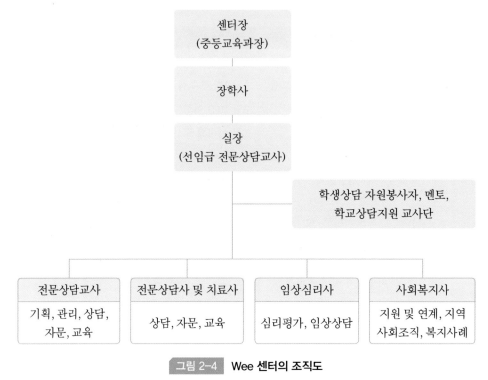

그림 2-4   Wee 센터의 조직도

출처: 한국교원개발원(2010).

여 학교에 배치하거나 Wee 센터에서 근무하고 있다.

이들이 주로 하는 업무는 전문상담교사와 크게 다르지 않으나, 행정 관리의 업무보다는 주로 상담, 자문, 교육의 업무를 담당하고 있다. 산업인력공단 국가 자격증을 통한 정신보건임상심리사 2급의 경우, 계약직으로 교육청에서 선발하여 Wee 센터에 배치되며 주로 심리검사 실시 및 해석의 업무를 담당하고 있다. 끝으로, 전문상담인력을 보충하기 위해 2009년부터 전문상담인턴교사를 배치하였으며 이들의 채용 기준은 전문상담사와 동일하나, 자격자가 없는 경우 상담전공 대학원생이나 학부 졸업생이 선발되기도 하였다(김인규, 2011). 10개월 내외의 계약직으로 Wee 클래스를 담당하여 학교상담 업무를 수행하였으나 오늘날은 대부분 상담관련 자격증 소지자가 전문상담사로 채용되어 상담 업무를 수행하고 있다. [그림 2-4]에서 Wee 센터의 조직도와 해당 직위들의 업무 내용을 살펴볼 수 있다.

📖 **글상자 2-5**   **학교상담 관련 자격증**

구분	내용
학교상담 전문상담사	• 한국상담학회에서 운영 • 자격: 수련감독 전문상담사, 1급/2급/3급 전문상담사 　-1급 전문상담사: 각 분과학회별로 자격 구분 　-2급과 3급 전문상담사: 모학회 공통자격으로 시행 • 학교상담과 직접적으로 관련되는 전문상담사 　-학교상담 수련감독 전문상담사, 학교상담 1급 전문상담사, 아동청소년 수련감독 전문상담사, 아동청소년 1급 전문상담사 등

구분	기능
학교상담 수련감독 전문상담사	학교상담 최고 전문가로 전문적 능력, 상담자 교육 및 훈련 능력을 보유한 자
학교상담 1급 전문상담사	상담의 전문가로 독자적 상담을 수행할 수 있는 능력을 보유한 자
학교상담 2급 전문상담사	상담의 기본과정과 이론적 배경을 바탕으로 수련감독자의 지도하에 상담업무를 수행할 수 있는 능력을 보유한 자
학교상담 3급 전문상담사	상담의 기본과정과 이론적 배경을 바탕으로 상담활동에 참여할 수 있는 능력을 보유한 자

구분	내용
청소년 상담사	• 사회복지사, 임상심리사 등과 함께 Wee 센터 근무 • 해당 자격자가 아닌 경우, 상담전공 대학원생이나 학부 졸업생 선발하기도 함.

구분	기능
1급 청소년상담사	-청소년상담 분야의 최고전문가(지도인력)로 전문적 능력과 상담자 교육 및 훈련 능력을 보유한 자 -청소년상담에 관한 정책 개발 및 행정업무 총괄, 상담기관의 설립 및 운영, 청소년들의 제문제에 대한 개입, 2급 및 3급 청소년상담사 대상 교육 및 훈련
2급 청소년상담사	-청소년상담전문가(기간인력)로 독자적 상담을 수행할 수 있는 능력을 보유한 자 -청소년상담과 관련된 독자적 연구사례 및 수행, 청소년상담의 전반적 업무와 기법 습득, 특정 문제영역에 대한 전문적 개입, 심리검사의 해석 및 활용, 3급 청소년상담사 대상 교육 및 훈련

청소년 상담사	3급 청소년상담사	−상담의 기본과정과 이론적 배경을 바탕으로 1급 또는 2급 청소년 상담사의 지도하에 상담업무 수행할 수 있는 능력을 보유한 자 −1급 및 2급 청소년상담사의 지도하에 상담업무를 수행할 수 있는 능력을 보유한 자 −상담의 제이론에 기초하여 청소년상담을 이해하고 의뢰체제 활용, 1급 또는 2급 청소년상담사의 지도하에 청소년상담업무 수행, 전화상담 및 심리검사 등의 실시와 채점, 청소년상담실 관련 제반 행정적 실무 담당
상담심리사	한국상담심리학회에서 1급과 2급 자격 발급	

3) 진로전담교사

(1) 자격

앞 절에서 진로전담교사 배치에 관한 법률에서 살펴보았듯이, 진로전담교사는 「진로 교육법」 제9조(진로전담교사) 제1항에 의해 초ㆍ중등학교에서 학생의 진로 교육을 전담하는 교사로, 「교원자격검정령 시행규칙」 별표 1에 따른 표시과목 중 중등학교 진로진학상담 과목으로 표시(부전공으로 표시된 경우 포함)된 교원자격을 소지한 자를 말한다. 자격취득을 위해서는 진로전담교사 부전공 자격이수 '진로진학상담 2급' 이수자 또는 교육대학원 진로진학상담 전공과정 이수자이어야 한다.

진로전담교사의 배치 기준과 제2항(교육부장관과 교육감은 초ㆍ중등학교에 진로전담교사를 지원하는 전문인력을 둘 수 있다)에 따른 전문인력의 자격 및 운영 등에 필요한 사항은 대통령령으로 정하여(제9조 제4항) 이루어지고 있다. 「진로교육법 시행령」 제4조에 근거하여 진로전담교사는 학교당 1명 이상을 배치해야 되며, 지금은 시도별로 거의 100% 배치되어 진로 교육 및 진로상담을 실시하고 있다(한국직업능력개발원, 2018).

(2) 역할과 직무

교육과학기술부(2010)는 진로전담교사 전신인 진로진학상담교사의 역할에 대해 학생진로개발 촉진자, 지역사회자원 연계자, 학생 진로 문제 중재자, 입시전형준비 지원자, 그리고 진로 교육자로서 일정 경력을 지닌 후에 보직교사로서 학교 진로 교육을 총괄 관리하는 관리자 역할(이종범, 최동선, 고재성, 이혜숙, 2010)을 제안한 바 있다. 진로전담교사의 직무

표 2-7 진로전담교사의 역할과 직무 내용

역할	직무 내용
학생 진로개발 촉진자	• 진로 및 학습 계획서 작성 지원 • 진로 포트폴리오 지도 • 선취업 후진학 학생의 진로설계 지원 • 커리어넷 등의 진로 교육 관련 심리검사의 활용 및 컨설팅
지역사회자원 연계자	• 교내외 진로탐색 활동 기획 · 운영 • 진로 교육 관련 교육기부 등 지역사회 및 유관기관과의 네트워크 관리
학생 진로 문제 중재자	• 진로 · 진학 관련 학생 진로상담(주당 평균 8시간 이상)
입시전형준비 지원자	• 학교급에 따른 개인 맞춤형 진로지도 및 진학지도 −학교생활기록부 초 · 중 · 고 진로 관련 정보연계 기반 개인별 맞춤형 진로지도
진로 교육자	• 진로진학상담부장 등으로서 학교 진로 교육 총괄 • 학교 진로 교육과정 운영계획 수립 및 프로그램 운영 −진로 교육 집중학년 · 학기제 및 진로체험 교육과정 편성 · 운영 지원 • '진로와 직업' 과목 수업, 창의적 체험활동 중 '진로활동' 지도 (주당 10시간 이내) • 창의적 체험활동 중 진로활동 운영계획 수립 및 운영 • 학부모 대상 진로 교육 연수 및 컨설팅

매뉴얼(교육과학기술부, 2012a; 2012b)에 의하면, 진로전담교사는 진로 교육 기획 및 총괄, 진로 · 진학 관련 학생지도 및 상담, 진로 교육 제반 여건 조성의 세 가지 업무에 대해 상세한 직무 내용을 제시하고 있다.

5. 학교상담의 윤리

이 절에서는 학교상담자가 지켜야 할 윤리에 대해서 살펴보기로 한다. 윤리(倫理)라는 한자어의 의미를 살펴보면, 윤(倫)의 의미는 모여서 뭉친 한 덩어리라는 무리의 뜻이 있다. 즉, 윤리란 무리들이 지켜야 할 원리(理)라는 뜻이다. 그렇다면 학교상담의 윤리란 학교상담자들이 학교상담의 직무를 수행하는 과정에서 품행을 어떻게 해야 하는지에 대한 원리를 담고 있는 것으로, 학교상담자들은 자신이 속한 집단이 추구하는 윤리규정에 대한 숙지가 필요하다. 먼저 상담윤리의 개념에 대해서 법과 윤리, 그리고 도덕과는 어떤 차이가 있

는지 비교하여 상담윤리의 개념을 학습하고 왜 상담윤리가 필요한지에 대해서 상담자의
전문성 측면에서 알아보도록 한다. 그리고 학교상담자들이 알아야 할 윤리규정을 살펴본
후, 학교상담에서 직면할 수 있는 윤리적 딜레마 상황에 대해 어떻게 윤리적으로 의사결정
을 할 수 있을지에 대해 학습하기로 한다.

1) 상담윤리의 개념

정신건강을 다루는 전문가의 윤리적 문제는 법률과 직업윤리규정 모두에 의해서 규제
된다(Corey, Corey, & Callanan, 2011). 윤리와 법을 구분하여 살펴보면, 윤리는 인간의 품행
과 도덕적 의사결정에 관한 철학에 속해 있는 규율로, 상담윤리란 상담자들이 상담 직무를
수행하는 과정에서 적용되는 기준이다. 즉, 상담자는 상담 직무를 수행하는 과정에서 선
한 목적을 이루고 비윤리적인 행위를 하지 않도록 도와주기 위한 것으로, 무엇이 필요한
행동이며 어떤 행동을 하지 말아야 하는지를 알려 준다(김현아 외, 2018). 법이란 사회가 감
당할 수 있는 최소한의 행동기준으로 사회의 구성원들이 더불어 살아가기 위한 기본원칙
으로서 발의되어 사회가 합의한 규정을 말한다. 예를 들어, 전문상담교사가 상담 중에 아
동학대에 대해 알게 되었다면, 신고해야 하는 법적 의무를 들 수 있다. 이렇게 상담자는 윤
리적이고 전문적인 판단을 내려야 하는 상황에서 법률과 연관되는 경우가 많기 때문에 직
무수행 중에 일어날 수 있는 법적인 문제에 관해 알고 있어야 한다. 끝으로, 도덕이란 문화
나 사회의 거시적인 맥락 속에서 결정되며 상담자가 도덕적이라고 판단하는 것은 결국 상
담자의 도덕에 대한 관념과 가치관에 의해서 영향을 받기 때문에 도덕적 행위가 반드시 선
한 행위가 아닐 수 있음을 상담자는 자각할 필요가 있다. 오히려 내담자의 문제행동의 결
과를 보고 도덕적 판단을 한다면, 이것은 상담 전문가로서 윤리적 행위라고 보기 어렵다.

2) 상담윤리의 필요성

상담 직무를 수행하는 데 상담윤리가 필요한 이유는 상담자의 역할을 수행하는 데 기준
이 되기 때문이다. 상담자의 윤리를 규정하는 윤리 강령들(한국상담학회, 한국상담심리학회,
Wee 프로젝트)은 상담자가 직무를 수행할 때 지켜야 할 원칙으로서 내담자의 복지 증진과
무해성의 원칙, 신의와 책임의 원칙, 진실성의 원칙, 공정성의 원칙, 인간의 권리와 존엄성
에 대한 존중의 원칙을 포함하고 있다. 이러한 원칙에 기초하여 구체적인 윤리규정을 정

해 놓고 상담자의 전문적인 품행을 촉구하고 있다.

상담자의 전문성과 윤리적 민감성은 불가분의 관계이며, 상담자의 전문성이 높아질수록 상담자의 윤리적인 민감성은 높아진다(Patterson, 1971; Welfel, 2006). 상담자의 전문성은 상담과 관련된 지식과 기술, 그리고 태도를 함양하여 상담 능력을 유지하고 향상시키기 위한 실천적 노력을 통해 드러난다. 자신의 지식과 기술의 한계를 인식하고 내담자와의 관계에서 내담자 권익의 존중과 복지를 최우선으로 하는 태도를 견지하는 데 있어서 윤리적 규정은 인간행동의 최소한의 기준인 법적 기준을 넘어서는 전문가들에게 요구되는 품행 기준이다. 따라서 상담자의 직무 수행은 상담자의 전문성을 바탕으로 이루어져야 하는 것을 명시하기 위해 상담윤리는 필수적이다. 인간의 변화와 성장을 촉진하는 직무를 수행하는 상담자는 전문직으로서 사명감과 책임의식을 갖고 상담윤리를 따라야 한다.

3) 학교상담의 윤리

학교에서 근무하는 학교상담자들은 일반적인 상담윤리에 맞게 행동함과 동시에 자신이 속한 조직인 학교상담의 윤리규정을 따라야 하는 의무가 있다. Wee 프로젝트(글상자 2-6)의 전문상담교사 윤리강령과 한국상담학회의 분과학회인 한국학교상담학회의 윤리강령(글상자 2-7)을 통해서 구체적인 윤리강령을 살펴볼 수 있다. 학교상담에서는 아동·청소년을 대상으로 상담이 이루어지기 때문에, 사전동의와 비밀보장에 관한 윤리규정에 대해 명확하게 숙지해야 한다. 이에 대해 간략하게 살펴보기로 한다.

(1) 사전동의
상담윤리의 기본 원칙인 내담자의 복지 증진과 무해성의 원칙에 따라, 상담자는 상담을 시작할 때 내담자가 충분한 설명을 듣고 선택할 수 있도록 적절한 정보를 제공해야 한다. 상담자가 내담자에게 설명해야 할 사전동의 항목에는 상담자의 자격, 상담의 기간과 종결 시기, 비밀보호 및 한계 등이 있다. 상담자는 상담 과정의 녹음과 녹화 가능성, 사례지도를 위한 상담 내용의 공개 가능성에 대해 설명하고 내담자 및 보호자의 사전 동의를 구해야 한다.

(2) 비밀보장
상담자는 상담과정에서 알게 된 내담자의 사적이고 민감한 정보를 다룰 때 특별히 주의를 기울어야 하며, 상담과 관련된 모든 정보에 대해 개인정보 보호와 관련된 법을 준수해야 한다. 내담자의 사생활과 관련된 비밀유지에 대한 내담자의 권리를 최대한 존중해야 하는 것은 윤리규정이기도 하지만 특정한 상담 주제일 경우, 비밀유지에 대한 법적인 금지규정이 있기 때문에 상담자들은 비밀보장과 관련해 해당 법규를 알고 있어야 한다. 비밀을 누설하지 않도록 금지 규정이 있는 법으로는 「가정폭력범죄의 처벌에 관한 특례법」 제18조, 「가정폭력방지 및 피해자보호 등에 관한 법률」 「아동학대범죄의 처벌 등에 관한 특례법」 제35조, 「성폭력범죄의 처벌 등에 관한 특례법」 「성폭력피해자보호 등에 관한 법률」 제30조, 「아동복지법」 제65조, 「아동청소년 성보호에 관한 법률」 제31조, 「학교폭력 예방법」 제11조 등이 있다. 해당 내용은 국가법령센터(http://www.law.go.kr/)에서 찾아볼 수 있다.

그러나 법적인 금지규정이 아닌 다음의 경우에는 비밀보호의 한계가 적용된다. 첫째, 내담자의 생명이나 타인 및 사회의 안전을 위협하는 경우, 내담자의 동의 없이도 내담자에 대한 정보를 관련 전문인이나 사회에 알릴 수 있다. 둘째, 내담자가 감염성이 있는 치명적인 질병이 있다는 확실한 정보를 알게 되었을 때, 그 질병의 위험에 노출될 수 있는 제삼자(내담자와 관계 맺고 있는)에게 그러한 정보를 공개할 수 있다. 셋째, 내담자가 학대, 방임을 겪고 있다는 명백한 사실을 알게 되었을 때, 그 정보를 공개하고 신고의무 대상자인 전문상담교사는 신고 절차를 밟아야 한다.

📋 글상자 2-6   **전문상담교사 윤리강령(Wee 프로젝트)**

제1조(목적)

본 강령은 Wee 상담 업무 수행 중 발생 가능한 다양한 윤리적 상황에서의 합리적인 의사결정을 목적으로 한다.

제2조(대상)

본 강령은 Wee 클래스, Wee 센터, Wee 스쿨에서 상담업무를 수행하는 자(이하 전문상담교사로 총칭)를 대상으로 한다.

제3조(태도)

① 전문상담교사는 상담 및 상담 관련 행정업무를 성실히 수행해야 한다.

② 전문상담교사는 상담전문가로서의 역량강화와 자기성찰을 위해 끊임없이 노력해야 한다.

③ 전문상담교사는 자신이 종사하는 기관의 운영목적과 방침을 준수하며, 기관의 발전

을 위해 노력해야 한다.

④ 전문상담교사는 상담 관련 법률, 규정 및 정책을 숙지하고, 내담자의 보호를 위해 최선을 다하여야 한다.

⑤ 전문상담교사는 내담자의 권익과 사회공익을 위해 지역사회의 기관, 조직 및 개인과 협력하고 전문성을 발휘해야 한다.

제4조(권익 및 의무)

1. 권리

① 전문상담교사는 상담 진행 과정에서 타인으로부터 업무상의 간섭이나 복무상의 차별을 받지 않는다.

2. 의무

① 전문상담교사는 내담자의 존엄과 개인적 특성을 고려한 상담 및 심리치료를 수행해야 하며, 내담자를 위한 책임 있는 상담서비스를 제공해야 한다. 만약 본인의 한계를 벗어나는 사례인 경우 해당 분야의 전문가에게 도움을 요청해야 한다.

② 전문상담교사는 개인적 신념이나 종교를 내담자에게 강요해서는 안 되며, 내담자의 가족문화 및 개인배경을 존중해야 한다.

제5조(사전 동의)

① 전문상담교사는 가정통신문 등을 통해 사전 동의에 대한 안내를 하고, 상담 전에 내담자 및 보호자로부터 동의를 얻어야 한다(단, Wee 클래스는 보호자 동의 없이 상담 가능).

② 전문상담교사는 상담 전 내담자에게 상담의 성격, 절차, 방법 등에 대해 충분한 설명을 해 주어야 한다.

③ 전문상담교사는 상담 전 상담내용의 녹음 및 기록에 관해 내담자의 동의를 얻어야 한다.

④ 전문상담교사가 보다 전문적인 치료를 위해 내담자에 대한 정보를 타 기관에 제공할 경우, 정보제공에 대한 내담자 및 보호자의 동의를 얻어야 한다.

제6조(정보보호)

1. 비밀보장의 원칙

① 전문상담교사는 내담자의 인적사항 및 상담내용에 대해 비밀을 보장해야 한다.

② 전문상담교사는 상담의 비밀보장원칙을 내담자의 담임교사, 의뢰교사, 관리자 등에게도 알려 내담자의 신변을 보호하고 권리를 최대한 보장해 주어야 한다.

2. 비밀보장의 한계

① 전문상담교사는 내담자 보호를 위해 필요하다고 판단될 경우, 상담내용을 내담자의 보호자와 담임교사 등에게 공개할 수 있다.

② 전문상담교사는 자신이 속한 기관장의 요청이 있을 경우, 상담절차·방법·내용 등의 상담 진행 상황에 대해 보고할 수 있다.

③ 전문상담교사는 내담자가 개인 및 사회에 미칠 위해 요소가 있다고 판단될 경우, 내담자에 대한 정보를 해당 전문가에게 제공할 수 있다.

－내담자가 자신이나 타인 또는 기관에 해를 끼칠 의도나 계획을 가진 경우

－내담자가 전염성 있는 질병을 가지고 있다는 것을 알게 된 경우

－내담자가 방치 또는 학대를 받고 있다는 것을 알게 된 경우 등

④ 전문상담교사는 독자적으로 해결하기 어려운 윤리적 사안이 발생하여 학교운영위원회 또는 Wee 상담윤리위원회(구성원의 예: 학교장(교감), 학생생활지도부장교사, 담임교사, 학부모회장 등)를 소집하여 심의, 의결할 경우, 내담자 및 보호자의 동의하에 진행할 수 있다.

3. 정보관리

① 전문상담교사는 자료보관상의 한계점을 주지하고, 제3자가 내담자의 동의 없이 내담자의 기록에 접근하지 못하도록 적절한 조치를 취하는 등 내담자의 정보를 철저히 관리해야 한다.

② 전문상담교사는 상담내용을 학회의 사례발표회, 상담수퍼비전, 수업, 홍보 등의 자료로 활용할 경우, 내담자 또는 보호자의 동의 절차를 거치는 것은 물론, 내담자의 신상정보 및 상담내용을 편집·사용하여 내담자의 개인정보가 노출되지 않도록 해야 한다.

📑 **글상자 2-7** **학회별 윤리규정 및 윤리강령**

학교상담학회 윤리규정

목적: 학교상담자는 학교제도의 구조 내에서 상담수혜자들의 안녕과 복지를 위해 전문적인 상담활동을 수행할 수 있도록 최선을 다해야 함.

• 7개의 항목으로 구성

• 학생에 대한 책임: 상담수혜자의 허락 없이 비밀정보를 공개하는 것이 내담자에게 해를 끼칠 잠재 가능성이 있을 때는 법정에 공개요구를 하지 말라고 요청한다.

• 상담수혜자 자신이나 다른 사람에게 명백하게 위험이 있거나, 비밀을 공개하라는 법적인 요구가 있을 경우를 제외하고는 상담자가 상담을 통해 알게 된 상담수혜자의 정보에 대해 비밀을 보장한다.

- 상담수혜자의 개인적인 정보가 들어 있는 기록을 보호하고, 개인적인 정보를 유출할 때는 규정된 법률과 학교정책에 따른다.

한국상담심리학회 윤리강령

목적: 한국상담심리학회는 회원들이 모든 인간의 존엄성과 가치를 존중하고 다양한 조력활동을 통해 인간 개개인의 잠재력과 독창성을 신장하여 저마다 자기를 실현하는 건전한 삶을 살도록 도움.
- 8개 조항으로 구성
- 5. 정보의 보호 [가] 사생활과 비밀보호: 상담심리사는 내담자의 사생활 침해를 최소화하기 위해 문서 및 구두상의 보고나 자문 등에서 실제 의사소통된 정보만을 포함시킨다.
- 5. 정보의 보호 [다] 비밀보호의 한계: 법적으로 정보의 공개가 요구될 때는 비밀보호의 원칙에 예외이지만, 법원이 내담자의 허락 없이 사적인 정보를 밝힐 것을 요구할 경우, 심리상담사는 내담자와의 관계를 해칠 수 있기 때문에 정보를 요구하지 말 것을 법원에 요청한다.
- 상황들이 사적인 정보의 공개를 요구할 때 오직 기본적인 정보만을 밝힌다. 더 많은 사항을 밝히기 위해서는 사적인 정보의 공개에 앞서 내담자에게 알린다.

한국상담학회 윤리규정

목적: 상담자는 각 개인의 가치, 잠재력 및 고유성을 존중하며, 다양한 조력활동을 통하여 상담수혜자가 전인적 발달을 할 수 있도록 촉진하고, 보다 바람직한 사회생활을 할 수 있도록 도움.
- 9개의 내용으로 구성
- 3. 정보의 보호 [4] 상담자는 내담자에 대한 정보를 동료상담자 혹은 수퍼바이저에게 제공할 경우, 사실적이고 객관적인 정보로 구성하며, 내담자의 구체적 신분에 대해 파악할 수 없도록 할 책임이 있다. 더 많은 사항을 밝히기 위해서는 사적인 정보의 공개에 앞서 내담자에게 알린다.

미국상담학회 윤리규정
(American Counseling Association Code of Ethics)

목적: 상담서비스를 이용하는 사람들에게 최선을 다해 봉사하고 상담전문직의 가치를 가장 잘 향상시킬 수 있는 전문가로서의 행동방향을 만들어 갈 수 있도록 학회원들을 보호하기 위해 고안됨.

- 8개의 주요부분으로 구성
- [Section B: 비밀보장, 증언거부권, 사생활보호]
- B.1.c 비밀보장 존중: 상담자는 내담자의 동의 없이 또는 충분한 법적 또는 윤리적 정당성 없이 비밀정보를 공유하지 않는다.
- B.2 비밀유지 예외 사안
- B.2.c 법정명령에 의한 정보개방: 법정이 내담자의 동의 없이 비밀정보를 개방하라는 명령을 내린 경우 상담자는 서면으로 된 사전 동의서를 내담자로부터 받거나, 공개금지 조치를 취하거나, 내담자 또는 상담관계에서 잠재적으로 위협을 줄 수 있으므로 가능한 최소한으로 한정하여 공개한다.
- B.2.d 최소한의 정보개방: 가능한 한 비밀정보를 공개하기 전에 내담자가 사전에 그 사실을 알고 있고 공개에 대한 의사결정 과정에 참여하게 된다. 비밀정보를 공개해야 할 상황이라면, 꼭 필요한 정보만 공개한다.

4) 윤리적 의사결정

여러분이 상담자라 가정하고 다음과 같은 윤리적 딜레마 상황에서 어떻게 판단하고 윤리적으로 행할 수 있을지에 대해 생각해 보자.

중학교 2학년 여학생을 상담하고 있던 상담교사 A씨는 내담자가 고등학생 오빠와 사귀고 있다는 사실을 알고 있었는데, 내담자가 최근에 임신을 하였고 임신 중절을 가능케 하는 낙태약을 복용한 사실을 듣게 되었다. 여학생은 한여름에도 몸을 덜덜 떨면서 식은땀을 흘리며, 절대로 담임선생님과 엄마한테 얘기하면 안 된다고 회기 내 상담자에게 다짐을 받아 내려 했다. 상담자는 상담 중에 내담자의 건강 상태를 우려했지만, 내담자는 이게 처음이 아니라며 괜찮으니 아무에게도 알리지 말길 당부했다. 결국 상담자는 비밀보장의 원칙을 생각하고 내담자가 원하지 않기 때문에 담임교사 및 부모에게 알리지 않은 채, 자비로운 마음으로 내담자를 병원에 데리고 가서 자신의 사비를 들여 치료를 받게 하였다.

이 사례에서 상담자가 대처한 행동은 윤리적으로 타당한 의사결정을 하고 상담전문가로서 적절한 윤리적 행동으로 대처하였는지 우리는 어떻게 판단할 수 있을까? 여러분은 앞의 상담자가 대처한 행동이 상담 전문가로서 윤리적 행동을 한 것이라 생각하는가? 윤리적 의사결정을 위해 다양한 모델이 있는데, 여기서는 월펠(Welfel, 2006)의 윤리적 의사결정 10단계를 통해 위의 사례를 살펴보기로 한다.

① 1단계: 윤리적 민감성을 개발하라.
② 2단계: 관련 사실과 사례의 사회문화적 맥락을 명백히 하라.
③ 3단계: 주요 쟁점사항과 가용한 대안을 정의하라.
④ 4단계: 전문가 기준, 관련 법률 또는 법규를 참조하라.
⑤ 5단계: 윤리 관련 문헌을 사례에 적용하라.
⑥ 6단계: 윤리적 원칙을 사례에 적용하라.
⑦ 7단계: 수퍼바이저와 존경받는 동료에게 자문을 구하라.
⑧ 8단계: 심사숙고해서 결정하라.
⑨ 9단계: 수퍼바이저에게 알린 후 실행하고 행동을 문서화하라.
⑩ 10단계: 경험한 것을 반성적으로 생각해 보라.

위의 단계에 따라 의사결정을 시도하기 위해서 고려해야 할 사항을 중심으로 앞서 사례에서 나타난 상담자의 대처 행위에 대해 살펴보자. 첫째, 앞의 상담자는 해당 회기 내에 있었던 상담 주제가 윤리적 딜레마 상황이라는 것을 인식하지 못하여 윤리적 감수성을 발휘하지 못했다. 둘째, 중학교 여학생인 딸이 임신한 사실에 대해서 부모가 알게 될 경우와 이러한 사실을 모를 경우에 사회문화적 맥락에서 파악할 필요가 있었음에도 불구하고 미성년 내담자의 입장에서 판단한 아쉬움이 있다. 우리나라에서는 어린 여학생이 임신했다는 사실에 대해서 도덕적 판단을 할 수 있는 맥락의 영향을 고려해야 하지만 더불어 의학적으로 낙태약을 반복하여 복용한 사춘기 여학생의 건강 상태는 내담자의 성장에 큰 해가 될 수 있다는 사실도 고려해야 한다. 셋째, 담임교사와 부모가 임신 사실과 반복적인 낙태약 복용의 사실을 알 때 결과적으로 내담자에게 벌어지는 상황과 알리지 않은 채 상담자 자신이 병원에 데리고 가서 치료를 받게 하는 경우에 나타나는 결과 그리고 그밖에 다른 대안들을 살펴보는 과정이 필요했다. 넷째, 전문상담교사의 윤리강령과 기타 상담전문가들의 윤리강령에서도 내담자의 생명에 위협이 되는 경우에는 비밀유지의 한계가 있고 이를 관련자에게 알릴 수 있다는 규정을 확인할 필요가 있었다. 다섯째, 타당한 윤리적 의사결정이 어려울 경우에는 수퍼바이저나 동료 상담자들에게 자문을 구해야 하는 윤리규정을 찾지 못했고, 단순하게 내담자의 난처한 상황만을 고려하여 즉흥적으로 의사결정을 하고 자신이 직접 보호자의 역할을 수행하였다. 상담자가 내담자를 직접 병원에 데려가서 치료를 받게 한 행위가 윤리적 행위로 보일 수 있지만, 윤리적 행위는 전문가다운 행위라는 것을 상기한다면, 내담자에게 유익하였을지 모르지만 공인된 직무로부터의 이탈이 될 수도 있다. 사례의 상담자가 진행한 의사결정과 대처에 대한 문제점을 인식하였다면, 각 단계별로 윤리적 의사결정을 위해 어떻게 해야 할지 다음의 수업활동 2-2에 있는 표 오른쪽 부분에 각자의 의견을 작성해 보도록 한다.

수업활동 2-2 **웰펠(Welfel, 2006)의 윤리적 의사결정 모델의 적용**

1. 앞서 제시된 사례를 읽고 여러분이 학교상담자라 가정하고 어떻게 대처할 수 있을지에 대해 웰펠이 제시한 10단계 윤리적 의사결정 단계에 따라 고려해 보자.

윤리적 의사결정의 단계별 내용	사례의 적용
1. 윤리적 민감성을 개발하라.	
2. 관련 사실과 사례의 사회문화적 맥락을 명백히 하라.	
3. 주요 쟁점사항과 가용한 대안을 정의하라.	
4. 전문가 기준, 관련 법률 또는 법규를 참조하라.	
5. 윤리 관련 문헌을 사례에 적용하라.	
6. 윤리적 원칙을 사례에 적용하라.	
7. 수퍼바이저와 존경받는 동료에게 자문을 구하라.	
8. 심사숙고해서 결정하라.	
9. 수퍼바이저에게 알린 후 실행하고 행동을 문서화하라.	
10. 경험한 것을 반성적으로 생각해 보라.	

2. 각자 자신이 작성한 내용을 바탕으로 조원들과 토의하여 윤리적으로 가장 적절한 의사결정에 대해 발
표해 보자.

참고문헌

김계현, 김동일, 김봉환, 김창대, 김혜숙, 남상인, 천성문(2009). **학교상담과 생활지도**. 서울: 학지사.

강진령(2015). **학교상담과 생활지도**. 서울: 학지사.

강진령, 손현동, 조은문(2005a). 고등학교 상담교사의 역할에 대한 요구 분석. **상담학연구**, 6(4), 1351-1368.

강진령, 손현동, 조은문(2005b). 중학교 상담교사의 역할에 대한 요구 분석. **청소년상담연구**, 13(2), 61-74.

강진령, 이종연, 손현동(2007). 학교상담자들이 직면하는 윤리적 갈등과 대처방법 분석. **청소년상담연구**, 15(1), 17-27.

교육과학기술부(2010). 진로진학상담교사 역량 개발. 교육과학기술부 진로진학상담교사 자격 연수 교재.

교육과학기술부(2012a). **진로진학상담교사 활동매뉴얼: 중학교**.

교육과학기술부(2012b). **진로진학상담교사 활동매뉴얼: 일반고**.

금명자(2007). 전문상담교사의 학교상담자 역할에 대한 기대와 예상의 차이. **한국심리학회지: 상담 및 심리치료**, 19(4), 843-861.

김민향, 김동민(2015). 학교상담자 역할에 대한 Wee 클래스 상담자의 인식 분석. **상담학연구**, 16(6), 447-463.

김인규 (2011). **한국의 학교상담체제**. 경기: 교육과학사.

김지연, 김동일(2016). 학교상담자 역할에 대한 학교 관리자의 인식. **상담학연구**, 17(3), 377-398.

김현아, 공윤정, 김봉환, 김옥진, 김요완, 노성숙, 방기연, 이장호, 임정선, 정성진, 정혜정, 황임란(2018). **상담철학과 윤리(2판)**. 서울: 학지사.

성현모, 이상민(2017). 학교상담제도의 국제비교연구. **상담학연구**, 18(5), 263-285.

손은령 (2014). 교육 학교상담. 행정안전부 국가기록원. http://www.archives.go.kr

유순화, 류남애(2016). **등교거부 학생을 위한 학업중단숙려제 상담 프로그램**. 서울: 학지사.

유정이 (1997). 한국 학교상담형성과정연구. 서울대학교 대학원 박사학위논문.

이종범, 최동선, 고재성, 이혜숙 (2010). 진로진학상담교사 양성을 위한 표준교육과정 개발 연구. 교

육과학기술부.

최상근 외(2011). Wee 프로젝트 운영 성과분석 및 발전계획 수립 연구. 한국교육개발원(CR2011-33).

한국교육개발원(2010). Wee 센터 신규 종사자 직무연수 자료집.

허승희, 박성미(2008). 중등학교 전문상담교사의 역할에 대한 학생, 학부모, 교사의 요구 분석. 교원교육, 24(1), 1-22.

Corey, G., corey, M. S., Callanan, P. (2011). *Issues and ethics in helping professions* (8th ed.). Brooks/cole.

Gysbers, N. C., & Henderson, P. (2001). *Comprehensive guidance and counseling programs: A rich history and a bright future. Professional School Counseling, 4*, 246-256.

Patterson, C. H. (1971). Are ethics different in different settings? *Personnel and Guidance Journal, 50*, 254-259.

Schmidt, J. J. (1999). *Counseling in Schools: Essential Services and Comprehensive Programs.* Boston, MA: Allyn & Bacon.

Schmidt, J. J. (2014). *Counseling in Schools: Comprehensive Programs of Responsive Services for All Students* (6th ed.). NJ: Pearson.

Welfel, E. R. (2006). *Ethics in counseling and psychotherapy: Standards, research, and emerging issues* (3rd ed.). Thomson Brooks/Cole Publishing Co.

Witmer, J. & Clark, M. A. (2007). *Managing your school counseling program: k-12 developmental strategies* (3rd ed.). VA: Educational Media Corporation.

https://kess.kedi.re.kr.

제3장

학교상담과 생활지도의 이론적 배경

앞서 제1장에서 우리나라 학교상담과 생활지도의 발달과 역사에서 살펴본 것처럼, 학교상담과 생활지도는 포괄적인 청사진을 통해 발전되기보다는 시의적으로 당면한 문제들을 해결하기 위해 실천해 왔기 때문에 이를 뒷받침할 이론 또한 다양할 수밖에 없다. 이 장에서는 학교상담과 생활지도를 어떻게 실시할 수 있는지에 관한 이론적 접근으로서 종합적인 학교상담 프로그램과 예방상담학적 관점의 긍정적 행동 개입 지원 서비스에 대해 살펴보고자 한다. 이 두 가지 실행 접근은 우리나라 학교상담 체계를 뒷받침할 수 있는 이론적 근거로서 현행의 학교상담과 생활지도가 전인적 인간의 육성이라는 교육 목적을 달성하기 위한 구체적인 방향과 지도의 역할을 제공할 수 있다. 끝으로, 학생의 건강한 성장과 발달을 촉진하기 위해서는 인간 발달에 대한 발달심리학적인 지식이 필요하기 때문에 청소년에 대한 발달적 특성을 살펴보기로 한다. 우리 인간은 저마다 개인 차이가 있지만, 성장하는 과정에서 보편적으로 나타나는 발달적 특성과 성장을 촉진하고 예방하는 요인과 방해 요인들에 대한 이해를 통해 학교상담자는 도움을 필요로 하는 학생들을 좀 더 효과적으로 도와줄 수 있다.

1. 이론의 필요성

이번 장에서는 학교상담과 생활지도가 성장과 발달, 예방, 치료와 개선, 그리고 사회 정의의 실현 및 옹호의 목표를 달성하기 위해서 어떻게 해야 하는지 그 방법에 대한 안내를 제시하는 이론적 배경에 대해 살펴보고자 한다. 맛있는 된장찌개를 먹고 싶은 목적을 달성하기 위해서는 식재료를 구입하고 준비해서 요리를 실시해야 하는데, 이때 어떻게 요리를 해야 하는지에 대한 요리법을 알고 있다면 쉽게 원하는 목적을 달성할 수 있듯이, 학교상담과 생활지도의 목적을 달성하기 위해서는 효과적인 이론에 기초하여 실천할 필요가 있다. 이론이란 복잡한 현실을 이해하고 설명하는 논리적 체계로서 학교상담을 실시하는 데 방향성을 제시하는 기능이 있다. 이러한 이론을 실제에 적용하면서 이론과 현실의 차이가 발생할 때 이론은 수정되어 현실을 더 잘 반영할 수 있는 방향으로 발전하고 동시에 실제도 그에 따라 개선되는 순환적 관계 안에서 이론과 실제를 이해할 필요가 있다.

오늘날 학교상담을 포함한 다양한 교육 활동에서 과학적 연구를 통해서 확인된 효과적인 방법의 적용을 중시하는 증거-기반의 교육 실제는 교육의 중요한 책무로서 강조되고 있다(손승현, 서유진, 이주영, 문주영, 2011; 서울대특수교육연구소, 2012). 학생들을 대상으로 시간과 비용을 들여 비효과적인 교육을 실행하는 것은 교육의 윤리에 위배되는 것으로 교육적 행위라 보기 어렵다. 따라서 학교상담과 생활지도는 당위적인 사고보다는 과학적 사고를 바탕으로 검증된 이론에 기초하여 목표한 바를 달성하고 그 성과에 대한 지속적인 평가 과정을 통해 학교상담 실제의 질을 향상시킬 필요가 있다. 즉, 보다 논리적이고 체계적인 이론에 기초하여 학교상담의 실제를 운영한다면, 그 이론이 나침반의 역할을 함으로써 시행착오를 줄이고 보다 효과적인 교육의 성과를 가져올 수 있을 것이다. 학교상담과 생활지도를 실천하는 데 방향성을 제시하는 이론적 접근으로서 종합적 학교상담 프로그램과 긍정적 행동 개입 지원에 대해 살펴보기로 한다.

2. 종합적 학교상담 프로그램

학교상담 프로그램은 학교가 추구하는 교육의 목적과 사명의 한 부분으로서 계획된 구성요소이다. 종합적 학교상담 프로그램(comprehensive school counseling)은 교육의 목적을 달성하는 데 학교상담이 어떻게 공헌할 수 있는지에 대한 포괄적이고 종합적인 청사진이라 할 수 있다. 여기서 '종합적(comprehensive)'이란 의미는 특정한 영역에 초점을 두는 것이 아니라 전체 교육과정 내에서 학교상담과 생활지도가 학생들의 다양한 발달 영역을 포괄하여 균형 있게 다루는 접근을 강조한 것이다(Gysbers & Henderson, 2012). 즉, 종합적 학교상담 프로그램이란 학교상담과 생활지도를 학교 전체 교육 맥락에서 전달하는 접근 모델로 미국에서는 몇 가지 접근들이 개발되어 적용되어 오고 있다. 대표적으로 종합적인 생활지도 프로그램 모델(Gysbers & Henderson, 2001; 2012), 상담 및 발달적 생활지도 접근(Myrick, 2003), 미국 학교상담학회 국가모델(ASCA National Model; ASCA, 2004) 등이 있는데 미국 학교상담학회에서 제안한 종합적 학교상담 프로그램이 학교 현장에 적용되어 그 효과성에 관한 연구들이 이루어지고 있어 이 책에서는 ASCA(American School Counseling Association)가 제안한 모델을 중심으로 살펴보기로 한다. [그림 3-1]은 ASCA가 제안한 세 가지 발달영역(인성/사회성 발달, 학업, 진로)에 대한 국가표준과 종합적 학교상담 프로그램 실행을 위한 기초, 운영 및 전달 체계 그리고 책임의 3단계 모형을 제시한 것이다.

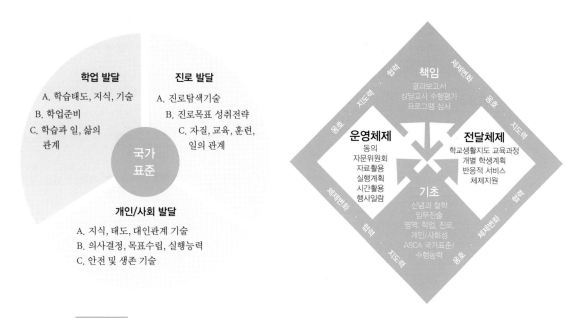

그림 3-1   **ASCA 국가표준 및 종합적 학교상담 프로그램: 3가지 발달영역과 3수준의 단계**

출처: 성현모, 이상민(2017).

1) 종합적 학교상담 프로그램의 내용 영역

종합적 학교상담 프로그램과 서비스는 학교가 추구하는 사명 아래 학교의 효과성을 향상시키기 위해 학생의 교육적 발달과 진로 발달 그리고 인성 및 사회성 발달의 필수적인 영역을 다룰 필요가 있다. ASCA는 학교상담 프로그램을 통해서 학생들이 향상될 수 있는 지식과 기술 그리고 특정한 태도에 관한 국가 표준을 개발하였다(ASCA, 2004). 구체적인 인성 및 사회성 발달, 학업 발달, 진로 발달의 세 가지 영역에 관한 표준은 〈표 3-1〉에서 확인할 수 있다.

ASCA가 제안한 종합적 학교상담 프로그램은 학업 발달과 진로 발달 그리고 인성 및 사회성 발달의 세 가지 영역에서 학생들이 성취해야 할 표준과 역량을 구체화하여 학교상담자들이 활용할 수 있는 이론적 기초가 된다. 이러한 종합적 학교상담 프로그램들의 효과에 관한 연구들(Barna & Brott, 2011; Sink, Akos, Turnbull, & Mvududu, 2008)은 학생들의 인

표 3-1 ASCA 학생 성과에 대한 국가 표준의 예

영역		학생 성과 표준
학업 발달	A	학생들은 생애 주기에 따라 학교에서 효과적인 학습에 기여하는 기술, 지식 그리고 태도를 습득할 것이다.
	B	학생들은 대학과 같은 고등학교 이후의 교육을 선택하는 데 필수적인 학업 준비로 학교교육을 완수할 것이다.
	C	학생들은 학업 발달이 지역사회 및 직업의 세계와 가정에서의 삶과 어떻게 관련되는지를 이해할 것이다.
진로 발달	A	학생들은 자기에 관한 지식과 관련된 직업 세계를 조사하고 적합한 진로 결정을 위한 기술을 습득할 것이다.
	B	학생들은 성공과 만족으로 미래 진로 목표를 성취하기 위해 다양한 전략들을 구사할 것이다.
	C	학생들은 개인적 특성, 교육, 훈련 그리고 직업 세계 사이의 관계를 이해할 것이다.
인성 및 사회성 발달	A	학생들은 자기 자신 및 타인을 이해하고 존중하는 대인관계 기술, 태도, 지식을 습득할 것이다.
	B	학생들은 목표를 성취하기 위해서 필요한 의사결정을 하고 목표를 세우고 실행할 것이다.
	C	학생들은 안전과 생존 기술을 이해할 것이다.

출처: ASCA (2005).

2. 종합적 학교상담 프로그램 69

성 및 사회성 발달이 학업 성취 및 수행에 긍정적인 영향을 미치는 것으로 보고하고 있다. 종합적 학교상담 프로그램에서 제안하는 세 가지 발달 영역은 학교상담 프로그램을 계획하기 위한 하나의 구조를 제공하는데 이에 대해 간략하게 살펴보자.

(1) 인성 및 사회성 발달

인성 및 사회성 발달은 학업 발달과 진로 발달의 기초가 되는 발달 영역으로 종합적 학교상담 프로그램의 첫 번째 목적은 인성 및 사회성 발달을 촉진하는 것이다. 사실 과거 학교교육의 책임은 주로 학업에 중심을 두고 학생 개개인의 인성과 사회성 발달은 주로 가정의 책임으로 여겨져 왔으나, 현대사회는 가족이 담당한 기능을 학교가 떠안아야 하는 시대적 특성이 있다는 것을 제1장에서 살펴보았다. 학생들이 자신의 정서와 사고, 행동 그리고 신체에 대해 잘 이해하고 다룰 수 있는 자기조절 능력을 키운다면 자연스럽게 타인에 대한 이해와 공감 능력이 향상되고 이는 순차적으로 원만한 대인관계를 형성할 수 있는 사회적 기술을 함양할 수 있도록 한다. 따라서 학교상담자는 학생들의 인성 및 사회적 발달을 조력하기 위해서 학생들에게 다양한 심리 교육과 집단지도 및 상담, 그리고 개인상담을 통해서 학생들이 인간 존재로서 자신을 이해할 수 있는 방법을 배우고 익힐 수 있도록 도움을 주어야 한다. 학교급별 인성 및 사회성 발달의 목표는 〈표 3-2〉와 같다. 인성 및 사회성 발달의 목적을 성취하기 위한 구체적인 상담방안에 대해서는 제8장 인성과 사회성 발달을 위한 상담이론과 실제를 참조하길 바란다.

표 3-2　학교급별 인성 및 사회성 발달의 목표

초등학교	중학교	고등학교
자기중심적 세계관을 탈피하고 다른 사람들을 보다 수용하는 관점으로 이동하도록 돕는다.	초등학교에서 시작된 자기발달 과정을 계속하면서 신체적 변화, 성적 발달, 그리고 사회적인 소속감의 중요성을 강조한다.	극복하기 힘든 도전과 장애의 실패경험은 미래의 사회적 만남, 교육계획, 진로욕망에 중요한 영향을 끼칠 수 있다. (예: 남녀 교제)

(2) 학업 발달

학교의 중요한 사명은 모든 학생들이 미래의 삶을 살아가는 데 필요한 지식과 기술 그리고 태도를 학습할 수 있도록 모두에게 균등한 기회를 제공하고 이를 실현할 수 있도록 하는 데 있다. 학교상담자들은 학생들의 학업 역량을 촉진하기 위해 학업 관련 프로그램들을 제공하고 학생들의 학업 발달 및 진전을 위한 교수 학습법에 대해 교사들을 안내할 수 있다. 개별적으로 학생 상담을 통해서 학생의 학업 발달이 미래 삶의 목표와 계획을 수립하는 데 어떠한 영향을 주는지 살펴봄으로써 학생들의 학업 발달 향상에 기여할 수 있다.

과거에는 학생들의 학업 발달 영역은 교과교사들의 책임으로 간주되었으나, 오늘날의 학교에서는 학생들의 학업 성취에 영향을 미치는 정서, 인지, 사회적 요인들에 대한 전문적인 지식을 겸비한 학교상담자들이 교과교사와 담임교사들과 협력하여 학생의 학업 역량을 함양할 수 있는 지도력을 발휘할 필요가 있다. 학교상담자들은 학생들의 학습 동기를 고취하고 학습의 목표를 달성하기 위해 필요한 학습 전략에 대한 지식을 바탕으로 학습 상담을 위한 준비가 필요하다. 이에 대해서는 제9장에서 자세하게 살펴볼 수 있다.

(3) 진로 발달

아기 새가 스스로 비상하여 먹잇감을 잡을 수 있도록 어미 새가 단계적으로 훈련을 시키듯이, 가정과 학교에서의 진로교육은 청소년들이 개체로서 자신의 생계유지를 위해 필요한 역량을 개발하여 독립할 수 있도록 단계적인 준비를 시키는 데에 목적이 있다. 우리나라 청소년들의 경우, 초등학교 입학 후 고등학교 생활까지 자신의 진로에 대해 스스로 묻고 답을 할 수 있을 만큼 충분한 여유와 시간을 확보하기 어려운 문제가 있다. 대부분의 부모들은 대학입학이라는 목표를 향해 학교에서 학업 성취를 자녀의 가장 중요한 삶의 과제로 여기고 자녀가 초등학교에서부터 좋은 시험 성적을 얻기 위해 매진하기를 바란다. 한국 직업능력개발원(2012)이 학부모 909명을 대상으로 조사한 연구 결과에 의하면, 중ㆍ고등학생 자녀의 직업 1, 2, 3순위가 교사, 공무원, 의사였으며, 자녀가 바라는 직업 또한 부모와 크게 다르지 않은 것으로 나타났다. 이러한 결과는 자녀들이 스스로 무엇을 원하는지 탐색할 수 있는 시간과 기회를 주기보다는 부모들의 의견에 대다수의 많은 학생들이 동의하고 크게 고민하지 않은 채 진로를 선택하고 있는 현상을 보여 주는 것이라 할 수 있다.

이러한 청소년들의 편중된 진로 선호에서 알 수 있듯이, 학교상담과 생활지도는 학생들이 일의 본질이 무엇이고 진로 선택이 자신의 삶의 목적과 어떻게 관련되는지에 대한 안목을 키울 수 있도록 진로 발달을 촉진하는 데 많은 시간과 노력을 기울일 필요가 있다. 2011년부터 진로진학상담교사를 고등학교에 배치하기 시작하면서 오늘날 진로전담교사로 명칭이 변경되어 초등학교에도 배치되고 있는 시점에서 진로전담교사는 단순히 상급학교 진학을 위한 조언에 머물지 않고 다양한 학생들이 다양한 진로를 선택하고 그에 맞게 준비하고 실천할 수 있도록 조력하는 전인적 진로상담(Lent & Brown, 2013)을 수행할 필요가 있다. 학생들의 진로 발달을 조력하기 위한 진로교육과 상담에 관한 내용은 제10장을 참조하길 바란다.

2) 종합적 학교상담 프로그램의 단계

종합적 학교상담 프로그램은 학교와 지역사회에서 확인된 욕구, 목표, 목적에 반응하여 제공되는 상담, 자문, 조정 그리고 평가 서비스로 구성된다(Schmidt, 2014). 종합적 상담 프로그램의 목표는 학생, 학부모 그리고 교사의 욕구에 대한 적절한 평가 결과로 확인되고 목표의 우선순위가 매겨지게 된다. 학교상담자들이 학생들의 학업, 진로, 인성 및 사회성 발달을 조력하기 위해서 특정 활동을 도입하고 실행하는 데 필요한 결정은 일련의 과정으로서 계획, 조직, 실행, 평가의 절차에 따라 진행할 수 있다.

(1) 계획하기

학교의 목표, 학생, 학부모 그리고 교사의 욕구를 반영하여 상담 프로그램을 위한 목적과 목표를 결정하는 단계이다. 계획하는 과정은 학교 전체 구성원들의 정확한 평가가 이루어지는 학기 초에 이루어진다. 지역 교육청의 주요 연간 사업 일정과 학교에서 추진하는 주요 행사에 대한 결정이 이루어지면 학생과 교사 그리고 학부모의 욕구를 적절한 방법으로 평가하여 예방과 발달, 그리고 치료 서비스에 대한 구체적인 계획을 세우고 결정한다.

(2) 조직하기

프로그램을 조직하는 활동은 학교가 어떤 서비스를 누가 누구에게 언제 수행할 것인가를 결정하는 과정이다. 연간 목적 및 목표를 정한 후에 한 해 동안의 주요한 행사에 대한 계획을 개발하고 학교상담 프로그램 운영을 위한 구체적인 계획을 개발하는 단계이다. 종합적 학교상담 프로그램을 구성하기 위해서는 학교교육과정과 연계해야 하므로 상담자, 교사, 행정가, 그리고 다른 기타 직원들과 협력하여 각자의 역할을 확립할 필요가 있다.

(3) 실행하기

종합적 학교상담 프로그램의 실시 단계로 상담자, 교사 등은 프로그램을 구성하는 학교 상담 서비스를 제공한다. 이러한 학교상담 프로그램 서비스를 제공할 때, 다양한 방법으로 진행할 수 있다. 이를테면, 개인상담과 소집단 상담, 교사와 학부모 자문, 학급과 소집단 생활지도, 학생평가 및 환경평가, 그리고 의뢰 등의 방법이 있다. 이에 대해서는 제2부 학교상담과 생활지도의 방법에서 자세히 살펴볼 수 있다.

(4) 평가하기

제공된 학교상담 프로그램이 본래의 목적을 달성하기 위해 설정한 목표를 얼마나 성취하였는가에 대해 적절한 방법으로 평가하는 단계이다. 서두에서 설명하였듯이, 과학적 연구를 통해서 확인된 효과적인 방법의 적용을 중시하는 증거−기반의 교육적 실제를 강조하고 있기 때문에, 학교상담자 및 교사들은 학생들에게 제공하는 프로그램 서비스가 어떤 성과를 가져왔고 효과적이지 못하였다면, 문제점이 무엇인지에 대한 분석과 평가 활동을 통해서 프로그램을 수정·보완해야 한다. 이러한 일련의 단계들은 순환적으로 이루어지기 때문에 평가 결과는 다시 프로그램 설계 및 조직에 영향을 주고 다시 실행함으로써 증거−기반의 실제로서 학교상담과 생활지도의 효과성을 높일 수 있다. 평가 활동의 구체적인 방법에 대해서는 제4부에서 자세히 다루고 있다.

표 3-3 종합적 학교상담 프로그램의 단계

단계	내용
계획하기	학기 초 학교의 목표, 학생, 학부모, 교사의 욕구, 그리고 그들의 상담 프로그램을 위한 목표와 목적을 선택하도록 돕는 절차와 결정으로 구성됨.
조직하기	어떤(what) 서비스에 누가(who) 책임이 있는가와 서비스를 언제(when) 수행할 것인가를 확인하도록 돕는 과정
실행하기	개인상담, 소집단 상담, 교사와 학부모 자문, 학급과 소집단 생활지도, 검사, 위기중재, 자문 등의 실시단계
평가하기	학교상담 프로그램의 성과를 평가하고, 분명한 약점을 확인하고, 미래를 위해 프로그램 변화를 권장하게 하는 절차로 학교상담자의 정체성과 신뢰성에 필수적인 단계

3) 종합적인 학교상담을 위한 적절한 환경

학교가 교육적 기능을 원활하게 수행하려면, 교육 철학, 프로그램 및 서비스, 교육내용과 과정, 교직원 등 내적 자원이 필요함과 동시에 건물, 자료, 장비, 재정 등의 물리적 자원이 필요하다. 종합적 학교상담 프로그램의 교육적 기능을 발휘하려면 학교 내에서 상담

2. 종합적 학교상담 프로그램

서비스를 제공할 수 있는 시설과 자원 또한 필요하다.

(1) 상담센터 또는 상담실

비밀보장이 되는 상담 및 자문 서비스를 제공하기 위해 상담자들은 학교 내에 적절한 공간이 필요하다. 우리나라 초·중등 교육기관에 상담센터가 설립된 곳은 없지만 Wee 프로젝트 사업이 진행되면서 각 학교에 Wee 클래스가 설치·운영되고 있다.

학교급별 상담센터나 상담실을 학교 내에 공간을 확보하여 설치하려 할 때 필요한 사항이 다르므로 이를 고려하여 설계를 해야 한다. 초등학교의 경우는 비밀 보장을 위한 개인 사무실과 집단 회기, 놀이 활동, 다른 서비스를 위한 넓은 방이 필요하다. 중학교는 하나 이상의 사무실과 학생들이 책, 컴퓨터, 게임, 그리고 자기학습을 위해 다른 재료를 사용할 보다 넓은 외부공간을 확보할 필요가 있다. 고등학교는 중학교와 유사하게 사무실과 진로 자료 및 장비를 위해 지정된 공간이 필요하고 학생들이 쉽게 접근할 수 있는 장소에 진로 및 진학 자료를 저장하고 전시하는 것이 필요하다.

모든 학교에서 상담센터나 상담실의 위치는 학교에 있는 모든 사람이 똑같이 접근할 수 있는 곳으로 중앙에 둠으로써 접근 용이성을 높일 필요가 있다. 대학마다 상담센터가 존재함에도 불구하고 대학 4년 동안 상담센터가 있었는지도 모르는 학생들이 많이 있는 것처럼, 특히 초등학생들의 경우 상담 서비스에 대한 인식이 부족하기 때문에 학생들이 학교상담 서비스에 대한 인지도를 높이고 들어와서 시설을 사용할 수 있도록 초대를 해야 한다. 즉, 상담실의 위치는 눈에 잘 보이고 학교에서 모든 집단 간에 의사소통을 촉진할 수 있는 목표와 부합하는 곳에 있어야 한다.

(2) 자료와 장비

상담과 생활지도를 실시하기 위해 필요한 자료와 장비는 충실한 상담 서비스 제공을 위해 꼭 필요하다. 초등학교 상담실 경우, 언어적 상담만으로는 어렵기 때문에 놀이치료에 필요한 장난감, 인형, 보드 게임이나 미술 치료를 위한 재료 등을 구비하는 것이 좋다. 융분석심리학에 근거하여 훈련받은 상담자라면, 모래놀이치료를 위한 모래상자도 초등학생들에게는 유용하게 활용할 수가 있다. 중학교에서는 진로탐색을 위한 자료, 자기-개발 자원과 고등학교 진학 정보 자료 등을 준비할 필요가 있고 고등학교에서는 대학목록, 진로선택자료, 물질남용, 임신 등 건강관리와 사회적인 문제를 다루는 시청각 자료 등을 구비하면 좋다(Schmidt, 2014).

(3) 인력

학교상담 프로그램의 성공의 핵심 역할은 프로그램 서비스를 제공하는 사람에게 달려 있다. 종합적 학교상담과 생활지도를 담당하는 인력은 상담자, 행정가, 교사, 외부 초청 전문 인력, 준전문가와 자원 봉사자, 사무 보조 등 다양하다.

상담자는 종합적 학교상담 프로그램의 핵심 인력으로 학교상담 서비스의 양과 질을 좌우하게 된다. 각 학교에 1명 정도 배치되기 때문에 일반적으로 상담자 1명이 만나야 하는 학생의 수는 300~500명 정도이다. 학교의 규모가 큰 학교의 경우에는 상담자 1인이 담당해야 할 학생의 비율이 더 커지게 된다. 따라서 학교상담 프로그램 서비스의 질을 향상시키기 위해서는 학생 수 대비 적절한 상담자를 배치하는 것이 중요하지만 현실적으로 어려운 상황이다. 또한 상담 서비스 자체가 얼마나 전문적이고 효과적으로 이루어지는가에 대한 상담 성과는 상담자의 전문성에 달려 있으므로, 각 학교는 전문적 자격을 갖추고 충분한 훈련을 받은 학교상담자를 초빙할 필요가 있다.

기타 인력으로 사무보조자의 경우, 학교는 많은 양의 사무 일이 있어서 상담자가 겸업을 하기에는 주업에 지장을 초래하기에 필요한 인력이나 현실적으로 행정업무로 인해 전문상담교사나 전문상담사들이 상담 업무에 주력하지 못하는 경우가 비일비재하다. 학교에서 다양한 준전문가와 자원봉사자들이 학생상담 서비스를 제공하는 경우가 많은데 적절한 훈련과 오리엔테이션이 필요하며, 기본적인 의사소통과 조력기술을 가지며 자신의 역할 한계를 수용하고, 학교에 있는 상담자와 다른 직원의 역할을 잘 이해해야 한다.

3. 예방상담학적 관점

생활지도와 상담의 중요한 목적 중의 하나는 학교에서 발생하는 따돌림이나 학교폭력, 우울 및 자살, 학업 중단 그리고 반항 및 공격 행동 등의 다양한 학교 문제에 대한 예방이다. 학교에서 이루어지는 생활지도와 상담은 크게 '예방적 개입'과 '반응적 개입'으로 구분하는데, 일반적으로 예방적 개입(preventive intervention)이란 1차 예방을 전제한다(Kim, 2011). 1차 예방이란 문제의 발생 자체를 사전에 막는 노력을 지칭하지만, 2, 3차 예방은 문제가 발생한 다음에 문제의 악화, 심화, 확산을 막는 것을 의미하기 때문에 2, 3차 예방은 예방보다는 치료로 볼 수 있기 때문이다(Romano & Hage, 2000). 그러나 2, 3차 예방의 노력들이 더 이상 문제행동의 재발과 악화를 방지할 수 있다면 예방으로 봐야 할 것이다.

마치 소 한 마리를 잃었지만 외양간을 잘 고치면 더 이상 소를 잃지 않을 수 있는 것처럼, 학교에서 집단 따돌림과 폭력의 문제가 발생하였을 때, 그 피해가 더 커지기 전에 적절한 개입을 조기에 시작하여 큰 피해를 막는 노력이 2차 예방이라 하겠다(Kim, 2011). 이를테 면, 얼마 전에 사회적으로 큰 파장을 일으킨 학교폭력 피해자인 어느 중학생의 자살 사건 은 1차 예방이 실패했더라도, 2차 예방을 위한 개입이 바로 이루어졌다면 스스로 목숨을 끊는 피해를 막을 수 있었던 사례이다. 나아가 3차 예방은 문제가 심각한 상태에 이르렀지 만 정서 · 행동 장애까지 도달하기 전에 개입을 시도함으로써 가급적 건강한 상태 혹은 독 립적인 생활이 가능하도록 재활시키는 노력을 말한다.

앞에서 설명한 학생들의 심리, 정서적 문제에 대한 3차원의 예방상담학적 관점은 학생 들의 신체적 · 정서적 건강을 증진시키기 위해 개인적 개입을 포함한 보다 큰 집단과 조 직에 초점을 맞춘 체계적 개입을 강조한다(Kim, 2011; Romano & Hage, 2000). 학교장이 학 교폭력이나 집단 따돌림 그리고 비행 문제들에 대해 관심을 갖고 이를 해결하기 위한 2, 3차 예방의 노력을 기울이는 학교와 그렇지 않은 학교의 효과성에는 분명한 차이가 있 다. 아동 · 청소년의 다양한 정서 및 행동 문제에 관한 연구 결과들(이주리, 2008; Dishion & Dodge, 2005; Heilbron & Prinstein, 2008)에 의하면, 학생들의 개인 특성뿐만 아니라 학생들 이 속해 있는 학교 환경 및 비행 친구들의 영향이 문제행동을 설명하는 가장 중요한 요인 으로 확인되었다. 따라서 학교교육에서 학생들의 건강한 인성 및 사회성 발달을 조력하기 위해서는 학교 전체 수준에서 접근하는 상담 및 생활지도 개입 프로그램들이 확산 · 보급 될 필요가 있다.

한편, 반응적 개입(reactive intervention)이란 학교 수준에서 학생들의 문제행동을 사전에 교정하고 예방하는 적극적인 개입보다는 문제가 발생하면 문제를 일으킨 학생들에 대한 훈육과 처벌 위주의 개입 방안을 말한다. 우리나라 학교에서 이루어지고 있는 학생에 대 한 생활지도는 이론적으로는 앞서 설명한 예방적 개입으로 접근하고 있지만, 현실적으로 는 처벌 중심의 반응적 개입을 통해 빠르게 문제를 해결하는 방향으로 나타나고 있다. 그 러나 이러한 반응적 개입이 필요할 때도 있지만 학교는 모든 학생들이 건강하게 성장하고 발달할 수 있도록 관심을 갖고 문제행동에 따라 다양하게 개입하는 예방적 방안에 대한 노 력을 기울여야 한다. 예방상담학적 관점에서 이러한 학교 문제행동을 개입하는 접근에 대 해 간략하게 설명하고 이에 기초한 학생평가활동과 상담활동에 대해 살펴보고자 한다.

앞으로 이 책의 전반에서 개입(intervention)이란 용어를 사용할 것인데, 개입이란 심 리적 문제의 체계적인 예방과 치료 모두에 적용되는 포괄적인 용어이다. 반면에 예방

(prevention)이란 정서 · 행동적 문제를 아직 겪지 않은 사람, 즉 학생 전체 또는 정서 · 행동적 문제의 위험에 놓여 있는 사람들을 표적으로 하는 개입을 말한다(Wicks-Nelson & Israel, 2016). 즉, 개입은 예방보다 포괄적인 의미로서 학교상담과 생활지도에서 학생들의 전인적 성장을 위해 적용하는 상담, 예방을 위한 교육의 의미를 포함하는 것으로 사용하기로 한다.

1) 긍정적 행동 개입 지원

긍정적 행동 지원(Positive Behavior Support: PBS)은 본래 특수 교육 분야에서 시작되었지만 오늘날 행동 관리 및 훈육에 대한 학교 차원의 접근 방법으로 적용되고 있다(Sugai & Horner, 2006; Tobin, & Sugai, 2005). 학교에서는 긍정적 행동 개입 지원(Positive Behavior Intervention Support: PBIS)이라는 명칭으로 확장되어 미국의 학교상담 제도 내에서 폭넓게 받아들여지는 종합적인 학교상담 프로그램의 하나이다. 긍정적 행동 개입 지원은 학생의 발달에 영향을 미치는 다양한 요인들을 체계적으로 접근하는 개입으로서 전체 학생을 대상으로 바람직하지 못하고 비생산적인 행동들을 확인하고 다루면서 동시에 바람직한 행동은 강화하는 접근이다. 심각한 문제행동에서부터 자리이탈, 부적절한 언어 사용 등의 일반적인 문제행동뿐 아니라, 학교에서의 안전, 각 시설과 교실의 적절한 활용, 인간 존중, 그리고 긍정적인 학교 분위기와 환경 조성에 이르기까지 그 효과성이 확인되고 있다(김미선, 송준만, 2006).

긍정적 행동 개입 지원은 학급 수준, 학교 수준 그리고 지역 교육청과 같이 보다 넓은 환경적 맥락 수준에서 증거-기반 행동 기술들을 적용하는 것을 강조하고 있다. 구체적인 특징을 살펴보면, (1) 예방, (2) 증거-기반 실제, (3) 체계적 접근의 실행이라는 세 가지로 설명할 수가 있다(Sugai & Horner, 2006).

(1) 예방

긍정적 행동 개입 지원은 1차, 2차, 3차의 세 가지 위험 수준 중의 하나에서 학생의 행동을 확인하고 평가한다. 학교는 세 가지 위험 수준에 따라 생활지도 및 상담을 계획하고 실행하며 이 접근에서 학교상담자는 다양한 학교 구성원 들 간의 협력과 조정의 역할을 수행하게 된다.

1차 수준에서 학교 차원의 개입들은 모든 학생을 대상으로 심리적, 사회적 그리고 신체

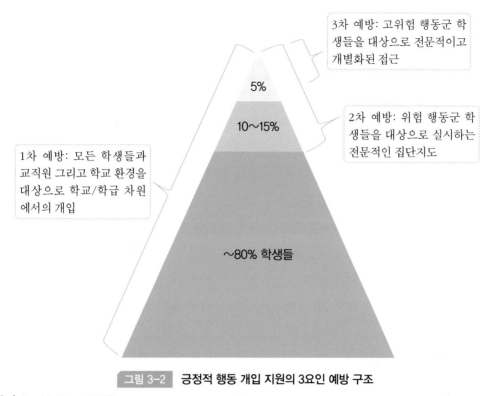

3차 예방: 고위험 행동군 학생들을 대상으로 전문적이고 개별화된 접근

2차 예방: 위험 행동군 학생들을 대상으로 실시하는 전문적인 집단지도

1차 예방: 모든 학생들과 교직원 그리고 학교 환경을 대상으로 학교/학급 차원에서의 개입

5%

10~15%

~80% 학생들

그림 3-2 긍정적 행동 개입 지원의 3요인 예방 구조

출처: Sugai & Horner (2006).

적 건강을 향상시키는 지식과 태도, 그리고 행동을 강화하는 것이다. 활용할 수 있는 전략들은 효과적인 교수 기법과 검증된 교과과정(예: 인성교육을 위한 교과과정, 진로와 직업 체험), 환경적 체계의 변화(학급 풍토 및 학교 분위기 개선), 사전 교정과 예방적 방법(예: 생활기술, 학교폭력 예방), 긍정적 행동 강화, 그리고 긍정적이고 바람직한 행동을 가르치기 위한 학급 생활지도(예: 효과적인 의사소통 방법, 나도 좋고 남도 좋은 행동 목록 찾기)를 포함하는 특별한 전략을 활용한다.

2차 예방 전략들은 1차 예방 개입에 눈에 띄게 반응하지 않는 학생들을 대상으로(전체 학생 중 약 15%), 문제행동의 영향을 감소시키는 개입이다. 이러한 학생들은 문제행동을 보이거나 학교생활 적응에 어려움을 겪을 수 있지만, 개별적인 주의를 필요로 하지 않는 경우에 해당된다. 2차 수준의 개입 전략들의 대표적인 예는 소집단 상담과 집단지도들로, 학교는 학업지지 집단, 사회적 기술 훈련 집단, 분노조절 사회기술훈련 집단 그리고 자기-관리 집단과 같은 프로그램을 활용할 수가 있다. 예를 들어, 학교에서 타인에 대한 공격적 행동으로 문제를 일으키는 학생들을 대상으로 분노조절 사회기술훈련 집단을 운영한다거

78 **제3장** 학교상담과 생활지도의 이론적 배경

나 학업 동기가 부족한 학생들을 대상으로 선배 학생들과 함께 하는 멘토링 프로그램 등이 이에 해당되는 개입들이다.

전체 학생 중 대략 5% 이내의 적은 수의 학생들을 위해 3차 개입들이 요구될 수 있다. 3차 예방을 위한 전략들은 학교에서 지속적이고 만성적인 문제행동을 보이는 학생들에게 적절하다. 3차 예방 전략들은 집중적이고 개별화된 개입으로(예: 개인상담) 부가적인 평가와 개별 학습, 가족 구성원과 친구들을 포함하는 특수한 개입법과 행동 개입 계획을 포함할 수 있다. 우리나라에서는 학생들의 정서ㆍ행동 문제를 해결하기 위해서 정서ㆍ행동 관심군 대상의 학생들을 조기에 선별하여 Wee 센터 상담소나 지역의 정신건강 증진 센터와 연계하여 고위험 학생들을 대상으로 전문적 상담 개입을 실시하고 있다.

(2) 이론에 근거한 증거-기반 실제

효과적이고 효율적인 상담 및 생활지도 실제에 대한 보다 더 많은 증거들을 확보하고자 하는 연구의 노력은 그 증거가 정책과 실제에 반영된다면, 결과적으로 잠재적인 서비스 대상자들에게 유익한 일이 된다. 이러한 증거-기반 실제의 출현은 학교교육에서도 새로운 프로그램과 정책이 과연 얼마나 학생들에게 교육이 목표로 하는 효과성을 가져오는지에 대한 증거-기반 실제를 촉구하고 있다(서울대특수교육연구소, 2012; Whiston, 2007). 이러한 맥락에서 긍정적 행동 개입 지원은 이론적으로도 훌륭하고 경험적으로 타당화된 실제를 적용하는 것을 강조한다. 어떠한 생활지도와 상담 실제를 적용해야 할지에 대해 결정을 하려 할 때, 다음 네 가지의 평가 질문(Sugai & Horner, 2006)을 활용할 수가 있다(〈표 3-4〉).

표 3-4 증거-기반 실제를 결정하기 위한 평가 질문

평가 질문	설명
1. 개입의 실제가 효과적인가?	성취해야 할 바람직한 효과나 성과의 가능성
2. 개입의 실제는 효율적인가?	채택할 경우 드는 비용과 장점
3. 개입의 실제는 적절한가?	개입의 실제가 사용되는 환경이나 문화 그리고 개인 특성에 적합한지에 관한 맥락적 고려
4. 그 실제는 지속 가능한가?	지속적으로 개입의 실제를 적용하기 위해 필요한 자원에 대한 고려

(3) 체계적 실행

긍정적 행동 개입 지원의 체계적인 실행은 네 가지 구성 요소로 살펴볼 수가 있다. 첫째, 하나의 조직인 학교는 교사와 학부모 그리고 학생들이 인정하는 측정 가능하고 성취 가능한 장기간 성과를 확립한다. 둘째, 학교는 믿을 만하고 경험적으로 검증 가능하며 교육적으로 관련된 증거에 의해 지지되는 상담 및 생활지도의 실제를 확인한다. 셋째, 객관적인 정보와 연구 자료에 기초하여 적용한 상담의 실제가 얼마나 적합한지를 입증하고 개입의 효과성, 효율성, 그리고 적절성을 평가한다. 끝으로, 정확하고 지속 가능한 긍정적 행동 개입 지원을 실행하기 위해 학교는 교직원, 예산, 담당자의 훈련과 같은 체계 지원을 확립해야 한다.

지금까지 학교 문제행동에 대한 상담 및 생활지도의 개입으로서 긍정적 행동 개입 지원(PBIS)에 대해 알아보았다. 최근 우리나라는 「대한민국헌법」에 따른 인간으로서의 존엄과 가치를 보장하고 「교육기본법」에 따른 교육이념을 바탕으로 건전하고 올바른 인성을 갖춘 국민을 육성하여 국가사회의 발전에 이바지할 것을 목적으로 하는 「인성교육진흥법」(법률 제13004호, 2015. 1.20)이 제정·시행되고 있다. 「학교폭력 예방법」을 통해 학생들의 문제행동에 대해 사회 전체가 관심을 갖고 대응해 왔던 것처럼, 학생들의 인성 문제가 사회적인 이슈가 되자 법을 제정해 강제적으로라도 인성 교육을 강화해 문제를 해결하고자 하는

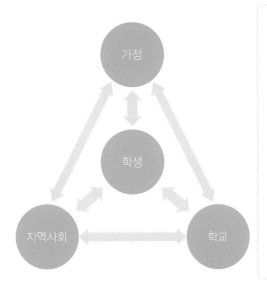

- ■ **학생요인**: 신체 특성, 생물학적 요인, 인지, 정서 체계, 성격과 기질, 내재화된 경험과 학습, 독특한 발달적 특징
- ■ **가정요인**: 가족구조, 사회경제적 지위, 문화적 배경, 교육배경, 양육방식, 역할모델, 신념, 가치, 전통과 규칙, 가족 체계 내 경계, 가족 간 경계, 정서적 따뜻함, 의사소통 방식, 가족 안정성과 적응성, 가족 붕괴, 사망, 이혼, 주 양육자의 변화, 잦은 이사 등
- ■ **지역사회요인**: 안전성, 의료 및 건강 서비스, 고용 기회, 지역사회 모임 활동, 생애주기 지원, 이웃의 영향, 여가, 지역사회 자원
- ■ **학교요인**: 안전성, 학교 풍토와 도덕성, 학업성취의 초점, 가족 참여, 사회경제적 사정, 지역사회와의 연계, 학생/교사/교직원 관계, 동료 관계 학교 규칙과 훈육, 예방과 조기 개입, 개별화 지원, 물리적·교육적·인적 자원

그림 3-3   **생태체계적 관점에서 학생의 발달**

대응책에 대해서 비판의 여론이 있다. 그러나 한편으로는 이러한 법의 보호 아래 3차원적 예방 접근인 학생들의 긍정적인 행동 개입 지원(PBIS) 프로그램을 적용할 경우, 개별 학생, 학급 수준, 학교 전체와 지역사회 및 국가 전체 수준의 체계적인 접근을 실행하여 환경적 체계의 변화를 촉진할 수 있는 여건이 마련됨으로써 반응적 개입을 넘어 학교에서 생활지도와 상담이 추구하는 예방적 개입이 확산·보급될 수 있을 것이다.

　학교상담의 목적은 마치 한 마리의 새가 스스로 날아가 생활할 수 있도록 어미 새가 아기 새 옆을 지켜 주면서 독립할 수 있도록 비행을 가르치는 것에 비유할 수 있다. 넓은 의미에서 학교상담의 목적은 모든 학생들이 개인으로서 자립하여 행복한 삶을 살아갈 수 있도록 각 발달 단계마다 필요한 도움을 주는 것으로, 가정과 학생이 속한 지역사회와 유기적으로 연계하여 아동·청소년의 건강한 성장을 촉진하는 데에 있다. 1, 2, 3차 수준에서 학생들의 사회-정서적 발달을 지원하는 긍정적 행동 개입 지원은 학교상담의 목적을 달성하는 데 지역사회와 가정 그리고 학교의 통합적인 체계 위에서 어떻게 할 수 있을지에 대한 구체적인 방향을 제시한다. [그림 3-3]은 생태체계적인 관점에서 학생의 건강한 성장과 발달에 영향을 미치는 생태학적인 영향 요인을 정리한 것으로 긍정적 행동 개입 지원을 적용할 때 이러한 요인들을 함께 고려할 필요가 있다(Shepard, Shahidullah, & Carlson, 2013).

수업활동 3-1　**학교상담의 이론적 배경**

◎ 여러분이 학교상담자라고 가정하자. 지금까지 학습한 종합적 학교상담 프로그램과 긍정적 행동 개입 지원 프로그램의 내용을 바탕으로 학교교육 과정 내에서 학교상담과 생활지도를 어떻게 실시할 수 있을지 프로그램을 설계해 보자.

　　tip. 다음의 질문에 답을 찾아보세요.

　　1) 종합적 학교상담 프로그램 내용 영역 세 가지는 무엇인가?

　　2) 종합적 학교상담 프로그램은 어떤 절차에 의해 이루어지는가?

　　3) 긍정적 행동 개입 지원 프로그램을 우리나라 학교상담 프로그램인 'Wee 프로젝트'에 적용해 볼 경우, 장점과 개선점은 무엇인가?

　　_____

　　_____

　　_____

◎ 소집단별 발표 후, 오늘 활동을 통해서 학교상담과 생활지도에 대해 새로이 배우고 깨달은 점을 조원
　들과 나누어 보자.

_____

_____

4. 청소년기의 발달적 이해

　발달은 성장, 성숙, 그리고 학습의 상호작용의 결과이다. 인간의 변화와 관련하여 발달,
성장, 성숙이라는 용어들이 혼용되고 있는데 이에 대해 먼저 살펴보면, 발달(development)
은 성장(growth)과 성숙(maturation)이라는 두 개념이 통합된 것으로 이해할 수 있다. 일
반적으로 성장은 외형적인 신체적 변화를, 성숙은 기능적 측면의 변화를 의미하는 것으
로 이해되고 있다. 인간을 이해하는 전생애발달 관점의 발달심리학은 태내기(수정~출생)
에서부터 신생아기(출생~1개월), 영아기(1개월 이후~24개월), 유아기(2~6세), 아동기(7~12
세), 청소년기(12~20세), 성인전기(20~40세), 성인중기(40~65세), 노년기(65세 이후)의 단
계까지 인간의 변화에 대해 특정 시기마다 보편적 특성을 파악하고자 하는 학문이다(정옥
분, 2004). 특정한 시기에 해당되는 발달 단계에 대한 보편적인 이해는 복잡하고 다양하게
변화하는 삶 속에서 개인을 이해하는 데 도움이 된다. 이 절에서는 청소년기에 해당되는
중·고등학교 학생의 성장과 발달을 지원하기 위해서 알아야 할 청소년기의 발달심리학
적인 지식과 건강한 인성의 발달을 저해하는 원인과 문제를 완화하고자 하는 발달정신병
리적인 지식에 대해 개략적으로 살펴보고자 한다.

1) 발달의 개념

　먼저 발달에 대해 많은 기술과 설명이 있지만 대체로 발달 이론가들이 합의한 내용
(Cicchetti & Toth, 2009; Cummings, Davies, & Campbell, 2000)을 정리해 보면 다음과 같다.
　첫째, 발달은 평생에 걸쳐 일어나는 변화를 의미하는 것으로 끊임없이 변화하고 있는 생
물학적·심리학적·사회문화적 변인들과 개인이 상호작용함으로써 발생한다. 둘째, 발달
에서는 아동의 사회적 상호작용 횟수의 증가와 같은 양적 변화도 중요하지만 사회적 상호

작용의 특징이나 질적 변화도 중요하다. 셋째, 생후 초기에 일어나는 생물, 운동, 신체, 인지, 정서 및 사회 체계의 발달은 보편적인 경로를 따라간다. 각 체계 내에서 초기의 전반적 구조와 기능은 점차로 세분화되고 통합을 이루게 된다. 발달이 진행됨에 따라 체계들이 더 조직화되고 복잡해진다. 넷째, 발달은 일관성 있는 패턴을 따라 진행되기 때문에 각 개인이 보이는 현재의 기능은 미래의 기능뿐 아니라 과거의 기능과도 연결된다. 아동기와 청소년기의 발달경로는 상대적으로 개방적이고 유연하지만, 시간이 지나면서 기능에서의 변화 가능성은 점차 줄어들게 된다. 다섯째, 발달에 따른 변화는 평생에 걸쳐 더 높은 차원의 기능과 목표를 달성하게 해 주지만, 변화에는 감퇴의 특성도 포함한다. 성인기의 신체 노화는 기능 감퇴를 가져오며, 인생의 과정에서 언제든 부적응행동이 나타날 수도 있다.

이상에서 살펴본 발달심리학자들 간에 합의된 발달의 개념을 통해서 볼 때, 발달이란 긍정적인 양상과 부정적인 양상이 동시에 있으며 신체, 인지, 정서, 사회적 발달에서 양적인 변화와 함께 질적인 변화를 의미한다고 하겠다. 발달의 개념을 바탕으로, 청소년기의 신체, 정서, 인지, 사회성 발달의 특성에 대해서 간략히 살펴보기로 한다.

2) 발달 이론

인간의 공통된 발달적 특성을 기술하고 설명하는 발달 이론은 발달 과업과 발달 단계의 개념을 통해 인간 발달의 공통점을 이해할 수 있다. 이러한 발달 이론은 인간이 어떤 경로를 밟아서 성장하고 발달하는지를 보여 주기 때문에 특별한 지도가 요구되는 아동이나 청소년을 발견하는 기준과 지도 방안을 제공한다(김계현 외, 2009). 이에 대해 간략히 살펴보면 다음과 같다.

(1) 발달 과업

발달 과업이란 인생의 각 단계에서 성취해야 하는 특정 활동이나 목표를 말한다(Havighurst, 1972). 예를 들어, 아이가 태어나 걷기 위해서는 뒤집고 앉고 기어 다닐 수 있는 능력을 키워야만 한다. 즉, 영아기에 성취해야 할 발달 과제는 뒤집고 앉고 기어 다니는 능력의 성취이다. 해비거스트(Havighurst, 1972)는 각 발달 단계에서 요구되는 발달 과업의 성취는 행복하고 성공적인 삶을 가능하게 하지만, 반대로 적절하게 발달 과제를 성취하지 못하면 이후의 발달 단계에서의 발달 과업을 성취하는데 어려움을 겪게 된다고 보았다. 만약에 1~2세에 걷기 능력을 터득하지 못한다면 발달이 지체될 수 있어 특정 시기에 이루어야 할 발달 과업은 이후의 발달에 영향을 주기 때문에 특정 발달 과업을 이루는 데에는 결정적 시기가 있다. 해비거스트에 의하면, 청소년기의 발달 과업은, 첫째, 사회적으로 책임 있는 행동 수행, 둘째, 남성 또는 여성으로서 자기 성에 적합한 성역할 습득, 셋째, 부모나 다른 성인으로부터 정서적 독립과 경제적 독립을 위한 준비, 넷째, 시민생활에 필요한 지적 능력의 개발, 다섯째, 직업선택과 그에 대한 준비, 여섯째, 자아정체감 확립, 일곱째, 결혼과 가족생활에 대한 준비이다. 현대사회에서 개인이 부모로부터 경제적 그리고 정서적으로 완전히 자립하는 데에는 과거와 다르게 더 많은 시간을 필요로 하기 때문에 청소년기의 발달 과업은 대학을 졸업하고 취업 준비의 시간까지 유예되고 있는 추세이다.

(2) 발달 단계설

발달심리학자들은 인간의 다양한 측면에서 발달 단계설을 제시하였는데, 예를 들면 피아제의 인지 발달 단계(Piaget, 1972), 에릭슨의 심리사회적 발달 단계(Erikson, 1963), 수퍼의 진로 발달 단계(Super, 1990) 이론 등이 있다. 이러한 발달 단계 이론 중 인간의 전생애 발달을 최초로 설명한 에릭슨의 심리사회적 발달 이론은 아동, 청소년뿐만 아니라 성인의 건강한 심리적 발달을 이해하고 상담하는 데 지금까지도 적용되고 있는 이론으로 이에 대해 자세히 살펴보고자 한다.

에릭슨은 프로이트(Freud)의 심리성적 성격발달 이론을 확장하여 정신분석학적 관점에서 인간의 성격이 발달하는 데 사회문화적인 영향을 고려하여 심리사회적 발달에 대해 여덟 단계로 나누어 제시하였다. 각 발달 단계마다 심리사회적 위기를 경험하게 되는데 그 위기를 어떻게 맞이하고 해결해 가느냐에 따라서 개인의 성격 발달 양상이 달라진다고 보았다. 유아 및 아동기의 발달 단계에서 심리사회적 위기는 신뢰감 대 불신, 자율성 대 수치심과 의심, 주도성 대 죄책감, 근면성 대 열등감 그리고 청소년기 발달 단계에서의 심리사회적 위기는 정체감 대 역할 혼미로 설명하고 있다. 성인기 발달 단계에서의 심리사회적 위기는 친밀감 대 고립감, 생산성 대 자기침체, 통합감 대 절망감이다. 각 단계별 심리사회적 위기에 대해 살펴보기로 한다.

① 영아기(출생~1세): 신뢰감 대 불신

세상에 태어난 아기는 엄마와의 상호작용을 통해서 세계에 대해 신뢰감을 형성하거나 아니면 불신하는 태도를 형성하게 된다. 이 시기에 아기는 생존하기 위해서 전적으로 양육자에게 의존하기 때문에 양육의 질이 이 시기에 심리사회적 위기를 극복하는 데 중요한 역할을 한다. 엄마는 아기의 신체적 욕구에 민감하게 반응하고 충분한 사랑과 돌봄을 통한 안정감을 제공한다면, 아기는 세상에 대해 신뢰 있는 태도를 형성하게 된다. 예를 들어, 수유하는 방식에서 어느 날은 냉장고에 넣어 둔 모유를 먹이고 어느 날은 따뜻한 분유를 먹이고 일관되지 않게 수유를 한다면, 아기는 자신이 경험하는 세상에 대해 불안정하게 느끼고 세상에 대해 불신의 태도가 발달하게 된다. 따라서 이 시기에는 일관된 양육 그리고 사랑과 돌봄을 통한 아이의 신체적 욕구 충족을 위해 민감하게 반응하는 양육의 질이 중요하다.

② 유아기(2~3세): 자율성 대 수치심

이 시기의 아동은 다양한 신체적 · 정신적 능력이 발달하게 되어 점차 스스로 할 수 있는 활동이 늘어나면서 자율성의 욕구를 충족시킬 수 있다. 대소변을 가리고 혼자 밥을 먹을 수 있고 장난감을 갖고 노는 경험을 통해 스스로 무엇인가를 선택하고 할 수 있다는 자율성을 획득하게 된다. 그러나 이 시기에 자율적 의지를 발휘하여 실천하는 것이 허용되지 않으면 자기회의감이나 수치심이 생길 수 있다.

③ 아동기(4~5세): 주도성 대 죄책감

유아기를 지난 이 시기의 아동들은 운동능력이나 지적 능력이 더욱 발달하여 언어를 습득함으로써 이전보다 더 많은 것을 해낼 수 있게 된다. 무엇인가를 새롭게 학습하고 터득하면서 성취 경험을 통한 기쁨을 경험하게 된다. 이런 과정에서 주도성이 발달하여 목적을 갖고 활동하고 성취하려는 욕구가 발달함으로써 자신이 원하는 것을 추진하는 과정에서 친구 또는 부모와의 관계에서 갈등을 경험할 수 있다. 이런 과정에서 주도성 발휘에 대해 훈육이라는 이름으로 금지당하거나 좌절하게 되면, 자신이 무엇인가를 주도적으로 하는 행위에 대해 죄책감이 생길 수가 있다.

④ 학령기(6~11세): 근면성 대 열등감

초등학생의 시기로 이전보다 경험하는 세계가 넓어지고 집 밖을 떠난 학교에서 다양한 활동과 경험이 사회성 발달에 영향을 준다. 자신에게 주어진 사회적 당면 과제를 성실하게 완수함으로써 타인으로부터의 인정을 받게 되면, 근면성을 키우는 데 유리하다. 반면에 적절한 긍정적 강화를 받지 못하고 수행에 대해 비난이나 부정적인 평가를 받게 되면, 열등의식이 발달하게 된다.

⑤ 청소년기(12~18세): 정체감 대 역할혼돈

에릭슨에 따르면 청소년기의 핵심과제는 자아정체감 형성이다. 나는 누구인가? 무엇을 할 것인가? 미래의 나는 어떻게 될 것인가? 어제의 나와 오늘의 나는 같은 인물인가? 아닌가? 등의 자문을 통해 자아정체감을 형성할 수가 있다. 즉, 자신이 바라보는 자신에 대한 관점이 지속적이며 타인의 관점과 자신의 관점이 일치한다는 것에 누적된 자신감이라 할 수 있다. 만약 정체감을 형성하지 못한다면 앞의 질문에 대해 답을 하기 어려워하고 자신이 누구인지 어떻게 발달하였는지 미래에 어떤 방향성을 가지고 살아야 할지에 대해 잘 알지 못하는 느낌인 역할 혼돈을 경험하게 된다. 청소년 후기와 대학교를 다니는 동안 정체감 형성 과정에서 겪는 갈등을 해소하기 위해 다양한 활동에 참여하여 자신이 어떠한 사람인지 실험함으로써 역할 혼돈에서 벗어나 자아정체감을 형성할 수 있다.

마샤 등(Marcia et al., 1993)은 정체감 형성과정에 대한 연구를 통해 위기와 전념의 조합으로 네 가지 종류의 정체감 지위를 밝혔다. 위기(crisis)란 자신의 가치관에 대해 재평가하는 기간이며, 전념(commitment)은 계획, 가치, 신념 등에 대해 능동적인 의사결정을 내린 상태를 의미한다. 네 가지 정체감 지위가 어떤 것인지는 글상자 3-1을 참조하길 바란다.

📋 글상자 3-1　마샤의 정체감 지위

• 정체감 성취(identity achievement)
자아정체감의 위기를 성공적으로 극복하여 신념, 직업, 정치적 견해 등에 대해 스스로 의사결정을 할 수 있는 상태이다. 자아정체감은 반드시 한 방향에서 최고의 성숙 단계까지 직선적인 발달 양상을 보이지 않는다. 정체감 성취상태에서 정체감 유예나 혼미상태로 퇴행했다가 다시 정체감 성취상태에 도달하는 경우도 있다.

• 정체감 유예(identity moratorium)
현재 정체감 위기의 상태에 있으면서 자아정체감 형성을 위해 다양한 역할, 신념, 행동 등을 실험하고 있으나 의사결정을 못한 상태이다. 삶의 목표와 가치에 대해 회의하고 대안들을 탐색하나 여전히 불확실한 상태에 머물러 구체적인 과업에 관여하지 못하는 상태로, 대학생도 정체감 유예 단계에 해당되는 경우가 많다.

• 정체감 유실(identity foreclosure)

자신의 신념, 직업선택 등의 중요한 의사결정에 앞서 수많은 대안에 대해 생각해 보지 않고, 부모나 다른 역할모델의 가치나 기대 등을 그대로 수용하여 그들과 비슷한 선택을 하는 경우에 해당된다. 즉, 위기를 경험하지 않고 쉽게 의사결정을 하는 사람들이 이 범주에 속한다. 이럴 경우, 인생의 어느 시점에 위기를 겪어 진정한 자신이 누구인지에 대한 답을 찾기 위한 노력을 할 수밖에 없다.

• 정체감 혼미(identity diffusion)

가장 미숙한 수준으로 자아에 대해 안정되고 통합적인 견해를 갖는 데 실패한 상태를 말하며, 따라서 삶에 대한 뚜렷한 목표도 없고 충동적이다. 유예와 차이점은 유예는 자아에 대해 통합된 견해를 갖지 못했더라도 자아정체감과 관련된 갈등을 해결하려고 열심히 노력하고 있다는 점이다.

⑥ 성인초기(18~35세): 친밀성 대 고립감

이 시기는 사회에 참여하고 자유와 책임을 가지고 직업을 선택하고 결혼을 하는 등 자신의 삶을 영위하는 시기이다. 이때의 심리사회적 위기는 친밀한 관계를 맺을 수 있느냐 아니냐에 따라 진실한 우정과 안정적인 사랑을 유지할 수 있다. 우리 인간은 인간관계가 너무 가까워서 자율성이 침해되면 혼자 있기를 바라고 너무 거리가 멀어서 인간관계가 별로 없어 사회적으로 고립되면 외로움을 느끼게 된다. 성인 남녀들이 외로움이 싫어 연애를 하게 되면, 구속되는 것이 싫어 헤어지는 일을 반복하는데 진정한 사랑은 자신의 삶 안으로 타인을 수용할 수 있는 여지를 마련할 때 친밀한 관계를 형성함으로써 이루어질 수가 있다. 자신의 삶의 울타리를 쳐 놓고 문도 열어 주지 않는다면, 결국에는 사랑을 하지 못해 고립감에 빠져들 수밖에 없을 것이다. 자신의 삶의 방식만을 고집하는 것이 아니라 타인과 함께 어울릴 수 있고 타협할 수 있는 심리적 여유를 통해 결혼이나 직장생활 등에서 적응을 잘 한다면 이 시기의 심리사회적 위기를 잘 극복하여 자기중심적인 사랑이 아닌 진정한 사랑할 수 있게 된다.

⑦ 성인중기(35~65세): 생산성 대 침체감

이 시기는 자녀를 양육하고 다음 세대를 교육시켜 사회적 전통을 전수시키고 가치관을 전달한다. 생산성 과업은 결혼생활뿐만 아니라 다음 세대를 돌보는 것까지 포함한다. 에릭슨에 의하면 중년의 사람은 과도한 자기에 대한 관심보다는 다음 세대를 돌보는 데 관심을 두는 것이 심리적으로 건강한 사람이라고 하였다. 이 시기의 심리사회적 위기를 잘 극복하기 위해서 에릭슨은 '자아(self)'를 버리라고 충고하고 있다(Erikson, 1963). 물론 이전의 발달 단계에서 자아를 확고하게 확립된 다음에야 비로소 자기 스스로를 버릴 수도 있기 때문에 생산성 과업을 잘 달성하기 위해서는 자신의 발전을 성취하고 나서야 가능하다. 만약 때가 무르익기도 전에 생산성을 성취한다면, 즉 자아가 확고하지 않은 상황에서 생활 여건상 자신을 희생하며 타인을 배려할 수밖에 없었던 삶을 살아간 개인의 경우, 진정한 돌봄을 통한 생산성을 성취하는 과정에서 긍정과 희망의 마음을 키우는 것에서 어려움을 겪을 수 있다(Vaillant, 2002). 오히려 자녀를 돌보면서 자신을 희생하는 것에 대해 억울해하고 때로는 분노와 짜증의 부정적인 정서를 경험하면서 생산성 과업을 달성하는 데 실패할 수도 있다. 이런 경우는 비록 성인이지만 마음속에는 상처받은 내면의 아이가 웅크리고 앉아 있어 자신을 돌봐 달라는 자신의 메시지에 귀 기울여 상처가 치유될 수 있도록 노력할 필요가 있다. 이러한 과정이 없다면, 자기 안에 있는 어린아이와 자녀를 양육하는 부모로서의 마음이 상충되어 자녀들이 온전하게 성장할 수 있도록 후원자의 역할을 하는 데 제한적일 수 있다.

생산성을 성취하기 위해서는 내 중심에서 자녀를 양육하는 것이 아니라 자녀의 입장에서 바라보고 양육하는 것이며, 직장생활에서 후배들을 바라볼 때도 내 중심에서 그들에게 자신의 지식과 노하우를 전달하는 것이 아닌, 후배들의 입장에서 필요한 것을 내 줄 수 있는 선임자가 될 필요가 있다. 만약 자기중심에서 벗어나 생산성을 성취할 수 있게 되면 침체감에 빠지지 않고 배려심을 획득할 수가 있다. Vaillant(2002)의 연구 결과에 의하면, 노년에 행복한 결혼생활을 지속할 수 있을지를 가장 강력하게 시사해 주는 것이 생산성 과업을 달성했는지의 여부였다. 즉, 만족스러운 인생을 살기 위한 열쇠는 '생산성 과업의 성취'라 하겠다.

⑧ 성인후기(65세 이상): 자아통합 대 절망

이 시기는 노년기로서 자신의 삶을 성찰하는 시기이다. 이 시기 동안 자신을 성공하지 못한 사람으로 바라본다면 자신의 삶에 대해 쓸모없는 것이라 느끼고 많은 후회를 경험하고 인생의 쓰라림과 절망의 느낌 속에 빠져 살아간다. 반면에, 자신의 성취에 대해 자신감을 느끼는 사람이라면 통합감을 느낄 것이다. 이 단계를 성공적으로 완성하는 것은 후회하지 않고 만족감을 느낄 수 있음을 의미한다. 즉, 이 시기의 심리사회적 위기를 잘 극복하

표 3-5 **에릭슨의 심리사회적 발달 단계**

심리사회적 위기(발달 단계)	발달 양상
신뢰감 vs 불신감 (출생~1세)	유아와 엄마의 상호작용에 의한 사회적 관계를 통해 신뢰와 불신을 결정함.
자율성 vs 회의감 및 수치심 (2~3세)	아동은 다양한 신체적 · 정신적 능력을 발달시킴.
주도성 vs 죄책감 (4~5세)	이 시기에는 아동의 운동능력이나 지적 능력이 더욱 발전하여 목표나 계획을 가지고 이를 달성하고자 노력하게 됨.
근면성 vs 열등감 (6~11세)	아동의 세계가 상당히 확대되고 새로운 영향력 가짐.
정체감 VS 역할 혼돈 (12~18세)	청소년들은 급격한 신체 변화와 사회적 요구에 당황함.
친밀성 VS 고립감 (19세~성인초기)	심리적 · 경제적 독립을 성취하여 직업을 선택하여 책임 있는 성인으로서의 역할을 발전시킴.
생산성 VS 침체감 (중년기)	다음세대를 낳고, 가르치고 지도하는 역할을 수행함.
자아 통합감 VS 절망감 (노년기)	노년기의 직업은퇴 배우자의 죽음 등으로 무력감 속에 자기 인생에 대한 긍정적 · 부정적 평가를 통합시키는 경험을 함.

기 위해서는 남들과 비교하여 얼마나 자신이 성공하였는가를 돌아보는 것이 아니라, 자신이 얼마나 진정성 있게 자신의 본질을 실현시킨 삶을 살았는지를 성찰함으로써 자신의 삶에서 만족감을 찾아야 한다. 만약 후회하지 않고 만족감을 느낄 수 있는 사람이라면, 죽음을 직면할 때조차도 지혜를 얻게 될 것이다.

3) 청소년기의 발달적 특성

청소년의 나이 규정은 법에 따라 아동기나 대학생의 시기까지 포함한다. 학교상담자들은 자신이 만나는 학생들이 어떤 법의 테두리 안에서 보호되고 있는지 알아야 하기 때문에 청소년에 대한 사회적 나이에 대한 지식이 필요하다. 청소년의 법적 나이 규정에 대한 내용은 글상자 3-2에서 확인할 수가 있다. 특정한 시기에 해당되는 발달 단계별 발달적 특성을 기술하고 설명해 온 발달심리학에서는 7~12세까지 아동기, 12~20세를 청소년기로 구분하고 있다(정옥분, 2004). 중 · 고등학교에서 이루어지는 학교상담에서 학생들의 건강한 성장을 지원하고 조력하기 위해서는 발달심리학에서 연구되어 온 청소년의 보편적 발달의 원리와 특성을 이해하는 것이 필요하다. 구체적으로 청소년기의 신체, 정서, 인지, 사회적 발달 특성을 살펴보도록 한다.

📋 **글상자 3-2**　**청소년의 나이 규정**

2015년 12월 기준의 「청소년 기본법」에서는 9세 이상 24세 이하로, 문화관련 3법(영화 및 비디오물의 진흥에 관한 법률, 음악산업진흥에 관한 법률, 게임산업진흥에 관한 법률)의 청소년은 18세 미만(고등학교에 재학 중인 학생 포함), 「아동복지법」의 아동은 18세 미만, 「청년고용촉진 특별법」의 청년은 취업을 원하는 사람으로서 15세 이상 29세 이하 등으로 제도에 따라 다양하게 정의되고 있다(문호영, 최창욱, 2015).

---

(1) 신체 발달

청소년기는 신장과 체중이 급격히 성장하는 성장 급등기이다. 여자가 남자보다 2~3년 빨라 평균 11세경에, 남자는 13세경 시작하여 개인차가 있기는 하지만 4년 정도 지속된다(정옥분, 2004). 외적으로 남자는 어깨가 넓어지고 근육이 발달하여 남성다운 체형으로 변화되고, 여자는 골반이 넓어지고 피하지방이 축적되어 여성다운 체형으로 변모해 간다. 특히, 내분비선에서 분비되는 호르몬의 변화는 성적 성숙을 가져옴으로써 청소년의 신체적·심리적 발달에 큰 영향을 미친다. 성 호르몬 분비로 인해서 2차 성징이 나타나는데 남자는 몽정을 경험하고 여자는 월경을 시작하게 된다. 남자는 테스토스테론에 의해 고환에서 정자를 생산하고 여자는 에스트로겐에 의해서 월경을 하기 시작한다.

이러한 급격한 신체의 양적·질적인 변화를 일컬어 사춘기라 한다. 사춘기에 나타나는 성적 발달은 청소년의 심리적 발달과 친구관계에도 영향을 주기 때문에 상담자는 청소년들이 지각하는 사춘기의 정상적 발달에 대한 이해를 할 필요가 있다. 호르몬 변화와 몸의 변화는 깊은 정서를 만들어 내기 때문에 대다수보다 성장이 느린 학생은 조심스러움이나 혼란스러움, 당황스러움, 자존감 저하를 가져올 수도 있다(Lines, 2001). 특히, 초기 청소년(11~14세)에 해당되는 중학생의 경우, 성적인 욕구와 관련된 새로운 느낌을 대처하느라 애를 쓰고, 오락가락하는 기분, 성마름, 짜증이 시작되어 '중2병'이라는 용어가 탄생한 것이라 하겠다. 신체발달에 의해서 다채로운 정서를 경험하고 특이한 행동을 하는 청소년을 이해하고 지도하기 위해서 보편적인 발달적 특성에 대한 지식은 필수적이다. 이 시기에 형성되는 신체상이 지나치게 왜곡될 경우, 신체 수치심으로 인한 섭식의 문제가 발생할 수도 있기 때문에 상담자는 이러한 문제를 예방하기 위한 노력을 할 필요가 있다.

과거에는 뇌의 발달이 세 살이 되면 완성되고 사춘기인 10세에서 12세 무렵이면 거의 성숙된다고 보았으나, 뇌과학 분야의 발전으로 인해서 청소년기의 뇌에서 근본적인 변화가 이루어진다는 새로운 사실들이 밝혀지고 있다. 이에 대해서는 인지 발달에서 다시 살펴보기로 한다.

(2) 정서 발달

정서란 어떤 상황에 처했을 때 느끼게 되는 기쁨, 슬픔, 사랑, 분노, 짜증 등의 감정상태를 말한다. 청소년기의 정서상태는 안정되지 않고 급격하게 변화하기 때문에 질풍노도의 시기라 한다. 불안정한 정서의 원인은 급격한 신체 발달에 따른 호르몬의 변화, 아동기와는 다른 새로운 인간관계의 형성, 진로 및 학업 문제와 이성에의 관심 등 다양하다. 건강한 성장과 발달을 위해서는 이 시기에 요구하는 당면 과제를 성취하고 삶의 과제를 이행하는 과정에서 경험하는 스트레스를 적절히 해소하고 자신의 감정을 이해하고 조절하는 능력을 키울 필요가 있다. 불안정한 정서를 잘 처리하지 못하게 되면, 즉 정서조절 능력을 키우지 못한다면, 발달병리적인 문제가 나타날 수 있어 정서에 대한 이해와 조절 방법을 터득하는 것은 이 시기에 중요한 심리사회적 자원이다.

(3) 인지 발달

청소년기 인지 발달의 특징은 양적·질적으로 지적 능력이 크게 변화한다. 인지심리학자인 피아제(Piaget)는 인간의 인지 발달에 대해 감각운동기(0~2세), 전조작기(2~7세), 구체적 조작기(7~11세), 형식적 조작기(12세 이후)의 순서로 발달하며, 청소년은 마지막 단계인 형식적 조작기에 해당한다고 하였다. 청소년은 전 단계인 아동기에 비해 훨씬 쉽고 빠르고 효율적으로 지적 과업을 성취하게 된다. 질적으로 인지과정에서도 변화가 있는데, 이를테면 추상적인 사고, 가설·연역적 사고, 조합적 사고, 이상주의적 사고, 그리고 자기중심적 사고로 설명할 수 있다.

추상적 사고란 구체적인 사물이 없어도 개념적으로 머릿속에서 생각할 수 있는 사고를 말한다. 가설·연역적 사고란 가설을 세워 문제를 해결하는 논리적 사고를 의미한다. 조합적 사고란 문제가 있을 때 모든 가능성에 대해 체계적으로 조합하여 생각하는 것이며 이상

주의적 사고는 자신이 바라는 이상적 특성과 기준에 근거하여 생각하는 것을 의미한다. 이 시기 사고의 주요 특징 중의 하나는 자기중심적 사고로서 자신이 자신에게 관심이 집중되어 있는 것처럼, 다른 사람들도 자신을 쳐다보며 관심이 많을 것이라고 생각하는 것이다.

엘킨드(Elkind, 1979)는 청소년들이 자의식이 강하고 다른 사람들의 눈에 띄고 싶은 욕망으로 시선끌기 행동을 하게 되는 이러한 사고의 특징에 대해 상상적 관중(Elkind, 1979)을 만든다고 하였다. 자기중심적 사고의 또 다른 특징으로 자신의 감정과 사고는 너무나 독특한 것이어서 다른 사람들이 이해할 수 없을 것이라 생각하는 개인적 우화가 있다. 이러한 자기중심적 사고는 청소년 초기에 강렬하다가 연령이 증가함에 따라 점차 감소된다.

(4) 사회적 발달

인간은 자신이 속한 사회와 주변 환경과 관계를 맺고 살아가는 존재이기 때문에, 사회성 발달은 개인의 삶에서 필요한 심리사회적 역량이다. 청소년기에는 활동 영역도 다양해지면서 인간관계의 폭이 확대된다. 어린 시절과는 다르게 부모와의 관계에서도 정서적으로 점차 독립하려는 마음이 생겨 개별성에 대한 감각이 뚜렷해진다. 부모와 보호자에게 덜 의존하는 대신 '나라는 의식'을 지탱하고자 친구들과의 관계에서 우정을 통한 심리적 안정을 경험하고 사회적 지지를 얻는다. 학교에서 경험하는 다양한 동아리 활동, 문화 체험, 봉

수업활동 3-2 **청소년기의 정서 발달**

◎ 여러분이 중·고등학교 학생이었을 때, 특별히 기억나는 사건을 떠올려 보고 그때 경험했던 감정(예: 기쁨, 행복, 슬픔, 분노, 짜증, 불안, 외로움, 사랑, 친구와의 갈등 등)에 대해 그 당시 어떻게 표현하고 대처했는지 작성해 보고, 성인이 된 지금은 관계 안에서 어떻게 감정을 표현하고 대처하는지 비교해 보자.

〈학창시절〉

감정 상태	이유	표현 및 대처	대처의 적절성
예) 분노	친구가 나한테 묻지도 않고 내 필통을 가져가 필기도구를 맘대로 사용해서	그 친구의 등을 주먹으로 때렸음.	결과적으로 그 일로 싸웠기 때문에 적절하지 않았음.

〈대학생이 된 지금〉

감정 상태	이유	표현 및 대처	대처의 적절성
분노			
외로움			
슬픔			

◎ 조원끼리 자신의 정서 대처 방안에 대해서 발표한 후, 청소년기와 비교해서 어떻게 변화했는지 성찰해 보고 소감을 나누어 보자.

_____

_____

◎ 오늘 활동을 통해서 청소년의 정서 발달을 촉진하기 위한 상담과 생활지도의 방안에 대해서 토의해 보자.

_____

_____

사 활동 등은 청소년의 사회성 발달에 긍정적인 영향을 준다.

자신이 속한 환경에서 타인과 조화롭게 살아가는 데 필요한 사회적 기술의 습득은 학교나 가정에서 원만한 인간관계를 유지하는 데 중요한 자원이다. 따라서 이 시기에 자신을 표현하고 타인과 적절한 의사소통을 하는 능력을 향상시키는 생활지도가 필요하다.

4) 발달정신병리적 관점

발달정신병리적 관점이란 아동과 청소년의 정신장애를 정상발달과 관련해서 이해하는 체계의 틀을 말한다(Hinshaw, 2008). 발달심리학과 아동 · 청소년의 임상심리학 그리고 정신의학을 결합하여 아동 · 청소년의 비전형적 발달을 이해하는 접근이다. 발달심리학은 전통적으로 정상발달을 주제로 삼는다. 즉, 사람이 일생에 걸쳐 어떤 보편적인 원리에 따라 성장하고 변화하는지를 이해하는 데 초점을 둔다. 반면에 임상심리학과 정신의학은 심리장애의 증상을 알아내고, 장애의 원인을 이해하여 문제를 완화시키는 데 주로 관심이 있다. 결과적으로 발달정신병리학은 비정상적 행동을 정상 발달과 관련해서 이해하는 체계로, 발달적 지식과 논점, 의문들을 중심으로 주변의 다양한 이론이나 접근을 통합하는 방식을 취한다.

학교상담자가 만나는 학생 중에는 앞서 살펴본 청소년의 전형적인 발달 양상과는 다르게 심리 · 정서적인 문제로 상담 서비스에 의뢰되는 학생들도 있다. 청소년들에게 보편적으로 일어나는 현상인지 아니면 예외적인 상황인지에 따라서 우리는 문제를 이해하고 접근하는 지식의 수준이 다를 수밖에 없다. 흔한 일이라면 상식적으로 해결할 수도 있지만, 흔하지 않고 의문이 가는 행동과 상황일수록 전문적인 지식이 필요하다. 학교상담자는 상담에 의뢰된 학생의 정신건강 상태가 발달적으로 나타날 수 있는 특성인지 아니면 발달정신병리적 문제로 발전될 수 있는지의 여부를 판단할 필요가 있다. 오늘날 학교는 학생들의 정신건강에 관심을 갖고 심리 · 정서적으로 건강하게 학생들이 성장할 수 있도록 더욱 세심한 노력이 필요하다.

(1) 비정상적 행동

청소년 시기에 적응 양상은 개인에 따라서 다양한 경로를 나타내는데 적응을 잘 하는 학생도 있지만 지속적으로 부적응 상태를 겪거나 일시적인 부적응 상태를 경험할 수도 있다. 이때 지속적으로 부적응 상태에 있는 경우, 비정상적인 행동 양상이 나타날 수 있다. 정상과 비정상적인 행동의 구분은 발달규준, 문화규준, 성별규준, 상황규준, 그리고 이상이라 판단하는 관점에 따라 달라질 수 있다. 비정상적 행동 양상이라 판단할 수 있는 고려요인들을 〈표 3-6〉에 정리하여 제시하였다.

일반적으로 비정상적인 행동이란 비전형적이고 해로운 행동으로 정신과정의 역기능을 반영하고 임상적으로 의미 있는 행동적, 인지적, 정서적 이상의 증후를 나타내는 행동을 말한다. 이러한 비정상적 행동을 나타내는 정신병리는 해당 개인이 생활환경과 조화를 이루지 못하게 하는 것으로, 개인의 내적 상황과 개인이 상황에 대해 보이는 반응 중 후자의 비전형성을 정신병리로 간주한다(Wicks-Nelson & Israel, 2016). 발달정신병리적 관점에서 비정상적 행동은 아동과 청소년이 환경과의 상호교류하는 과정에서 서서히 발생한다고 본다(Cummings et al., 2000).

표 3-6 정상과 비정상 구분을 위한 고려 요인

정상과 비정상 구분을 위한 기준	
1. 비전형적이고 해로운 행동	• 심리적 문제란 평균에서 이탈, 비전형적으로 간주됨. • 정신과정의 역기능을 반영함; 임상적으로 의미 있는 행동적 · 인지적 · 정서적 이상의 증후군 • 언어습득, 정서조절, 원만한 사회적 관계 등의 발달 과업 완수에 방해가 되는 행동
2. 발달기준	• 발달지연 • 발달적 퇴행 • 행동의 빈도가 극단적으로 높거나 낮음. • 행동의 강도가 극단적으로 높거나 낮음. • 행동상의 문제가 일정 시간 지속됨. • 상황에 부적절한 행동 • 행동의 갑작스런 변화 • 여러 문제행동 • 정상과는 질적으로 차이가 있는 행동
3. 문화와 민족	• 많은 장애(예: 불안, 우울, 자살, 공격성 등)가 세계 여러 나라에서 보편적으로 나타나면서도 문화적으로 그리고 민족의 특성에 따라 차이가 존재함.
4. 기타 기준: 성별과 상황	• 성별규준은 발달에 강력한 영향을 미침; 남성은 상대적으로 더 공격적이고 지배적이고 활동적이고 모험적일 것이라 기대하는 반면, 여성은 더 수동적이고 의존적이고 조용하고 민감하고 정서적이라 기대됨. 남성이 여성스러운 특성을 보인다거나 반대로 여성이 남성의 특성을 보일 때, 정상과 비정상의 판단에 영향을 미침. • 상황규준; 행동의 일탈 또는 정상 여부의 판단은 특정한 사회적 상황에서 무엇이 기대되는가 하는 상황규준을 고려함.

(2) 발달상의 위험요인과 보호요인

비정상적 행동을 이해하고 이를 개입하기 위해서는 정신병리적 문제 발생의 위험요인과 보호요인이 무엇인지에 대한 이해가 필요하다. 예를 들어, 가정에서 경험한 학대와 방임은 아동 · 청소년의 정신건강을 위협하는 대표적인 위험요인으로 학대를 경험한 아동은 청소년기에 정서 · 행동 문제가 발생할 위험이 높다. 그러나 가정 이외의 학교 환경에서 경험하는 사회적 지지와 보살핌은 문제 발생을 완화시키는 보호요인으로 잘 알려져 있다. 그렇다면 학생의 건강한 성장과 발달을 저해하는 위험요인은 줄이고 보호요인을 강화한다면 일시적 부적응 상태와 지속적인 부적응 상태로 발달하는 경로를 차단하고 우수한 적응 상태를 유지할 수 있을 것이다.

학교상담자들은 학생들의 보편적인 발달경로와 더불어 비전형적인 행동 양상의 발달의 원인과 이를 대처할 수 있는 보호요인을 강화하는 개입에 대한 전문적 지식을 갖추는 것이 필요하다. 정상 발달과 정신병리적 문제의 발생은 나란히 함께 진행되는 데 중요한 발달영역(예: 애착, 기질, 정서이해와 정서조절, 사회인지적 정보처리 등)에서 질적 · 양적 차이에 따라 그 경로의 방향이 달라지는 것으로 연구되고 있다(Wicks-Nelson & Israel, 2016). 이에 대한 내용을 간략하게 정리한 내용을 〈표 3-7〉에 제시하였고, 문제 영역별 보호요인과 위험요인에 대해서는 제3부 학교상담과 생활지도의 실제에서 자세히 살펴보기로 한다.

표 3-7 정신병리적 문제 발생의 원인

발달영역	내용
애착	정신병리적 발달경로를 밟는 경우, 대체로 불안정 애착, 혼란애착의 특성을 보였음.
기질	• 부정적 반응성(정서적 충동성과 과민성)이 높음. • 접근-회피 성향과 상황과의 상호작용(기질이 까다로운 아동의 경우, 양육이 민감하지 못할 경우 문제 발생의 빈도가 증가하지만 기질이 쉬운 아동의 경우는 양육의 민감성에 의해 큰 영향을 받지 않음.) • 자기조절(인내심)이 낮음.
정서이해와 정서조절	• 정서의 이해부족과 정서조절 발달에서의 문제가 높을수록 정신장애의 위험이 높아짐. • 가정에서 정서에 대한 개방적 논의의 부족과 정서에 대한 수용 및 이해의 부족, 그리고 정서적 행동의 모델링(감정이 주도하는 행동의 학습)에 의해 정서이해와 정서조절 능력을 습득하지 못함.
사회인지적 정보처리	• 사회적 상황에 대한 왜곡된 해석이 부적응 행동을 유발함. • 공격성이 높은 청소년일수록 타인의 행동을 적대적으로 해석함.

참고문헌

강진령(2015). 학교상담과 생활지도. 서울: 학지사.

김계현, 김동일, 김봉환, 김창대, 김혜숙, 남상인, 천성문(2009). 학교상담과 생활지도. 서울: 학지사.

김미선, 송준만(2006). 학교차원의 긍정적 행동지원이 초등학교 학생들의 문제행동과 학교 분위기에 미치는 영향. 특수교육학연구, 41(3), 207-227.

김영선, 최윤정(2016). 마음챙김 명상에 기초한 인지치료(MBCT)가 정서 · 행동 관심군 고등학생의 우울 및 자살생각 감소에 미치는 효과 및 상담 성과. 열린교육연구, 24(2), 261-284.

문호영, 최창욱(2015). 생애주기에 따른 아동 · 청소년 · 청년 연령구분 실태와 방향. 청소년정책 이슈브리프, 21. 한국청소년정책연구원.

손승현, 서유진, 이주영, 문주영(2011). 초등수학 사실적, 개념적, 절차적 지식 교수를 위한 증거기반 중재의 실제. 초등교육연구, 24권 3호, 217-245.

서울대학교 특수교육연구소 (2012). 특수교육 연구의 실제: 증거기반 교육실천을 위한 주제와 방법론. 서울: 학지사.

성현모, 이상민 (2017). 학교상담제도의 국제비교연구. 상담학연구, 18(5), 263-285.

이주리(2008). 잠재성장모형을 적용한 초등학생의 내면화 및 외현화 문제행동의 발달궤적. 아동과 권리, 12(4), 503-523.

정옥분(2004). 발달심리학. 서울:학지사.

한국직업능력개발원(2012). 2012 학교진로교육지표. https://www.career.go.kr/cnet/front/web/courseEdu/courseEduIndicator2012.do#

American School Counselor Association. (2004). *ASCA National Standards for Student*. Alexandria, VA: Author.

American School Counselor Association. (2005). *American School Counselor Association National Model: A framework for school counseling programs* (2nd ed.). Alexandria, VA: Author.

Barna, J. S., & Brott, P. E. (2011). How important is personal/social development to academic acheivement? The elementary school counselor's perspective. *Professional School Counseling, 14*, 242-249.

Cicchetti, D., & Toth, S. L. (2009). The past achievements and future promises of developmental psychopathology: The coming of age of a discipline. *Journal of Child Psychology and Psychiatry, 50*, 16-25.

Cummings, E. M., Davies, P. T., & Campbell, S. B. (2000). *Developmental psychopathology and family process: Theory, research, and clinical implications*. NY: The Guilford Press.

Dishion, T. J., & Dodge, K. A. (2005). Peer contagion in interventions for children and adolescents: Moving towards an understanding of the ecology and dynamics of change. *Journal of Abnormal Child Psychology, 33*(3), 395-400.

Elkind, D. (1979). Imaginary audience behavior in children and adolescents. *Developmental Psychology, 15*(1), 38-44.

Erford, B. T. (2011). Accountability: Evaluating programs, assessing needs, and determining outcomes. In B. T. Erford (Ed.), *Transforming the school counseling profession* (3rd ed., pp. 245-287). Upper Saddle River, NJ: Pearson.

Erikson, E. H. (Ed.). (1963). Youth: Change and challenge. Basic books.

Gysbers, N. C., & Henderson, P. (2001). *Comprehensive guidance and counseling programs: A rich history and a bright future. Professional School Counseling, 4*, 246-256.

Gysbers, N. C., & Henderson, P. (2012). *Developing and managing your school guidance and counseling program* (5th ed.). Alexandria, VA: American Counseling Association.

Havighurst, R. J. (1972). Developmental Tasks and Education. McKay.

Heilbron, N., & Prinstein, M. J. (2008). Peer influence and adolescent nonsuicidal self-injury: A theoretical review of mechanisms and moderators. *Applied and Preventive Psychology, 12*, 169-177.

Hinshaw, S. P. (2008). Developmental psychopathology as a scientific discipline: Relevance to behavioral and emotional disorders of childhood and adolescence. In T. P. Beauchaine & S. P. Hinshaw (Eds.), *Child and adolescent psychopathology*. Hoboken, NJ: John Wiley & Sons.

Kim, K-H.(2011). Toward a science of preventive counseling. *Journal of Asia Pacific Counseling, 1*(1), 13-28.

Lent, R. W., & Brown, S. D. (2013). Understanding and facilitating career development in the 21st century. In S. D Brown & R. W. Lent (Eds.), *Career Development and Counseling: Putting Theory and Research to Work* (2nd ed., pp.1-27). NY: Wiley.

Marcia, J. E., Waterman, A. S., Matteson, D. R., Archer, S. L., & Orlofsky, J. L. (1993). *Ego identity*. NY: Springer

Myrick, R D. (2003). *Developmental guidance and counseling: A practical approach* (4th ed.), Minneapolis, MN: Educational Media.

Piaget, J. (1972). Intellectual evolution from adolescents to adulthood. Human Development, 16, 346-370.

Romano, J. L., & Hage, S. M. (2000). Prevention and counseling psychology: revitalizing commitments for the 21st century. *The Counseling Psychologist, 28*(6), 733-763.

Schumidt, J. J. (2014). *Counseling in schools: Comprehensive programs of Responsive services for all students* (6th ed.). NJ: Pearson.

Shepard, J. M., Shahidullah, J. D., & Carlson, J. S. (2013). *Counseling Students in Levels 2 and 3: A PBIS/RTI Guide.* CA: Sage.

Sink, c. A., Akos, P., Turnbull, R. J., & Mvududu, N. (2008). An investigation of comprehensive school counseling programs and academic achievement in Washington stat middle school. *Professional School Counseling, 12,* 43-53.

Sugai, G., & Horner, R. R. (2006), A Promising Approach for Expanding and Sustaining School-Wide Positive Behavior Support. *School Psychology Review, 35*(2), 245-259.

Super, D. E. (1990). A life-span, life-space approach to career development. In D. Brown & L. Brooks (Eds.), *Career choice and development: Applying contemporary theories to practice* (pp. 197-261). CA: Jossey-Bass.

Tobin, T. J., & Sugai, G. (2005). Preventing problem behaviors: Primary, secondary, and tertiary level prevention interventions for young children. *Journal of Early & Intensive Behavior Intervention, 2,* 125-144.

Vaillant, G. E. (2002). *Aging Well: Surprising Guideposts to a Happier Life From the Landmark Harvard Study of Adult Development.* Boston: Little, Brown & Company.

Whiston, S. C. (2007). Outcomes research on school counseling interventions and programs. In B. T. Erford (Ed.), *Transforming the school counseling profession* (2nd ed). NJ: Pearson.

Wicks-Nelson, R., & Israel, A. C. (2016). *Abnormal child and adolescents psychology with DSM-V updates* (8th ed.). NY: Routledge.

다음은 학교에서 학생들이 찾아와 선생님과 상담을 할 때 호소하는 내용들이다. 여러분이 교사라면, 각 학생들을 지도하기 위해 어떻게 할 것인지 한번 생각해 보자.

A: "선생님, 저는 ○○ 친구와 만나면 아무 할 말이 없어요. 왜일까요?"

B: "선생님, 저는 ○○를 보면 이유 없이 짜증 나요. 걔 진짜 싫어요. 같은 반인 게 너무 싫어요. 걔가 없어지면 속편하겠는데…… 그러니까 자리 바꿔 주세요."

C: "내가 급식 당번으로 먼저 밥을 받아야 하는데 그 새끼가 새치기를 했으니까…… 화나서 침을 뱉었어요. 그 새끼가 먼저 잘못했는데 왜 나한테만 난리예요?"

예에서 볼 수 있듯이, 위의 학생들은 다른 사람과의 관계에서 자신이 경험하는 것이 무엇인지에 대해 자신이 어찌하여 말을 하지 않게 되는지, 친구가 왜 싫은지, 그리고 자신이 무엇을 잘못 행동했는지에 대한 자각이 없다. 그렇다고 교사인들 자신이 학생의 마음이 아닌데 100% 학생의 마음을 알 리 없다. 가장 손쉽게 대응할 수 있는 방법은 A의 경우, 그 상대를 교사가 안다면 "걔가 본래 말이 많잖니, 그래서 네가 말을 못하는 거겠지."라고 짐작하는 내용을 전달하거나, B의 경우는 "네가 좀 참으면 안 되겠니? 걔가 본래 반에서도 힘든 아이잖니?"라고 달래거나, C의 경우는 속에서 부글부글거리다가 "네가 정말 뭘 잘못했는지 모르고 하는 소리니?"라고 야단을 치고 반성문을 쓰게 하는 지도를 할 수 있을 것이다. 이러한 상담과 지도는 교사가 아니더라도 보통의 인간관계에서 누구든 대응할 수 있는 사례이다. 여러분이라면, 미래에 만나게 될 학생들이 상담을 요청해 올 때 어떻게 상담을 하고 지도할 수 있겠는가?

2부 학교상담과 생활지도의 방법은 이와 같은 질문에 답을 할 수 있도록 하는 것을 목적으로 한다. 학교상담과 생활지도의 이론적 배경에서 살펴본 종합적 학교상담 프로그램과 긍정적 행동 개입 지원의 모형에 기초하여 인성/사회성, 학업, 진로의 세 가지 내용 영역별 평가 활동을 통해 1차 예방을 위한 보편적 개입과 2, 3차 예방을 위한 소수 학생들을 선별하여 개입할 수 있는 집단지도와 집단상담, 개인상담, 그리고 교사나 학부모와 협력하기 위한 자문의 방법을 학습하기로 한다.

제4장

학생과 환경 평가

　오늘날 학교교육은 학생들의 인성과 사회성 발달을 지원하기 위해서 교장 및 교사, 전문 상담교사(전문상담사), 진로진학상담교사, 교과목 담당 교사 그리고 학부모 등 학교 공동체 구성원들 모두가 학교에서 적응하기 어려운 학생들을 조기에 발견하여 이들이 낙오되지 않고 학교생활에 잘 적응할 수 있도록 학교 차원에서 조력해야 하는 책무성(Erford, 2011; Schmidt, 2014)이 더욱 강조되고 있다. 따라서 이 장에서는 학교상담의 중심 역할을 수행하는 학교상담자(예: 전문상담교사 및 전문상담사)뿐만 아니라 교사들이 위와 같은 학생들을 이해하고 전인적 인격체로 성장할 수 있도록 학교 차원에서 개입하는 생활지도 방안 중 평가에 대해 알아보고자 한다. 구체적으로 학교 문제행동에 대한 예방상담학적 관점에서 학생들의 긍정적 행동을 지원[Positive Behavior Invervention Support(PBIS); Tobin & Sugai, 2005]하는 개입 접근을 바탕으로, 학생의 인성 및 사회성, 진로, 그리고 학업 발달에 영향을 미치는 다양한 요인들을 평가하는 방법과 도구에 대해 살펴보고자 한다.

　긍정적 행동 개입 지원(PBIS) 접근에 기초하여 전체 학생과 위험 행동을 보이는 학생 그리고 고위험 학생들에게 적합한 생활지도와 상담 개입을 실행하기 위해서는 평가 활동이 필수적이다. 학생들의 인성 및 사회성, 진로 그리고 학업 발달을 조력하기 위해서는 우선적으로 학생들이 현재 어떠한 상태인지를 정확하게 이해하는 것이 우선되어야 한다. 자신의 주어진 환경에 최적으로 적응하는 학생들도 있지만, 학교에서 적응하지 못하고 심리적으로 고립되는 등 학교에서 낙오되는 학생들은 미래의 성인기 삶의 질을 담보할 수가 없다. 따라서 모든 학생들을 이해하고 조기에 문제를 발견하여 그에 맞는 적절한 교육적 중재는 학교의 중요한 책무이다. 다음 단락에서는 학생 이해를 위한 목적으로 학교에서 실시하는 학생평가 및 환경평가 과정을 간략하게 살펴보고자 한다.

1. 학생평가

학생평가는 앞서 이론적 배경에서 살펴본 종합적 학교상담 프로그램의 필수과정의 하나로 학생들을 위한 적절한 교육적 계획과 결정을 내리기 위해 필요한 자료를 수집할 목적으로 이루어진다. 학교는 교육 프로그램과 교육과정을 편성하는 과정에서 효과적인 상담과 생활지도 개입을 결정하기 위해 학생들의 교우관계 및 인간관계, 학업, 이성, 성격 그리고 진로 등 발달 과업상의 문제들에 대해 다양한 종류의 평가 도구를 통해 정확한 자료를 수집하여 학생들을 평가할 필요가 있다. 이러한 평가는 표준화된 검사(지능, 흥미, 성격 검사 등), 행동평정 척도 그리고 관찰 및 면담과 같은 비표준화된 절차의 사용을 포함한다. 자세한 평가 도구와 절차에 관해 설명하기에 앞서, 평가 활동 절차에서 사용되는 용어들을 살펴봄으로써 학교상담자, 교사, 교직원들은 학생평가와 관련하여 각자 자신의 적합한 역할을 취할 수 있다(Schmidt, 2014). 〈표 4-1〉에서 볼 수 있듯이, 평가(appraisal, evaluation), 사정(assessment), 해석(interpretation), 진단(diagnosis)의 설명과 각 평가 절차에 관여할 수 있는 주요 인력 구성원들을 제시하였다. 진단의 경우에는 학교상담자에 의해서 정서, 행동, 지능의 측면에서 장애에 대한 진단 가능성이 높을 경우, 외부 전문기관에 의뢰하여 정확한 진단을 받을 수 있도록 안내해야 한다.

우리나라의 경우, 학교 수준에서 적용되는 종합적인 생활지도 및 상담의 구체적인 모형이 구축되어 가는 과정에 있지만 앞서 살펴본 1차 예방의 차원에서 모든 학생들을 대상으로 평가를 하는 경우는, 기초학력 진단 검사(중 3년, 고 2년)와 정서·행동 특성검사(초1·4년, 중1년)를 전국 수준으로 실시하고 있다. 물론 각 학교장의 재량에 따라 진로 적성 탐색 검사, 성격 검사 등의 표준화된 검사를 전체 학생들을 대상으로 실시하고 있지만 심리검사 결과에 대한 해석 활동의 경우, 전체 학생들을 대상으로 진행하는 학교는 극히 드물다. 그

표 4-1 평가 활동과 담당 인력

평가 활동	설명	담당 인력
평가 (appraisal)	• 학생들의 특성, 능력, 관심사를 측정하는 과정과 그러한 측정 결과에 근거한 전문적인 판단을 내리는 과정 • 다양한 출처로부터 자료를 수집하고, 의견을 형성하고 교육 혹은 진로 문제에 대한 결정에 있어서 지침이 되는 결론을 도출하는 과정	학교상담자
사정 (assessment)	• 학생평가를 위해 자료를 수집하기 위한 측정 도구와 절차들로 구성 • 교육적 검사, 심리적 평가, 흥미 검사, 면담, 관찰을 통해 자료를 수집하는 활동	학교상담자, 교사, 기타 학교 교직원
해석 (interpretation)	• 다양한 검사 결과, 관찰 및 면담을 통해 수집된 정보들을 설명하고 의미를 부여하는 일련의 과정 • 전문가의 소견	학교상담자
진단 (diagnosis)	• 문제행동의 원인과 결과에 관한 최상의 추론 혹은 최상의 판단을 내리기 위해 실시한 측정한 결과를 구체적으로 확인하고 분류하고 범주화하는 과정	2, 3차 전문기관에 의뢰

러나 검사 결과에서 관심군 대상으로 선별된 학생의 경우에는 부모의 동의 후, 2, 3차 상담기관에 의뢰하여 보다 전문적인 상담 서비스와 연계하는 체계가 구축되고 있다. 또한 개별 학생들이 관심을 갖는 경우, 각 학교에 배치된 전문상담교사나 전문상담사에게 개인 해석 상담을 안내하고 있어 학생들의 인성 및 사회성 발달을 조력하는 생활지도와 상담의 체계가 과거에 비해 크게 발전하고 있다. 다음 단락에서는 생활지도와 상담에서 사용하는 평가 도구와 절차에 대해서 간략하게 설명하고자 한다.

1) 표준화 검사

표준화 검사란 특정한 행동에 대한 자료를 수집하는 데 있어서 동일한 절차에 의해서 측정함으로써 행동의 전체 집단을 미루어 짐작하고 그것을 기초로 하여 두 사람 이상의 행동을 비교하는 체계적인 절차라고 정의할 수 있다. 우리나라에서 가장 잘 알려진 표준화 검사의 대표적인 예는 대학수학능력시험일 것이다. 누구나 동일한 시간 내에 같은 절차에 의해서 실시되고 다른 학생의 점수와 상대적으로 비교할 수 있게 된다. 즉, 교사가 임의로 만들어서 실시하는 시험지와는 달리, 누가 사용하더라도 평가의 실시, 채점 및 결과의 해석이 동일하도록 모든 절차와 방법을 일정하게 만들어 놓은 검사를 의미한다. 따라서 표준화 검사를 학생들에게 실시할 때에는 검사 개발자에 의해 제시된 검사 시행의 지침을 잘 따라서 사용해야 하는 것이 무엇보다도 중요하다. 학업 이외의 표준화 검사라면 아마도 대다수 많은 학교에서 실시하는 흥미 검사나 성격 검사를 그 예로 들 수 있을 것이다.

(1) 규준

각 검사시행에 따른 점수와 특정 검사를 받은 학생 상호 간의 비교가 가능한 표준화 검사는 비교의 기준이 되는 규준(norms)을 사용한다. 표준화된 검사는 대표 집단을 대상으로 개발되고 실시되기 때문에 규준은 그 대표집단 안의 특정 집단의 평균 점수가 된다. 예를 들어서, 아동ㆍ청소년용 웩슬러 지능검사에서 측정된 지능 지수는 만 6세 0개월~16세 11개월에 해당되는 대표집단인 규준 점수와 비교해 지적인 능력에 대한 상대적 위치를 파악할 수 있게 된다. 이를테면, 10세 아동이 30문항 중 평균적으로 15개를 맞추면 10세의 규준은 15개가 원점수가 되는 원리이다. 점수를 보고할 때, 표준화된 검사는 앞서의 예에서처럼 나이를 사용하거나 다르게는 학년 규준을 사용할 수도 있다.

(2) 표준화 점수

이렇게 특정 행동에 대해 표준화된 방식으로 측정할 경우, 상대적 비교를 할 수 있도록 표준화 검사 점수로 전환하게 되는데 표준화된 검사점수는 정상분포이론에 의해서 계산이 된다. 생활지도와 상담에서 활용하는 표준화 검사들이 보고하는 점수들은 주로 백분위 점수와 표준 점수 그리고 T점수를 사용하는데, 대중에게 잘 알려진 수능 시험도 백분위 점수와 표준 점수 두 가지를 사용하여 보고한다.

① 백분위 점수

백분위 점수는 특정 원점수 아래에 있는 학생들의 백분율이 얼마인가를 보여 주기 때문에 대표 표본 안에 학생들의 상대적인 위치를 알 수 있다. 예를 들어, 앞서 지능검사의 예에서 14세 학생의 백분위 점수 98.2이라면, 14세 표본 집단 안에서 98.2%의 학생들이 더 낮은 점수를 얻었다는 것을 의미한다. 반대로 말하면, 상위 1.8%에 해당되는 높은 점수를 받았음을 알 수 있다. 그러나 백분위 점수는 상대적 비교만 가능할 뿐, 얼마나 많은 항목이 그 검사에 제시되어 있고 얼마나 정확한 답을 맞혔는지 알 수가 없기 때문에 교사나 상담자는 백분위 점수의 기능에 대해 잘 파악하고 학생들에게 해석을 제공해야 한다.

② 표준편차 점수

표준편차 점수란 해당 학생의 점수가 그 집단의 평균점수로부터 얼마나 떨어져 있는지를 알려 준다. 즉, 표준점수는 평균점수로부터 표준 편차의 개념을 사용하여 학생의 점수를 보고한다. 예를 들어, 웩슬러 지능검사는 평균 100, 표준편차 15점을 기준으로 표준화한 점수이기 때문에, 만약 전체 지능 지수가 115점으로 산출되었다면, 해당 학생은 14세의 규준 집단이 평균 100일 때 평균보다 1 표준편차 위에 있는 점수이며, 반대로 85점은 1표준편차 아래에 있는 점수이다. 즉, ±1의 표준편차는 약 표본 집단의 68%에 해당되는 점수(85~115점)이다. 지면상 정산분포 곡선에 대해 설명은 생략하고자 한다. 끝으로 T 점수는 성격 검사에서 많이 활용되는 표준점수인데 평균 50, 표준편차 10으로 전환한 점수이다. 다면적 인성검사(Minnesota Multiphasic Personality Inventory: MMPI), 기질-성격 검사(Temperament-Character Inventory: TCI), 흥미 검사 등이 T점수를 활용하여 규준에 비교한 상대적 위치에 따라 성격 특성이나 흥미 유형 간 점수의 선호도를 보고한다.

(3) 표준화 검사 선택 시 고려사항

이러한 표준화 검사를 선택하고 실시하기 위해 전문상담교사나 생활지도 부장은 다음과 같은 사항에 대해 세심한 주의를 기울일 필요가 있다.

첫째, 검사를 선택할 때에는 각 학교에서 추구하는 생활지도의 방침에 기초하여 전체 학생들에게 자신의 이해와 발달을 촉진하게 하고자 하는 목적에 부합하는 표준화된 검사를 선택해야 한다. 생활지도와 상담에서 활용하는 표준화 검사의 선택과 사용은 교사라면 누구든 할 수 있는 일이 아니라, 이에 대한 훈련을 받은 전문상담교사의 추천을 받아야 할 것이다. 따라서 전문상담교사는 상담학회나 상담심리학회 활동을 통해서 학생의 이해와 발달을 촉진할 수 있는 검사들에 대한 정보와 지식을 늘 개선해야 할 의무가 있다.

둘째, 검사의 실시 조건을 고려해야 한다. 만약 전체 학생들을 대상으로 정신건강을 증진시키기 위한 검사의 목적을 갖고 다면적 인성검사(청소년용의 경우, 478문항)를 실시한다고 할 경우에, 전교생이 50명 내외인 소규모 학교라 한다면 가능할지 모르지만 1,000명 이상의 대규모 학교에서는 많은 문항 수를 지닌 검사를 실시하는 것은 불가능하다.

셋째, 타당도와 신뢰도를 고려해야 한다. 타당도는 재야 할 것을 재는 것이고 신뢰도는 측정한 결과를 믿을 수 있는가에 대한 답을 제공하는 것을 의미한다. 예를 들어, 성격 5요인 검사가 있어서 학생들의 성격 특성을 측정하고자 할 경우, 실제로 성격을 5요인이 아니라 3요인으로 측정하는 것이라면 그것은 성격 5요인 검사가 아니라 3요인 검사가 되는 것이므로 타당하지 못한 검사이다. 따라서 검사를 선택하고 사용할 때 타당도가 어느 정도인지를 고려해야 하는데 일반적으로 타당도는 내용 타당도와 준거관련 타당도, 그리고 구인 타당도의 세 가지로 보고된다. 내용 타당도는 해당 검사가 측정하는 내용을 잘 반영하는지에 대해 관련 전문가들로부터 검증을 받았는지 확인함으로써 알 수 있다. 준거 관련 타당도는 만약 기존에 잘 개발된 흥미검사를 바탕으로 학생들의 진로 탐색을 위해 새롭게 개발된 표준화된 검사를 선택하고자 한다면, 개발된 검사가 기존의 흥미검사들과 얼마나 유사한 결과를 나타내고, 반대로 그다지 관련이 없는 자기효능감 검사와는 서로 관련이 없는 관계를 나타내는 상관결과를 확인하면 된다. 구인 타당도란 검사가 측정하고자 하는 추상적이고 심리적인 특성으로 검사가 구성되었는지의 정도를 나타낸다. 앞서 설명한 성격 5요인 검사의 예는 구인 타당도가 낮은 검사가 될 것이다.

넷째, 표준화 검사의 실시와 해석을 할 때에는 표준화 검사 개발자가 제시한 지침대로 동일한 절차로 진행해야 하며 특히, 검사 결과에 대한 해석을 실시할 때에도 앞서 설명한 표준화 점수의 의미를 잘 파악하여 정확한 정보를 제공하는 것이 중요하다. 학교상담에서 심리검사 활용의 효과에 관한 연구 결과(Whiston, 2007)에 의하면, 심리검사 결과에 대한 해석 상담이 함께 제공되었을 때 가장 효과가 있는 것으로 나타났다. 따라서 일회성의 심리검사를 실시하고 해석 활동을 하지 않는 생활지도의 형태는 지양해야 할 것이다. 학교 상황을 고려한다면 집단지도의 형식을 활용하여 실시한 표준화 심리검사의 목적과 검사 결과가 갖는 의미에 대한 정보를 제공하되, 개인적으로 관심이 있는 학생과 좀 더 심화된 해석이 요구되는 학생들을 발굴하여 개인 해석 상담을 제공해야 한다. 이러한 생활지도를 학교에서 수행할 수 있으려면 전문상담교사가 중심이 되어 교사들에게 심리검사에 대한 정확한 지식과 정보를 제공하여 교사들이 학급에서 집단지도를 실시할 수 있도록 조력해야 하고 교사는 개인적으로 좀 더 심화된 상담이 요구되는 개별 학생들을 확인하여 전문상담자에게 의뢰할 필요가 있다.

(4) 표준화 검사의 종류

학교 현장에서 활용 가능한 표준화 검사 도구들은 매우 다양하다. 학생들의 인성 및 사회성 발달, 진로, 그리고 학업 발달을 촉진할 목적으로 사용할 수 있는 도구들은 성격 및 정신건강관련 검사(예: 기질–성격 검사, 다면적 인성검사, 정서·행동 특성검사 등), 학업 문제를 진단할 수 있는 검사(예: 기초학습기능 평가, 학업 성취도 검사 등), 그리고 진로 발달의 이해를 높일 수 있는 검사(예: 흥미, 적성, 능력, 성취도 검사 등) 등이 있다. 최근에 학교 현장에서 활용하거나 활용 가능한 검사들을 간략하게 〈표 4-2〉에 제시하였다.

표 4-2 평가 영역에 따른 표준화 검사의 종류

평가 영역		표준화 검사 종류의 예
인성/사회성 발달	성격·정신 건강	• 기질-성격 검사(JTCI 7-11 아동용): 실시대상(초등학생), 검사문항(86문항), 5점 척도, 소요시간(10~15분), 양육자 보고식 • 기질-성격 검사(TCI 12-18 청소년용: 실시대상(중·고등학생), 검사문항(82문항), 4점 척도, 소요시간(10~15분), 자기보고식 • 다면적 인성검사(MMPI-A 청소년용): 실시대상(만 13~18세 청소년), 검사문항(478문항), 소요시간(50~70분), 예/아니요 자기보고식 • 초등학생 정서·행동 특성검사 2판(CPSQ-II): 실시대상(전국 초 1·4학년), 검사문항(65문항), 4점 척도+예/아니오 자기보고식 • 중·고등학생 정서·행동 특성검사 3판(AMPQ-III): 실시대상(전국 중1학년, 고1학년), 검사문항(63문항), 4점 척도+예/아니오 자기보고식
학업 발달	학습 관련 검사	• BASA 기초학습기능 수행평가: 실시대상(아동, 청소년), 소요시간(40분), 학습 부진 및 학습장애의 진단용 수행평가 • 학습전략검사: 실시대상(청소년), 소요시간(45분), 문항 185문항, 자기보고식 • 국가 수준 학업성취도 평가: 중3(국어, 사회, 수학, 과학, 영어), 고2학년(국어, 수학, 영어) 대상으로 매년 6월에 실시함.
진로발달	진로 관련 검사	• 청소년 직업흥미검사(고용노동부): 고용 노동부가 무료로 제공하는 직업 흥미에 대해 탐색할 수 있는 검사로 현실형, 탐구형, 예술형, 사회형, 기업형, 관습형에 대한 선호도를 탐색할 수 있음. • 고등학생 적성검사(고용노동부): 여러 작업들이 직무수행에서 요구되는 직업적 능력을 측정하여 청소년들이 적성능력에 적합한 직업을 탐색할 수 있음. • 청소년 진로발달검사(고용노동부): 청소년의 진로발달수준을 측정하여 자신의 진로발달수준을 이해하고 좀 더 보완하기 위해 노력해야 할 점이 무엇인지 확인할 수 있음.

주: JTCI: Junior Temperament-Character Inventory; AMPQ: Adolescent Mental Health and Problem-behavior Questionnaire; BASA: Basic Academic Skills Assessment-Reading; KISE-KIT: Korea Institute for Special Education-Korea Intelligence Test for Children; MMPI-A: Minnesota Multiphasic Personality Inventory-Adolescence.

① 성격 및 정신건강 관련 검사

성격이란 한 개인의 생활에 방향을 제시해 주고 개인의 독특한 삶의 양식을 만들어 주는 인지, 정서, 행동의 복합체계이다(Pervin, 1996). 성격은 개인이 자신이 속한 사회적 세상과 관계 맺는 방식을 파악할 수 있는 결정적인 요인으로, 상담 과정에서 학생 또는 내담자의 성격을 이해하는 것은 환경이 요구하는 것과 학생 자신이 원하는 것 사이에 어떻게 대처하며 살아가는지를 파악할 수 있다. 이러한 성격은 심리학적인 개념이지만 개인의 신체적 · 생물학적 특징들과도 연결되는 것으로 간주되며, 개인의 성격 발달은 유전과 환경의 상호작용에 의해서 발달된다. 만약에 성격 발달에서 어려움이 있다면, 가정이나 학교에서 학생 개인은 자신이 원하는 것을 환경에 요구하거나 반대로 환경이 요구하는 것에 적절하게 반응하지 못해 부적응을 보일 수가 있다.

성격 형성과 발달은 정신건강의 중요한 발달적 지표이기 때문에 학생들의 인성 및 사회성 발달을 살펴보기 위해서는 성격 검사를 활용한다. 기질-성격 검사는 인성 발달에 미치는 유전적 영향과 환경적 영향을 구분하여 개인의 인성 발달 과정을 자세하게 살펴볼 수가 있다. 다면적 인성검사는 성격 및 정신병리를 평가할 수 있는 대표적인 검사 도구로 개인상담에서 학생의 심리적 부적응의 정도와 양상을 파악하는 데 사용할 수 있다.

학교 전체 차원에서 학생의 정서 · 행동 문제를 조기에 발견하여 심각한 부적응을 예방하기 위한 방안으로 도입된 정서 · 행동특성검사는 전국의 초등학교 1, 4학년, 그리고 중학교와 고등학교 1학년 대상으로 「교육기본법」 제27조, 「학교보건법」 제2조, 제7조의 2, 제9조, 제 11조, 제18조의 2, 제19조, 「학교폭력예방 및 대책에 관한 법률」 제4조, 제11조의 2, 제20조의 4, 「초 · 중등교육법 시행령」 제54조, 학생건강검사규칙 제4조의 3을 근거로 실시하고 있다. 초등학생용(CPSQ-Ⅱ; Child Personality and Mental Health Screening Questionnaire, Second Version)과 청소년용(AMPQ-Ⅲ; Adolescent Personality and Mental Health Screening Questionnaire, Third Version)이 있으며, 각각 성격특성과 정서 · 행동 특성을 측정한다(교육부, 2018). 자세한 문항과 판별 기준에 대해서는 제11장 정서 · 행동 문제 유형별 상담과 생활지도에서 확인할 수가 있다.

② 학업 관련 검사

학교상담에서 사용하는 학업 관련 검사는 학생의 학업 성취 수준을 파악해서 학습 부적응의 문제를 진단하기 위한 검사들이 있다. 기초학습기능 수행평가(읽기, 쓰기, 수학)를 통해서 학습부진이나 학습장애의 문제를 진단할 수 있다(김동일, 2000). 학습방법과 전략의 문제를 파악하기 위한 학습전략 검사(박동혁, 2014)를 통해서 학습과정의 효율을 높일 수 있는 상담 방안을 모색할 수가 있다.

국가 차원에서 매년 중학교 3학년과 고등학교 2학년 학생을 대상으로 한국교육과정평가원이 실시하는 국가수준 학업성취도 평가는 교과별 학업성취의 추이를 파악하여 학생의 교육적 성취를 촉진하기 위한 보정 교육을 할 수가 있다.

③ 진로 발달 관련 검사

학생의 진로 발달을 이해하고 촉진하기 위한 진로 교육과 상담에서 활용할 수 있는 대표적인 진로 관련 표준화 검사로는 흥미검사, 진로 발달, 적성 탐색 검사 등이 있다. 진로 교육과 상담에서 활용할 수 있는 진로 관련 심리검사는 한국직업능력개발원에서 제공하는 커리어넷(https://www.career.go.kr)과 고용노동부에서 제공하는 워크넷(https://www.work.go.kr)에서는 다양한 진로관련 표준화 심리검사 서비스를 제공하고 있어, 온라인으로 회원 가입 후 무료로 심리검사를 실시할 수 있다. 해당 결과에 대한 자세한 해석 정보를 바로 확인할 수 있어 시간과 비용 면에서 효용 가치가 매우 높다. 학생의 진로 발달을 촉진하기 위한 개인상담에서 활용하기 위해서는 진로전담교사나 전문상담교사가 해당 검사에 대한 이론적 근거와 측정 내용에 대한 전문적 지식을 갖추는 것이 필요하다.

(5) 표준화 심리검사 실시 과정

학교 전체 또는 학생 개인에게 표준화 심리검사를 실시하기 위해서는 다음의 단계를 거쳐 진행하는 것이 필요하다. 먼저 1단계에서는 학교 전체 차원에서 모든 학생들에게 생활지도의 목적으로 학생을 평가하기 위해서나 개인상담 장면에서 내담자의 현 상태를 파악하기 위해 표준화 심리검사를 실시할 필요가 있는지 그 필요성을 명시할 필요가 있다. 학교 전체 차원에서 학생들의 발달적 추이를 살펴보거나 학생들 간 비교를 통해서 인성 및 사회성, 학업, 그리고 진로 발달에서 개별 개입을 필요로 하는 학생들을 선별하기 위해 표준화 심리검사를 실시할 수가 있다. 개인상담 장면에서는 일반적으로 내담자의 현재 문제를 좀 더 정확하게 파악하기 위한 정보를 수집할 목적으로 검사를 실시한다.

2단계에서는 검사 실시의 필요성에 기초하여 실시할 심리검사의 종류를 선택한다. 이때에는 학교상담과 생활지도의 목적과 학생 또는 내담자의 참여 및 동기, 그리고 실시하는 시간과 가격 등을 고려해야 한다. 학교 전체 차원에서 모든 학생들에게 표준화 검사를 실시하기 위해서는 비용과 시간뿐만 아니라 검사결과의 채점, 그리고 검사 결과의 해석을 어떻게 실시할 것인지를 함께 고려하여 선택할 필요가 있다. 학교상담의 방법 중 우리나라에서 가장 많이 실시되고 있는 심리검사가 본래의 취지대로 그 효과성을 가져오기 위해서는 결과의 의미 있는 해석 상담으로 연계되어야 하므로, 심리검사 선택 시 전문가에 의한 해석 상담의 여건도 확인할 필요가 있다.

3단계에서는 정해진 절차에 따라 심리검사를 실시하여 측정의 오차를 줄여야 한다. 학생 전체에 실시할 때, 검사 실시 방법에 대한 설명을 먼저 제공한 후에 예비 문항으로 연습해 봄으로써 검사 과정에서 발생하는 오류를 줄일 수 있다. 답안지를 작성할 때, 인적사항을 정확하게 기입해야 하는 이유를 설명하고 답안 수정의 방법도 사전 고지하여 최대한 편안하게 검사에 임할 수 있는 환경을 조성할 필요가 있다. 만약에 남자 고등학생이 실수로 자신의 성을 여자로 체크하게 되면, 규준집단이 여학생 집단으로 한 검사결과가 산출될 수 있다는 점을 설명하여, 검사 결과에 미칠 수 있는 검사 실시 과정의 중요성을 강조한다.

4단계는 검사 결과의 채점으로 표준화 검사의 경우, 컴퓨터로 채점을 하는 경우가 대부분이기 때문에 수집된 검사지를 온라인으로 입력하여 채점하거나 심리검사 판매 회사에 우편으로 보내어 전산처리하여 채점을 실시한다.

마지막 5단계는 검사 결과의 해석 단계로 심리검사를 실시하는 목적을 달성하기 위해서 가장 중요한 단계이다. 심리검사가 측정하는 것은 지능, 성격, 진로와 같은 추상적인 구성개념을 만들어 심리적인 특성을 관찰할 수 있는 행동 목록이다. 각 심리검사 결과는 추상적인 구성개념을 수량화하여 산출되기 때문에 검사 해석을 위해서는 측정 내용에 대한 정확한 지식과 수량화된 결과가 실제로 의미하는 바를 알고 있는 전문가가 실시하는 것이 중요하다. 따라서 전문상담교사는 특정한 심리검사 결과를 해석하는 과정에 대한 교육과 훈

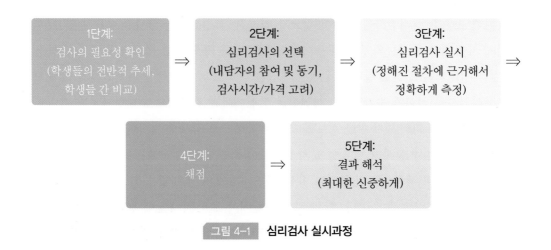

그림 4-1 **심리검사 실시과정**

련이 필요하다. 학교 전체 차원에서 실시된 검사 결과에 대해서는 사전에 학생 전체의 검사 결과를 검토하고 개인 해석 상담이 필요한 학생들을 선별하여 상담으로 연계할 수 있도록 조력할 필요가 있다. 결과를 해석할 때 주의해야 할 점은 단 하나의 검사 결과로 학생을 이해하는 데에는 한계가 있다는 것을 인지하고 학생을 이해하기 위한 목적으로 검사 결과에 대해 학생과 함께 이야기를 나누는 상담 과정이 필요하다. 예를 들어, 직업 흥미의 점수가 모두 낮은 검사 결과가 흥미가 발달되지 않은 검사 결과일 수도 있지만, 최근에 학생이 스트레스 사건으로 인해 일시적인 부적응을 경험하고 있어 나타날 수 있는 결과일 수 있으므로, 검사 결과가 갖는 의미가 무엇인지 학생과 상담을 통해 탐색함으로써 의미 있는 해석을 할 수 있다.

2) 질문지

교사나 상담자는 학생들의 학업 성취와 성공적인 학교생활을 하는 데 방해요인을 탐색하기 위해 표준화된 검사 이외에 표준화 절차를 거치지 않은 다양한 질문지를 사용할 수가 있다. 질문지를 선택할 때에는 교사나 상담자가 학생들의 발달과 성장을 촉진하기 위해 필요한 질문지를 선정하되, 개발된 질문지의 활용 목적과 이론적 근거에 대해 분명하게 숙지한 후에 사용해야 한다. 다양한 심리척도에 대해서는 국내에서 개발된 심리 척도들을 모아 놓은 핸드북을 참조하면 된다. 다음 글상자 4-1은 앞서 살펴본 긍정적 행동 개입 지원 프로그램을 중·고등학교의 학급 단위에서 실시하고자 할 때, 학급 학생들 중에 정서·사회적인 발달에서 어려움을 겪는 학생들을 관찰과 면담을 통해 평정할 수 있는 질문지의 예이다.

3) 관찰과 면담

학교에서 교사들이 학생들을 이해하기 위해 표준화 검사와 질문지 이외에 자주 사용하는 방법은 관찰과 면담이다. 관찰을 통해 학생에 대한 태도나 행동, 친구 관계, 성향 등에 대한 자료를 수집할 때 주의해야 할 점은 관찰자 지각의 편파가 작용할 수 있기 때문에 교사, 학부모 그리고 상담자들은 자신이 관찰한 내용이 정확하지 않을 수 있다는 것을 주지할 필요가 있다. 학생평가에 있어 관찰은 교사, 부모, 상담자에 의해 끊임없이 학생의 행동, 상호작용, 반응들을 개별적으로 그리고 집단 속에서 이루어진다. 학생평가에서 관찰을 하기 위해 사용할 수 있는 도구들로는 일화기록, 행동 평정 척도, 관찰자의 점검표, 빈

📋 글상자 4-1　학급 단위 생활지도를 위한 학생평가 질문지

※ 다음은 학생들의 건강한 성장과 발달을 지원하기 위해 2차, 3차의 예방 개입이 필요한 발달 영역을 살펴보기 위한 질문지입니다. 각 문항에 대해 각 학생이 필요한 영역에 대해 전혀 요구되지 않으면 1점, 매우 요구되면 5점으로 평정하기 바랍니다.

학교: 　　　　학년: 　　　　반: 　　　　이름: 　　　　교사:

항목	1 - 2 - 3 - 4 - 5
1) 상대방 존중, 비폭력 태도	전혀 요구되지 않는다 ·········· 매우 요구된다
2) 사회적 및 관계 기술	전혀 요구되지 않는다 ·········· 매우 요구된다
3) 감정 조절	전혀 요구되지 않는다 ·········· 매우 요구된다
4) 자기-통제	전혀 요구되지 않는다 ·········· 매우 요구된다
5) 자기존중감, 자기이해 및 수용	전혀 요구되지 않는다 ·········· 매우 요구된다
6) 친구 관계	전혀 요구되지 않는다 ·········· 매우 요구된다
7) 집단 괴롭힘	전혀 요구되지 않는다 ·········· 매우 요구된다
8) 갈등 해결	전혀 요구되지 않는다 ·········· 매우 요구된다
9) 스트레스 관리	전혀 요구되지 않는다 ·········· 매우 요구된다
10) 학업 성취	전혀 요구되지 않는다 ·········· 매우 요구된다
11) 조직화 학습 기술	전혀 요구되지 않는다 ·········· 매우 요구된다
12) 진로 의식 및 탐색	전혀 요구되지 않는다 ·········· 매우 요구된다
13) 부모님 이혼	전혀 요구되지 않는다 ·········· 매우 요구된다
14) 상실 및 슬픔	전혀 요구되지 않는다 ·········· 매우 요구된다
15) 정신건강	전혀 요구되지 않는다 ·········· 매우 요구된다
16) 부모 지원	전혀 요구되지 않는다 ·········· 매우 요구된다

도 측정, 시간 간격 및 시간 측정 등이 있다. 이에 대한 간략한 내용은 〈표 4-3〉에 제시하였다. 학생의 발달적 욕구를 종합적으로 평가하기 위해서 학생, 부모, 학생을 아는 교사들과의 면담은 필수적이다. 과거 그 학생을 가르쳤던 교사나 전년도 담임교사, 학생과 부모, 학생과 개인상담을 했던 전문상담교사나 기타 학생에 대한 정보를 제공할 수 있는 전문가들과의 면담을 통해서 학생에 대한 심층적인 정보를 수집할 수 있다.

표 4-3 관찰을 위한 평가 도구

도구	설명	주의 사항
1. 일화 기록	교사, 부모, 상담자들이 특정한 학생의 행동을 특정 상황 동안 관찰하여 기록하는 것을 말함.	유의미한 사건들과 관찰 내용들이 발생하는 대로 즉시 작성하거나 가능한 빠른 시간 안에 기록하도록 요청해야 함.
2. 평정 척도	관찰하고자 하는 행동이나 특성의 정도나 빈도를 표시할 수 있도록 구성한 구조화된 양식	척도의 목적을 분명하게 밝히고, 직접적으로 관찰 가능한 성격 특성이나 행동을 평정할 수 있는 항목들을 기록함. 몇 점 척도로 할 것인지 결정
3. 관찰자의 점검표	평정 척도와 유사하나 관찰자로부터 요구되는 판단의 종류가 다름. 관찰자가 어떤 특성을 관찰했는지에 대한 여부만을 기록함.	이 도구는 매우 기초적 수준의 정보만을 수집할 수 있기 때문에 다른 평가 절차와 항상 병행되어야 함.
4. 빈도 측정	특정 문제행동이 발생하는 빈도를 측정하여 기록함으로써 문제행동에 대한 평가를 하는 방법	명료하게 규정되지 못한 행동들을 관찰할 때 유용하지만 문제행동이 나타나는 시간대에 측정하는 것이 요구됨.
5. 시간 간격 및 시간 측정	관찰 기간의 길이를 결정하여 동일한 시간 간격으로 나누어 문제행동을 평가하는 기법(예: 오전 9시부터 12시까지 30분 간격)	각기 다르게 시간 표집을 하여 관찰하는 것이 요구됨.

지금까지 학생을 평가하기 위한 방법에 대해서 살펴보았다. 학생을 이해하기 위한 정보 수집활동을 위한 평가 도구는 크게 표준화 검사 도구를 사용하는 방법과 행동평정이나 관찰과 면담을 통해 평가하는 비표준화 방법이 있으며, 이를 요약한 내용을 [그림 4-2]에 제시하였다.

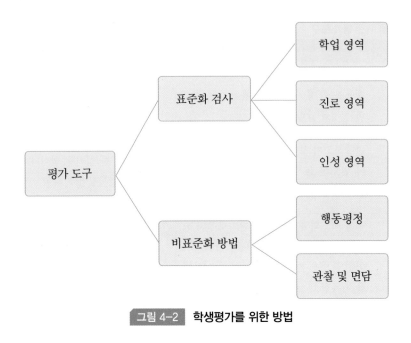

그림 4-2   학생평가를 위한 방법

2. 환경평가

이 장의 서두에서 살펴본 긍정적 행동 개입 지원의 접근을 바탕으로 3차원적 예방을 목적으로 학교생활의 지도와 상담을 수행하기 위해서는 학생의 발달에 영향을 주는 환경요인을 평가하는 것은 학생을 평가하는 활동만큼 중요하다. 학생 개인이 속한 환경은 가족, 그리고 학교 전체 분위기와 학교 내에서 또래 집단이다. 학교 분위기와 학교 풍토가 학생들에 대한 훈육과 긍정적인 행동을 강화하는 종합적인 학교상담 프로그램을 지향한다면, 그렇지 않은 학교에 비해 학생들의 문제행동은 줄어들 수밖에 없다. 아동·청소년의 다양한 정서 및 행동 문제에 관한 연구 결과들(이주리, 2008; Dishion & Dodge, 2005; Heilbron & Prinstein, 2008; Novak & Clayton, 2001)에 의하면, 아동·청소년 발달에서 문제행동을 예언하는 가장 중요한 요인으로 학교 환경과 비행 문제를 보이는 또래들의 영향이 가장 큰 것으로 밝혀졌다. 아동·청소년의 경우, 학교에서 맺게 되는 또래와의 관계가 장기적으로 사회적·인지적 성장에 영향을 미치는 고유한 발달적 맥락(O'Connor, Dearing, & Collins, 2011)이라는 것을 고려할 때, 상담자와 교사는 학교에서 맺는 학생들의 사회적 관계를 이해하고 원만한 대인관계를 형성하고 유지할 수 있도록 조력해야 한다.

1) 또래집단 평가

한편, 초등학교에서부터 고등학교까지 학생의 발달에 미치는 또래집단의 영향력은 매우 크다. 면담을 통해 학생들에게 자신이 사귀는 친구 관계와 또래집단에 대해 살펴보게 함으로써 학생들의 자기 인식을 높일 수 있다. 학생들은 또래의 행동, 목표, 학교에 대한 태도를 평가하면서 친구 관계가 자신의 목표나 행동 그리고 신념에 어떻게 영향을 미쳤는지 살펴봄으로써 자신에 대해 성찰할 수 있게 된다.

사회관계 측정법은 학생들 간의 관계를 평가하고, 어떤 학생이 친구들에게 가장 인기가 있고 또는 그렇지 못한가를 확인해 볼 수 있는 또래집단 평가의 대표적인 방법이다. 한 교실에서 어떤 학생들이 수용되고 인기가 있고 거부되는지를 그래프로 나타내는 것을 소시오그램(Moreno, 1993)이라고 하는데, 그 예시가 [그림 4-3]에 있다. 사회관계 측정법을 활용하여 학생들 간의 관계 양상을 파악하기 위해서 깁슨과 미첼(Gibson & Mitchell, 1999)은 다음 고려사항을 제안하였다. 첫째, 학생들이 함께 지낸 시간은 그 결과에 영향을 미친다. 교류하는 시간이 길면 길수록 소시오그램의 결과는 더욱 유의미해진다. 둘째, 학생의 연령은 학생 반응의 신뢰도에 영향을 미친다. 나이가 많을수록, 학생들의 반응은 좀 더 믿을

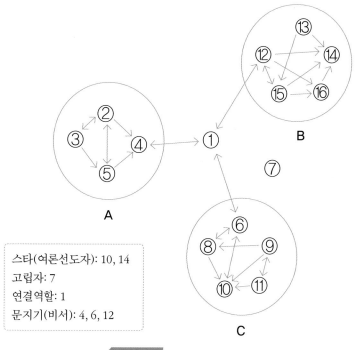

스타(여론선도자): 10, 14
고립자: 7
연결역할: 1
문지기(비서): 4, 6, 12

그림 4-3   소시오그램의 예

만하고 타당하다. 셋째, 집단이 너무 크거나 너무 작게 되면 유용한 정보를 제공하지 못한다. 선택이 너무 많거나 너무 적게 되면 뚜렷한 패턴이 나타나기 어렵기 때문이다. 넷째, 의미 있는 집단활동은 학생들이 동료를 선택하고 정직한 반응을 하는데 논리적이고 자연스런 기회를 제공한다. 사회관계 측정법을 계획할 때, 상담자와 교사는 학생들에게 친숙한 활동을 선택하는 것이 필요하다. 다섯째, 소시오그램을 위해 선택되는 집단은 특별한 평가 과정에 적합해야 한다.

2) 학교 분위기 평가

학교 전체의 분위기가 학생들에게 관심을 갖고 건강한 학교생활을 위한 캠페인을 벌여 학생들의 흡연 문제를 줄이는 노력을 하였더니 학생들의 흡연율이 감소되었다(Novak & Clayton, 2001). 따라서 학교장이나 교사 그리고 상담자는 학생들의 건강한 발달을 위해 자신이 속한 학교의 분위기를 평가하여 학교 단위 자체가 건강한 환경으로 개선될 수 있도록 노력해야 한다. 학교 분위기 평가 질문지(Schmidt, 2014)의 일부를 글상자 4-2에 제시하였다.

📔 **글상자 4-2** **학교 분위기 평가 질문지**

※ 다음 문항은 우리의 학교를 평가하기 위한 것이다. 문항을 보고 여러분의 반응을 표시해 보자.

문항	예 – 아니요 – 때때로		
1) 학교에서 사람들은 다정합니까?	예	– 아니요 –	때때로
2) 선생님들은 여러분의 이야기를 경청합니까?	예	– 아니요 –	때때로
3) 학교의 규칙은 모두에게 공평한가요?	예	– 아니요 –	때때로
4) 상담교사는 도움을 부탁하기에 좋은 분인가요?	예	– 아니요 –	때때로
5) 교실에서 여러분은 학습을 하고 있나요?	예	– 아니요 –	때때로
6) 학교 급식실은 건강한 음식을 제공하나요?	예	– 아니요 –	때때로
7) 학교 건물은 깨끗하고 깔끔한가요?	예	– 아니요 –	때때로
8) 교실에 있는 것이 즐거운가요?	예	– 아니요 –	때때로

9) 화장실은 깨끗하고 비누, 종이 수건 그리고 휴지 등이 잘 갖춰져 있나요?	예	– 아니요 –	때때로
10) 운동장은 안전하고 시설이 잘 갖춰져 있나요?	예	– 아니요 –	때때로
11) 창문들과 문들은 잘 작동하고 있나요?	예	– 아니요 –	때때로
12) 담임 선생님은 자신의 이야기를 잘 들어 주나요?	예	– 아니요 –	때때로
13) 학교 규칙은 모든 학생들에게 공정한가요?	예	– 아니요 –	때때로
14) 교실에서 선생님들은 모든 학생들에게 충분한 준비물을 갖고 있나요?	예	– 아니요 –	때때로
15) 학교에 있는 장비들(컴퓨터, TV 등)은 작동하고 있나요?	예	– 아니요 –	때때로
16) 자원봉사자들이 학교에서 도움을 주나요?	예	– 아니요 –	때때로
17) 남학생과 여학생을 똑같이 대하나요?	예	– 아니요 –	때때로
18) 학교 도서관은 무엇을 찾기에 좋은 장소인가요?	예	– 아니요 –	때때로
19) 학교는 집단 따돌림을 예방하는 프로그램이 있나요?	예	– 아니요 –	때때로
20) 대체로 학생들은 학교에서 규칙들을 잘 지키나요?	예	– 아니요 –	때때로

3) 가족평가

끝으로, 학생들의 개인적인 발달에 가장 많은 영향을 미치는 환경은 바로 가족이다. 아무리 학교 환경이 좋더라도 가정에서 경제적 어려움으로 인한 정서적·물리적 방임 그리고 학대와 같은 갈등이 있는 학생들에게는 도움이 되지 못할 수 있다. 왜냐하면 가정은 학생 개인이 통제할 수 없는 환경이기 때문에 가족으로 인해 어려움을 겪는 학생들은 학교에서 요구하는 목표를 성취하는 데 방해가 되는 요인이 될 수 있다. 가정 환경과 가족 기능을 평가함으로써 학교상담자는 학생이 자신의 가족구조로부터 받고 있는 사회적 지지의 수준을 파악하고 적절한 지역사회의 서비스와 연계하여 도움을 줄 수 있다.

가정 환경과 가족 기능을 평가하기 위해 사용되는 방법은 면담, 관찰, 가정 환경 조사 기록 그리고 가계도와 같은 평가 도구들을 활용할 수가 있다. 가계도는 가족이 기능적인지 역기능적인지를 평가할 수 있는 방법 중의 하나로 전문적인 훈련을 요하는 방법으로 이에 대해서는 가족상담 관련 교재를 참고하길 바란다.

지금까지 종합적 학교상담 프로그램과 긍정적 행동 개입 지원의 모형에 기초하여 인성/사회성, 학업, 진로의 세 가지 내용 영역별 평가 활동에 대해 학습하였다. 이제 수업활동

4-1을 통해서 학생 및 환경 평가의 방법을 학교 상담 실제에 어떻게 적용할 수 있을지 복습해 보기로 한다.

 학생 및 환경 평가 방법의 적용

◎ 다음 질문에 답을 해 봄으로써 학생 및 환경 평가가 종합적 학교상담 프로그램 과정에서 어떠한 역할을 하는지 학습한 내용을 실제에 적용해 보자.

1. 학생평가 방법 중 여러분들이 중·고등학교 학창시절에 경험한 것은 무엇인가?

2. 여러분들에게 도움이 되었던 평가 방법은 무엇이었나?

3. 중·고등학교에서 실시하는 학생평가 방법에서 개선해야 할 점이 있다면 무엇인가?

4. 학생의 발달에 직간접적인 영향을 미치는 환경요인을 평가하기 위한 방법 중 교재에 제시된 소시오그램(그림 4-3)을 검토하여 상담 서비스의 도움이 필요한 학생들을 확인해 보자. 이러한 학생들에게 어떤 유형의 상담이 도움이 될지 조원들과 토의해 보자. 여러분이 교사라 가정하고 이러한 학생들에게 상담 서비스를 제공하기 위해 어떻게 접근할 수 있을지 논의해 보자.

5. 소집단별 발표 후, 오늘 활동을 통해서 새롭게 배우고 알게 된 점을 조원들과 함께 이야기해 보자.

참고문헌

교육부(2018). 2018 학생정서·행동특성검사 및 관리 매뉴얼.

김동일(2000). 기초학습기능 수행평가체제: 읽기검사. 서울: 학지사.

박동혁(2014). MLST-II 학습전략검사(청소년용). 서울: 인싸이트 심리검사연구소.

이주리(2008). 잠재성장모형을 적용한 초등학생의 내면화 및 외현화 문제행동의 발달궤적. 아동과 권리, 12(4), 503-523.

Dishion, T. J., & Dodge, K. A. (2005). Peer contagion in interventions for children and adolescents: Moving towards an understanding of the ecology and dynamics of change. *Journal of Abnormal Child Psychology, 33*(3), 395-400.

Gibson, R. L., & Mitchell, M. H. (1999). *Introduction to counseling and guidance* (4th ed.). Upper Saddle River, NJ: Prentice Hall.

Heilbron, N., & Prinstein, M. J. (2008). Peer influence and adolescent nonsuicidal self-injury: A theoretical review of mechanisms and moderators. *Applied and Preventive Psychology, 12*, 169-177.

Moreno, J. L. (1993). *Who shall survive: Foundations of sociometry, group psychotherapy and sociodrama*(Student Edition). McLean, VA: American Society of Group psychotherapy and Psychodrama.

Novak, S. P., & Clayton, R. R. (2001). The influence of school environment and self-regulation on transitions between stages of cigarette smoking. *Health Psychology, 20*(3), 196-207.

O'Connor, E. E., Dearing, E., & Collins, B. A. (2011). Teacher-child relationship and behavior problem trajectories in elementary school. *American Educational Research Journal, 48*(1), 120-162.

Pervin, L. A. (1996). *The Science of personality.* NY: Wiley.

Schmidt, J. J. (2014). *Counseling in schools: Comprehensive programs of Responsive services for all students* (6th ed.). NJ: Pearson.

Tobin, T. J., & Sugai, G. (2005). Preventing problem behaviors: Primary, secondary, and tertiary level prevention interventions for young children. *Journal of Early & Intensive Behavior Intervention, 2*, 125-144.

Whiston, S. C. (2007). Outcomes research on school counseling interventions and programs. In B. T. Erford (Ed.), *Transforming the school counseling profession* (2nd ed). NJ: Pearson.

워크넷 https://www.work.go.kr
커리어넷 https://www.career.go.kr

제5장

집단지도와 집단상담

집단지도와 집단상담은 학교상담을 운영할 수 있는 대표적인 방법이다. 학교상담자들은 모든 학생이 자신의 잠재력을 개발할 수 있는 개입을 찾아 적용하기를 원한다. 비록 일대일 개인상담이 특정 대상에게 효과적일 수 있지만, 시간과 비용의 측면에서는 효율적인 개입 방안일 수 없다. 반면, 집단개입은 학교상담자들로 하여금 다른 교사나 학생들의 인적 자원을 활용할 수 있게 함으로써 시간과 비용을 절감하는 장점이 있다. 이 장에서는 학생의 정서·행동 문제의 예방을 위한 긍정적 행동 개입 지원의 3단계 접근에 기초하여 80~90%의 모든 학생에게 적용할 수 있는 보편적인 개입(1단계), 5~15%의 위험군으로 선별된 학생을 대상으로 실시할 수 있는 선택적 집단개입(2단계), 1~5% 이내의 만성적인 문제를 보이는 학생들을 위한 집단상담(3단계)에 대해서 살펴보기로 한다.

구체적으로 집단지도와 집단상담의 의미, 집단상담의 목표와 원리(치료적 요인), 집단상담의 과정 그리고 집단지도와 집단상담의 실제에 관해 학습한 후, 학교에서 집단 유형별로 적용할 수 있는 프로그램을 소개하고자 한다.

1. 집단지도와 집단상담의 의미와 유형

1) 의미

학교에서 이루어지는 집단지도는 세 가지 의미로 나누어 살펴볼 수 있다. 넓은 의미의 집단지도는 학교에서 이루어지는 모든 활동 중에서 개인적인 지도활동과 상대되는 의미의 집단지도를 말하고 중간 의미의 집단지도는 집단적인 학습지도 부분을 제외한 영역의 집단지도, 즉 집단적인 생활지도를 말한다. 반면에 좁은 의미의 집단지도는 집단상담과 대비하여 집단상담보다 지적이고 과업 중심적이며 단기적이며 구조화된 교육 훈련 중심의 집단적 생활지도를 의미한다(김계현 외, 2009). 좁은 의미의 집단지도와 집단상담을 비교한다면, 집단지도는 지적인 측면, 과업지향적인 측면에 초점을 두는 반면, 집단상담은 정서적 측면, 과정중심적인 경향이 특징이다. 즉, 집단지도보다는 내담자의 특정 문제를 치유하기 위한 개입으로 내담자의 대인관계 능력이나 새로운 행동의 개발과 같이 특별한 종류의 성장과 발달의 기회를 제공할 수 있다.

2) 집단의 유형

앞서 제3장의 학교상담과 생활지도의 이론적 배경에서 살펴보았던 긍정적 행동 개입 지원(PBIS; Tobin & Sugai, 2005)의 접근에 기초해 볼 때, 집단의 유형은 전체 학생을 위한 심리교육집단과 2차 예방 개입을 필요로 하는 학생들을 대상으로 실시할 수 있는 집단지도 그리고 소수의 학생들이지만 다소 심각한 문제행동을 보이는 학생들을 위한 집단상담의 유형으로 구분할 수 있다.

(1) 1차 예방을 위한 학급 단위 심리교육집단
전체 학생을 대상으로 실시할 수 있는 학급 단위 심리교육집단은 학교에서 실시하는 성교육, 학교폭력 예방 교육, 진로 및 진학 안내 그리고 학습방법 안내, 사회적 기술과 같은 교육을 의미한다. 여러분이 중·고등학교 시절에 학교에서 받았던 집단적 생활지도가 이에 해당한다.

(2) 2차 예방을 위한 소규모 집단지도

2차 예방 개입은 전체 학생의 15% 정도 수준의 소수의 학생들을 대상으로 이루어지는 집단지도 또는 집단상담으로서 구조화된 집단지도 프로그램을 활용하여 프로그램 목적에 부합하는 학생들을 대상으로 교사나 Wee 클래스 학교상담자가 실시할 수 있는 유형이다. 2차 예방 개입으로서 과업 지향의 집단지도는 1차 예방 개입에 눈에 띄게 반응하지 않는 학생들을 대상으로(전체 학생 중 약 5~15% 이내), 문제행동의 영향을 감소시키는 방법이다. 이러한 학생들은 문제행동을 보이거나 학교생활 적응에 어려움을 겪을 수 있지만, 개별적인 주의를 필요로 하지 않는 경우에 비슷한 어려움을 갖고 있는 학생들을 모집하여 집단지도를 실시할 수 있다. 2차 예방 수준의 집단지도의 예로서 학업지지 집단, 사회적 기술 훈련 집단, 그리고 자기-관리 집단과 같은 과업지향의 집단지도 프로그램을 활용할 수가 있다.

(3) 3차 예방을 위한 소규모 집단상담

끝으로 3차 예방 개입으로서 소규모 집단상담은 보다 전문적인 훈련을 받은 학교상담자가 비교적 정상적인 학생이지만 좀 더 심각한 문제를 겪고 있거나 위기 상황에 처해 있는 소수의 학생들을 대상으로 대인관계 역동을 토대로 학생이 경험하는 발달적·상황적 문제를 해결하고 행동 변화를 촉진하여 성장과 발달을 지원하는 방법이다. 3차 예방 서비스는 보편적 또는 선별된 예방 과정에 반응하지 않는 행동적 문제를 보이는 학생을 위해 적용할 수 있다. 만약 집단 안에서 적절한 심리적 기능을 발휘할 수 없는 학생은 이 단계에서 개별화 계획을 통한 개인상담을 병행하는 것이 필요하다.

오늘날 학교에서 이루어지는 집단의 유형은 심리교육집단과 집단적 생활지도로서의 집단지도가 대부분이지만, 각 학교 Wee 클래스의 전문 상담사나 전문상담교사로부터 자존감 향상 및 사회성 증진을 위한 집단상담이 실시되고 있다. 또한 각 시도 교육청 내 Wee 센터에서는 지역사회 내 유관기관(예: 정신건강 증진센터)과 연계하여 학교로부터 의뢰된 정서·행동 관심군 대상의 학생들을 대상으로 다양한 소규모 집단상담 서비스를 받게 하고 있다. 다음 단락에서는 이러한 집단상담에 대해 자세하게 살펴보기로 한다. 3차원 예방 구조에 따른 집단유형별 개입의 초점에 대해 요약하면 〈표 5-1〉과 같다.

표 5-1　3단계 예방에 따른 집단 개입의 비교: 심리교육집단, 집단지도, 집단상담

1차 예방 개입: 전체학생	2차 예방 개입: 5~15% 학생	3차 예방 개입: 5% 이내의 학생
학급단위 심리교육집단: 교육에 초점	소규모 집단지도: 과업지향	소규모 집단상담
• 공부기술 • 시간관리 • 성교육 • 집단 괴롭힘/학교폭력 • 상급학교 진학지도 • 부모 대상 자녀양육기술	• 학업지지 집단 • 사회적 기술 훈련 집단 • 자기-관리 집단 • 학업 동기 향상 멘토링 집단	• 분노관리 • 집단 괴롭힘/학교폭력 • 우울, 자살 생각 • 음주, 흡연 • 임신, 미혼모 • 이혼, 재혼가정

2. 집단상담의 목표와 원리

이 절에서는 집단상담의 목표와 변화 촉진 요인을 중심으로 집단상담의 원리에 대해 살펴보기로 한다.

1) 집단상담의 목표

앞서 살펴본 집단의 유형에 따라, 집단상담의 목표는 3차 예방 개입을 위한 목적으로 비슷한 문제가 있는 소집단을 대상으로 문제해결과 증상 완화의 목표에서부터 대집단을 대상으로 학생의 문제행동 예방과 성장을 목표로 할 수 있다. 2차 예방 개입을 위한 소집단을 대상으로 학업, 인성, 진로발달과 관련된 역량을 강화하기 위한 목표를 설정할 수가 있다. 전문상담교사는 상담이론에서 추구하는 목표와 학생, 학부모, 행정가들에게 학생의 실제 삶과 연결시킨 목표 사이의 관련성을 이해하고 알기 쉽게 설명할 수 있어야 한다. 학생, 학부모, 행정가가 의미를 두는 목표를 이론적인 관점에서 재해석할 수 있는 능력을 지녀야 한다(김계현 외, 2009). 즉, 어떻게 효과를 가져오는지에 대해 일반인들이 이해하기 쉽도록 설명할 필요가 있다. 예를 들어, 학교폭력 가해자 학생 대상 마음챙김 명상 집단상담 프로그램을 실시한다고 하면, 학부모와 학생 그리고 행정가들에게 마음챙김 명상을 통해 자신의 마음을 이해하고 알아차리는 훈련을 함으로써 행동을 조절할 수 있는 능력을 향상시킬 수 있음을 알기 쉽게 전달할 필요가 있다. 구체적으로 어떤 과정과 원리를 통해서 자

기조절능력을 키울 수 있을지 그 과정의 목표에 대해서도 설명할 수 있어야 한다.

(1) 집단상담 과정의 목표

집단상담의 목표를 달성하기 위해 집단상담 과정에서 달성해야 하는 목표는 해당 집단 상담 프로그램의 이론적 근거에 따라 달라질 수 있겠지만 집단상담의 일반적인 과정의 목표는 다음과 같다.

첫째, 자신과 타인에 대한 신뢰감을 형성하게 한다. 우리는 태어나는 순간 관계 속에서 존재한다. 가족이라는 집단 내에서 가족관계를 통해 형성되는 세상과 타인에 대한 신뢰감은 건강한 삶의 초석이 된다. 치유적 목표가 있는 집단상담 과정에서 알게 모르게 자신과 타인에 대한 신뢰감을 잃은 학생들로 하여금 서로 믿을 수 있고 소통할 수 있다는 신뢰감을 형성하게 함으로써 혼자가 아니라 협동하며 살아가는 인간 존재의 본질적인 속성을 이해할 수 있도록 한다.

둘째, 학생 자신에 대한 지식의 습득과 정체성의 발달을 도모한다. 우리는 태어나서 성장하는 과정 동안, 사회화의 목적으로 주변의 어른들로부터 훈육을 받고 해야 할 일과 하지 말아야 할 행동에 대해서 강요받는 것에 익숙하다. 결과적으로 정작 자신은 누구이고 이 세상에 왜 왔는지 그리고 앞으로 무엇을 하면서 자신에게 주어진 소중한 삶을 채워 나갈지에 대해서 스스로 생각하고 찾는 기회를 얻지 못하는 경우가 대부분이다. 내가 무엇을 좋아하고 무엇을 할 때 행복한지 그리고 인간관계에서 경험하는 다양한 정서와 생각들에 대한 자각이 부족하다. 집단상담을 통해서 타인이라는 거울을 통해 자신이 어떠한 사람인지 이해하고 스스로 질문에 답을 해 봄으로써 정체성을 발달시킬 수 있다.

셋째, 인간의 욕구나 문제들의 공통성과 보편성을 인식하게 한다. 인간 모두 살아가기 위해서는 생리적 욕구와 정신적 욕구 모두 필요하며 이것은 누구에게나 공통된 사실이라는 점과 자신이 원하는 것이 충족되지 못할 때 누구든지 고통스러워한다는 것이 보편적 경험이라는 것을 자각할 필요가 있다. 나와 남이 다르지 않다는 인간 본성에 대한 보편성을 자각한다면, 모두가 원하는 것을 서로 충족시킬 수 있는 방향으로 부탁하고 배려하는 지혜를 터득할 수 있을 것이다.

넷째, 자기수용을 통한 자신감 증대 그리고 자신에 대한 시각의 개선이다. 집단상담에서 서로 지지하고 신뢰하는 분위기에서 타인으로부터 평가받지 않고 자신이 경험하는 것에 대해 있는 그대로 수용받는 경험을 한다면, 자신을 있는 그대로 수용하면서 당당하게 자신을 표현할 수 있는 자신감이 향상될 수 있다. 결과적으로 자신의 욕구를 자각하고 이를 표현할 수 있게 됨으로써 자신에 대한 관점 또한 긍정적으로 변화할 수 있다.

　다섯째, 자율성 향상과 책임감의 증진이다. 우리는 성장하는 과정에서 어쩔 수 없이 부모에게 의존하며 살아가지만 점차로 부모로부터 독립할 수 있도록 자율성을 키워 스스로의 삶에 대한 책임감을 갖고 살아가야 하는 개체들이다. 집단상담에서 비슷한 또래들이 청소년 시기에 걸맞게 스스로 원하는 것을 선택하고 실천하며 그에 대한 책임을 지는 행동들에 대해 공유함으로써 이들의 자율성을 향상시킬 수 있다.

　끝으로 효과적인 사회적 기술의 학습이다. 개인상담과 달리, 여러 집단원으로 구성된 소규모 집단 내에서 사회적 기술을 연습하고 집단원으로부터 피드백을 받을 수 있는 기회를 통해 인간관계 기술을 키울 수가 있다. 특히, 자신과 타인의 욕구와 감정에 대한 민감성을 키워서 실제 인간관계에서 어떻게 표현하고 상대방을 이해할 수 있을지에 대한 진실한 의사소통을 배울 수 있다.

(2) 집단상담의 결과 목표

　집단상담의 결과 목표인 성과는 크게 두 가지 측면에서 살펴볼 수 있다. 첫째, 바람직하지 못한 문제의 개선이다. 학생들에게 바라는 행동 변화, 해결하고자 하는 문제 등을 목표로 설정해 놓고 시작하는 경우로서 가출 감소, 따돌림 현상 감소 등을 예로 들 수 있다. 둘째, 인성과 사회성의 긍정적인 발달을 이끌어 내는 것이다. 학급 내 교우관계의 증진, 또래 도움행동의 증진, 자기이해 및 성장, 자기리더십과 같이 학생들의 긍정적인 태도 형성과 자신이 속한 환경 내에서 자신과 타인 모두에게 유익한 행동을 더 많이 할 수 있게 된다면, 집단상담은 성과가 있는 것으로 볼 수 있다.

2) 집단상담의 원리: 변화 촉진 요인

　집단상담의 이론적 근거에 따라서 변화 촉진 요인이 다를 수 있지만, 집단이라는 방식으로 상담을 할 때, 일반적으로 체험할 수 있는 변화 촉진 요인들이 있다. 이 단락에서는 실존 심리치료 이론에 기초하여 집단 정신치료의 대가로 알려진 Yalom(1995)에 의해서 탐색된 변화 촉진 요인을 중심으로 살펴보기로 한다.

(1) 희망을 심어 주기

　내담자에게 희망을 심어 주고 희망을 유지하는 일은 모든 상담 과정에 있어서 매우 중요하다. 왜냐하면 상담에 대한 긍정적인 동기를 유발하여 행동 변화를 위한 방향성을 제공하기 때문이다. 자신이 집단상담에 참여함으로써 원하는 삶을 사는 데 도움이 될 수 있다는 희망 자체가 상담 성과에 기여할 수 있다. 구체적으로 집단이 시작되기 전, 집단상담자는 집단원의 긍정적 기대를 강화시키고 부정적인 선입견을 검토하며, 집단상담의 성과를 분명하고 강력하게 설명함으로써 시작할 필요가 있다. 같은 프로그램에 참여했던 학생의 긍정적 변화에 대한 소식을 전하거나 집단 내에서 변화하고 있는 과정에 주목하여 이에 대해 강화를 한다면 희망을 고취하고 유지시킬 수 있다.

(2) 보편성

Yalom(1995)은 집단 참여자들로부터 도출한 경험의 내용을 분석하여 변화 촉진 요인으로 '인간으로 받아들여짐' '우리는 같은 배를 타고 있다.' '불행은 동반자를 필요로 한다.' 등의 보편성을 탐색하였다. 인간이 가지고 있는 문제들은 복잡하지만, 그 문제들 가운데에는 어떤 공통된 특징이 분명히 있고, 집단원은 그러한 유사성을 곧 깨닫는다. 집단상담에서 학생들은 자신만 고민을 하는 것이 아니라 모두가 각자의 주어진 생활 조건에서 어려움이 있고 고민이 있다는 사실을 알게 되며, 그 자체는 자신이 이상한 게 아니라 모두가 다 그렇다는 보편성을 체험함으로써 자신의 문제에 대해 안도하고 위안을 얻을 수 있게 된다.

(3) 정보전달

정보전달에는 상담자나 다른 집단원이 제공하는 충고, 제안, 또는 직접적인 안내뿐만 아니라, 상담자가 제시해 주는 정신건강과 심리적 문제와 치유에 관한 교수적 강의를 포함한다. 정보전달을 통해서 건강한 삶에 대한 정보를 습득할 수 있고 다른 집단원으로부터 변화와 성장에 필요한 정보를 얻을 수가 있다. 갑작스럽게 알 수 없는 통증이 생겼는데, 병원에 가서 무엇이 원인인지 이해하고 치료될 수 있다는 정보를 습득하면 위로가 되듯이, 심리적으로 경험하는 증상이나 곤란에 대해서도 정확한 원인과 치유할 수 있는 방법에 관한 정보는 내담자들에게 큰 힘이 된다. 그러나 일반적으로 상호작용 중심의 집단상담에서 상담자나 집단원의 경험을 성찰하고 검토할 때, 특히 집단원은 교수적인 정보나 충고에는 높은 가치를 두지 않는 것으로 나타났다.

(4) 이타주의

다른 사람들을 위해 기꺼이 나눠 주는 이타주의는 주는 행위를 통해서 받게 되는 자리이타(自利利他)의 이치를 깨닫는 것과 관련이 있다. 이는 상호적으로 주거니 받거니 하는 순서의 일부일 뿐만 아니라, 준다는 행위 자체로부터 받게 된다는 것을 통해 이타주의의 치유적 가치를 경험하게 한다. 심리적으로 오랜 시간 동안 힘들었던 개인이라면 남에게 줄 게 없다고 여기며 의기소침한 상태이기 때문에, 자기가 남들에게 중요할 수 있다는 사실을 발견하는 경험은 생기를 주며, 그들의 자아존중감을 북돋워 준다.

이타주의는 삶의 의미와 자연스럽게 연결이 된다. 삶의 의미란 우리가 우리 자신을 초월했을 때, 즉 우리 자신을 잊고 우리들 밖에 있는 어떤 사람(또는 어떤 대상)에 몰입하게 될 때 실현되는 파생적인 현상이다(Yalom, 1995).

(5) 초기가족의 교정적 재현

상담을 위한 집단은 가족과 공통점이 있다. 부모, 형제 역할을 하는 인물이 있게 되고 암묵적인 권력 관계가 형성되면서 강한 정서, 적대감, 경쟁의식, 깊은 친밀감 등 초기 가족 관계에서 경험한 정서를 재경험할 수 있다. 집단의 초기 불편이 극복되면, 부모나 형제들과 상호작용했던 것처럼 집단 안에서 상호작용하기 시작하여 원가족에서의 역할과 갈등 상황이 나타나게 된다. 즉, 집단 안에서 미해결된 정서가 재현되는데 이를 교정적 재현이라고 한다. 집단의 새로운 관계에서 이에 대한 탐색과 도전을 받음으로써 예전의 미해결 과제를 해결해 가는 기회를 얻게 된다.

학교에서 학생들을 대상으로 하는 집단의 유형은 집단지도의 형태이기 때문에 상호작용 중심의 집단상담에서 경험할 수 있는 초기가족의 교정적 재현의 발생은 드물 수 있지만, 상담자가 부모의 역할을 대신하여 부모와는 다른 반응을 제공함으로써 교정적인 정서 체험을 할 수 있도록 할 필요가 있다. 교정적 정서체험에 대해서는 대인관계 학습의 요인에서 다시 설명하기로 한다.

(6) 사회화 기술의 발달

집단상담에 참여하여 집단원과 상담자와의 상호작용을 통해서 성숙한 사람들의 특성으로 나타나는 사회화 기술을 습득할 수가 있다. 무섭게 느껴지는 선생님과 대화하는 방법, 데이트를 신청하는 방법 등에 대해 역할놀이를 통해 기본적인 사회기술을 개발할 수 있다. 선배 집단원은 대인관계에 도움이 되는 반응 방법(예: 덜 평가적이고 정확한 공감 등)과 갈등해결 방법을 제공하여 사회화 기술의 모델이 된다.

(7) 모방행동

집단원이 상담자뿐만 아니라 다른 집단원의 여러 측면들(예: 대화의 방법, 행동, 몸짓, 표정 등)을 관찰하여 필요한 것을 모방하게 됨에 따라 집단에서의 모방과정은 더욱 확산된다. 집단상담에서 집단원이 자기와 유사한 문제들을 지닌 다른 집단원의 상담과정을 관찰함으로써 도움을 얻는다는 것은 아주 흔한 사실이다(Yalom, 1995). 이러한 현상은 일반적으로 대리(vicarious) 또는 관찰(spectator) 학습이라고 한다. 이러한 모방행동은 집단상담의 후기보다는 초기에 더 중요한 역할을 한다. 다른 사람의 어떤 면모들을 '시도'해 보고, 그 결과에 따라서 자신에게 적합하지 않으면 그만둘 수도 있고 이러한 과정에서 자신의 새로운 모습을 발견하는 방향으로 나아가는 과정은 집단상담에서 중요한 변화 촉진 요인이다.

(8) 대인관계 학습

대인관계 학습이란 다른 사람들과의 상호작용을 통해 자신에 대한 통찰과 더불어 관계에서 경험하는 타인을 향한 정서를 이해함으로써 교정적 정서를 체험할 수 있도록 하는 변화촉진의 요인이다. 교정적 정서체험이란, 집단 내에서 특정한 집단원과의 관계에서 경험하는 부정적 또는 긍정적 정서가 초기 가족관계에서 형성된 관계 왜곡에 의한 것일 수 있다는 것을 지적으로 통찰하여 자신의 정서가 지금-여기 집단원과의 관계에서 비롯된 것이 아닌 과거 중요한 인물과의 관계에 근거하여 비롯된 것임을 자각하게 됨으로써 자신의 정서에 대한 본질을 이해하게 되는 것을 말한다.

인간은 태어나는 순간부터 가족에 소속이 되어 관계 안에서 자신의 생리적·심리적 욕구들을 충족시켜 나가는 존재이기 때문에 어떠한 대인관계 속에서 성장하였는지는 한 개인을 이해하는 데 매우 중요하다. 여러 집단원과 상호작용을 하는 집단상담은 자연스럽게 대인관계에서 학습이 일어나는 여건이 되고 집단상담자는 집단원 각자의 어린 시절 관계 경험이 현재 관계 경험에 영향을 미칠 수 있다는 것을 통찰할 수 있도록 도와줄 필요가 있다. 대인관계의 상황에서 한 사람이 다른 사람을 지각할 때, 그 사람의 현실적 속성에 근거하기보다는, 대개 자신의 환상 속에 존재하는 인격화된 인물에 근거하여 타인을 지각하고 관계를 맺을 때 관계 왜곡이 발생한다. 집단 안에서는 다양한 집단원의 관점을 견본으로 하는 합의적 검증을 할 수가 있어 관계 왜곡에 대한 통찰을 통해 변화를 촉진할 수가 있다(Yalom, 1995).

집단상담을 위한 집단 자체는 축소된 사회로서 집단원은 집단 안에서 자신들만의 관계 양상을 보이게 되고 현실의 관계 경험을 있는 그대로 자각하지 못할 수 있다. 이때 대인관계 학습을 통해 자신의 관계 왜곡에 대해 집단원의 관점을 활용하여 현실검증을 통한 통찰과 교정적 정서체험을 하게 된다면, 유의미한 삶의 변화를 맞이할 수 있다.

(9) 집단 응집력

응집력이란, 집단원이 집단에 남아 있도록 하는 모든 힘의 합이나, 좀 더 간단히 말한다면 구성원들이 느끼는 집단의 매력이다. 집단 응집력이란, 구성원들이 집단에서 따뜻함과 편안함, 그리고 소속감을 느끼고, 집단을 가치 있게 여기며, 또 반대로 다른 집단원에게 자신의 가치를 인정받고, 무조건적 수용과 지지를 받게 되는 집단의 조건을 말한다(Yalom, 1995). 개인치료에서 좋은 관계(rapport)를 형성하는 것과 집단치료에서의 응집력은 집단원이 자기 탐색 과정에 참여하는 것을 촉진한다(Budman, 1989). 자신을 믿어 주고 지지해 주는 집단에 소속되어 있는 느낌은 안전기지와 같은 역할을 하기 때문에, 집단의 응집력이 높을수록 더 큰 변화를 촉진할 수 있다.

(10) 정화

정화는 본질적으로 응집력과 관련이 있다. 정화는 일단 지지적인 집단유대가 형성되면 한층 유용하다(Yalom, 1995). 감정을 강하게 표현하는 것은 응집력의 발달을 고취시킨다. 즉, 서로가 서로에 대해 강한 감정을 표현하고, 그러한 감정에 대해 정직하게 다루어 나가는 집단원은 긴밀한 상호유대감을 발전시킬 것이다. 정서를 개방적으로 표현하는 것은 집단상담 과정에 절대적으로 필요하다. 왜냐하면 정서를 알아차려야 자신이 원하는 욕구가 무엇인지 알 수 있고 심리적으로 경험하는 고통을 대면하여 그 고통에서 벗어나 심리적인 여유를 찾을 수 있기 때문이다. 집단 안에서 정서적 표현이 없다면, 집단은 메마른 학술적 연습으로 전락하게 된다(Yalom, 1995). 따라서 집단상담자는 집단원이 집단 내에서 경험하는 정서를 알아차리고 적절하게 표현하는 방법에 대한 모델링과 강화의 기법을 활용하여 접근할 필요가 있다.

표 5-2 집단상담의 원리: 변화 촉진 요인

변화 촉진 요인	내용
(1) 희망 심어 주기	• 집단원의 긍정적 기대를 강화시키고, 부정적인 선입견을 제거하며, 집단상담의 성과를 분명하고 강력하게 설명함으로써 희망을 고취시킴.
(2) 보편성	• 지금까지 자신만의 문제인 줄만 알고 있었던 것들이 다른 사람들도 유사한 생각과 고민을 가지고 있음을 알게 되는 것.
(3) 정보교환	• 문제해결 방법, 도움을 얻을 수 있는 곳 등의 정보교환 • 정보의 출처가 상담자뿐만 아니라 집단원으로부터 직접 정보를 얻을 수 있음.
(4) 이타주의	• 다른 사람에게 도움이 되는 자신을 발견함으로써 개인의 자긍심이 고양됨.
(5) 초기가족의 교정적 재현	• 가족관계에서 일어나는 대인관계 패턴이 집단 안에서 재현됨.
(6) 사회화 기술의 발달	• 집단원과의 사회적 관계에서 다양한 사회화 기법을 학습하게 됨.
(7) 모방행동	• 다른 집단원이나 집단지도자의 행동 중에서 받아들일 만한 것은 모방을 통해 학습할 수 있음.
(8) 대인관계학습	• 대인관계에서 일어나는 문제들을 집단원과 시연함으로써 새로운 행동을 습득하게 됨.
(9) 집단의 응집력	• 개인에게 소속감과 안전감을 줌.
(10) 정화	• 정서를 개방적으로 표현함으로써 자신에 대해 보다 더 깊은 이해를 하여 심리적인 여유를 얻게 됨.

3. 집단상담의 과정

　집단상담은 초기, 과도기(전환기), 작업, 종결의 단계를 거쳐 진행된다(Corey & Corey, 2014). 이러한 집단상담 과정은 주로 비구조화 집단의 형식에서 발생하는 과정이지만 구조화된 프로그램을 활용하는 구조화된 집단에서도 이러한 집단의 과정을 고려하여 프로그램의 내용을 달리 적용하는 것이 일반적이다. 집단상담 과정이 어떤 양상으로 전개되는지 간략하게 살펴보고 각 단계에서 활용할 수 있는 집단활동의 예시를 글상자에서 살펴볼 수 있다.

1) 초기 단계

이 시기의 참가자들은 서로 얼굴을 익히고 기본적인 신뢰를 형성하며, 후반기의 강도 높은 작업에 적용될 기준을 정하고, 이 집단만의 독특한 집단 정체성을 형성한다. 대부분의 참가자는 초기에 집단 경험을 통해서 무엇을 얻고 싶은지에 관해 불확실하고 모호해 한다. 또한 집단의 규칙이나 기대되는 행동에 대해서 명확히 알지 못한다. 그래서 침묵하거나 쑥스러워 하여 말을 하지 못하기 마련이다. 만약 문제를 꺼내 놓더라도 집단원은 다른 집단원의 문제를 해결하기 위해 열을 올리거나 조언을 주면서 일상의 대화와 크게 다르지 않게 흘러갈 수 있다.

집단 리더인 상담자가 집단초기에 부정적인 반응을 다루는 방식에 따라 신뢰감이 형성될 수도 있고 사라질 수도 있다. 개방성과 수용적인 태도로 부정적인 이야기들을 다루어야 한다. 집단원이 용기 내어 자신의 어려움을 꺼내 놓았을 때, 수용적이고 지지적이며 개방적인 태도로 듣고 따라간다면, 집단원이 경험하는 불안은 점차로 줄어들고 자신의 문제를 나누고 탐색할 수 있는 용기를 얻게 된다.

일반적으로 집단원은 집단 초기에 모호함, 불안, 의심, 저항, 불편감, 두려움과 같은 감정을 경험한다(Corey & Corey, 2014; Gladding, 1999). "내가 여기서 받아들여질까, 거절당할까?" "내가 느끼는 것을 진짜로 말할 수 있을까?" 아니면 "다른 사람들의 기분을 나쁘게 하지 않기 위해서 내 말을 조심스럽게 포장해야 하나?" "개인적인 문제에 대해 정말로 여기에서 말해도 되는 걸까?" "이 집단은 나의 일상생활의 상호작용과 어떻게 다를 것인가?"와 같은 질문들을 하게 된다. 누구나 어느 집단에 처음 가게 되면, 다소간에 남들이 나를 어떻게 볼까 하는 두려움이 있는 것처럼 상담집단은 그 두려움의 정도가 더 클 수 있다.

따라서 집단상담자는 집단 구성원이 편안하게 느끼고 신뢰할 수 있도록 집단의 규칙과 목표, 비밀유지 등에 대해 논의할 필요가 있다. 이럴 때에 집단 리더는 처음에 누구든지 경험할 수 있는 집단 초기의 여러 감정들에 대해서 지금-여기, 이 순간의 느낌이 어떠한지 공유하도록 함으로써 집단에 대한 신뢰감을 높일 필요가 있다. 보통 서먹한 분위기를 깨기 위한 도입 활동으로 아이스 브레이킹 활동을 실시할 수 있다. 글상자 5-1에 있는 활동의 예시를 연습해 볼 수 있다.

📖 **글상자 5-1** **서먹한 분위기 깨기 활동 예시**

정보조각: 너에 대해 알려 줘

• 활동 목표: 서먹서먹하고 불편한 집단 초기의 분위기를 부드럽게 조성하고 집단 구성원에 대해 알기
• 준비물: 두루마리 화장지 한 통
• 안내: 집단 구성원들에게 각자 원하는 만큼 화장지를 여러 조각 떼어 내도록 한다. 화장지를 모든 구성원들이 가질 수 있도록 돌린다. 그리고 나서 지도자는 떼어 낸 조각의 개수만큼 자신에 대한 이야기를 한 가지씩 해야 한다고 말해 준다. 예를 들어, 3조각을 떼어 낸 집단 구성원은 자신에 대해 세 가지를 이야기한다.

집단원 이름 외우기 게임

• 활동 목표: 서먹서먹하고 불편한 집단 초기의 분위기를 부드럽게 조성하고 집단 구성원에 대해 알기
• 안내: 집단 구성원들에게 자신의 이름을 한 번씩 말하게 한다. 집단 리더 오른쪽에 있는 집단원부터 자신의 이름을 얘기하고 그다음 집단원은 처음 이름을 얘기한 집단원 이름 옆에 있는 ○○○라고 소개한다. 마지막에 자기 이름을 소개하는 집단원은 처음으로 이름을 소개한 집단원의 이름부터 차례로 '○○○ 옆에 그다음 ○○○ 옆에 …… 저는 ○○○입니다.'라고 소개하게 된다. 처음 시작하는 집단원을 돌아가며 할 수 있다.

2) 과도기(전환 단계)

처음 관계 형성의 시간이 지나 점차 집단에 익숙해져 가면서 본격적인 작업에 들어가기 전 과도기에는 집단원의 불안 수준이 매우 높다. 방어적인 태도, 저항, 지배권에 대한 추구, 집단원의 갈등, 상담자에 대한 도전이나 상담자와의 갈등, 그 밖의 다양한 형태의 문제 행동이 나타나는 특징을 보인다(Corey & Creoy, 2014). 자신도 모르는 사이에 일상생활에서 맺는 관계 양상이 집단 안에서도 드러날 수 있다. 대부분 현실적으로 검증 가능한 불안이나 두려움보다는 관계에서 스스로 만들어 낸 마음의 이미지로 인한 것이지만, 일반적으로 자각하지는 못한다. 집단원이 여러 가지 종류의 두려움을 느낄 때면 이전부터 그들이 불편한 상황에 빠질 때마다 사용해 오던 방어기제에 의존한다. 저항적인 행동은 집단원이

집단 밖에서 가지는 대인관계의 유형에 대해 중요한 실마리를 제공하고 있기 때문에 집단 원의 내면세계로 파고들어 탐색할 수 있는 중요한 통로가 된다.

상담자는 집단원이 자신들의 주저하는 태도나 불안에 대해 털어놓도록 격려하는 등 집단원을 도울 수 있는 개입방법에 대해 알아야 한다. 이 단계에서 적용할 수 있는 활동 예시를 글상자 5-2에 제시하였다.

📋 글상자 5-2 **자기개방을 통한 친밀감과 신뢰감 형성하기 활동 예시**

자기소개: 자화상 그리기

- 활동 목표: 집단원끼리 친밀감과 신뢰감을 형성하기
- 준비물: 집단 구성원 수만큼의 도화지, 크레파스, 색연필 등 그릴 수 있는 도구
- 안내: 집단 구성원들에게 도화지 1장씩을 나눠 준다. 도화지에 자신의 과거, 현재, 그리고 미래에 대해 그림을 그리게 안내하되, 문자는 사용하지 못하고 도표나 그림, 색이나 모양으로만 표현하게 한다. 각자 자신이 그린 자화상을 소개하고 집단원 간 느낀 점을 이야기한다.

중요한 타인이 되어 자기소개 하기

- 활동 목표: 타인이 되어 소개하기 때문에 불안이나 쑥스러운 감정을 덜 경험하면서 자신뿐만 아니라 중요한 타인이 누구인지에 대한 정보를 드러냄으로써 집단원 간 친밀감을 고취시키기
- 안내: 자신을 소개하되, 자신에게 중요한 타인이 되어 소개를 하는 것이다.
  - 중요한 타인이 되어 자신을 소개할 때 자세는 마음대로 할 수 있다. 즉, 빈 의자에 자신이 앉아 있다고 하고 뒤에서 할 수도 있고 의자를 하나 더 가져다가 옆에 앉아서 소개할 수도 있다. 익숙한 자세로 소개를 한다. 가급적 그 사람과 억양이나 목소리, 제스처도 비슷하게 소개하도록 한다.
  - 소개가 끝나면 집단원은 방금 소개받은 집단원에 대한 질문을 한다. 3~4개 정도의 질문을 한다. (질문의 예: 저 사람의 어떤 점이 좋은가요? 정말 이해가 안 되는 점이 있다면 무엇인가요? 저 사람이 여기서 바라는 것이 무엇인가요? 어떤 때 제일 행복해 하나요? 지금 저 친구의 심정이 어떨 것 같나요? 저 사람이 자신을 소개할 사람으로 당신을 선택한 이유가 무엇일까요? 저 사람은 잘 깨닫지 못하지만 당신에게는 보이는 저 사람의 모습이 있나요? 있다면 무엇인가요?)

−소개가 끝나면 집단원은 방금 소개받은 집단원에 대한 질문을 한다. 3~4개 정도의 질문을 한다. (질문의 예: 저 사람의 어떤 점이 좋은가요? 정말 이해가 안 되는 점이 있다면 무엇인가요? 저 사람이 여기서 바라는 것이 무엇인가요? 어떤 때 제일 행복해 하나요? 지금 저 친구의 심정이 어떨 것 같나요? 저 사람이 자신을 소개할 사람으로 당신을 선택한 이유가 무엇일까요? 저 사람은 잘 깨닫지 못하지만 당신에게는 보이는 저 사람의 모습이 있나요? 있다면 무엇인가요?)

−질문이 끝나면 소개를 위해 나와 주신 분께 답례의 박수를 보낸다.

−모든 집단원이 다 자신을 소개하면 마친다.

3) 작업 단계

　불안정한 초기 단계와 과도기의 어려움을 거친 후 작업 단계에 이르면 집단원은 상담 시간에 자신들이 꺼내 놓는 중요한 문제들을 집중적으로 탐색하며 집단 내의 역동성에 주의를 기울이게 된다(Corey & Creoy, 2014). 작업 단계에 이르면 집단원은 질문받기를 기다리기보다는 스스로 집단 상호작용에 참가하는 법을 터득하여 적극적으로 참여하게 된다. 즉, 집단원 사이에 유대감이 형성되고 집단의 규준이 성립되어 집단 작업이 진전된다. 하지만 집단이 변화하는 단계마다 명확한 선이 있는 것은 아니며 실질적으로 단계들은 여러 부분 겹쳐서 나타난다. 과도기를 극복하고 작업 단계로 접어들지 못할 경우, 외부에서 있었던 일들을 나누는 수준으로 머무를 수 있기 때문에, 상황에 따라서 상담자는 집단과정을 촉진할 수 있는 즉시성을 발휘할 필요가 있다. 집단과정을 촉진하는 기법에 대한 자세한 내용은 집단상담의 이론과 실제를 전문적으로 다루는 교재를 참고하기 바란다. 작업 단계로 진전되면, 집단원 간 친밀감이 더욱 증가하면서 이전에 다루어졌던 주제가 다시 나올 수도 있고 좀 더 깊이 있는 수준으로 작업의 길을 열어 주기도 한다. 작업 단계에서 좀 더 깊이 있는 자기개방을 촉진할 수 있는 활동 예시를 글상자 5-3에 제시하였다.

유리구슬로 본 나의 생애(따뜻했던 기억 & 추웠던 기억)

- 활동 목표: 각자의 초기기억을 탐색하면서 중요한 기억들에 대해 자기개방을 함으로써 자신과 타인에 대한 이해를 높일 수 있다.
- 준비물: 활동지
- 진행안내: 집단 리더는 다음과 같이 유리구슬에 대해 안내한다. "여기에 맑고 신비한 빛을 내는 구슬이 하나 있습니다. 온 정신을 집중해서 이 구슬을 바라보고 있으면 여러분이 지금까지 살아온 생애에서 일어난 매우 중요한 사건들을 볼 수 있습니다…. 아주 추웠던 사건들도 보이고, 또 정말 따뜻했던 일들도 보입니다. 그럼 유리구슬에서 비추어지는 기억 속의 경험이 어떤 상황이었고, 누가 등장하며, 그 이야기의 결말은 어떻게 되나요?"라고 질문하고 그러한 기억들이 현재 집단원 자신의 삶의 방식에 어떤 영향을 미치고 있는지에 대해 생각해보게 하고 활동지에 작성하게 한다. 작성 후, 각자의 기억을 집단원과 함께 공유한다.

따뜻했던 기억	추웠던 기억

4) 종결 단계

마지막 단계도 처음 못지않게 중요한데 집단원은 집단상담에서 자신이 경험한 것의 의미를 명확히 하고 자신들이 얻은 깨달음을 더욱 공고히 하여 일상생활에 적용하고 싶은 새로운 행동이 무엇인지 결정한다(Corey & Creoy, 2014). 이 시기에 집단원은 집단과정에서 학습한 것을 성찰하고 강화해야 한다. 집단원은 집단이 곧 해체될 것이라는 사실에 아쉽고 슬퍼할 수 있다는 점에서 이 단계 또한 힘든 시간이다. 상담자는 이러한 상실감에 초점을 맞춰 탐색하고 규명해야 한다.

종결하기 전 상담의 후반기에는 집단원 간의 관계나 집단의 과정 및 목표와 관련해 미해결된 문제를 표현하고 작업하는 데 시간을 할애해야 한다. 상담자는 마지막 단계에 이르러 집단원에게 다음의 질문을 통해서 종결 단계 동안 자신의 개인적인 목표를 검토하고 그것이 얼마나 성취되었는지 주관적으로 성찰할 수 있는 기회를 제공할 필요가 있다. '이번 경험이 당신에게 의미하는 바는 무엇입니까?' '앞으로 어떻게 달라질 수 있겠습니까?' '자신이나 타인에 대해서 새롭게 배우고 알게 된 점이 무엇입니까?' 글상자 5-4에 피드백을 통한 집단상담 마무리 활동 예시를 제시하였다.

📋 **글상자 5-4**　**집단상담 마무리 활동 예시**

피드백을 통한 마무리: 장점 세례

- 활동 목표: 집단원으로 하여금, 자신이 스스로에 대해서 알지 못했던 자신의 장점을 발견할 수 있는 기회의 제공 및 긍정적이고 활발한 집단 분위기를 전체 집단과정의 마무리로 연계한다.
- 진행안내: 집단원 중 한 사람이 지정된 자리(hot seat)에 앉는다. 다른 집단원은 솔직하게 주인공의 좋은 점과 존경스럽고 인상 깊었던 모습을 폭탄 세례를 하듯이 이야기해 준다. 활동을 통해 모든 집단원이 주인공이 되도록 하고 난 후에, 전체 과정을 통해서 자신에 대해 느낀 점이나 깨달은 점에 대해 경험을 나눈다.

---

4. 집단지도와 집단상담의 실제

학교에서 치료와 교정의 목적이 있는 3차 예방을 위한 집단상담을 운영하는 것은 좀 더 전문성을 갖춘 전문상담교사가 진행할 필요가 있지만, 생활지도의 목적으로 집단상담 형식을 빌려 집단 프로그램을 운영하는 것은 교사도 실시할 수 있다. 이럴 경우, 효과적인 집단지도를 운영하기 위해서는 집단지도의 장점을 먼저 파악하여 집단지도의 장점이 드러날 수 있도록 집단지도를 준비하고 계획할 필요가 있다. 이 절에서는 먼저 집단지도의 장점을 살펴보고, 집단지도의 운영 시 고려사항과 집단지도자의 역할과 기술에 대해서 살펴보도록 한다.

1) 집단지도의 장점

집단지도의 장점은, 첫째, 학생들의 발달에 영향을 미치는 주제들에 대해 또래들의 지각을 공유하고 자신의 지각을 타인과 비교할 수 있다는 점에서 집단 구성원들의 성장과 발달에 보다 긍정적인 효과가 있다는 점이다. 구체적으로 학생들은 좀 더 안전하고 위협적이지 않은 소집단 안에서 자신들의 문제를 나누고 새로운 행동을 연습할 수 있는 사회적 지지의 장소로 집단을 활용할 수 있다. 타인의 관점을 수용하기에 어려움이 있고 지나치게 왜곡의 경향이 심한 학생은 집단지도보다는 개인상담이 보다 효과적일 수 있으므로, 집단원을 구성할 때 이를 고려해야 한다. 둘째, 집단에서 문제를 공유하여 공통적인 주제와 다른 친구들이 가지고 있는 생각을 확인하고 배움으로써 서로를 수용하고 지지하는 친밀한 관계를 형성할 수 있다. 셋째, 집단을 통해 학생들은 타인을 배려하는 기본적인 태도인 주의를 집중하고 경청하는 기술을 학습할 수가 있다. 넷째, 교사가 학생의 비효율적인 대처 행동에 대해 지적하고 교정을 요구하는 것보다 '또래 압력'을 통해 학생 스스로 자신의 행동, 목표 그리고 발달과 성장을 방해하는 태도에 대해 성찰할 수 있는 기회를 줄 수 있다. 다섯째, 시간과 비용의 측면에서 개인상담에 비해 효율적인 방법이다. 이러한 장점에도 불구하고 집단을 이끄는 리더의 역량에 따라서 집단지도의 효과는 달라지기 때문에, 집단을 이끌기 위해 교사는 리더십을 개발할 필요가 있다. 앞서 배운 상담의 기본 원리와 대화의 방법을 토대로, 집단 안에서 적극적인 경청, 적절한 질문, 그리고 집단의 구조화와 학생들 간의 의사소통을 지도할 수 있는 기술을 함양했을 때, 과업지향의 집단지도를 성공적으로 운영할 수가 있다.

2) 집단지도의 운영을 위한 고려 사항

교사가 학생들에게 실시할 수 있는 지도는 심리교육집단과 과업지향의 집단지도이다. 집단을 운영할 때 고려해야 할 사항은 집단의 구성과 형식, 집단지도의 장소, 좌석 배정, 기간과 빈도, 집단의 규칙 등이 있다. 이에 대해 간략히 살펴보기로 한다.

(1) 집단의 구성

한 집단에 포함시킬 수 있는 구성원의 수에 대해서는 연구자마다 다르다. 한 집단에 5~8명이 적당하다고 하는 연구자도 있고 12명인 집단도 성공적으로 운영할 수 있다고 보고한 연구자들도 있다(Jacobs, Masson, & Harvill, 2002). 대체로 8~12명 정도 집단원으로 구성하는 것이 적절하다. 적당히 이질적인 집단이 학습경험을 풍부하게 할 수 있어 효과적이다. 부끄러움이 많거나 고독한 학생, 대인관계 기술이 부족한 학생, 사회적 기술 습득이 필요한 학생 등에게 적합하다. 그러나 학교에서는 심리교육활동을 위해서는 학급규모로 이루어지는 경우가 많기 때문에 대집단을 소집단으로 나누어서 동료들 간 진행할 수 있도록 구조화된 프로그램을 준비해야 한다.

(2) 집단의 형식

집단 운영의 방식에 따라서 집단은 구조화된 집단과 비구조화된 집단의 형식이 있는데, 구조화된 프로그램을 적용하는 것이 구조화된 집단이다. 즉, 구조화된 집단은 각 회기 및 전체 집단상담 과정의 목표 및 활동이 규정되어 있어, 집단의 리더인 전문상담교사가 적극적으로 개입을 한다. 학교에서는 효과가 검증된 구조화된 프로그램을 선정하여 적용하는 것이 보다 안전하다. 반면에 비구조화된 집단은 특별한 프로그램 없이 사회의 축소판으로서 집단의 상호작용 중심에 초점을 두는 집단형식으로 집단상담에 대한 전문적 훈련을 받은 집단 리더가 운영할 필요가 있다.

집단과정 동안 새로운 집단원이 참여할 수 있도록 허용하는 집단을 개방집단이라고 하고 처음 형성된 집단이 종결할 때까지 그대로 유지되는 것을 폐쇄형 집단이라고 한다. 개방형 집단의 경우 집단상담 기간 중 새로운 집단원이 참여하거나 기존의 집단원이 전체 회기가 종결되지 않았는데도 종결하여 집단을 나갈 수 있다. 높은 응집력이 요구되는 경우 폐쇄형 집단이 유리할 수 있고, 개방형 집단은 다양한 집단원을 만날 수 있다는 장점이 있다. 상황에 따라서 집단의 형식을 선택하는 것이 좋다.

끝으로, 마라톤 집단은 1박 2일에서 4박 5일까지의 집중적인 기간 동안 지속적으로 집단상담을 진행하는 것으로 일주일에 1회씩 만나서 진행하는 것에 비해 집단 응집력의 강도나 집단 내에서 일어나는 역동이 보다 빠르게 나타나는 특징이 있다. 학교 현장에서도 집단 마라톤 형식으로 우울한 고등학생 집단을 대상으로 아들러 격려기법을 활용한 집단상담이 효과가 있는 것으로 보고된 연구(김미헌, 최윤정, 2017)에 의하면, 시설이나 물리적 자원이 뒷받침된다면, 학교에서도 충분히 선택할 수 있는 집단의 형식이다.

(3) 집단의 장소

만나는 장소는 의사소통과 참여 정도에 영향을 미칠 수 있으며, 특히 구성원이 움직여야 하는 활동이 이루어지는 경우에는 반드시 고려해야 할 사항이다(Studer, 2005). 만나는 장소는 찾기 쉽고 학생들이 접근하기 쉬운 곳에서 진행하는 것이 좋다. 그러나 장소 주변에 많은 사람이 오가는 곳이어서 소음이 많게 되면, 집단활동에 집중할 수 없기 때문에 조용하면서도 접근이 용이한 장소가 좋다.

장소의 물리적 조건도 중요한데 창문이 없는 곳이라면 갇혀 있는 느낌을 주고 복도 쪽에 창문이 있어 들여다볼 수 있다면 너무 개방적인 느낌을 들게 할 수도 있다. 따라서 집단원이 집단에 참여하는 데 편안한 마음이 들 수 있는 환경적 조건을 갖춘 곳에서 집단을 운영하는 것이 필요하다.

(4) 좌석 배정

집단지도자는 계속해서 서로 옆에 앉는 참가들에게 주의를 기울일 필요가 있다. 친한 친구나 배타 관계는 집단의 응집력을 방해할 수 있기 때문에, 상담자는 신뢰형성을 촉진시키기 위해서 집단의 각 회기마다 서로 다른 학생들과 상호작용할 수 있도록 좌석을 섞어서 배정하는 것을 고려해야 한다. 너무 자유로운 배석도 집단 작업에 방해되지만 그렇다고 매번 집단지도자가 좌석을 배정하는 것도 상호작용에 영향을 주기 때문에 적절하게 집단 작업을 촉진하기 위한 게임을 활용하는 것도 한 가지 방안이다. 글상자 5-5에서 좌석을 이동할 수 있는 '과일 가게 게임'을 소개하였다.

📋 **글상자 5-5** **집단 좌석 배정을 위한 활동 예시**

상호작용 촉진을 위한 활동: 과일 가게 게임

- 활동 목표: 집단 시작 전 워밍업 활동으로서 좌석 배치를 이동함으로써 집단원 간 상호 작용을 촉진하기
- 준비: 집단원이 각각 의자에 앉아서 원형을 이룬다.
- 진행안내:
  ① 과일 종류를 선정한다. 집단지도자가 집단원에게 좋아하는 과일을 묻는다. 집단 인 원에 따라 3~4개로 선정한다.
  ② 선정된 과일을 순서대로 집단원에게 부여한다. (예: 딸기 → 수박 → 사과 → 딸기 → 수박 → 사과……)

③ 집단지도자가 과일가게 게임에 대해 설명한다. "이곳은 과일 가게이고 이곳에서 파는 과일은 딸기, 수박, 사과입니다. 제가 과일을 팔러 가면, 이 중에서 원하시는 과일을 외치면 됩니다. 그러면 호명된 과일의 사람은 자신의 자리가 아닌 다른 사람의 자리에 가서 앉아야 합니다. 이때 자리에 앉지 못하는 사람이 다음 술래가 되어 과일을 팔아야 합니다."

④ 집단지도자가 먼저 진행방법의 예를 보여 준다. 한 명의 집단원에게 다가가서 "과일 사세요. 딸기, 수박, 사과가 있습니다. 무엇을 원하십니까?"라고 말하면, 집단원은 "수박이요."라고 말하면, 수박으로 배정된 모든 집단원은 자리에서 일어나 자기 좌석이 아닌 새로운 자리로 이동하여 앉는다. 이때 집단지도자가 자리 중 한 곳에 앉는다. 그러면 미처 자리에 앉지 못한 집단원이 새로운 술래가 된다.

(5) 기간과 빈도

학교장면에서 집단은 대체로 학사 일정에 의해서 결정된다. 정해진 학기 기간과 수업시간의 길이가 집단상담 회기의 척도가 된다(Studer, 2005). 실제 수업시간인 45~50분 정도가 집단지도와 상담을 계획하는 데 편할 수는 있지만 집단 작업의 효과성 측면에서는 그렇지 않을 수 있다. 왜냐하면 한 회기의 길이는 구성원들이 위험을 감수할 마음에 영향을 줄 뿐만 아니라 서로 친밀감과 신뢰감을 쌓는 정도에도 영향을 미치기 때문이다. 워밍업을 하고 회기 목표를 달성하는 데 45분의 길이는 충분히 탐색할 수 있는 주제를 꺼내 놓는 것을 망설이게 할 만큼 짧을 수 있다. 수업 일정에 맞게 집단을 구성하는 것보다는 방과 후나, 주말의 시간을 이용해 충분히 집단활동에 몰입할 수 있도록 하는 것도 한 가지 방안이다. 그러나 프로그램의 내용과 목표에 따라서 학교의 구조적 상황에 맞게 구성할 수도 있기 때문에, 상담자는 학교 상황과 프로그램의 목표, 학생들의 요구 사항 등에 대해 파악하여 기간과 빈도를 결정해야 한다.

(6) 집단의 규칙

집단 초기에 상담자와 집단 구성원들에 의해 만들어진 기본 규칙을 사용하는 것은 집단에 대한 신뢰감을 높이고 안전감을 느끼게 한다. 규칙에 포함될 내용에는 집단 구성원의 권리, 집단 안에서의 책임, 비밀유지의 중요성과 규칙 위반에 대한 결과이다. 집단 구성원들이 정해진 규칙에 동의하는 문서에 서명을 하도록 하여 집단 참여 과정과 종결 이후에 발생할 수 있는 윤리적인 문제를 예방할 수가 있다.

(7) 집단지도와 집단상담 프로그램의 선택

집단지도를 위한 프로그램을 선택할 때에는 프로그램의 효과에 대한 연구 결과들이 보고된 것을 선택하는 것이 중요하다. 중·고등학생을 대상으로 진로, 학업 그리고 사회성 개발을 위한 집단지도 프로그램들이 얼마나 효과가 있었는지에 대해 증거-기반 실제의 원리에 따라 평가하여 선택하고 적용할 수가 있다. 국내 학교상담 프로그램의 효과를 확인하기 위해 프로그램 효과성 연구들의 누적 결과들을 집약하여 살펴보는 메타분석 연구 결과들에 의하면(김영아, 김진숙, 2016; 노인화, 유형근, 정연홍 2016; 서현주, 2015; 이준기, 강근모, 2015; 임은미, 임찬오, 2003), 학교적응이나 진로 발달을 위한 집단상담 프로그램들이 대체로 높은 효과를 나타내고 있어 상담 및 생활지도의 개입으로서 집단지도 및 집단상담이 효과적이고 유용함을 알 수 있다.

3) 집단지도자

집단지도자의 역할을 수행하기 위해서는 집단상담에 대한 지식과 훈련을 통해 효율적인 집단상담자로서 요구되는 전문성을 가져야 한다. 집단을 운영하려는 교사는 집단이론에 관한 지식, 집단상담의 기법과 전략을 익히고 직접 자신이 집단에 참여함으로써 집단의 역동을 치료적 의미에서 활용할 수 있는 자신감을 배양할 필요가 있다(김계현 외, 2009).

(1) 효율적인 집단상담자의 특성

효율적인 집단상담자는 정서적으로 타인과 함께할 수 있고, 개인적 능력을 지속적으로 개발하고, 자신의 몸과 마음 그리고 정신에 기꺼이 직면할 수 있어야 한다. 자기 자신에 대한 관찰과 자각을 통한 자기 인식이 높고 집단 안에서 진실하고 진솔한 모습으로 존재할 수 있어야 한다. 특히, 집단과정에 대한 신념과 열정이 집단을 촉진하는 가장 중요한 집단지도자의 특성이다.

(2) 집단지도자의 역할과 기술

집단지도자의 역할에는 집단의 구성 및 유지하기, 집단 내에서 변화 촉진 요인이 작동할 수 있는 집단분위기 조성하기, 집단규범을 설정하여 치유적인 집단 문화를 형성하기 등이 있다. 집단규범을 설정할 때 고려해야 하는 것은 집단 안에서 반드시 지켜야 할 명시적인 규칙과 상호작용을 촉진하는 말과 행동 그리고 태도에 대한 설명을 포함하는 것이 좋다.

명시적인 규칙에는 집단 안에서 상대에게 비난하지 않기, 욕설하지 않기, 집단에 불참할 경우, 미리 집단지도자에게 알리기, 시간을 지키기 등이 있다. 의사소통 및 상호작용을 촉진하는 역할이 무엇보다도 중요하기 때문에 집단지도자는 상호작용을 촉진할 수 있는 기술에 대한 전문적 훈련을 지속적으로 받아야 한다.

집단지도자의 기술은 개인상담에서 활용되는 다양한 상담기법이 해당된다. 경청하기, 반영하기, 명료화하기, 요약하기, 직면하기, 촉진하기, 질문하기, 연결짓기, 해석하기 등이 있다. 개인상담기술과 차별되는 기술이라고 한다면 연결짓기인데 이것은 집단원 간 상호작용을 촉진하기 위해서 집단원 간 반응을 알아차리고 제각기 말한 생각이나 느낌 등의 공통점을 찾아내어 연결짓는 기술이다. 집단상담자의 역할과 기술에 대한 상세한 설명은 집단상담 관련 교재나 참고문헌을 참고하길 권한다. 수업활동 5-1을 통해서 단회기 집단활동을 실시해 보고 학교상담에서 이러한 집단활동의 적용에 대해 토의를 해 보자.

 수업활동 5-1 **집단상담 및 집단지도: 공감하기 활동**

요즘 나의 고민은……

◎ 7~8명 정도의 집단으로 모여서 익명의 고민에 대해 공감하기 활동을 실시한다.

〈활동 방법〉

① 집단 리더를 맡은 학생은 집단원에게 A4용지를 나누어 준다. 예쁜 편지지를 준비해도 좋다.

② 종이를 받은 집단원은 각자 최근 1주일 내 가장 고민하고 힘들어 하는 어려움을 간략하게 작성한다(고민의 내용이 중요하지 고민을 작성하는 글의 길이는 중요하지 않음).

③ 고민을 작성한 후에 두 번씩 접고 겉에 자시만이 알 수 있는 표식을 그린다. 별표나 하트, 점 두 개 등 등으로 자신의 암호를 표시해 두는 것으로 이해하면 좋다.

④ 집단 리더는 수거된 고민 용지를 섞어서 한 사람씩 뽑게 한다. 뽑을 때 자신의 것을 빼고 고른 후, 작성된 고민 내용 밑에 공감적 이해를 언어적으로 표현하여 작성한다. 다 작성하면 옆 사람에게 넘겨주어서 집단원 모두 각 고민에 공감 내용을 작성할 수 있도록 한다. 마치 롤링페이퍼 같지만 익명의 고민자에게 공감을 하는 활동이다.

⑤ 공감을 작성하고 난 후, 집단 리더는 수거하고 한 사람씩 자신의 것을 빼고 선택하여 고민내용과 작성된 공감 내용을 읽어 준다.

⑥ 모든 집단원의 고민과 공감내용을 듣고 공감하기 활동을 통해서 느낀 점을 나눈다.

⑦ 자신의 고민 종이를 찾아서 집단원이 써 준 공감내용을 읽고 집단 안에서 소감을 나눈다. 이때 자신의 고민을 공개할 수 있으면 공개해도 좋다.

◎ 소집단 토의

공감하기 활동을 통해서 자신과 타인에 대해 새롭게 깨달은 점과 소감에 대해 조원들과 이야기를 나누어
보자.

_____

_____

5. 집단지도와 집단상담 프로그램

중 · 고등학생을 위한 집단지도나 집단상담 프로그램은 인성/사회성, 학업 그리고 진로
발달 영역별로 다양하게 개발 · 검증되어 있다. 이와 관련한 참고문헌을 소개하면, 다음
글상자 5-6에 제시하였다. 이 책에서는 1차 예방을 위한 전체 심리교육집단을 대상으로
실시할 수 있는 비폭력 대화의 방법을 위한 프로그램과 2, 3차 예방을 위한 프로그램으로
서 사회성 기술 훈련(스킬스트리밍)과 마음챙김 명상에 기반을 둔 소집단 규모의 집단상담
프로그램의 내용을 간략하게 소개하고자 한다.

📋 **글상자 5-6**   **중 · 고등학생을 위한 집단지도 및 집단상담 프로그램**

강진령, 유형근(2009). **고등학생을 위한 학교상담 프로그램**. 서울: 학지사.

강진령, 유형근(2009). **중학생을 위한 학교상담 프로그램**. 서울: 학지사.

권경인(2008). **집단발달 및 이론별 촉진요인으로 구분한 집단상담 활동**. 경기: 교육과학사.

김도연 역(2012). **분노 표현하기**. 서울: 명상상담연구원.

김종석 외 역(2014). **아동 · 청소년의 분노조절 사회기술훈련**. 서울: 학지사.

인경스님 역(2012). **아이들과 부모를 위한 스트레스 이완명상**(6판). 서울: 명상상담연구원.

천성문 외(2016). **위기청소년을 위한 집단상담 프로그램**. 서울: 학지사.

최승원(2017). **청소년 학교폭력 예방 프로그램의 실제**. 서울: 학지사.

1) 학급 단위 심리교육집단 프로그램: 비폭력 대화의 방법

학급 단위 집단교육 프로그램은 1차 예방을 위해 전체 학생을 대상으로 실시할 수 있는 보편적 예방 프로그램으로 구성된다. 개인 및 집단 상담이 소수의 학생을 대상으로 여러 회기에 걸쳐 문제 중심적으로 접근하는 반면, 학급 단위 집단교육 프로그램은 전체 학생을 대상으로 주로 단회기 프로그램을 활용하여 예방적으로 실시한다는 점에서 차이가 있다. 그러나 전체 학생을 대상으로 학기별로 주제를 선정하여 예방과 심리교육을 실시하여 학교생활에서 실천할 수 있도록 학교 전체 차원에서 캠페인을 실시한다면, 보다 큰 효과를 이끌어 낼 수 있다. 이 책에서는 심리교육집단 프로그램의 한 예로서 마셜 로젠버그(Marshall Rosenburg)에 의해서 시작된 비폭력 대화의 방법에 대해 소개하고자 한다.

(1) 비폭력 대화의 핵심개념

비폭력 대화(Nonviolent Communication: NVC)는 상대를 비난하거나 비판하지 않으면서 자신의 마음을 솔직하게 표현하는 방법이다. 그리고 상대방의 이야기를 들을 때에는 상대가 어떤 식으로 자신을 표현하든 그 말 뒤에 있는 느낌과 그 사람이 진실로 원하는 것을 듣는 대화의 방법이다. 또, 자신이 원하는 것을 강요나 명령이 아니라 상대의 선택을 존중하면서 부탁하는 것이다(Leu, 2015). 반대로 대인관계에서 폭력적 대화는 상대방의 행동을 평가하여 비판하는 표현, 책임을 상대방에게 전가하여 질책하는 표현, 상대방의 행동을 강요하거나 금지하는 표현, 상대방의 인격을 침해하는 표현으로 나타난다.

우리 인간은 누구나 관계에서 원하는 욕구가 있고 그 욕구를 충족시키는 방향으로 살아가길 원한다. 그런데 우리는 성장하는 과정에서 자신의 욕구가 무엇인지 자신의 내면의 소리에 귀를 기울이고 알아차리는 훈련을 받지 못하는 경우가 많다. 부모의 대화 방법을 그대로 모방할 뿐, 상대방의 욕구를 존중하고 배려하면서 동시에 자신의 욕구도 충족하는 대화의 방법을 학습하는 것이 쉽지가 않다. 왜냐하면 우리의 부모들도 그들의 부모로부터 인간 존재의 본질적 속성을 이해하고 소통하는 법을 배우지 못했기 때문이다. 그래서 상대적으로 자신의 욕구를 알아차리고 전달하는 대화의 방법을 구사할 수 있는 정도에 따라서 폭력적이지 않고 서로를 배려하며 존중하는 대화의 수준이 다를 수밖에 없다. '왜 저 사람은 상대에게 늘 비난하고 소리를 지르는지 무식한 인간이다.'라고 평가하기 전에, 자신의 욕구에 귀 기울이지 못하고 욕구 좌절의 표현 방법으로서 비난과 소리 지르기를 학습한 가정의 문화를 상담자라면 공감할 수 있어야 한다. 따라서 학교상담자는 자신의 전문성을 살려 비폭력 대화의 방법을 실천하는 학교 문화를 조성할 필요가 있다. 나도 좋고 남도 좋은 비폭력 대화의 방법은 우리 자신을 이해할 뿐만 아니라, 타인도 이해하고 서로 존중하고 배려하는 감사한 마음으로 살아가는 지혜를 키울 수 있기 때문이다.

로젠버그는 이 세상에서 표현할 수 있는 것은 단 두 가지, 부탁하기와 감사하는 것일 뿐이라고 주장했을 정도로 서로의 생명력을 키워 주는 비폭력 대화의 방법을 부모와 교사들에게 보급하였다. 특히, 학교에서 비폭력 대화의 방법을 실천하는 것에 대해 강력하게 주장했다. 상대방을 비난하고 억압하고 명령하는 폭력적 대화에 참으로 익숙한 우리들에게 비폭력 대화의 방법은 다소 낯설고 어렵게 여겨질 수 있지만, '시작이 반이다.'라는 속담이 있듯이 실천하기 시작하면 우리는 조금씩 자신의 욕구가 무엇인지 알아차리기 시작할 것이며, 타인이 내가 원하는 방식으로 이야기하지 않더라도 그 내면의 욕구 좌절을 들을 수 있는 공감적 태도의 싹을 틔울 수 있을 것이다. 이제 구체적인 비폭력 대화의 4단계에 대해 살펴보고 수업활동 5-2를 통해 연습해 보자.

(2) 비폭력 대화의 4단계

비폭력 대화란 상대방에게 마음의 상처를 주지 않으면서 자신의 감정과 바람을 전달함으로써 자신이 원하는 결과를 얻어 내는 방법이다. 비폭력 대화의 관심사는 감정을 통해 그 감정의 근원에 자리 잡은 우리들 내면의 충족되지 않은 욕구가 무엇인지 알아내도록 하는 데 있다(Rogenberg, 2003). 서로 마음으로 주고받는 관계를 이루기 위해 비폭력 대화는 관찰, 감정, 욕구, 요청의 네 가지 요소를 중심으로 진행된다.

① 1단계: 상대방의 행동에 대해 관찰한 것을 표현하기

어떤 상황에서 실제로 일어나고 있는 것을 그대로 관찰한다. 나한테 유익하든 그렇지 않든 상대방의 말과 행동을 있는 그대로 관찰하는 것이다. 그 방법은 상대방의 행동을 내가 좋아하느냐 싫어하느냐를 떠나, 판단이나 평가를 내리지 않으면서 관찰한 바를 명확하고 구체적인 언어로 표현한다.

② 2단계: 상대방의 행동으로 인한 나의 감정을 자각하고 표현하기

상대방의 어떤 행동을 보았을 때 어떻게 느끼는가를 말한다. 가슴이 아프다거나 두렵다거나 기쁘다거나 즐겁다거나 짜증이 난다는 등의 느낌을 표현하는 것이다.

③ 3단계: 내면의 욕구와 기대를 찾아내기

자신이 알아차린 느낌이 내면의 어떤 욕구(need)와 연결되는지, 즉 감정을 일으킨 나의 내면적 욕구와 기대를 찾아낸다. 비폭력 대화의 방법으로 우리의 마음을 정확하고 솔직히 표현할 때에는 지금까지의 세 가지 요소에 대한 의식이 담겨 있다(Rogenberg, 2003). 예를 들어, 한 어머니가 10대 아들에게 관찰, 느낌, 욕구를 넣어서 다음과 같이 표현할 수 있다. "민재야, 신었던 양말 두 켤레가 똘똘 말려서 탁자 밑에 있고, 또 TV 옆에도 있는 걸 보면 엄마는 짜증이 난다. 왜냐하면 여럿이 함께 쓰는 공간은 좀 깨끗하게 정돈되었으면 하기 때문이야."

④ 4단계: 나의 욕구와 바람을 전달하면서 상대방에게 구체적인 행동 요청하기

3단계에서 인식한 자신의 욕구와 기대를 바탕으로 상대방에게 나의 욕구와 바람을 전달하고 상대방에게 구체적인 행동을 요청한다. 3단계의 예시 이후에 민재 어머니는 다음과 같이 민재에게 구체적인 부탁을 한다. "그 양말들을 네 방으로 가져가거나, 세탁기에 넣어 줄 수 있겠니?"이렇게 비폭력 대화의 네 번째 요소는 내 삶을 더 풍요롭게 하기 위해서 다른 사람이 해 주기 바라는 것을 표현하는 것이다(Rogenberg, 2003).

(3) 우리의 삶에 비폭력 대화 적용하기

일상의 대인관계(예: 학생과 교사와의 관계, 친구관계, 부모와 자녀 관계, 부부 관계 등)에서 비폭력 대화의 방법을 연습하게 되면, 자신의 욕구를 의식함으로써 자신의 부정적인 감정에 대한 책임은 자신에게 있음을 자각할 수 있다. 동시에 상대방의 이야기를 들을 때에도 상대방의 욕구가 무엇일지 네 가지 요소로 공감하며 듣는 것이 비폭력 대화의 방법이다. 말을 전달할 때, 내 욕구를 인식하고 상대에게 진정으로 요청하고자 하는 것이 무엇인지 정확히 파악한 후에 정중히 부탁하고, 들을 때에는 상대방의 표현 방식에 상관없이 나부터 비폭력 대화의 방법으로 듣는 것을 실천한다면, 우리의 일상적인 삶은 평화롭고 풍요로워질 수 있다.

학생들과 비폭력 대화의 방법을 연습할 때마다, 대부분 '억울하다'라고 호소하는 경우가 많다. 왜 우리가 참고 비폭력 대화의 방법으로 들어야 하냐고 독자들도 의문을 품을 수 있을 것이다. 필자는 이런 질문을 들을 때마다 "당신도 그 상대와 똑같이 말하고 행동하기를 선택할 수 있습니다. 그런데 그와 똑같은 사람이 되고 싶은 게 당신의 욕구인지 한번 살펴보면 어떨까요?"라고 질문을 던지면, "아하! 그건 아니에요. 무슨 말인지 알겠어요."라고 대답을 하곤 한다. 여러분도 마찬가지로 상대방을 비난하고 욕하고 싶은 마음 이면에 진정한 욕구를 알아차려 본다면, 비난하고 명령조로 말하는 상대에게 같은 방법으로 이야기하지 않아도 되는 합당한 이유를 찾을 수 있을 것이다.

비폭력 대화의 방법을 잘 실천할 수 있으려면 먼저 욕구를 알아차리는 습관을 들여야 한다. 우리에게 느낌은 욕구를 알아차릴 수 있는 단서가 되기 때문에 학생들에게 욕구가 충족되었을 때의 느낌과 욕구가 좌절되었을 때의 느낌 목록(〈표 5-3〉)을 알려 줌으로써 자신의 욕구를 자각하는 능력을 키울 수 있다.

표 5-3   느낌 목록

욕구가 충족되었을 때	욕구가 충족되지 않았을 때
• 감동받은, 뭉클한, 감격스러운, 벅찬, 환희에 찬, 황홀한, 충만한 • 고마운, 감사한 • 즐거운, 유쾌한, 통쾌한, 흔쾌한, 경이로운, 기쁜, 반가운, 행복한 • 따뜻한, 감미로운, 포근한, 푸근한, 사랑하는, 훈훈한, 정겨운, 친근한 • 뿌듯한, 산뜻한, 만족스러운, 상쾌한, 흡족한, 개운한, 후련한, 든든한, 흐뭇한, 홀가분한 • 편안한, 느긋한, 담담한, 친밀한, 친근한, 긴장이 풀리는, 차분한, 안심이 되는, 가벼운 • 평화로운, 누그러지는, 고요한, 여유로운, 진정되는, 잠잠해진, 평온한 • 흥미로운, 재미 있는, 끌리는 • 활기찬, 짜릿한, 신나는, 용기 나는, 기력이 넘치는, 기운이 나는, 당당한, 살아 있는, 생기가 도는, 원기가 왕성한, 자신감 있는, 힘이 솟는 • 흥분된, 두근거리는, 기대에 부푼, 들뜬, 희망에 찬	• 걱정되는, 까마득한, 암담한, 염려되는, 근심하는, 신경 쓰이는, 뒤숭숭한 • 무서운, 섬뜩한, 오싹한, 겁나는, 두려운, 진땀 나는, 주눅 든, 막막한 • 불안한, 조바심 나는, 긴장한, 떨리는, 조마조마한, 초조한 • 불편한, 거북한, 겸연쩍은, 곤혹스러운, 멋쩍은, 쑥스러운, 괴로운, 난처한, 답답한, 갑갑한, 서먹한, 어색한, 찜찜한 • 슬픈, 그리운, 목이 메는, 먹먹한, 서글픈, 서러운, 쓰라린, 울적한, 참담한, 한스러운, 비참한, 속상한, 안타까운 • 서운한, 김빠진, 애석한, 낙담한, 섭섭한 • 외로운, 고독한, 공허한, 허전한, 허탈한, 막막한, 쓸쓸한, 허한 • 우울한, 무력한, 무기력한, 침울한 • 피곤한, 노곤한, 따분한, 맥 빠진, 귀찮은, 지겨운, 절망스러운, 실망스러운, 좌절한, 힘든, 무료한, 지친, 심심한 • 질린, 지루한 • 멍한, 혼란스러운, 놀란, 민망한, 당혹스러운, 부끄러운 • 화나는, 약 오르는, 분한, 울화가 치미는, 억울한, 열 받는, 짜증 나는

출처: 한국 NVC 센터 역(2017)에서 수정, 발췌함.

비폭력 대화의 핵심인 자신의 욕구를 알아차리기 위해서 인간의 삶에서 보편적인 욕구가 무엇인지 아는 것 또한 중요하다. 보편적 욕구에 대해서는 글상자 5-7에서 살펴볼 수 있다. 자신의 느낌과 욕구를 알아차리고 이를 그대로 전달할 수 있는 대화의 방법은 수업활동 5-2에서 연습해 볼 수 있다.

　학교에서 효과적인 의사소통 방법 중의 하나인 '나-전달하기' 대화의 방법을 교육하고 있는 것으로 알고 있다. 그런데 이에 대한 충분한 이해 없이 내 입장에서만 이야기를 전달하면 적절한 대화의 방법인 것으로 오해하고 있는 경우가 많다. 내 입장에서 상대방이 잘못했기 때문에 내가 화가 났다고 느낌을 전달하는 것은 비폭력의 대화가 아니라, 판단을 전제한 폭력적 대화라는 것을 인지하지 못하는 경우가 많다. 진정한 '나-전달법'으로서 4단계 비폭력 대화의 방법을 배우고 익혀 학교 전체 차원에서 교사와 학생이 함께 실천한다면, 모두가 행복한 학교로 거듭날 수 있을 것이다.

📋 **글상자 5-7**　　**보편적 욕구의 목록**

• **상호의존**: 다른 사람에게 주고, 또 다른 사람에게서 받는	• **조화와 균형**: 아름다움, 질서, 평화, 온전함, 평등, 상호성, 영감, 교감
• **수용, 포함되기, 인정**: 긍정적인 기여가 이루어졌다는 확인	• **자율성과 진정성/자기 존재에 대한 믿음**
• **연결, 배려**: 자신과 다른 사람의 욕구 혹은 선호하는 것에 대한 연결과 배려	－자율성(자신의 목표, 가치, 꿈을 선택하고 실현하기 위한 방법을 선택하기)
• **협력, 공동체**: 자신보다 더 큰 어떤 것의 일부가 되는 것	－성실성(자신의 가치대로 살아가는)
• **공감, 솔직함**: 우리가 지난날의 행동이나 한계에서 배울 수 있도록 우리의 말이나 행동에 대한 솔직한 반응	－진정성/자기 존재에 대한 믿음(자신에게 진실하기)
	• **명확함과 알아차림**
	－의식, 이해(지식과 지혜, 경험에 대한 욕구)
• **따뜻함, 가까움, 친밀함, 존중, 자기존중, 지지, 보살핌, 신뢰, 믿음, 이해**: 이해하고 이해받음	• **의미와 효율성**
• **가시성**: 보고 보여짐	－삶을 풍요롭게 하는 데 대한 기여
	－의미, 목적 있는 활동, 일, 성장, 유능함/자신감, 창조성, 자기표현
• **안전과 건강**: 안전, 의존, 일관성	• **휴식과 놀이**
	－즐거움, 도전, 자극, 편안함, 이완, 축하와 애도(삶, 그리고 탄생과 죽음의 순환에 대해)

출처: 한국 NVC 센터 역(2017)에서 발췌함.

수업활동 5-2	비폭력 대화의 흐름 따라가 보기

◎ 다양한 대인관계에서 경험한 갈등 상황을 떠올려 보자. 자신이 겪은 무례한 사람들로 인해 상처받은 대화의 상황을 떠올려 보고, 다음 단계에 따라 비폭력 대화의 방법으로 말하고 듣는 것을 연습해 보자.

단계	솔직함(말하기): 나의 입장	공감(듣기): 타인 입장
관찰		
느낌		
욕구		
부탁		

2) 2차 예방을 위한 사회성 기술 훈련 프로그램: 스킬스트리밍

스킬스트리밍(skillstreaming; McGinnis, 2012) 프로그램은 아동과 청소년 대상으로 친사회적 기술을 가르치기 위해 개발한 구조화된 프로그램으로 모델링, 역할놀이, 피드백, 일반화로 구성되어 있다. 이 프로그램은 학교생활과 관련된 사회성 기술에서 결핍이 있는 소수 학생들을 위해 개발된 것이지만, 전체 학생들을 대상으로 사회성 기술을 함양할 수 있는 프로그램으로 활용할 수가 있다.

학교생활을 잘 하기 위해 필요한 사회성 기술이란 긍정적인 대인관계를 형성하고 유지하는 데 필요한 언어적·비언어적 의사소통의 기술을 의미한다. 청소년기의 중·고등학생들이 다른 사람들과 협동하며 문제를 해결하는 과정에서 발생하는 갈등을 평화로운 방식으로 다룰 수 있는 사회적 기술을 습득하는 것은 학교폭력을 예방하고 나아가 성숙한 시민의 자질을 함양할 수 있는 중요한 요소이다. 스킬스트리밍은 발달 단계별로 습득해야 할 친사회적 기술을 제시하고 있는데 유아 40개, 아동 60개, 청소년 50개이다. 〈표 5-4〉에서 청소년을 위한 친사회적 기술의 목록을 살펴볼 수 있다.

| 표 5-4 | 스킬스트리밍의 청소년 친사회적 기술 목록 |

친사회적 기술	목록
초급 사회성 기술	1. 듣기 2. 대화 시작하기 3. 대화하기 4. 질문하기 5. 고맙다고 말하기 6. 본인 소개하기 7. 타인 소개하기 8. 칭찬하기
고급 사회성 기술	9. 도움 요청하기 10. 합류하기 11.지도하기 12.지도에 따르기 13. 사과하기 14. 설득하기
감정 다루는 기술	15. 본인의 감정 알기 16. 본인의 감정 표현하기 17.타인의 감정 이해하기 18. 누군가의 분노 다루기 19. 애정 표현하기 20. 두려움 다루기 21. 본인 보상하기
공격 대안 기술	22. 허락 구하기 23. 무언가 공유하기 24. 타인 돕기 25. 협상하기 26. 자기-통제 사용하기 27. 자신의 권리 옹호하기 28. 놀림에 반응하기 29. 타인과의 문제를 피하기 30. 싸움에 개입하지 않기
스트레스 대처 기술	31. 불평하기 32. 불평에 응답하기 33. 스포츠맨다운 사람 되기 34. 당혹감 다루기 35. 소외감 다루기 36. 친구 옹호하기 37. 설득에 반응하기 38. 실패에 반응하기 39. 모순된 정보내용 다루기 40. 비난 다루기 41. 곤란한 대화 준비하기 42. 집단압력 다루기
계획 기술	43. 할 일 결정하기 44. 문제의 원인 판단하기 45. 목적 설정하기 46. 자신의 능력 판단하기 47. 정보 모으기 48. 중요도에 따라 문제 정리하기 49. 결정 내리기 50. 과제에 집중하기

3) 3차 예방을 위한 소규모 집단상담 프로그램: MBCT

이 프로그램은 우울 증상으로 인해 정서 · 행동 관심군으로 선별된 고등학생에게 마음챙김 명상에 기반한 인지치료를 학교 수업 시간에 맞게 수정 · 보완하여 실시한 것이다. 프로그램 성과를 평가한 결과, 우울 증상 완화뿐만 아니라 상담 성과(개인내적 고통, 신체증상, 대인관계 어려움, 사회적 문제, 행동 장애, 정신과적 증상의 감소)가 있는 것으로 확인되었다(김영선, 최윤정, 2016).

마음챙김 명상의 효과에 대한 국내 메타분석 연구 결과에서도 청소년 대상의 마음챙김에 근거한 집단상담 프로그램이 우울이나 불안과 같은 심리적 문제의 완화(조용래, 노상선, 조기현, 홍세희, 2014)뿐만 아니라, 정서 · 사회 변인(예: 공감능력, 공격성 감소, 긍정정서 및 심리적 안녕감 향상, 학교생활 만족도 향상 등)과 인지 · 학습 변인(예: 메타인지의 향상, 자기주도 학습 능력의 향상 등)에서 효과가 있는 것으로 확인되고 있다(이가경, 2017). 강민규와 최윤정(2017)은 공립형 대안학교 Wee 스쿨에서 학교폭력 가해자 학생을 대상으로 공감능력 향상을 위한 집단상담 프로그램에 5분간의 단기 마음챙김 명상을 추가한 실험집단에서 자기조절능력과 공감능력이 보다 더 향상된 것을 확인한 바 있다. 이러한 결과들은 학교에서 마음챙김 명상이 2, 3차 예방뿐만 아니라, 1차 예방을 위한 전체 심리교육집단으로 진행할 때에도 유익한 효과를 가져올 수 있음을 시사한다.

우울과 자살의 문제로 인한 심리적 부적응 문제의 2, 3차 예방을 위한 MBCT 프로그램의 학생용 워크북은 학지사 홈페이지(www.hakjisa.co.kr)에서 내려받을 수 있다. 간단한 프로그램의 소개는 글상자 5-8과 같다.

📋 **글상자 5-8**   **고등학생을 위한 마음챙김 명상에 기반한 인지치료 집단상담 프로그램의 내용**

1. 프로그램 목적

우울한 느낌과 자신을 스스로 해치려는 생각이 다소 높은 고등학생을 대상으로 마음을 조절하는 명상이 성장기에 나타날 수 있는 청소년의 스트레스를 건강하게 관리하고 극복하는 데 도움이 되는지 확인하고자 실시하고 있습니다.

자기성장을 위한 마음챙김 집단상담 프로그램은 마음챙김 명상에 근거한 인지치료(MBCT)로 마음의 주인공인 자신을 찾아서 순간순간의 생활에 최선을 다할 수 있는 삶의 태도를 갖게 함으로써 스스로 원하는 삶을 살아가는 지혜를 얻게 하는 데 효과가 있습니다.

2. 프로그램 내용

활동과정		회기	주제	활동내용	소요 시간 (분)
도입 단계	동기부여 · 현재자각	1	순간순간 자동조정	• 프로그램 목적, 내용이해, 집단규칙세우기 • 집단원 간의 친밀감형성(신체화 놀이) • 먹기명상, 자동조정, 마음챙김의 정의 • 오늘 활동요약 및 회기 활동평가, 과제부여	50
전개 단계	현재자각 · 집중	2	그때그때 방해요인 다루기	• 과제 검토 및 발표 • 호흡명상 실습 • 생각과 감정 알아차림(즐거운 사건) • 오늘 활동요약 및 회기 활동평가, 과제부여	50
		3	Being mode 마음챙김호흡	• 과제 검토 및 발표 • 호흡명상, 정좌명상 실습 • 생각과 감정 알아차림(불쾌한 사건) • 오늘 활동요약 및 회기 활동평가, 과제부여	50

전개 단계	현재자각 · 집중	4	현재에 머물기	• 과제 검토 및 발표 • 호흡명상, 정좌명상 실습 • 걷기명상 실습 • 나의 친구(감정)를 소개합니다. • 오늘 활동요약 및 회기 활동평가, 과제부여	50
	허용하기 (내려놓기)	5	수용하기/ 내버려두기	• 과제 검토 및 발표 • 수용에 관한 이야기/ 시 • 듣기 명상 후 그림 작업, 정좌명상, 바디스캔 • 오늘 활동요약 및 회기 활동평가, 과제부여	50
	거리두기 (탈중심화)	6	생각이 사실은 아니다	• 과제 검토 및 발표 • 나의 마음챙김을 방해하는 생각들 • 표현하기, 판단하기 • 정좌명상과 바디스캔 • 오늘 활동요약 및 회기 활동평가, 과제부여	50

종결
단계
	거리두기
	(탈중심화)
		7	어떻게 하면 나
			자신을 잘 돌볼
			수 있을까?
				• 과제 검토 및 발표
				• 생각에 관하여
				• 호흡명상
				• 자신이 힘들 때 징후 알아보기(예: 우울, 자살
				  생각)
				• 자신이 할 수 있는 즐거운 활동과 숙달감을
				  주는 활동에 대해 목록 만들고 계획하기
				• 오늘 활동요약 및 회기 활동평가, 과제부여
					50

	마음챙김	8	배운 것을 활용 해서 향후 기분 대처하기	• 과제 검토 및 발표 • 나의 미래 인생그래프그리기 • 생명존중 서약서 작성하기 • 적극적이고 긍정적인 피드백 나누기, 종결 다루기 • 프로그램 소감 나누기 • 사후설문지 및 프로그램 만족도 작성하기	50

참고문헌

김영아, 김진숙(2016). 중·고등학생 진로집단상담 프로그램의 효과 메타분석. 청소년학연구, 23(8), 359-383.

강민규, 최윤정(2017). 단기 마음챙김 명상이 학교 폭력 가해 청소년의 공감 및 자기조절능력에 미치는 효과. 상담학연구, 18(5), 191-212.

김계현, 김동일, 김봉환, 김창대, 김혜숙, 남상인, 천성문(2009). 학교상담과 생활지도. 서울: 학지사.

김미헌, 최윤정(2017). 아들러의 격려 집단상담이 우울한 고등학생의 우울감소와 희망고취에 미치는 효과성. 교육혁신연구, 27(3), 335-352.

김영선, 최윤정(2016). 마음챙김 명상에 기초한 인지치료(MBCT)가 정서·행동 관심군 고등학생의 우울 및 자살생각 감소에 미치는 효과 및 상담 성과. 열린교육연구, 24(2), 261-284.

노인화, 유형근, 정연홍(2016). 집단상담 프로그램이 학교적응에 미치는 효과에 대한 메타분석. 교원교육, 32(2), 137-160.

서현주(2015). 직업카드를 활용한 진로지도프로그램의 효과에 대한 메타분석. 진로교육연구, 28, 127-147.

이가경(2017). 청소년 명상 프로그램의 효과에 대한 메타분석. 뇌교육연구, 19, 73-95.

이준기, 강근모(2015). 청소년 인터넷중독 집단상담 프로그램의 효과에 관한 메타분석. 상담학연구, 16(3), 101-120.

임은미, 임찬오(2003). 국내 집단 진로지도 및 상담 프로그램의 효과에 관한 메타분석. 청소년상담연구, 11(2), 3-11.

조용래, 노상선, 조기현, 홍세희(2014). 우울과 불안증상에 대한 마음챙김에 기반을 둔 개입의 효과: 메타분석. 한국심리학회지: 일반, 33(4), 903-931.

한국 NVC 센터 역(2017). 비폭력 대화 워크북. 서울: 한국NVC센터.

Budman, S. H. (1989). Cohesion, alliance and outcome in group psychotherapy. Psychiatry, 52, 339-350.

Corey, J., & Corey, C. (2014). Groups: Process and practice (9th ed.). CA: Brooks Cole/ Cengage Learing.

Gladding, S. T. (1999). Group work: A counseling specialty (3rd ed.). Upper Saddle River, NJ: Prentice-Hall.

Jacobs, E. E., Masson, R. L., & Harvill, R. L. (2002). Group counseling: Strategies and skills. Pacific Grove, CA: Brooks Cole/ Cengage Learing.

Leu, L. (2015). Nonviolent communication workbook (2nd ed.). CA: PuddleDander Press.

McGinnis, E. (2012). Skillstreaming the adolescent: A guide for teaching prosocial skills (3rd ed.). IL: Research Press.

Rogenberg, M. B. (2003). Living nonviolent communication: Language of life (2nd ed.). CA: PuddleDncer Press.

Studer, J. R. (2005). *The professional school counselor: An advocate for students.* CA: Brooks Cole/ Cengage Learing.

Tobin, T. J., & Sugai, G. (2005). Preventing problem behaviors: Primary, secondary, and tertiary level prevention interventions for young children. *Journal of Early & Intensive Behavior Intervention, 2,* 125-144.

Yalom, I. D. (1995). *The theory and practice of group psychotherapy* (4th ed.). NY: BasicBooks.

제6장

개인상담의 기초

　비록 전문상담교사와 같은 학교상담자들에 의해서 상담활동이 진행되더라도 교사들은 직무로서 학생상담을 진행해야 하는 경우가 많다. 학교상담자들처럼 전문적인 훈련을 받아 상담을 수행하지는 못하더라도 기본적인 상담 과정에 대해 숙지하고 이를 적용하는 노력을 기울이는 교사라면, 학생 면담 과정에서 보다 효과적인 상담으로 진전시킬 수 있다. 여기서는 여러 가지 발달적 측면에서 어려움을 경험하고 있는 학생을 조력하기 위해 학교상담자와 교사들이 수행할 수 있는 학교상담과 생활지도의 방안으로서의 개인상담에 대해서 살펴보고자 한다. 효과적으로 학생들을 상담하기 위해서는 상담이 추구하는 목표와 어떤 방법으로 상담을 진행하는지에 대한 기본적인 지식과 기술이 요구된다. 구체적으로 상담의 의미와 구조, 상담의 목표, 상담원리, 상담과정과 상담대화의 방법에 관해 살펴보고, 개인상담 접근으로서 학교 상황을 고려한 단기상담에 대해 간략히 살펴보기로 한다.

1. 상담의 의미와 구조

상담이란 전문적인 훈련을 받은 상담자가 어려움을 겪는 내담자와의 상호작용을 통해서 내담자의 문제를 해결하고 행복한 삶을 살아갈 수 있도록 돕는 과정이라 할 수 있다. 이러한 상담활동이 이루어지 위해서는 상담활동에 필요한 구조가 요구된다. 먼저 상담을 받고자 하는 학생, 즉 와서 이야기를 하고자 하는 사람이라는 뜻의 '내담자(來談者)'와 상담을 진행하는 교사인 '상담자(相談者)' 그리고 그 둘 간의 관계형성을 토대로 이루어지는 상담의 대화가 상담의 구조이다. 즉, 상담이란 상담자(교사, 전문상담교사, 전문상담사)와 내담자(상담을 받고자 하는 사람, 학생) 그리고 그 둘 간의 관계에서 이루어지는 대화를 통해 내담자가 삶에서 당면한 다양한 문제를 해결하고 심리적 고통으로부터 벗어날 수 있도록 상담자가 조력하는 과정으로 정의할 수 있다. 다음 단락에서는 상담활동의 주요 구조인 내담자와 상담자 그리고 상담의 목표에 대해 살펴보고자 한다. 상담의 구조 중 상담 대화의 방법은 4절에서 살펴볼 수 있다.

1) 내담자

상담활동을 구성하는 첫 번째 구성 요소인 내담자는 누구일까? 누구든 내 이야기를 잘 듣고 함께 자신의 문제를 해결할 수 있도록 기꺼이 헌신을 하는 사람이 있다면, 우리는 흔하게 그 상대를 찾아가 자신의 어려움을 이야기하고 해결책을 찾을 수가 있을 것이다. 자신이 경험하고 있는 여러 어려움들을 어떻게 해결해야 할지 몰라 괴로워하며 불행한 나날을 보내는 학생이 있다고 한다면, 아마도 상담을 통해서 그 문제를 해결하는 데 도움을 받을 수 있을 것이다. 예를 들어, 공부를 잘 하고 싶은 마음도 있고 시험을 볼 때마다 좋지 않은 결과에 대해 기분 상해하면서도 자신이 왜 공부를 열심히 하지 않는지 이유를 모르겠는 경우, 시험 기간에 열심히 공부하다가도 갑작스럽게 자신이 너무 못하는 것 같고 바보 같은 느낌이 들어 눈물이 쏟아지는 경험 때문에 스스로 당황스러운데 어떻게 해야 할지 모르는 상황에 처한 학생들처럼, 현재를 살아가는 데 겪는 다양한 어려움에 대해 스스로 해결이 안 되어 도움을 필요로 하는 학생, 학부모, 그리고 교사 등 누구라도 내담자가 될 수 있다.

2) 상담자

그러면 어려움에 당면한 내담자를 '누가 상담해 줄 수 있는가?' 하는 질문이 생긴다. 학교에서는 전문적인 상담과 훈련을 받은 전문상담교사와 전문상담사 그리고 생활지도의 차원에서 상담을 진행할 수 있는 담임교사와 교과목 교사들이 상담 서비스를 제공할 수 있을 것이다. 전문적인 훈련을 받은 전문상담교사는 상담자로서의 전문성을 향상시키기 위해서 지속적으로 상담자로서의 자질을 높이기 위해 노력할 필요가 있다. 그러나 전문상담교사이든지 그렇지 않든지 간에 교사라고 한다면 상황에 따라서 학생을 위한 상담자의 역할을 수행해야 하기 때문에 상담자로서 기대되는 기본적인 인성적 자질과 전문적 자질을 갖출 필요가 있다.

(1) 인성적 자질

상담자로서 요구되는 인성적 자질은 신뢰, 진실성, 공감, 돌봄, 설득, 희망의 6가지 특성으로 정리할 수 있다(Seligman, 2006). 우리가 힘들고 어려운 상황에 처해 있을 때를 떠올려 보자. 그때 내 마음을 털어놓고 도움을 구하고 싶은 분이 있다면, 앞에서 열거한 상담자의 인성적 자질을 그분에게서 찾아볼 수 있을 것이다.

'신뢰'는 상담자가 윤리적으로 행동하고, 효과적인 상담을 하는 데 필요한 지식과 기술을 가지고 있고, 상담을 하는 동안 내담자를 보호하고 존중하며 내담자에게 유익한 것을 주고자 노력한다는 믿음을 주는 것이다. 내담자가 상담 과정에서 이야기한 내용을 잘 기억하고 내담자가 상담 밖에서 실천하기로 했던 것에 관심을 갖는 신뢰롭고 일관된 상담자 행동은 치유적인 상담 관계에서 필수적인 요소이다. 자신에게 신뢰를 줄 수 있는 사람이 아니라면, 우리는 쉽게 자신의 이야기를 꺼내 놓기가 어려울 것이다.

타인에게 신뢰를 줄 수 있으려면, 우리는 먼저 '진실'해야 한다. 진실하다는 것은 어떤 특성일까? 다음의 상담자가 있다고 하자. '나는 학생들을 도와주는 일이 정말 좋아요. 학업의 어려움이 있는 학생들을 잘 도와서 성적이 향상되는 것을 보는 것은 정말 성취감이 있고 즐거운 일이에요.'라고 말하지만, 속으로 학업에서 부진한 성취를 보이는 학생에 대해 '넌 해도 안 되겠다. 될성부른 나무는 떡잎부터 다른 것을……'이라고 생각한다면 이런 상담자는 진실하지 못한 것이다. 겉에서 보이는 말과 행동이 학생을 이해하는 것처럼 행하더라도 말과 행동 그리고 생각이 일치하지 않는 상담자는 진실하지 못하며 상대를 감동시킬 수 없을 것이다. 내담자가 감동을 받을 수 있을 만큼의 진정성과 진실한 태도는 내담자로 하여금 변화할 수 있게 하는 원동력이 된다. 이런 측면에서 상담자의 인성적 자질의 가장 중요한 특성은 바로 진실성이라 할 수 있다.

'공감'은 내담자의 눈으로 세상을 보고, 이해한 바를 내담자에게 전달할 수 있는 능력이다. 학생 또는 내담자가 상담자를 믿고 어렵게 자신의 이야기를 시작했는데 자신의 어려움에 대해 자신도 미처 자각하지 못하고 있는 것까지 이해하고 자신의 이야기를 잘 들어 주는 상담자를 만난다면, 내담자는 자신에 대해서 좀 더 이해하게 되고 더 깊은 이야기까지 할 수 있게 된다. 바로 상담자는 타인의 입장에서 세상을 이해할 수 있는 타인의 관점을 취해 상대방의 상황을 인지적으로 이해하고 그 상황에 처한 타인의 감정까지 읽을 수 있는 공감적 태도를 갖추어야 한다. 공감적이고 진실하며 신뢰로운 상담자는 진심으로 내담자의 아픔을 돌봐 줄 수 있는 힘이 있다.

'돌봄'을 통해 내담자는 자신이 상담자에게 중요하다고 느끼며, 상담자가 자신과 자신의 삶에 관심을 기울이고 있음을 느낀다. 타인에 대한 배려와 이해를 바탕으로 고통을 겪는 내담자를 돌보려는 태도는 인간에 대한 사랑의 표현일 것이다. 또한 아무리 내담자가 쉽게 변화하지 않더라도, 내담자의 강점을 찾아서 보게 하고 내담자가 원하는 것을 반드시 이룰 수 있다는 희망을 불어넣어 주는 상담자라면 내담자에게 힘과 용기를 북돋아 줄 수 있을 것이다. 내담자를 돌볼 줄 아는 상담자는 내담자를 자신의 정서적 욕구를 만족시키는 도구로 사용하지 않으며, 내담자의 생각과 감정 그리고 행동을 통제하려 하지 않는다. 온화하고 인간에 대한 애정이 있는 상담자는 공격적이고 직면적인 상담자보다 긍정적인 상담 성과를 얻을 가능성이 크다(Lambert & Cattani-Thompson, 1996).

'설득'은 내담자가 지금보다 더 나아지기 위해서 새로운 행동을 실천하고 유지할 수 있도록 격려하는 과정이다. 즉, 괴로운 감정과 경험들을 공개하여 직면하고 목표를 향해 나아가도록 격려하고 촉구하는 과정이다. 상담자의 설득력은 내담자가 자신을 위해 올바른 선택을 하는 데 필요한 용기와 모범, 도구와 정보를 제공해 주는 긍정적인 힘이다 (Seligman, 2006).

끝으로, '희망'은 치유적 관계를 위한 필수 조건으로, 내담자에게 나아질 수 있다는 희망을 심어 주어야 한다. 상담자가 지녀야 할 중요한 특성으로 희망이 중요한 이유는 미국 드라마 〈닥터 하우스〉에서 나오는 집단 치료의 내용이 적절한 예가 될 수 있다. 주인공인 하우스라는 의사는 뛰어난 진단 의학자이나 대인관계의 어려움이 있어 집단정신 치료를 받게 되는 줄거리 속에 집단 정신치료의 내용이 여러 차례 나오게 된다. 집단에 참여한 환자들은 자신이 다른 사람들처럼 평범하게 살아갈 수 있을까 하는 의구심을 품고 괴로워하면서도 같은 동료들이 점차 개선되어 집단 치료를 떠나게 될 때, 케이크에 촛불을 켜고 집단원 모두가 축하해 주는 장면이 있다. 이때, 집단을 떠나는 동료가 자신을 부러워하는 집단원을 안아 주면서 "나도 했는걸. 너도 할 수 있어. 꼭 네가 원하는 것을 너도 이룰 수 있어."라고 격려하는 장면이 있다. 이처럼 희망은, 내담자가 겪는 좌절과 고통뿐인 어둠과 같은 일상생활에서 밝은 빛의 역할을 하는 것이라 할 수 있다. 소집단 활동(수업활동 6-1)을 통해서 자신이 얼마나 상담자로서의 인성적 자질을 개발해 왔는지에 대해 살펴보길 바란다.

수업활동 6-1   소집단 활동: 상담자의 인성적 자질의 개발

1. 상담자의 인성적 자질 6가지의 특성을 포스트잇을 활용하여 한 장씩 한 개의 특성을 적어 놓고 자신의 장점으로 이미 개발된 특성을 최소 한 개 이상을 선택하여(3개 이상은 선택하지 않는다), 어떠한 이유로 자신의 장점으로 생각하는지에 대해서 작성해 본다.

   반면에 장점으로 선택되지 않은 상담자의 인성적 자질의 특성에 대해서는 어떻게 개발하면 될지에 대해서 작성한다. 작성하기를 마치면, 3~4명씩 한 조가 되어 각자 자신의 개발된 상담자로서의 장점과 개발해야 할 특성에 대해 이야기를 나눈다.

   _____

   _____

2. 당신이 내담자라면, 당신이 상담자에게 기대하는 요구와 필요에 부응하기 위해 상담자가 어떻게 하는 것이 좋을지 역지사지의 관점에서 작성해 보자.

   _____

   _____

3. 소집단 활동 후, 자신에 대해 새로이 배우고 깨달은 점에 대해서 집단원과 공유한다.

   _____

   _____

(2) 전문적 자질

상담자의 전문적 자질은 인간을 조력하는 전문직으로서의 상담자 역할을 수행하는 데 요구되는 필수 지식 및 기술과 관련되는 특성이다.

첫째, 심리학적 지식과 상담이론을 활용할 수 있는 역량이다. 학생이나 내담자의 문제를 이해하고 현재 어떤 일이 일어나고 있는지 파악하기 위해서 보통의 사람들이 이해하는 상식적 수준에서 애정결핍이라고 해석하는 것이 아니라, 내담자가 안고 있는 고통의 현상에 대해 이론적 근거를 갖고 접근할 수 있는 심리학적 지식과 상담이론의 활용은 상담자에게 요구되는 전문성의 근간이 된다. 둘째, 상담을 진행하는 과정에서 요구되는 전문성으로서 상담자는 상담기술의 훈련을 요한다. 상담은 내담자와 언어적 대화를 통해서 이루어지는데, 일상생활에서 사용하는 대화의 목적과는 다르게 내담자의 인지, 정서, 행동에서의 변화를 목적으로 이루어지기 때문에, 전문가로서의 대화를 이끌어 가야 한다. 이를 위해서는 상담에서의 대화의 기법에 대한 훈련을 통해 전문성을 키울 수가 있다. 셋째, 상담자의 윤리 강령에 대한 이해와 이를 실천할 수 있는 역량이 요구된다. 상담자의 전문성이 발달할수록 윤리성 또한 함께 발달하게 된다. 인간을 조력하는 전문직으로서의 상담자는 자신이 하고 있는 행위가 내담자의 복지에 위배되는 것은 아닌지에 대해 항상 점검할 필요가 있다. 구체적인 상담자 윤리와 상담자가 알아야 할 상담 관련법에 대해서는 제1부를 다시 확인해 보길 바란다.

2. 상담의 목표

상담의 일반적인 목표는 상담의 의미에서 살펴본 바와 같이, 문제에의 효율적 대처와 일상생활에 보다 잘 적응하는 것이다(Egan, 2002). 그러나 내담자의 발달 단계와 내담자의 문제 그리고 상담이론에 따라서 상담이 추구하는 목표는 달라질 수 있다. 상담 접근들이 사용하는 전형적인 상담 목표는 내담자의 행동 변화를 촉진하기, 사회적 그리고 개인적인 관계를 개선하기, 문제에 대한 대처 능력을 함양하기, 의사결정 과정을 학습하기, 인간적 잠재력을 향상시키고 자기발달을 완성해 가기 등이다(Schmidt, 2014).

일반적으로 학교상담에서 이루어지는 상담의 목표를 중심으로 살펴보면, 학교상담의 기본 목적은 곤경에 처한 학생의 문제를 해결하고 시기적절하게 어려움을 경감시킴으로써 교육적 계획을 향상시키고 학습을 위한 기회들을 확장하여 학생의 성취를 강화시키는 것이다. 이러한 학교상담의 궁극적 목적을 바탕으로, 학교상담자들은 개인적 상담에 대한 목표를 설정할 때, 다음 네 가지의 지침을 고려할 필요가 있다(Schmidt, 2014).

1) 상담의 목표를 학습의 측면과 관련시키기

학교에서 학생들을 상담할 때, 궁극적인 목표는 학습과 발달을 향상시키는 것이기 때문에 상담의 목표는 학습의 성과와 연결될 필요가 있다. 주요 호소 문제가 친구관계와 가족관계와 같은 사회적인 것이나 불안이나 우울과 같은 심리적 문제이든지 간에, 학교에서 이루어지는 상담은 학생들의 교육적 발달에 영향을 미치는 맥락을 고려하여 목표를 설정해야 한다.

2) 상담에서 성취한 목표를 일상생활에 적용할 수 있게 하기

학생들이 상담과정에서 얻게 되는 지식을 학교나 가정의 다른 관계나 상황에 적용시키는 것은 학생들의 성장과 교육적 성취를 확장하는 데 도움이 된다. 예를 들어, 친구관계에서 갈등을 경험한 학생이 상담을 통해서 상담자와의 관계에서 향상된 의사소통 기술을 일상생활의 친구관계에 적용하게 함으로써 대인관계 능력의 향상과 더불어 학교생활 적응을 높일 수가 있다.

3) 학습 경험 및 개발된 기술을 친구들과 공유하게 하기

상담에서 학생 개인들이 받은 도움들을 다른 친구들과 나눌 때, 그 유익함이 확대될 수 있다. 예를 들어, 평상시에 시험 불안으로 힘들어하던 학생이 상담을 통해서 시험 불안에서 벗어날 수 있었다면, 이러한 경험에 대해 친구와 공유하게 될 때 학생들은 자신의 어려움과 문제를 해결할 수 있는 방안으로서 개인상담을 대안으로 찾을 수 있게 된다.

4) 가능하다면 부모가 참여할 수 있도록 하기

아동에서부터 청소년에 이르는 모든 연령대의 학생들은 돌보는 부모들의 지지와 보호로부터 도움을 받기 때문에, 상담에서 부모의 참여는 학생의 변화와 성취에 결정적인 역할을 한다. 학부모의 협력과 적절한 지원은 학생 성장에 긍정적인 영향을 미치기 때문에, 상담자는 부모의 참여를 독려할 수 있는 지혜를 개발하여 학생들을 조력할 필요가 있다. 자녀가 학교에서 어려움을 겪고 있다는 소식을 접한 학부모의 마음을 공감하고 개방적인 태도로 이들을 수용함으로써 학부모의 방어적 태도를 감소시켜 함께 학생을 도울 수 있는 방안을 모색할 필요가 있다. 학부모 자문과 협력에 대해서는 제7장에서 자세하게 살펴볼 수 있다.

3. 상담의 원리와 과정

1) 상담의 원리

교사로서 학생들을 상담할 때 반드시 알아야 하는 상담의 기본 원리는 로저스가 제시한 촉진적 관계 형성을 위한 조건 세 가지로 설명할 수 있다(Rogers, 1960). 관계형성을 위해 학생에 대한 공감적 이해의 태도와 무조건적 존중, 그리고 진실한 태도가 요구된다. 제2부 서두에 제시된 예시에서 C 학생과 같은 학생과 상담을 할 경우, 대부분의 사람들은 그런 학생을 수용하고 이해하는 것이 쉽지 않다. 그러함에도 불구하고 상담자는 저마다 그 개인의 입장에서는 그럴 만한 이유가 있다는 것을 이해하려는 노력인 공감적 이해를 해야 한다. 또 문제행동을 지속적으로 한다고 해서 문제아로 낙인찍어 바라보는 태도가 아니라 무엇일지 모르지만 상처받은 인간 존재로서 고통을 겪고 있는 보살핌이 필요한 학생으로 무조건적으로 존중해야 한다. 학생에 대한 존중과 관련되는 진실성이란 학생을 염려하는 마음을 갖는 척하는 것이 아니라 학생에 대해 있는 그대로 보려는 진정한 태도이며 말하고 행동하는 것이 일치된 상담자의 태도라 할 수 있다.

2) 상담의 과정

상담과정에 대한 모델들은 3단계(Hill, 2014) 또는 그 이상의 단계(이장호, 2005; Schmidt, 2014)를 포함한다. 힐(Hill, 2014)은 상담의 과정을 탐색, 통찰, 실행의 3단계로 제시하였다. 즉, 무엇이 일어나고 있는지에 대한 탐색 과정을 거쳐 문제의 원인을 이해하고 새로운 관점으로 조망할 수 있도록 하는 통찰 단계, 그리고 인지, 정서, 행동적 변화를 위해 실행하는 3단계 모델이다. 이장호(2005)는 상담의 단계를 문제의 제시 및 상담의 필요성에 대한 인식 단계, 촉진적 관계의 형성 단계, 목표 설정과 구조화 단계, 문제해결의 노력 단계, 자각과 합리적 사고의 촉진 단계, 실천행동의 계획 단계, 실천결과의 평가와 종결 단계의 7단계로 보았다. 이 장에서는 슈미트(Schmidt, 2014)가 제안한 학교상담의 4단계 과정을 중심으로 상담 과정을 살펴보고자 한다.

(1) 관계 형성

상담은 변화하기 위해 다양한 것을 시도하고 보다 더 나은 삶을 살기 위해서 개인적인 희망이나 바람, 관심, 두려움과 아픔, 그리고 실패 경험 등을 드러내는 과정이다. 이러한 깊이 있는 나눔과 의사소통은 상담자와 내담자와의 신뢰로운 관계에서만 가능하다. 즉, 상담자는 수용과 이해, 긍정적인 배려를 바탕으로 내담자들이 세상을 지각하는 방식에 대해 공감적으로 이해하고 이에 대해 이야기를 나눔으로써 신뢰로운 관계를 형성할 수 있다. 촉진적인 관계 형성을 위해서 상담자는 학생들을 무조건적으로 존중하고 진술하며 공감적으로 이해하는 태도를 기를 필요가 있다. 이에 대한 자세한 설명은 앞서 상담의 원리에서 살펴보았기 때문에 여기서는 생략한다.

(2) 문제 탐색

문제 탐색의 단계는 발달적인 문제나 심리, 정서적인 문제 등 여러 종류의 문제에 초점을 맞추는 과정이다. 이 단계에서 상담자는 현재에 처한 상황을 개선하기 위해 내담자가 의사결정을 하고 문제를 해결하기 위해 요구되는 새로운 기술을 습득하고 자신의 문제에 대한 자각을 증진할 수 있도록 조력할 필요가 있다.

초보 학교상담자나 교사는 학생들과의 상담관계를 형성한 후에, 학생의 주호소 문제에 대해 보다 깊은 탐색으로 진전시키는 데 어려움을 겪는 경우가 많다. 부분적으로는 경험이 부족하기도 하지만 특별한 상담이론과 실제에 대한 이해의 부족에서 비롯된다. 신뢰로운 관계 형성이 이루어진 후에는 학생이 호소하는 문제가 정확하게 무엇이고 그러한 문제는 왜 발생했는지에 대한 임상적 설명을 할 수 있어야 한다. 보통 이러한 과정을 사례 개념화라 하고 사례 개념화를 토대로 상담활동을 진행할 수가 있다.

다음 〈표 6-1〉 사례 개념화의 네 가지 구성요소(Russell-Chapin, Sherman, & Ivey, 2016)를 보면, 상담을 진행하기 위해서 문제 탐색의 단계에서 이루어져야 하는 것은 진단적 공식화와 임상적 공식화 그리고 문화적 공식화의 세 가지이다. 이에 대해 상담자가 적절하

표 6-1 **사례 개념화의 네 가지 구성요소**

구성요소	설명
진단적 공식화	내담자의 호소문제와 촉발요인 또는 유지요인과 더불어 기본적인 성격 패턴을 기술하고, '무엇'이 일어나고 있는가에 대한 질문에 대한 답을 한다. 보통 DSM 진단이 포함되며 일반적으로 부적응적 행동 패턴에 대한 진단을 의미한다.
임상적 공식화	내담자의 패턴을 설명하고, '왜'라는 질문에 대한 답을 한다. 사례 개념화에서 중심이 되는 구성요소로, 진단적 공식화와 상담 개입 공식화를 연결한다. 내담자의 문제를 가장 잘 설명할 수 있는 상담의 이론과 상담자의 이론적 정향에 따라서 상담이론을 선택하여 이론적 근거에 맞게 내담자의 문제를 임상적으로 설명한다.
문화적 공식화	사회적 · 문화적 요인을 분석하고, '문화가 어떤 역할을 하는가?'라는 질문에 대한 답을 한다. 문화적 정체성, 문화 적응과 스트레스의 정도, 문화적 설명 그리고 문화적 역동과 성격 역동 간의 상호작용을 구체화한다.
상담 개입 공식화	상담 개입 계획을 위한 명확한 청사진을 제공한다. 진단적 공식화, 임상적 공식화, 그리고 문화적 공식화의 논리적 확장으로, '어떻게 변화할 것인가?'에 대한 답을 한다. 여기에는 상담 목표, 상담의 초점, 전략과 구체적인 상담 개입, 이런 목표를 달성하는 과정에서 예상되는 도전과 장애물들이 포함된다.

출처: Russell–Chapin, Sherman, & Ivey (2016).

게 답을 할 수 있다면, 상담 목표를 달성하기 위해 상담 개입 활동의 단계로 나아갈 수가 있다. 상담 사례를 이해하고 전문적인 상담활동을 진행하기 위해서는 실제 상담 사례를 진행하면서 상담 수퍼바이저로부터 일정 기간의 개별 훈련을 받는 것을 권한다. 사례 개념화에 대한 자세한 학습을 위해서는 대학원 과정의 수업이 요구되므로 여기서는 상담 단계에서 주요 과정 목표로서 간략하게 소개하도록 한다.

(3) 상담활동

문제 탐색의 단계에서 내담자에게 무엇이 일어나고 있고 그러한 문제가 왜 발생했는지에 대해 상담의 이론을 바탕으로 설명할 수 있다면, 다음은 어떻게 변화할 수 있는가에 대한 개입 전략을 세우고 설정된 상담 목표를 달성하기 위한 상담활동을 진행하게 된다. 예를 들어, 인지적 접근을 바탕으로 내담자의 문제를 이해하였다면, 내담자가 겪는 현재의 어려움에 대한 자동적 사고가 무엇이고, 현재 경험하고 있는 정서와 생리적 각성, 행동을 점검하고 자동적 사고를 이끌어 낸 주요 사건 그리고 주요 사건과 관련된 핵심 신념과 중간 신념, 아동기의 경험 등을 살펴보는 방향으로 상담을 진행할 수 있다.

이 단계에서 상담자와 내담자는 특별한 계획과 전략에 동의하고 그 계획의 실행을 점검하고 상담활동에서 사용한 전략들의 결과들을 평가한다. 이런 과정에서 문제가 해결되고 변화된다면, 상담자와 내담자는 발달적 성장을 위해 다른 문제들을 검토할 수 있는 기회를 갖게 되고, 이럴 경우 다시 탐색 단계로 돌아갈 수 있다.

(4) 관계 종료

모든 관계가 자연스럽게 끝이 있게 되는 것처럼, 상담관계도 종결 또는 결말 단계가 있다.

이 단계에서 상담자와 내담자는 상담 관계의 목적과 목표를 성공적으로 성취했다는 지점에 이르게 되고 다른 목표나 관계로 이동하게 된다. 학교상담에서 일어난 조력관계를 종결하는 과정은 특별한 보호와 관심이 요구된다(Schmidt, 2014). 학생이 졸업하기 전까지 학생들은 상담교사와 계속 만나기 때문에 상담자가 상담기관에서 상담을 종결하는 의미와는 다른 의미를 지닌다. 즉, 학생들은 상담을 하는 동안 상담자의 역할을 했던 교사들을 다른 방식으로 관계를 맺게 되기 때문에 지속적으로 자신에 어려움들에 대해 찾아와 상담자로부터 조언을 구할 수 있다. 따라서 학교상담 장면에서 학생들과 상담을 시작할 때, 관계형성 단계에서부터 일정한 기간 동안 상담을 하게 되는 상담 구조에 대한 오리엔테이션을 실시하고, 이후에 상담을 받고자 할 때에는 공식적인 절차에 따라 진행한다는 것에 대한 교육이 필요하다. 학교상담자들이 수퍼비전에서 호소하는 어려움 중에 하나가 상담 이후에 친숙해진 상담자와의 관계에 의존하여 수시로 찾아와 자신의 이야기를 하는 학생들에 대한 지도의 부분이다. 이러한 문제가 발생하지 않도록 하기 위해서는 관계 형성에서부터 전문가로서의 따뜻함과 돌봄의 자세를 취하고, 모든 상담활동은 공식적 절차에 따라 이루어지는 구조화가 필요하다. 비록 학교에서의 상담관계에서 정확하게 몇 회기를 실시해야 한다는 규정은 없지만, 학교의 상황과 조건을 고려해 단기상담을 위한 모델을 권장하고 있다(ASCA, 2004).

4. 상담 대화의 방법

상담 대화의 방법은 전문상담자가 되기 위해 꾸준히 훈련받고 연습해야 하는 부분이다. 필자가 교사들을 대상으로 주의집중과 경청, 재진술과 감정반영, 그리고 질문기법의 연습을 10시간 내외로 상담자-내담자 역할 연습을 통해 훈련해 보면, 비록 짧은 시간이더라도 내담자를 대하는 언어 반응에서 큰 향상이 있는 것을 경험적으로 관찰해 오고 있다. 3, 4주간의 실습 활동에 대해 비디오로 촬영하여 자신이 말하고 듣는 태도와 비언어적인 행동들을 관찰함으로써 학생들과 면담하던 자신의 모습에 대해 성찰하고 대화의 방법에 대해 크게 개선되는 것을 스스로 확인할 수가 있다. 상담 대화의 기법을 훈련할 수 있는 소집단 활동을 하는 동안, 관찰자 역할을 맡은 구성원이 핸드폰으로 촬영하여 피드백 활동의 자료로 활용할 수가 있다.

1) 주의집중과 경청

누군가와 대화를 할 때 상대방에게 자신의 주의를 집중하는 것은 상대방에게 제공할 수 있는 최고의 선물이라 할 수 있다. 학생들에게 그런 선물을 주고자 하는 마음으로 자신의 주의를 학생에게 집중하여 잘 들어 준다면, 학생은 그 자체로 감동과 사랑을 받는다고 느껴 자신의 마음을 열고 자신의 내면을 탐색할 수 있게 된다. 공자께서 말씀하시길, '말하는 것은 3년이면 학습하지만, 잘 들을 줄 아는 경청의 기술은 60년이 걸린다.'하여 이순(耳順)이라 하였던 것처럼 학생의 말을 들을 때에는 학생과 함께하는 마음으로 학생의 입장에서 잘 들을 수 있어야 한다.

상담자는 내담자가 어떠한 비언어적인 행동을 편안하게 느끼는지 내담자에게 암시나

표 6-2 비언어적 행동의 종류

종류	설명
눈 마주치기	• 너무 적은 눈 마주침 : 듣는 이가 흥미 없어 한다는 감정 유발 • 너무 잦은 눈 마주침 : 불안하거나 강요당하거나 복종 또는 조종당하거나 완전히 압도당하는 감정 유발 • 상담자는 내담자로 하여금 관심을 받고 있다고 느끼게 하기 위해 충분히 사용해야 하지만, 때때로 쉬지 않고 계속 의도적으로 응시해서는 안 됨.
얼굴 표정	• 상담 시 중요한 얼굴표정은 웃음을 짓는 것 • 내담자가 심각한 문제에 대해 이야기할 때는 환심을 사려고 하거나 부적절한 것으로 인식할 수 있기 때문에 상담과정에서 너무 많이 웃지 않도록 주의해야 함. • 많이 웃는 상담자는 진실되지 못하거나 내담자 문제를 조롱하는 것처럼 보일 수 있음.
고개 끄덕이기	• 적절히 머리를 끄덕이는 것은 내담자로 하여금 상담자가 경청하고 있고, 그들이 말하는 것을 따라오고 있다고 느끼게 할 수 있음. • 너무 적게 끄덕이면 내담자가 함께하지 않는다고 느낄 수 있고 너무 많으면 혼란을 유발할 수 있기 때문에 적정 수준이 중요함.

몸의 자세	• 내담자 쪽으로 상체를 굽히고, 팔짱을 끼거나 다리를 꼬지 않고 개방적인 자세를 취할 것을 권장함.
몸동작	• 몸동작은 종종 언어 내용이나 얼굴 표정만으로는 얻을 수 없는 정보를 제공함. 예) 내담자가 발을 계속 톡톡거린다면 상담자는 내담자가 무엇을 느끼고 있는지 주시해야 함.
공간	• 공간은 문화마다 매우 다른 의미를 가지고 사용됨. (미국인과 영국인은 다른 사람과 멀리 떨어져 앉으며, 서로 접촉하지 않는 것을 선호하나, 라틴 아메리카계나 중동 사람은 가까운 거리를 선호) • 다른 문화권의 사람을 상담할 때에는 문화적 차이와 문화 내에서의 차이를 고려하는 것이 필요함. • 미국의 경우, 사회적 거리 친밀한(0~45cm), 개인적인(45cm~1.2m), 사회적인(1.2m~3.5m), 대중적인(3.5m 이상)/보통 상담할 때는 사회적 거리가 적정 거리임.
어조	• 내담자는 상담자가 크고 명령조로 말하는 것보다 부드럽고 상냥하게 말할 때 탐색하고 싶어 함. • 상담자는 내담자의 말의 속도에 맞춰야 함.
문법적 양식	• 언어를 통하여 내담자의 문법적 양식에 맞추는 것이 중요함. • 형식적이고 겸손한 체 하기보다는 자연스럽고 도움이 되는 말을 해야 함. • 사람들은 각각 편안하게 느끼는 범주 내에서 언어를 사용하고 있기 때문에 상담자는 내담자가 사용하는 언어 양식 내에서 언어를 사용하도록 노력해야 함.
침묵	• 침묵은 내담자의 진술 후, 또는 상담자의 진술을 단순히 받아들인 후에 일어나는 정지를 뜻함. • 침묵은 내담자가 방해 없이 그들이 말하려고 하는 것을 생각하고 반영하는 시간을 갖게 함. • 따뜻하고 공감적인 침묵은 내담자로 하여금 자신의 감정을 표현하는 시간을 줌. • 침묵은 도전을 위해 사용할 수도 있음. • 보통 초보 상담자들은 침묵을 불편해 하는데 상담자는 침묵하는 동안 내담자와 내담자의 내면에서 일어나는 것에 대하여 생각하면서 내담자와 공감적인 연결을 시도할 수 있음.

피드백을 받음으로써 내담자 개인의 비언어적인 방식에 맞추는 것이 필요하다(Hill, 2014). 비언어적 행동에 대해 간략하게 정리한 내용을 살펴보면 〈표 6-2〉와 같다.

주의집중과 경청하기 연습을 위한 수업활동 6-2를 통해서 학생상담을 위한 가장 기본적인 기술을 습득할 수 있다.

수업활동 6-2   상담 대화의 기법 실습 (1): 주의집중과 경청하기

목표: 상담자로 하여금 상담자의 역할에 익숙하도록 한다. 상담자의 주목하기 행동에 대한 피드백을 제공하고 내담자의 비언어적 행동의 의미를 상담자가 관찰하고 배우도록 한다.

◎ **상담 상호작용에 있어서 상담자와 내담자의 과제**

① 세 사람이 한 조가 된다. 한 사람씩 돌아가며 역할을 바꿔 모두 상담자, 내담자, 관찰자 역할을 해 본다.

② 상담자는 자신을 내담자에게 소개하고 내담자가 무슨 말을 하고 싶은지 묻는다.

"안녕하세요. 저의 이름은 ＿＿＿＿＿입니다. 이 상담은 저의 상담기술을 훈련하기 위한 것입니다. 무슨 이야기로 시작할까요?"

③ 내담자는 조금은 수월한 주제를 한두 문장으로 말한다(자기 개방하기에 안전한 주제).

　－ 진로/미래의 계획, 전공 선택, 대학원 진학, 친구 문제, 이성문제, 학습과 학교 관련 문제, 가벼운 가족 문제, 자주성－독립 관련 갈등 문제, 인간관계 등

④ 상담자는 잠시 멈추고 나서 내담자가 말한 것을 그대로 반복해서 말한다. 많은 상담자에게 그대로 반복해서 말하는 것은 이상하게 여겨질지 몰라도 이 실습의 목표는 잘 경청하고 내담자가 말하는 것을 제대로 들었는지를 실습하는 것이다.

⑤ 내담자가 8번에서 10번 정도 말할 기회가 올 수 있을 때까지 계속하라. 이 과제에만 집중해 보라.

◎ **상담 상호작용에 있어서 관찰자의 과제**

① 다음과 관련된 상담자 행동을 관찰하고 필기하시오.

　－내담자가 말한 것을 그대로 옮길 수 있는 상담자의 능력

　－주의집중하는 행동 중 긍정적인 것과 향상이 필요한 것 각각 하나씩

② 내담자 행동 관찰하기

　－당신이 발견한 내담자의 비언어적 행동

　－비언어적 행동의 의미 추론

③ 상담자와 내담자로 하여금 과제에 충실하도록 한다.

◎ **상담 상호작용 후 토론**

① 상담자는 어떤 주목하기 행동이 좀 편안했는지, 그리고 내담자가 말한 것을 그대로 반복한 것에 대해 무엇을 느꼈는지 토의한다.

② 내담자는 상담자의 주목하기와 경청기술을 받는 입장에서 어떠하였는지를 이야기한다.

③ 관찰자는 상담자에게 피드백을 제공한다(긍정적인 면과 개선이 필요한 점).

2) 재진술과 감정반영

재진술과 감정반영은 상담자가 수행하는 거울의 역할과 관련된다. 내담자가 보고, 듣고, 느끼고 생각한 것을 상담자가 마치 거울처럼 비춰 주는 방법이다. 재진술은 주로 학생이 말한 내용을 좀 더 간략하게 상담자의 말로 전달해 줌으로써 학생의 이야기를 잘 듣고 있다는 것을 전달함과 동시에 내담자의 말을 잘 이해하고 있는지를 명료화할 수 있다. 반면, 감정반영은 내담자가 말한 느낌에 대해 상담자가 전달하여 내담자의 감정을 좀 더 탐색하게 함으로써 자신의 내면을 이해할 수 있도록 하는 방법이다.

① 재진술

재진술(restatement)은 내담자 말의 내용이나 의미를 반복 혹은 부연하는 것으로, 내담자의 말보다 더 짧지만 유사한 단어로 이루어져 있고 더 구체적이고 명확한 진술의 형태이다. 재진술은 가정적으로 진술할 수도 있고 직접적으로 진술할 수도 있다. 재진술의 예시를 살펴보면, 내담자가 현재 말한 것이나 상담회기에서 말한 것과 연관되는 내용에 대해 다음과 같이 진술하는 형태이다. "당신의 부모님이 이혼하셨군요." "요약하면, 시험을 보고 나서 기분 나빠하는 자신을 이전과 다르게 보게 되었다는 말로 들리는군요."

이와 같은 재진술을 하는 이유는 바로 상담자가 거울이나 반향판이 되어 주는 역할을 함으로써 내담자가 자신의 생각을 들어 볼 수 있는 기회를 제공하기 위함이다(Hill, 2014). 내담자 자신의 문제가 다른 사람에게 어떻게 들리는지 들을 수 있고, 내담자가 문제를 명확히 하고 문제의 특정한 측면을 좀 더 사려 깊게 탐색하여 이전에는 고려하지 못했던 측면에 관해 생각하게 하는 기능이 있다. 반면, 상담자 입장에서 재진술의 기법은 내담자에게 들은 것에 대한 정확성을 확인하기 위한 방안으로 실수를 바로잡고 상담자가 내담자에게 귀 기울이며 이해해 준다고 느끼게 하는 목적이 있다. 즉, 내담자가 이미 알고 있는 것을 반복하는 대신 문제의 초점을 두고 더 깊이 이야기할 수 있도록 도울 수 있다.

재진술을 하는 구체적인 방법을 살펴보면, 첫째, 내담자가 가장 중점을 두는 것, 열중하는 듯 보이는 것, 의문스러워하거나 모순되어 보이는 것 그리고 탐색되지 않은 것에 주의를 기울이고 집중한다. 둘째, 내담자가 말한 것의 핵심을 파악하여 내담자의 메시지 중 가장 중요한 내용에 초점을 둔다. 셋째, 내담자의 진술보다 일반적으로 짧고 더 간결하게 진술하되, 재진술의 강조점은 다른 사람의 생각이 아닌 내담자의 생각에 두고 다음과 같은 말하기 형식을 빌려 전달할 수 있다. 예를 들어, '제가 당신의 말을 들으니 ~인 것 같습니다'. '그건 마치 ~처럼 들리는군요.' '저는 ~인지 아닌지 궁금하네요.' '당신은 ~라고 말하고 있군요.' '그래서 ~이군요.' 등이 있다.

일상생활에서 위와 같은 말을 구사하는 것에 익숙하지 않아서 처음에 이러한 상담의 대화 방법을 연습할 때, 부끄럽고 어색할 수도 있다. 수업활동 6-3을 참고하여 연습하다 보면, 자신의 언어 스타일에 맞게 변용하여 표현할 수 있게 될 것이다.

 수업활동 6-3 상담 대화의 기법 실습 (2): 재진술

> **목표**: 내담자 이야기의 내용을 재진술한다. 감정이 아닌 내용을 부연 진술하는 것이 초점임을 명심한다.

◎ **실습 1: 상담 상호작용에 있어서 상담자와 내담자의 과제**

1. 한 단어 재진술(one-word restatements)

① 상담자는 내담자가 말한 내용에서 가장 중요한 한 단어로 반복하여 말한다. 예를 들어, 만약 내담자가 "나는 끔찍하게도 진퇴양난에 빠졌어요. 전 가장 친한 친구의 남자 친구가 내 친구를 속이고 다른 여자를 만나고 있다는 사실을 알게 되었어요. 난 어떻게 해야 할지 모르겠어요. 만약 내 친구에게 말한다면, 친구가 너무 상처받을 거예요."라고 말한다면,

→ 상담자는 '진퇴양난', 또는 '가장 친한 친구'로 반복할 수 있을 것이다.

② 8~10회 정도 내담자가 반복할 수 있도록 계속하라.

2. 재진술 연습

① 내담자: 학교에서 해야 할 과제가 많아요. 그런데 일주일에 20시간이나 아르바이트를 해야 하기 때문에 과제들을 언제 할 수 있을지 모르겠어요. 학교와 아르바이트를 끝내고 오면 너무나 힘이 들어서 학교 과제를 할 수가 없어요. 그냥 아무 생각 없이 텔레비전이나 보고 싶어요.

  - 상담자 의도: ＿＿＿＿＿＿＿＿＿＿＿＿＿＿＿＿＿＿＿＿＿＿＿＿＿＿＿

  - 상담자 반응: ＿＿＿＿＿＿＿＿＿＿＿＿＿＿＿＿＿＿＿＿＿＿＿＿＿＿＿

② 내담자: 어머니가 이혼을 하겠대요. 매일 밤 나한테 전화를 걸어서 같이 이야기할 사람이 아무도 없다고 해요. 아버지 다음으로 만난 그 남자는 정말 형편없는 사람이에요. 알코올 중독자인 데다가 어머니를 구타했어요.

　　－상담자 의도: _____

　　－상담자 반응: _____

◎ 실습 2: 상담 상호작용에 있어서 상담자와 내담자의 과제

① 세 사람이 한 조가 된다. 한 사람씩 돌아가며 역할을 바꿔 모두 상담자, 내담자, 관찰자 역할을 해 본다.

② 상담자는 자신을 내담자에게 소개하고 내담자가 무슨 말을 하고 싶은지 묻는다.

　　"안녕하세요. 저의 이름은 _____입니다. 이 상담은 저의 상담기술을 훈련하기 위한 것입니다. 무슨 이야기로 시작할까요?"

③ 내담자는 한 주제에 대해 몇 문장으로 이야기한다.

④ 상담자는 내담자가 다음에 무슨 이야기를 할 것인가를 생각하지 말고 경청하며 듣는다. 내담자 진술 후에는 잠시 멈추고 심호흡한 후 어떤 이야기를 할 것인가를 생각하고, 내담자 진술 중에서 가장 주요한 부분에 초점을 맞춘 후 몇 개의 단어로 재진술한다. 이 실습의 목적에 맞게 감정에 초점을 두지 말고 단지 재진술을 한다.

⑤ 적합한 주의집중 행동을 유지하는 것을 기억하라.

⑥ 5~10번 정도 반복하라.

◎ 상담 상호작용에 있어서 관찰자의 과제

• 상담자의 재진술과 주의집중 행동에 대해 메모하라.

② 감정반영

　감정반영이란 내담자의 감정에 대한 명확한 파악을 포함하여 내담자 진술을 반복하여 말하고 재표현하는 것이다. 그 감정은 내담자가 진술한 것(똑같거나 유사한 단어로)이나 상담자가 내담자의 비언어적 행동이나 내담자의 메시지 내용에서 추론하기도 한다. 반영은 가설적으로 조심히, 또는 명확한 진술로 표현할 수 있다. 이러한 감정반영의 목적은 내담자가 자기감정을 파악하도록 하는 데 도움을 준다. 내담자가 상담자의 반영을 경청하는 것은 자신이 정말로 무엇을 느끼는지 재고하고 재검토할 수 있도록 해 준다. 감정반영은 내담자로 하여금 자신의 내적 경험으로 들어갈 수 있게 하는 이상적인 중재이다. 반영을 통해 상담자가 내담자를 이해하려고 열심히 노력하기 때문에 그들의 관계를 구축하는 데 도움을 줄 수 있다.

감정반영하기의 방법을 살펴보면, 첫째, 수용되고 존중받을 것이라는 느낌이 들 수 있도록 다정하게 그리고 공감적으로 실행해야 한다. 둘째, 감정을 부각시키기 위해 감정 단어만을 말할 수도 있고, 이유를 함께 말할 수도 있다. 특히, 내담자가 한 말을 앵무새처럼 그대로 반복하다 보면 내담자를 짜증 나게 할 수 있으므로 대안적 형식으로 변화를 꾀하는 것이 좋다. 무엇보다도 모든 감정을 반영하려 하기보다는 가장 뚜렷한 감정을 끄집어 내야 한다. 셋째, 내담자의 과거 감정보다는 현재 감정에 초점을 맞추는 것이 좋다. 구체적인 활용 예시를 들면, 다음과 같다. "당신은 아이들을 돌보지 않는 남편에 대해 화가 나 있군요." "당신은 보충수업을 하지 않겠다고 교감선생님에게 말하게 되어 기쁜가 보군요."

이러한 감정반영을 사용할 때 적절한 상황인지를 고려하고 실행해야 하는데, 내담자와 라포가 충분히 형성되지 않거나 내담자가 극심한 감정 장애, 망상, 극도의 화, 우울 등 심각한 감정의 위기를 겪고 있어 감정에 대해 논하는 것이 감당할 수 없을 때에는 감정반영 사용을 자제할 필요가 있다(Hill, 2014). 또한 내담자가 감정을 표현하는 것에 대해 극심한 거부 반응을 보이거나, 반면에 상담자가 감정적으로 비정상적인 행동을 보이는 내담자를 다룬 경험이 많지 않을 때에는 감정반영을 사용하는 것은 적절하지 않을 수 있다. 필자가 상담 훈련을 받고 실습을 하던 대학원 시절에 감정반영에 열중하여 만나는 내담자마다 감정반영을 시도한 적이 있었다. 상담의 상호작용이 잘 이루어지는 것을 보면서 내담자에 따라서 다르게 접근해야 함에도 불구하고 새로운 내담자를 만나 감정반영을 첫 회부터 시도하였다가 '당신이 뭔데 내 마음을 안다고 그렇게 얘기하느냐?'는 내담자의 강한 반응에 깜짝 놀란 적이 있었다. 그 내담자 덕분에, 상담 대화의 방법도 적절한 시기와 필요한 상황에 해야 한다는 것을 경험적으로 크게 배웠던 기억이 있다. 따라서 내담자의 내면을 탐색하고 자기이해를 촉진하는 데 유용한 기법이더라도 상황과 조건에 맞게 적절하게 사용해야 하는 것을 잊지 말아야 할 것이다.

 수업활동 6-4 **상담 대화의 기법 실습 (3): 감정반영**

목표: 상담자의 감정반영을 배운다. 내담자가 그 감정을 가지게 된 이유를 지적해 내도록 내용이 추가되더라도 감정을 바꾸어 말하는 것에 초점을 맞춘다.

◎ **실습: 상담 상호작용에 있어서 상담자와 내담자의 과제**

① 네 사람이 한 조가 된다.

② 한 사람은 내담자, 나머지 세 사람은 상담자가 된다.

③ 각 개인은 돌아가며 내담자 역할을 한다.

④ 내담자는 자신이 가지고 있는 강한 감정에 대한 주제로 몇 문장의 이야기를 한다.

⑤ 내담자가 이야기한 후, 상담자는 더 적은 단어를 사용하며, 가장 현저한 감정과 그 감정의 원인에 초점을 맞추며 반영을 해야 한다. 오직 반영만을 사용해야 한다.

　예) "당신은 ~게 느끼는군요."

　　"당신은 ~ 때문에 ~게 느끼는군요."

⑥ 상담자는 반영하기 전에 침묵하며 시간을 가지고 생각한다. "내담자는 어떻게 느끼고 있는 걸까?" "내가 내담자라면 어떻게 느꼈을까?" "그 감정에 대한 드러나고 있는 비언어적 행동은 무엇일까?"

⑦ 반영은 짧고, 간단하게 하라. 다양한 감정 단어를 사용하라.

〈감정 어휘〉

- 고요하고 편안한

　느긋한, 조용한, 침착한, 편안한, 차분한, 안전한, 마음 편한, 고요한, 원숙한, 진정된, 부드러운, 온순한, 평화로운

- 기쁘고 행복한

　흥이 난, 유쾌한, 자유분방한, 운 좋은, 명랑한, 경탄할 만한, 우스운, 즐거운, 의기양양한, 낙관적인, 황홀한, 너무 기뻐 어찌할 바 모르는, 흥분한, 좋은, 매혹된, 즐거운, 아주 멋진, 만족하는, 재미있는, 기쁜, 아름다운, 유머 있는, 뛰어난, 행복한, 굉장한, 기분 좋은, 흥분되는, 유머러스한, 멋있는

- 활기차고 활동적인

　적극적인, 열렬한, 모험심 있는, 기운 있는, 활기찬, 두려움을 모르는, 쾌활한, 힘 있는, 흥분한

- 유능하고 능력 있는

　권위 있는, 중요한, 대담한, 독립심이 강한, 용감한, 영향력 있는, 재기가 뛰어난, 위엄 있는, 유능한, 남자다운, 능력 있는, 용맹한, 자신만만한, 강력한, 권력 있는, 기뻐하는, 자랑스런, 지배적인, 책임이 있는, 효력 있는, 자립의, 실력있는, 한결 같은, 확고한, 힘센, 성공한, 힘 있는, 확신하는, 영웅의, 슬기로운

- 배려하고 돌봐 주는

　형제다운, 공손한, 돌봐 주는, 인정 있는, 자비로운, 관심을 가진, 위안이 되는, 친절한, 걱정을 하는, 상냥한, 우정 있는, 관대한, 착한, 아량 있는, 온화한, 동정심 있는, 후한, 이해심 있는, 도움이 되는, 이타적인

- 공손하고 사랑스러운

　선망의, 애정 있는, 사랑스러운, 존경할 만한, 사랑받는, 훌륭한

- 긴장되고 불안한

　겁먹은, 초조해 하는, 불안한, 겁에 질린, 안절부절못하는, 긴장한, 참을성 없는, 편안치 않은, 신경과민의, 걱정스러운, 신경질적인

• 슬프고 우울한

풀이 죽은, 비참한, 쓸쓸한, 애처로운, 의기소침한, 슬픈, 우울한, 거무칙칙한, 침울한, 비탄에 잠긴, 울적한, 음울한, 마음이 내키지 않는, 눈물 어린, 상심한, 불행한, 외로운, 사랑받지 못한, 기운 없는, 기분이 언짢은

• 화나고 적대적인

흥분한, 몹쓸, 괴롭히다, 적대적인, 화나다, 지각 없는, 성가신, 몰인정한, 상극인, 비열한, 성질 나쁜, 난폭한, 호전적인, 짜증이 나 있는, 신랄한, 통렬한, 유독한, 살벌한, 분개한, 냉혈의, 버릇없는, 투쟁적인, 무자비한, 수난, 가학적인, 잔인한, 악의에 찬, 넌더리나서, 노발대발하는, 성난, 앙심을 품은, 노하여 날뛰는, 보복적인, 가혹한, 폭력적인, 미운, 악덕의, 무정한

• 피곤하고 냉담한

냉담한, 쇠약하게 하다, 지루한, 졸음이 오는, 지쳐 버린, 나태한, 지칠 대로 지친, 피곤한, 지친, 기진맥진한, 소진한, 활기가 없는, 차가운, 덤덤한, 무표정한, 냉정한

• 혼란스럽고 당황스러운

당황스러운, 산만한, 어리둥절한, 흔들리다, 혼란스런, 멍해진, 의심스러운, 말문이 막힌, 주저하는, 꼼짝 못하는, 정신이 팔린, 불확실한, 난처한, 자신이 없는, 어찌할 바 모르는

• 비난받고 부끄러운

학대받는, 추방당한, 얕잡아 보이는, 무시하는, 깔보임당하는, 질책받는, 비난받는, 조소받는, 난처한, 경멸당하는, 굴욕감 느끼는, 부끄러운, 놀림받는, 욕설받는, 조롱받는, 창피한, 수치스러운

• 불충분하고 약한

겁 많은, 무력한, 연약한, 미약한, 여린, 병약한, 허약한, 변변찮은, 어찌할 수 없는, 사소한, 손상당한, 할 수 없는, 불충분한, 부적당한, 무능한, 시시한, 쓸모 없는, 무자격의, 효과가 없는, 가치 없는, 비능률적인, 쓸모 없는, 열등한, 상처입기 쉬운, 하찮은, 약한, 서투른, 보잘것없는

◎ 실습 후 평가

1. 내담자의 역할을 했을 때, 상담자가 반응한 감정반영이 어떤 도움이 되었는가?

_____

2. 상담자의 역할을 했을 때, 어떤 점이 어려웠는지 돌아보고 학생과의 상담에서 자신이 개발해야 할 점이 무엇인지 작성하시오.

_____

3. 관찰자의 역할을 했을 때, 동료들의 상담자-내담자의 반응 과정에 대해 평가하고 피드백을 제공하시오.

_____

4. 상담 실습 후 느낀 점(배우고 깨달은 점 포함)을 작성하시오.

_____

3) 질문하기

질문하기는 상담에서 매우 중요한 대화의 방법이다. 우리가 사용하는 언어는 불완전하여 사람들마다 사용하는 똑같은 단어이더라도 같은 의미로 부호화되지 않는다는 사실을 전제하여 항상 그 말을 하고 있는 사람에게 물어서 정확한 의미가 무엇인지 탐색해야 내담자의 진짜 경험적 구조를 탐색할 수 있다. "사람들은 믿을 수가 없어요. 그래서 저는 혼자하는 게 편해요."라고 학생이 말하면 대부분 그렇구나 하고 넘어가는 경우가 많지만 상담에서는 "그 사람들이 누구인가요?, 언제부터 그런 태도를 지니게 되었나요?" 등의 질문하기는 학생이 과거 경험에 의해 또는 미래의 불안으로 개념화한 내용이 내담자에게 어떤 방식으로 영향을 주는지 탐색하고자 할 때 사용할 수 있는 중요한 대화의 기법이다. 이 절에서는 질문하기 기법에 대해서 상담언어 분석과 메타모델에 기초하여 살펴보기로 한다.

(1) 언어의 메타모델

대부분의 상담 과정상 공통점 중의 하나는 내담자와 상담자 간에 언어적인 소통을 한다는 점인데, 상담자는 내담자가 자신이 경험한 내적인 경험과 지각의 양상을 표현하는 데 활용하는 메타모델이 어떠한가를 이해하는 과정에서 질문기법을 활용할 수 있다(김계현, 2000). 우리는 자신이 경험한 바를 표현하는 언어 모델에 갇혀 실제 경험한 있는 그대로의 현상과는 왜곡되어 지각하는 경우가 참으로 많다. 상담에서 내담자가 변화하는 것은 내담자 자신이 경험한 내적인 모델을 표현하는 언어의 메타모델이 변화되거나 새로운 모델로 표현하게 되는 것이다.

상담과정은 [그림 6-1]에서 볼 수 있듯이 내담자가 자신의 내적 경험에 대해 겉구조로 표현하는 언어적 상호작용에서 진짜 경험의 모델이 무엇인지를 파악해 가는 과정이라 할 수 있다. 언어적으로 표현하는 과정에서 생략뿐만 아니라 의미의 왜곡도 발생하기 때문에, 마치 마법의 유리구슬에서 무슨 일이 일어났는지를 있는 그대로 볼 수 있는 것처럼 상담자는 최대한 내담자가 경험한 진짜 모델이 무엇인지를 파악할 필요가 있다. 예를 들어, 한 내담자가 상담을 통해서 "어떤 변화가 있기를 원하는가?"라는 질문에 "더 이상 울고 싶지 않아요. 저는 가끔씩 너무 슬퍼 울어요."라고 말한다고 가정하자. 이 내담자의 진짜 경험 모델은 무엇인지는 모르지만, 겉구조에서 속구조로 들어가는 질문을 할 수밖에 없다. 여러분도 내담자의 말을 듣고 무엇이 생략되었는지 질문을 통해 내담자의 경험에 대한 완전한 표현을 듣고자 할 것이다. 이를테면, '무슨 일 때문에 슬퍼 우시나요? 얼마나 자주 우

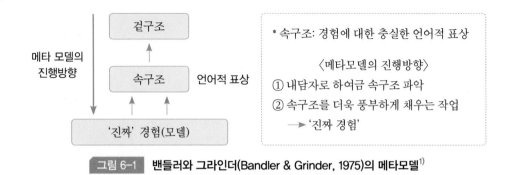

그림 6-1 밴들러와 그라인더(Bandler & Grinder, 1975)의 메타모델[1]

는지요? 언제부터 그러하셨나요?' 등의 생략된 내용을 찾아 질문할 수 있을 것이다.

　질문기법을 잘 활용하기 위해서는 앞서 설명한 언어의 메타모델(Bandler & Grinder, 1975: 김계현, 2000에서 재인용)을 이해하는 것이 도움이 된다. 언어는 경험을 상징적으로 표현하는 도구로서 세상을 이해하는 가장 근본적인 모델이다. 세계를 개인적으로 이해하기 위한 모델을 구축할 때 사람들은 세 가지 기본 과정인 일반화, 삭제 또는 생략, 그리고 왜곡을 사용한다.

① 일반화

　일반화란 특정한 사건을 일반적인 것으로 추론하는 것을 말한다. 내담자가 표현하는 언어 구조에서 지칭대상과 술어에 대한 일반화를 살펴볼 수 있다. 예를 들어, "사람들은 믿을 수가 없어요."라고 내담자가 말한다면, 분명 그 내담자는 특정한 대상과의 사건과 경험을 토대로 '사람들'이라는 지칭 대상에 대해 믿을 수 없구나 하는 추론을 하면서 세상에 대한 자신의 지각을 일반화로 표현한 것이라 할 수 있다. 술어에 대한 일반화의 예시를 살펴보면, '그 사람은 나를 해쳤어요.'에서처럼, 구체적으로 어떻게 해쳤는지 술어에 대해 일반화한 표현임을 알 수 있다. 이때 상담자는 명확하게 기술되지 않은 내용에 대해 질문을 할 수 있다.

② 삭제 또는 생략

　삭제 또는 생략의 사용은 지나친 단순화로 이해할 수 있다. 즉, 중요한 세부 사항을 빠뜨리게 되고 삭제된 부분은 내담자가 세상을 이해하는 데 걸림돌이 되는 '사각지대'로 이어

---

1) 김계현(2000)에서 발췌함.

지게 된다. 예를 들어, 내담자가 "나는 문제가 많아요."라고 말한다면, 많은 것이 생략되고 삭제되어 있다는 것을 알아차리고, 상담자는 그 사각지대가 무엇인지 볼 수 있도록 삭제된 부분을 메꿔 가는 방향으로 상담을 진행할 수 있다. "어떤 문제가 많다는 것인가요? 문제가 무엇인가요?"와 같이 질문을 함으로써 세상을 이해하는 내담자의 빈곤한 언어 모델을 좀 더 완전한 모델로 변화시킬 수 있다.

③ 왜곡

왜곡은 실제 일어난 현실에 대해 일어나면 좋을 것 같은 현실로 바꿔 버리는 것을 의미한다. 이러한 왜곡은 허위 진술, 오해 및 환상을 초래하게 된다. 예를 들어, "아내가 나를 화나게 만들어요."라고 말하는 내담자의 경우, 화나는 감정은 자신이 상황에 대해 해석하는 모델에 의해서 발생하는 것임에도 불구하고, 자신의 감정에 대한 책임을 타인에게 돌리는 왜곡현상이 일어나고 있는 것이다. 이럴 때, 상담자는 "아내가 주로 어떻게 할 때 화가 나나요?" "아내와 있는데 화가 나지 않을 때는 어떤 상황인가요?"와 같은 질문을 통해서 언어의 겉구조에서 빠져 있거나 내부에서 왜곡된 화자 경험의 특정 부분을 밝혀 탐색할 필요가 있다.

겉구조는 더 완전한 표상인 속구조로부터 나온 것이다. 즉, 내담자 입을 통해 표현된 언어를 겉구조라고 부르며 거기에는 많은 것들이 생략되어 있다. 이 생략은 의사소통의 편의를 위해서 발생하기도 하며 경우에 따라서는 내담자가 세상에 관해 갖고 있는 모델 자체에서 생략이 발생할 수 있다(김계현, 2000).

(2) 질문기법

구체적으로 질문기법의 방법을 살펴보면, 첫째, 내담자가 표현한 언어 구조에서 일반화된 내용과 생략된 것이나 의미의 왜곡이 무엇인지를 파악하려는 방향으로 질문을 하는 것이다. 둘째, 육하원칙에 근거해서 언제, 어디서, 누가, 무엇을 어떻게, 왜라는 질문을 통해 내담자가 표현한 겉구조에서 속구조, 그리고 진짜 경험의 모델의 방향으로 파악할 수 있도록 질문을 한다. 여기서 '왜'라는 질문은 경험의 진짜 모델로 가기보다는 추상적인 개념화로 이야기가 진행될 수 있기 때문에 가급적 피하는 것이 좋다. 그러나 내담자의 행동에 대한 이유에 대해서 내담자 입장에서 이해하기 위해서 왜라는 의미이지만 '어떤 이유로'의 표현으로 질문한다면, 내담자에게 취조하는 식의 질문을 피할 수가 있다. 끝으로, 앞서 감정반영에서 설명했던 것과 같은 이유로 내담자에 따라서 질문을 위주로 상담하는 것을 선호하는 경우도 있지만 공감과 감정반영을 질문기법보다 더 선호하는 내담자가 있기 때문에 질문만을 지속적으로 하게 된다면, 내담자가 위협적으로 느낄 수 있으므로 적절하게 사용하는 것이 필요하다. 수업활동 6-5를 통해서 질문하기 연습을 해 보기 바란다.

지금까지 살펴본 상담 대화의 기법 이외에도 해석, 직면, 정보제공 및 조언 등의 상담 대화의 기법이 있으나 이에 대한 자세한 내용은 대학원에서도 한 학기 동안 이루어지는 수업이기 때문에 관심 있는 독자들은 상담기법에 관한 참고도서를 살펴보길 바란다.

수업활동 6-5 상담 대화의 기법실습 (4): 질문하기

◎ 내담자가 표현한 언어 모델의 겉구조에서 생략, 일반화, 왜곡 현상을 찾고 내담자 경험의 진짜 모델이 무엇인지 파악할 수 있는 방향으로 질문기법을 연습해 보자. 주어진 예시처럼, 각 연습문제에 각자 답을 작성한 후, 짝과 상담자-내담자 역할 연기를 실시한다.

1. 생략된 부분 메꾸기 연습

〈예시〉 내담자: 헷갈려요.
① 내담자 말의 겉구조에서 생략된 부분을 식별한다.
② 주어가 생략되어 있음을 알 수 있다.
③ 상담자는 '무엇이'라는 주어에 대해서 다음과 같이 질문할 수 있다. "무엇이 헷갈린다는 말씀인가요?"

다음의 언어 반응에서 생략된 부분이 무엇인지를 메꾸기 위해서 어떤 질문을 하면 좋을지 집단원과 함께 질문을 만들어 보자.

1) "나는 문제가 많아요."

_____

2) "아버지는 언니만 챙겨요."

_____

3) "(나는) 무능해요."

_____

4) "나는 무능력하고 무책임한 남자들을 보면 화가 나요."

_____

5) "나는 잘나고 똑똑하지만 감정적인 여자들이 너무 싫어요."

_____

2. 일반화 현상 다루기

〈예시〉 내담자: 여자들은 날 싫어해요.
　① 내담자 말의 겉구조에서 내담자가 표현하는 언어 모델을 실제 경험과 재연결시키기 위해 내담자의 실제 경험이 무엇인지 질문한다.
　② 내담자의 겉구조에서 지칭대상이 없는 혹은 불확실한 단어나 절이 없는가를 찾는다.
　③ 여자들이란 구체적으로 누구를 지칭하는지 불분명함.
　④ 상담자는 '여자들'이라는 지칭대상에 대해 다음과 같이 구체화하는 질문할 수 있다. "여자들이란 누구를 말씀하시는 것인지요?"

1) "그렇게 하는 것은 적절한 행동이 아니었어요."

_____

2) "아무도 날 좋아하지 않을 거예요/좋아하지 않아요."

_____

3) "누구나 하는 정상적인 사랑을 하고 싶어요."

_____

4) "그 이야기는 차마 꺼낼 수 없어요."

_____

5) "걔는 이상한 아이예요."

_____

3. 왜곡 현상 다루기: 명사화 현상

〈예시〉 내담자: 그녀는 자기가 이 집단의 대장이라고 생각해요.
　① 내담자의 말의 겉구조에서 '집단의 대장'이라는 명사 부분을 식별한다.
　② 명사는 그것이 무엇을 의미하는지 분명하지 않기 때문에 이에 대한 질문을 통해 내담자의 진짜 경험이 무엇인지 탐색할 수 있는 방향으로 질문을 한다.
　③ 상담자는 '집단의 대장'의 의미가 무엇인지 탐색하기 위해 다음과 같이 질문할 수 있다. "그녀가 어떻게 행동하는 것을 보고 집단의 대장이라고 말씀하는 것인지요?"

1) "저의 남편은 저를 항상 무시하지요."

_____

2) "우리 식구는 나를 미치게 만들어요."

_____

3) "어머니는 내 독립을 인정하지 않아 집에 들어가는 게 스트레스예요."

_____

◎ 소집단 토의: 질문하기 기법을 연습한 후, 새롭게 배우고 알게 된 점에 대해서 이야기해 보자.

_____

_____

_____

5. 단기 개인상담

단기상담은 한 가지 발달상의 문제나 몇 회기 내로 비교적 짧은 기간에 상담의 목표를 성취할 수 있는 상담으로 시간 압박이 잦은 학교에서 가치가 있는 상담 방법이다(Schmidt, 2014). 학교에서 단기상담의 적용 효과는 여러 연구자들에 의해서 보고되고 있고 다양한 이론적 접근과 함께 적용할 수 있다(박순득, 천성문, 2009; Skalare, 2005). 그러나 단기간에 진행하는 상담이더라도 기본적인 상담의 원리를 바탕으로 적절한 상담 대화의 방법으로 진행되어야 한다. 로페즈(Lopez, 1985)가 제시한 단기상담 4단계 모델에 근거하여 학생과의 상담을 진행할 수 있는 방안에 대해 간략히 살펴보고자 한다.

상담의 기본원리와 대화의 방법을 활용하여 1단계에서는 무엇이 변화하기를 원하는지 학생에게 구체적인 어휘를 사용해 기술하게 한다. 이 단계에서 교사나 상담자는 학생의 발달을 저해하는 학생의 관심사와 걱정 또는 행동들을 탐색한다. 2단계에서는 학생이 제기한 문제와 관련해서 이미 했던 것을 점검한다. 과거에 성공적으로 문제를 해결했던 시도들에 대해 살펴보게 함으로써 학생들에게 스스로 문제를 해결할 수 있는 능력에 대해 격려하고 현안의 문제를 해결할 수 있는 대안을 찾도록 조력하는 단계이다. 3단계에서는 목표를 명확하게 확인하는 단계이다. 교사나 상담자는 학생들의 변화를 확인할 수 있도록 있도록 측정 가능한 목표를 분명하게 설정할 필요가 있다. 4단계는 전략을 개발하고 실행하는 단계이다. 학생이 확인한 목표를 성취하기 위해 대인관계 기술이나 감정 조절과 같은 합리적인 전략들을 개발하고 실천함으로써 제기한 발달적 문제들을 해결하고 스스로 자신의 삶을 통제하려는 자신감과 주도성을 향상시킬 수 있도록 한다.

표 6-3 **단기상담의 4단계 모델**

단계	교사나 상담자 진술의 예
1. 무엇이 변화하기를 원하는지 학생들에게 구체적인 용어를 사용해 기술하게 하라.	• 구체적인 예를 들어 설명해 주세요. • 그 문제가 현재의 삶에 어떻게 영향을 주는가요? • 그것이 왜 지금 문제가 되나요? • 자기 문제에 대해서 어떻게 생각하나요? • 당신이 진정으로 바라는 것은 무엇인가요? • 당신이 바라는 결과는 무엇인가요?
2. 학생들이 문제와 관련해서 이미 했던 것을 점검하라.	• 이와 유사한 문제를 경험한 적이 있나요? • 그러한 문제를 해결하기 위해 그 당시 어떤 노력을 했나요? • 그러한 시도가 얼마나 유용했나요? • 어떻게 그러한 시도가 성공적이었나요?
3. 목표를 명확하게 확인하라.	• 당신의 문제가 해결되었다면 구체적으로 어떤 변화가 일어날 것 같습니까? • 당신의 문제가 해결되었다면 무엇을 보고 해결된 것을 알 수 있을까요?
4. 전략을 개발하고 실행하라.	• 원하는 바를 이루기 위해 친구 관계에서 당신이 새롭게 개발해야 할 대인관계 기술이 있다면 어떤 것이 있을까요? • 친구에게 화를 버럭 내는 행동과 다르게 할 수 있는 대안적인 행동은 어떤 것이 있을까요?

각 단계별로 교사나 상담자가 적용할 수 있는 구체적인 진술의 예시들은 〈표 6-3〉에 제시하였다. 수업활동 6-6을 활용하여 학교에서 진행할 수 있는 단기 개인상담을 연습해 보자.

 수업활동 6-6 단기 개인상담 연습하기

◎ 상호작용 연습 활동의 안내

① 둘씩 짝을 지어서 상담자와 내담자의 역할을 번갈아 가며 연습한다. 상담자 역할이 어렵다고 한다면, 4~5명씩 조를 편성하여 내담자는 한 명, 나머지 학생들은 상담자가 되어 상담자 역할을 연습하고 내담자 역할을 돌아가면서 시연한다.

② 내담자의 역할을 맡은 학생은 자신이 학창시절에 경험했던 사건들을 떠올려 상담의 주제로 적합한 경험을 활용하여 이야기한다. 또는 근래에 힘들었거나 고민되었던 이야기를 감당할 만큼의 수준으로 개방한다.

③ 상담자 역할을 맡은 학생은 〈표 6-3〉에 제시된 단기상담의 4단계에 따라 적절한 질문을 하고 앞서 학습한 다양한 상담기법을 활용하여 상담을 진행한다.

④ 상담 실습 후, 상담 과정의 진행에서 새롭게 배우고 깨달은 점을 나누되 내담자 역할을 한 학생은 도움이 되었던 상담자 반응에 대한 피드백을 제공한다.

참고문헌

김계현(2000). 카운슬링의 실제. 서울: 학지사.

박순득, 천성문(2009). 단기 학교 개인상담모형 개발과 적용. 상담학연구, 10(1), 501-516.

이장호(2005). 상담심리학(제4판). 서울: 박영사.

American School Counselor Association. (2005). *ASCA National Standards for Student*. Alexandria, VA: Author.

Egan, G. (2002). *The Skilled Helper: A Problem-management and opportunity development approach to Helping*. (7th ed.) Pacific Grove, CA: Brooks/Cole.

Hill, C. E. (2014). *Helping Skills: Facilitating Exploration, Insight, and Action* (4th ed.). American Psychological Association.

Lambert, M., & Cattani-Thompson, K. (1996). Current findings regarding the effectiveness of counseling: Implications for practice. *Journal of Counseling & Development, 74*, 601-608.

Lopez, F. G. (1985). Brief therapy: A model for early counselor training. *Counselor Education and Supervision, 34*, 307-316.

Russell-Chapin, L. A., Sherman, N. E., & Ivey, A. E. (2016). *Your supervised practicum and internship*. NY: Routledge.

Schmidt, J. J. (2014). *Counseling in schools: Comprehensive programs of Responsive services for all students* (6th ed.). NJ: Pearson.

Seligman, L. (2006). *Theories of counseling and psychotherapy: systems, strategies, and skills* (2nd ed.). Prentice Hall.

Skalare, G. B. (2005). *Brief counseling that works: A solution-focused approach for School counselors and administrators* (2nd ed.). Thousand Oaks, CA: Corwin.

제7장

자문과 협력

　이 장은 학생의 학업, 진로 그리고 인성 및 사회성 발달을 도모하기 위한 학교상담 프로그램을 실행하기 위한 방법으로서 자문과 협력에 대해서 살펴보기로 한다. 학교상담자는 학생의 성장을 돕기 위해 학생을 직접 상담하기도 하지만, 학생을 돕는 중요한 인물인 교사와 학부모에게 자문(consultation)을 제공하면서 간접적으로 도울 수 있다. 이 장의 목표는 교사와 학부모 자문의 과정과 방법을 이해하고 이를 학교상담 실제에 적용할 수 있도록 하는 데에 있다. 구체적으로 자문과 협력의 정의와 일반적 자문 모형에 기초한 자문과정에 대해 학습한 후, 교사와 학부모 자문의 사례에 적용해 보도록 한다. 이 책에서는 자문을 제공하는 자를 컨설턴트로, 자문을 제공받는 자를 컨설티로 칭한다.

1. 자문과 협력의 정의

1) 자문의 정의

캐플런(Caplan, 1970)은 자문을 '두 사람, 즉 전문가로서의 컨설턴트와 현재의 문제에 관해 컨설턴트의 조력을 야기하는 컨설티 사이의 상호작용 과정'으로 정의하였고, 버건(Bergan, 1977)은 자문관계를 문제해결 과정으로 설명하였다. 기본적으로 자문이란 상담자, 심리학자, 인적 자원 전문가들이 어떤 사례나 프로그램에 대한 책임을 진 사람을 도와주는 서비스이다(Dougherty, 2009). 이러한 정의들에서 유추해 볼 수 있는 것은 자문활동에는 컨설턴트와 컨설티, 그리고 두 사람의 상호작용을 이끌어 내는 문제의 요소가 있음을 알 수 있다.

자문을 한마디로 정의하기는 어렵지만 자문을 정의하기 위해서 필요한 내용이 무엇인지에 대해서는 어느 정도 합의되고 있어(Dougherty, 2009), 이에 대해 살펴보면 다음과 같다.

첫째, 자문의 목적은 문제의 해결이다. 여기서 문제란 프로그램에서 드러난 문제를 해결하려는 책임자를 돕는 것에서부터 컨설티의 잠재력과 자원을 사용하도록 도움으로써 컨설티에게 힘을 부여하는 것까지 문제 해결 상황은 광범위하다(Egan, 2007). 둘째, 자문은 컨설턴트, 컨설티, 그리고 의뢰대상의 삼자로 구성된다(William, 2000). 컨설턴트는 컨설티에게 직접 서비스를 제공하고, 컨설티는 의뢰대상에게 직접 서비스를 제공한다. 의뢰대상은 컨설턴트로부터 컨설티인 중개인을 통한 간접 서비스를 받는다. 때때로 컨설턴트는 의뢰대상인 학생을 직접 만나기도 한다. [그림 7-1]은 자문의 삼자 관계를 보여 준다. 여기서 컨설턴트는 학교상담자나 심리학자, 인적 자원 개발 전문가 등 인적 서비스 전문가일 경우가 많고, 컨설티는 교사나 다른 인적 자원 전문가, 부모인 경우가 많다. 셋째, 자문에 대해 합의하고 있는 또 다른 측면은 그 목적이 의뢰대상과 컨설티 모두를 향상시키는 데에 있다(Zins & Erchul, 2002). 예를 들어, 컨설턴트는 컨설티가 우울증이 있는 현재의 의뢰대상과 더 효과적으로 상호작용할 수 있도록 도와줄 뿐 아니라 앞으로 이와 유사한 의뢰대상을 만날 때 잘 지도할 수 있도록 능력의 향상을 조력할 수도 있다.

요컨대 자문을 정의하는 데 필요한 내용 세 가지를 종합하여 본다면, 다음과 같이 정의할 수 있다. 자문은 컨설티가 의뢰대상을 돌보는 업무와 관련된 문제를 해결하도록 인적 서비스 전문가가 도와주는 과정이며, 구체적으로 명시된 방식으로 컨설티와 의뢰대상 모두를 돕는 것을 목적으로 한다. 컨설턴트와 컨설티 모두 의뢰대상을 돕기 위해 각자의 전문성을 발휘한다(Dougherty, 2009).

2) 협력의 정의

협력은 하나의 독립적인 서비스로서 자문과 마찬가지로 문제 해결 과정을 거친다는 점에서 유사하다. 협력은 협력 관계에 있는 구성원들 간에 자원을 상호교환하고, 상호의존하며, 의사결정에 초점을 둔다. 협력은 공동의 목표 설정 그리고 쌍방향적 의사소통과 협동적 문제해결이 필요하다. 예를 들어, 학교상담자가 어떤 학생의 언어폭력을 줄이기 위해 노력하면서 교사와는 그 학생이 교실에서 행하는 수업 방해 행동을 줄이기 위해 자문을 실시하는 것이다(Dougherty, 2009). 이때 이 학생의 언어폭력에 대해 교사와 학교상담자는

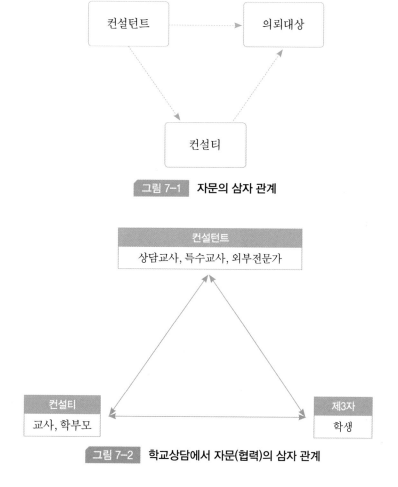

그림 7-1   **자문의 삼자 관계**

그림 7-2   **학교상담에서 자문(협력)의 삼자 관계**

공동책임을 지는 것이다. [그림 7-2]는 협력에 참여하는 구성원들 간의 관계를 보여 준다. 이러한 협력은 참여자들이 독자적으로 찾아낸 해결책보다 더 좋은 것을 생산하는 장점이 있다. 협력은 문제를 정의하고 해결하는 데 대해 공동책임을 갖게 하고 지식과 능력을 공유하여 더 나은 결과를 도출할 수 있다.

자문과 협력을 구분하는 뚜렷한 차이점은 결과에 대한 책임 소재에 있다. 자문의 경우, 컨설티가 결과에 대한 책임을 지고, 개입 방안의 적절성을 결정하고, 적절한 개입 실행을 통해 개입의 통합성을 확보할 책임을 진다(Zins & Erchul, 2002). 반면, 협력에서는 모든 참여자들이 의사결정 과정에서 동등한 힘을 가진다. 모든 협력자들은 각자 전문성을 가지고 있으며, 제삼자인 의뢰대상을 돕는 일에 각자의 전문성을 발휘할 수 있다고 본다.

그러나 자문과 협력의 관계에서 의뢰대상의 문제에 대한 책임의 소재가 비록 다르더라도 학교상담과 생활지도의 전달 체계 중 하나로서 협력은 자문의 한 형태로 간주된다(Schmidt, 2014). 교사와 학부모와의 협력적인 관계를 이끌어 내기 위해 컨설턴트의 역할이 중요하며, 자문은 이들의 협력이 없이는 진행되기 어렵기 때문이다. 따라서 자문이라는 용어에 협력의 의미가 포함된 것으로 사용하고자 한다.

2. 자문의 방식과 기술

학교상담자가 자문을 수행할 때, 4가지 방식(역할)으로 전달할 수 있다. 첫째, 전문가로서 역할을 수행할 경우, 상담자들은 학생, 부모들 그리고 교사에게 전문적인 정보를 제공함으로써 의뢰된 문제에 대한 해답을 제시할 수 있다. 전문가로서의 컨설턴트는 파괴된 상황을 '해결하는' 직접적 기술을 사용하게 된다. 둘째, 처방적 역할의 경우, 상담자들은 의뢰된 문제에 대한 정보를 수집하고, 상황을 진단하고, 해결책을 권고할 때 취하는 역할과 관련된다. 셋째, 협력자와 같은 역할은 상담자들이 변화에 영향을 미치기 위한 전략을 고안하고, 문제를 정의하기 위해 교사나 학부모의 컨설티들과 협력을 하는 것이다. 끝으로, 중재적 역할은 상담자들이 외부적 상황이나 또는 서로 불편한 관계에 있는 컨설티들을 도울 때 자문은 중재 또는 협상의 방식을 취할 수 있다.

이러한 자문을 효과적으로 수행하기 위해 요구되는 기술은 학교상담자의 전문적 자질에서 학습한 것처럼, 대인관계 기술과 의사소통 기술이 가장 중요하다. 그 밖에 문제해결 기술과 조직과 함께 하는 기술, 그리고 문화적으로 다양한 삶들과 함께 일하는 기술이 중요해지고 있다(Dougherty, 2009).

3. 자문의 단계와 과정

자문을 수행하기 위한 기본 틀을 제공하는 모형들에는 일반모형, 정신건강 자문모형, 행동주의 자문모형 등이 있다. 이 책에서는 도허티(Dougherty, 2009)가 정리한 자문의 일반적 모형을 바탕으로 도입, 진단, 실행, 개입의 종료로 진행되는 자문의 과정을 살펴보기로 한다.

1) 도입

일반 모형의 첫 단계는 자문 과정을 시작하는 도입단계이다. 이 단계에서 컨설턴트와 컨설티 둘 간의 관계가 형성되고, 문제의 요인들이 검토되고, 자문의 계약이 체결된다. 도입 단계는 조직의 요구 조사하기, 계약 체결하기, 조직의 물리적 세계로 들어가기, 조직의 정신적 세계로 들어가기의 네 가지 하위 과정들로 이루어진다. 만약 외부 컨설턴트가 자문을 하고자 한다면, 이 단계는 나머지 자문 과정의 토대가 된다. 그러나 내부 컨설턴트로서 학교상담자가 자문을 한다면, 도입 단계에서는 컨설티의 요구를 조사하고 자문의 상황을 고려하는 것으로 대체될 수 있다.

(1) 조직의 요구 조사하기

컨설턴트, 컨설티 그리고 관심을 가지는 제삼자가 함께 모여서 다루어야 하는 문제에 대해 논의하고 자문을 계속 진행할 것인지를 결정하는 과정이다. 이때 학교상담자는 자문이 필요한지, 또는 자문 가치가 있는지 아닌지를 결정하기 위해 다음의 질문에 스스로 답해 봄으로써 결정할 수 있다(Dougherty, 2009). '나는 왜 여기 있나?' '나는 누구인가?' '무슨 일이 일어날까?' '어떤 결과가 나올까?' '무엇이 잘못될 수 있는가?'이다.

(2) 계약 체결하기

자문이 반드시 필요하다는 데 합의를 이루는 과정으로 참여하는 사람들 모두의 기대가 계약 속에 언급되어야 한다. 대부분 학교상담자에 의해서 이루어지는 자문활동은 학교상담자가 내부 컨설턴트로 조직과의 계약은 불필요할 수 있지만, 컨설티와의 자문을 위한 계약서를 작성할 때 자문을 통해 충족될 심리적 요구와 업무적 요구가 무엇인지 결정할 필요가 있다.

(3) 조직의 물리적 세계로 들어가기

관계가 형성되고, 일할 장소가 마련된다. 내부 컨설턴트는 일하는 데 필요한 물리적 자원을 이미 갖추고 있기 때문에 이 과정은 불필요하다.

(4) 조직의 정신적 세계로 들어가기

이 과정은 자문이 실시되고 있는 조직의 구성원들이 컨설턴트를 점진적으로 수용하는 것과 관련된다. 컨설턴트는 자문을 수행할 때, 단순하게 실시하고 자문 개입을 구체적이고 상세한 용어로 설명해야 한다. 특히, 컨설턴트가 의뢰받고 있는 역할 요구와 스트레스를 인정하고 있다는 것을 컨설티에게 확실하게 보여 줄 때 효과적으로 조직 안으로 포섭될 수 있다.

2) 진단

도입단계에서 포괄적으로 다루었던 문제를 집중적으로 파고드는 단계이다. 이 단계에서 문제는 더 깊고 명료하게 밝혀진다. 컨설턴트와 컨설티는 문제에 대한 이해에 기초하여 목표를 설정하며 그 목표를 달성하는 방법을 논의하기 시작한다. 진단 단계는 정보를 수집하기, 문제 정의하기, 목표 설정하기, 가능한 개입 개발하기의 하위 과정으로 구성된다.

(1) 정보 수집하기

정보를 수집할 때, 컨설턴트와 컨설티는 서두르지 않고 면밀하게 문제를 파악하는 것이 중요하다. 설문지, 면담, 관찰, 기록물 검토 등과 같은 다양한 방법으로 자료를 수집할 수 있다. 컨설티인 교사 특성과 의뢰대상인 학생 특성 그리고 문제를 유발하고 유지하는 환경적 특성에 대한 정보를 수집할 수 있는 질문의 내용(김계현 외, 2009)을 〈표 7-1〉에 제시하였다.

표 7-1	문제 정의를 위한 정보 수집하기
학생특성 평가	• 학생의 어떤 행동이나 특성이 문제인가? • 문제의 유발 및 유지에 관련되는 학생의 인지과정 내용은 무엇인가? • 고려되어야 할 발달적 · 문화적 특성이 있는가? • 학생이 교사를 어떻게 지각하는가?
교사특성 평가	• 교사의 문제가 무엇인가? • 학생문제에 관한 지식은 어느 정도인가? • 문제해결 기술의 수준은? • 교사는 무엇이 문제라고 보는가? • 교사가 가지고 있는 개입기술은 무엇인가? • 이미 시도해 본 개입기술 중 결과가 좋았던 것은 무엇이며, 이전 시도가 성공하지 　못한 이유는 무엇인가?
환경적 특성의 평가	• 학생의 문제를 강화 혹은 유지하는 직접적인 환경 조건은 무엇인가? • 환경의 제약이나 제한점은? • 문제 해결을 위한 활용 가능한 환경적 자원은? • 문제를 야기하거나 유지시키는 구조적 측면이 있는가? • 제안되는 변화전략이 교사에 문화적으로 적절한가?

(2) 문제 정의하기

문제를 정의할 때, 컨설턴트와 컨설티는 수집된 자료를 분석하고 해석한다. 이 단계에서 컨설턴트와 컨설티는 편견을 배제하고 최대한 객관성을 유지하는 것이 필요하다. 무엇이 일어나고 있는지에 대한 문제를 명료하게 정의할 수 있다면, 문제를 극복하기 위한 목표를 설정한다.

(3) 목표 설정하기

목표 설정은 확인된 문제를 효과적으로 해결하거나 개선할 수 있는 행동에 초점을 둔다. 목표는 사람들이 그것을 달성하고 싶은 동기를 유발하는 가치가 있으며, 컨설턴트, 컨설티, 의뢰대상의 가치와 부응해야 한다. 컨설턴트는 컨설티가 의뢰대상을 돕는 데 필요한 자원을 가지고 있는지 확인할 필요가 있다. 왜냐하면 목표 달성여부를 결정하는 것에 대한 통제는 컨설티에게 있기 때문에 컨설턴트는 컨설티가 설정한 목표가 적절한지를 결정할 수 있도록 도움을 줄 필요가 있다.

(4) 가능한 개입 개발하기

수용할 수 있는 목표를 정하고 나면, 가능한 개입을 개발하는 과정으로 진전된다. 여기서 개입은 목표를 달성하기 위한 전략의 의미를 갖는다. 목표를 달성하는 데 필요한 대안적인 개입에 대해 논의를 함으로써 컨설턴트는 다양한 개입의 유형에 대해 컨설티가 얼마나 알고 있으며 문제를 해결하기 위해 지금까지 어떤 노력을 해 왔는지를 탐색할 수 있다.

3) 실행

문제를 해결하기 위해서 계획을 세우고, 실행하고, 평가한 것을 실제로 행하는 단계이다. 계획보다 행동하는 것을 더 강조하기 위해 이 단계를 실행 단계로 한다(Dougherty, 2009). 이 단계는 일련의 가능한 전략들을 개발한 후에, 문제를 효과적으로 해결하는 데 가장 적합할 것이라고 컨설턴트와 컨설티가 믿는 하나의 개입을 선택하는 것으로 시작된다. 의뢰대상과 의뢰 체제의 독특한 요구에 가장 적합한 좋은 계획 하나를 선택할 때까지 다양한 계획들의 장점과 단점을 면밀하게 검토한다. 세 번째 하위 과정은 계획을 실행하는 것으로, 계획이 일단 실행되면 컨설턴트는 계획이 잘 진행되고 있는지를 관리한다. 특정 의뢰대상을 위해 학교상담자가 컨설티인 교사와 협력적 관계를 기초로 자문을 하고 있는 경우에는 컨설턴트인 학교상담자는 의뢰대상의 정신건강에 대한 책임을 갖고 있기 때문에 실행 단계에서는 적극적으로 개입하게 된다. 마지막 하위 과정은 계획의 평가이다. 평가 결과에 따라 자문 과정은 이전 단계인 문제의 정의로 되돌아가거나 더 이상 개입하지 않고 중단할 수 있다.

4) 개입 종료

자문한 것을 평가하며 컨설턴트의 개입을 점진적으로 축소하는 과정이다. 개입 종료 단계는 자문 과정 평가하기, 자문 이후 조치 계획하기, 개입 축소하기와 추후 점검하기, 종결하기의 하위 과정으로 진행된다.

(1) 자문 과정 평가하기

컨설티가 자문 서비스를 받고 난 뒤 느끼는 만족도를 평가하는 것에서부터 자문의 전반적인 효과를 파악할 목적으로, 자문 활동과 결과에 대한 정보를 체계적으로 수집하고 수집된 자료를 목표의 기준으로 분석하는 일과 관련된다. 평가는 자문이 컨설티에게 효과적인 도움을 제공하였는지에 대해서 인터뷰나 설문, 토론, 관찰 등의 다양한 방법을 활용할 수 있다. 구체적인 평가 항목으로 컨설턴트의 전문적 지식과 관리능력, 대인관계 방식, 컨설턴트의 역량과 이에 대한 컨설티의 만족도, 투입자원의 질과 양, 적용된 자문의 기법, 자문 활동으로 일어난 의뢰대상과 컨설티의 질적, 양적 변화 등이 있다.

(2) 자문 이후 조치 계획하기

이 과정은 컨설티와 조직이 자문의 효과를 유지하는 방법을 결정하는 일이다. 자문을 통해서 새로운 개입을 통한 효과를 유지하기 위해 그 절차를 지속적으로 어떻게 활용할 것인지에 대해 컨설턴트는 컨설티와 논의할 필요가 있다.

(3) 개입 축소 및 추후 점검하기

이 과정은 컨설턴트가 컨설티와의 접촉을 줄이고 자문의 결과에 대한 책임이 컨설턴트에서 컨설티로 이동하는 단계이다. 추후 점검하기는 컨설턴트가 책임 이양이 원활하게 일어나도록 관리하여 미리 예측하지 못했던 문제를 해결하는 과정이다.

(4) 종결하기

자문 과정을 공식적으로 마치는 과정이다. 종결은 자문의 효과를 확인하고 문제해결을 위한 관여도가 낮아지게 될 때 미리 예고를 하고 진행하는 것이 좋다. 업무와 관련된 일을 마무리하는 것과 종결에 대한 개인적인 인사와 같은 개인적인 일로서 자문 활동을 마무리하게 된다.

4. 교사 자문

교사 자문이란 상담의 전문적 지식과 기술을 갖춘 학교상담자(교사)가 컨설턴트로서 학생상담 및 생활지도와 관련해 도움을 받고자 하는 다른 교사를 컨설티로 하는 자문 활동을 말한다. 여러 논문에서 교사들이 자문을 통해 도움을 받고 있는 영역으로 효과적인 학부모와의 협의, 학생들의 자아개념 개선, 교수방법론의 선택, 갈등 해소, 일상적인 문제에 대처하는 방법, 초임교사 관련 문제들의 대처방법 등을 소개하고 있다(Dougherty, 2009).

교사가 학교상담자가 권고한 사항을 따를 것인지 그리고 개입 프로그램을 실행할 것인지 아닌지 하는 것은 자문과정에서 맺은 컨설턴트와 교사의 관계와 자문과정을 통해서 교사가 받은 영향에 의해 결정된다. 앞서 살펴본 일반적인 자문 모형 이외에 교사를 자문하기 위해 선택할 수 있는 모형으로 아들러 개인심리학에 기초한 학교 기반 컨설팅의 모형(Dinkmeyer, Carlson, & Rebecca, 2016)을 간략하게 살펴보기로 한다. 수업활동 7-1에 제시된 교사 사례에 대해서 자문의 일반적 모형을 적용하여 자문 과정을 연습할 수 있다.

1) 아들러식 컨설팅

교사를 대상으로 한 아들러식 컨설팅(Adlerian consulting) 모형은 아들러의 개인심리학에 관한 연구 결과에 기초하고 있다. 교사가 특정한 학생의 사례를 의뢰한 경우, 자문의 진행과정은 지각된 교사의 요구에 따라 달라지지만, 대개 협력적인 방식을 채택한다(Dinkmeyer et al., 2016). 컨설턴트는 첫 만남 이전에 교사에게 자문 의뢰서를 작성하게 하고 교사-학생 관계의 역동성이 드러날 수 있도록 교사 자신에 관한 이야기를 하도록 요구한다. 교사가 학생의 행동에 관한 자신의 신념을 이야기하면, 컨설턴트는 교사의 감정에 초점을 맞추어 학생의 행동 목적이 무엇인지 이해할 수 있도록 도와준다. 협력적 관계를 바탕으로, 학생의 행동이 지향하는 목적에 대한 잠정적인 가설을 함께 세우고, 교사가 선택할 수 있는 개입의 대안들에 대해 논의한다. 아들러식 컨설팅은 글상자 7-1에 제시된 단계에 따라 진행된다(Dougherty, 2009).

📖 **글상자 7-1**   **아들러식 컨설팅 단계**

① 분위기를 조성한다.
② 문제를 구체적으로 진술한다.
③ 두 번째의 구체적인 사례를 제시하고, 잘못된 행동의 목적과 교사에게 어려움을 겪게 하는 잘못된 신념을 규명한다.
④ 목적에 도달하기 위한 지침을 점검한다.
⑤ 잠정적인 해결방안을 마련한다.
⑥ 컨설팅을 종결한다.

출처: Dougherty (2009).

2) 아들러식 컨설팅 사례[1]

중학교 1학년 김가명 선생님은 자신의 반 학생 중 갑자기 어릿광대 같은 행동을 하는 학생 때문에 자원해서 학교상담자에게 자문을 요청하였다. 학교상담자는 김가명 교사에게 자문 의뢰서를 작성하도록 하였다. 학교상담자는 곧 김가명 교사와 라포를 형성했으며, 둘은 협력적 관계에 기초하여 그 학생의 특수한 행동 사례를 진술하고 그 학생의 행동에 대한 김가명 교사의 감정과 대응 행동을 확인했다. 김가명 교사는 그 학생을 끊임없이 질책해야 하는 것 때문에 짜증이 난다고 말했다. 컨설턴트로서 학교상담자는 그 학생을 관찰했고 직접 학생을 만나 진단적 면접을 실시했다. 학교상담자와 김가명 교사는 해결방안을 마련하기 위한 만남에서 그 학생이 원하는 근본적인 목적은 교사의 관심을 끌려는 것이라고 판단했다. 컨설턴트와 컨설티인 두 사람은 그 학생을 대하는 방식을 바꾸어 가는 계획을 수립했다. 김가명 교사는 일주일 동안 계획을 실천하고 학교상담자와 추후 모임을 가지기로 합의했다.

5. 학부모 자문

학생의 학업능력과 사회성 발달 그리고 다양한 대처 행동에 미치는 가족의 영향력은 지대하다. 따라서 학부모와 학교 사이에 '동반자 의식'이 확립될 경우, 학생의 성장과 긍정적인 발달의 측면에서 많은 이점이 있다(Amatea, Daniels, Bringman, & Vandiver, 2004). 예를 들어, 학교와 관련된 학생들의 여러 가지 행동 및 정서적 문제를 대처하는 데 있어서 학부모 자문이 효과가 있다는 증거는 충분하며(Guli, 2005), 가족이 학교 활동에 참여하게 되면 가족에게도 긍정적인 영향을 미칠 뿐만 아니라, 자녀의 학업성취에도 긍정적인 영향을 주는 것으로 나타났다(Christenson & Buerkle, 1999: Dougherty, 2009에서 재인용). 이러한 결과가 시사하는 바는 가족과 학교 모두 학생의 학습과 발달에 매우 강력한 영향을 미치기 때문에 학교에서 교사와 학교상담자는 자문과 협력을 통해 학부모들과 의미 있는 협력적 관계를 형성하여 궁극적으로 학생의 성장을 촉진할 필요가 있다는 것이다.

1) Dougherty, M. (2009). Psychological consultation and collaboration in school and community settings (5th ed.). CA: Brooks Cole/Cengage Learing. 김정섭 외 역(2012). 심리 및 학습컨설팅. 센게이지 러닝(p.296)에서 발췌, 수정함.

학부모를 위한 자문에서는 특정 학생에 대한 직접적인 사례 자문과 학부모 교육과 훈련의 방식이 있다. 우리나라 학교에서 담임교사들은 학생 상담 주간 동안 학생과 학부모에게 상담 신청을 받아 상담을 진행한다. 필자 또한 학부모로서 상담 주간에 담임교사를 만나 상담을 받게 되면, 상담이라는 용어를 사용했을 뿐 기능적으로는 학부모 상담이 아니라 학부모와 대면하여 자녀의 학업성취와 학교생활에 대한 이야기를 나누는 면담이다. 이와 대별되게, 학교상담자는 상담에 대한 전문적 지식과 훈련을 바탕으로, 학부모를 직접 상담하기보다는 학생, 즉 제삼자인 의뢰대상의 문제행동의 예방과 성장의 촉진을 위해 학부모의 협력을 이끌어 내고 자녀와의 원만한 의사소통이나 효과적인 부모 기술에 대한 자문을 실시할 수 있다.

학부모가 학교에 방문하여 담임교사나 학교상담자와 면담 또는 자문을 하게 되는 경우에, 교사와 학교상담자는 학부모를 대하는 태도에 주의할 필요가 있다. 스스로 자녀를 위해 면담이나 자문을 요청하는 경우도 있지만, 학교에서 문제를 일으킨 자녀를 위해 학교 측에서 학부모에게 학교 방문을 요청하는 경우에는 학부모의 저항적 태도에 대해 충분히 수용하고 공감하는 태도가 무엇보다도 중요하다. 어느 중학교에서 1년 동안 상담 전문가로서 학생 상담과 학부모 상담을 수행한 경험에 비추어 볼 때, 학부모들은 자신의 자녀가 보이는 문제행동에 대해서 익히 알고 있지만, 막상 학부모 상담을 요청받고 방문할 때, 상투적인 이런 만남을 통해서 무엇이 달라지겠는가 하는 의구심과 함께 자녀와 학부모 자신을 방어하기 위해 애를 쓰는 것을 관찰할 수 있었다. 만약에 학교상담자가 학부모가 문제가 있기 때문에 자녀가 문제가 있는 것으로 보는 관점을 취한다면, 학부모는 자동적으로 저항하고 방어하는 태도로 임하게 된다. 반대로, 학부모 상담보다는 학부모에게 자문을 제공하기 위한 목적으로 만남의 취지를 설명하고 자녀에 대해 가장 잘 아는 전문가로서 학부모를 대하고 자녀의 전반적인 성취를 향상시키는 데 학부모와 함께 할 수 있는 계획들에 대한 논의에 초점을 둘 때, 학부모의 협력을 좀 더 수월하게 이끌어 낼 수 있다.

1) 일반적 자문모형을 이용한 학부모 자문 사례

학부모들은 자녀들의 등하교 문제에서부터 자녀의 학업, 정서, 사회적 행동 등의 문제에 이르기까지 다양한 이유로 자문을 받길 원한다. 학부모 자문을 위한 다양한 접근 방식들(예: 아들러식 접근과 행동적 접근 방식, 가족 요법과 해결중심 모형 등)이 적용되고 있다(Kratochwill, Elliott, & Callan-Stoiber, 2002; Sheridan, 2006; Sommers-Flanagan,

2007: Dougherty에서 재인용). 이 단락에서는 앞서 학습한 자문의 일반 모형에 기초한 학부모 자문 사례를 통해서 학부모 자문에 대해 간략하게 살펴보기로 한다. 다음 사례는 Dougherty(2009)가 제시한 사례를 각색한 것이다.

학교상담자 김자문 선생님은 최근 교내 수학 영재 프로그램에서 탈락한 학생의 어머니로부터 자문 요청을 받았다. 이 프로그램에 참여하기 위해서는 지속적인 평가를 받게 되어 있는데 최근에 치러진 평가에서 딸이 탈락되었고, 기존에 참여하고 있는 많은 친구들과 자신의 딸이 멀어질까 봐 어머니는 걱정하고 있었다. 그래서 학교상담자 김자문 선생님은 바로 어머니와 '협력' 관계를 수립했다(1단계 도입). 먼저 그 프로그램에 참가하지 못하게 된 딸에 대한 어머니의 감정을 평가했다(2단계 진단; 정보수집). 어머니는 딸이 프로그램 참가 기준을 통과하지 못했고, 그건 문제가 없다고 생각했다. 자기 딸이나 학교에 대해 실망하지는 않았지만, 자기 딸이 겪고 있는 '좌절감'을 극복하도록 도와줄 수 있는 방법에 대해 조언을 듣고 싶어 했다(2단계 진단; 문제 정의, 목표 설정). 학교상담자는 어머니에게 아이들이 어떻게 좌절감을 느끼게 되는지에 관한 정보를 제공해 주고, 또 자녀가 프로그램에 참가하지 못하게 된 이후에 나타난 가족들 간의 역동적 관계에 대해 의논했다(2단계 진단; 개입의 개발).
어머니는 지금까지 딸아이를 도와준 방법은 안심시키는 방법밖에 없었다고 고백했다. 학교상담자 김자문 선생님은 어머니가 딸아이로부터 현재의 상황에 대해 적극적으로 경청하기로 합의하였다(3단계 실행; 하나의 개입 선택). 그 외에도 딸아이와 함께 여행과 같은 특별한 활동을 하면서 같이 보내는 시간을 늘리고, 딸아이의 친구를 집에 초대하여 딸을 격려하고 싶다고 했다. 학교상담자는 어머니가 이 모든 활동들에 대한 계획을 수립할 수 있도록 도와주었으며(3단계 실행; 계획 세우기), 계획을 실천할 수 있도록 2주일 후에 전화로 추수 자문을 실시했다(3단계 실행; 계획 실행하기, 계획 평가하기).

2) 학부모 교육과 훈련

학부모와 협력할 때, 학교상담자들이 학부모를 위해 준비할 수 있는 또 다른 직접적 조력은 학부모 교육을 위한 부모교육 프로그램들이다. 자녀 양육 과정을 돕기 위해서 학교상담자들은 부모들의 만남을 촉진하고, 지지집단을 확립하고, 부모를 위한 교육 프로그램을 제공할 수 있다(Schmidt, 2014). 이러한 프로그램에 참여하게 되는 학부모들은 가정에서 자녀를 양육하는 데 자신들의 견해에 대해 교환하고 보다 나은 양육 방식에 대한 정보들을 얻을 수 있다. 따라서 학교상담자들은 부모들을 위해 이러한 정보의 교환을 촉진하고 교육적 활동을 고안함으로써, 모든 학생들을 위한 최선의 학습 기회를 창출하는 데 있어 부모와 함께 일하고 협력하는 것에 대한 학교의 자발성을 보여 줄 필요가 있다(Schmidt, 2014).

학부모 교육집단으로 널리 알려진 유형을 살펴보면, 로저스의 이론에 근거한 부모 효율성 훈련(Gordon, 1970), 아들러식 접근 방법(Carlson & Dinkmeyer, 2000), 그리고 사회학습 이론에 근거하고 있는 행동주의적 접근 방법(Becker, 1971)이 있다(Dougherty, 2009에서 재인용). 이러한 접근 방법들은 몇 주 동안 연속되는 부모교육 프로그램이나 매월 개최되는 학부모의 밤을 통해 제공할 수 있다. 우리나라에서는 학부모 교육을 위한 대집단 대상 명사 초청 강연 등을 주로 실시하고 학부모의 자녀 양육 기술을 함양할 수 있는 교육 훈련 집단을 제공하는 것은 매우 드문 상황이다. 그러나 학교상담이 발전하고 있는 상황에서 교육의 본질적 서비스를 제공하기 위해서 학교상담자는 학부모를 위한 교육집단을 기획하고 제공하여 학부모 참여를 높일 필요가 있다. 학부모들을 대상으로 교육이나 훈련을 실시할 때 고려해야 할 사항에 대해서 글상자 7-2에 제시하였다.

📋 글상자 7-2   학부모 교육 훈련 실시 시 고려사항

- 학생이나 학부모/보호자에 대해 가치 판단적인 논평을 하지 않는다.
- 학부모 자신의 행동과 자녀들의 행동을 변화시키는 과정에서 학부모가 적극적인 협력자가 되도록 격려한다.
- 컨설턴트인 학교상담자는 능력이 있고 유능하다는 것에 대한 진술한 인상을 주도록 한다.
- 새로운 행동 기준에 대한 조언을 할 때 학생과 학부모가 지니고 있는 강점을 활용한다.
- 학생과 학부모의 생각을 옹호해 준다.

출처: Dougherty (2009).

교사 자문: 사례 적용

◎ 각자 학교상담자라 가정하고, 다음 사례에 대해 도입, 진단, 실행, 개입 종료의 4단계 자문과정에 대한 계획을 작성해 보자. (도입부는 내부 학교상담자가 컨설턴트라 가정하고 간략하게 작성한다.)

> 사례   중학교 2학년 수학을 담당하고 있는 김 교사는 교사 생활을 계속해야 할지에 대해 고민하고 있다. 매 학년 초 새로운 학급을 맡게 될 때마다 학생들에게 참교육자의 모습을 보여 주고자 다짐을 하지만, 학생들이 문제를 일으키고 교실분위기가 산만해지는 일이 반복되면서 학년 초의 다짐은 이내 분노로 바뀌곤 하였다. 그나마 직무연수를 통해 접한 상담기술을 적용하여 학생들을 공감적으로 이해하려고 노력해 보지만, 수업을 듣지 않고 졸거나 딴짓을 일삼는 학생들에 대해 화를 참지 못해 큰소리로 야단치곤 하였다. 급기야 며칠 전에는 수업시간에 딴짓하는 학생들의 모습에 화를 참지 못하고 마구 욕설을 퍼붓고 말았다. 결국 김 교사는 학생들조차 통제할 수 없는 무능한 교사라는 자괴감이 들어서 진지하게 퇴직을 고려하게 되었다.

단계	하위 과정	내용
도입	조직의 요구 조사하기	
	계약 체결하기	
	조직의 물리적 세계로 들어가기	
	조직의 정신적 세계로 들어가기	
진단	정보수집하기	
	문제 정의하기	
	목표 설정하기	
	가능한 개입 개발하기	
실행	하나의 개입 선택하기	
	계획 세우기	
	계획 실행하기	
	계획 평가하기	
개입 종료	컨설팅 과정 평가하기	
	컨설팅 이후 조치 계획하기	
	개입 축소 및 추후 점검하기	
	종결하기	

6. 지역사회와의 협력

전문상담교사는 모든 학생에게 상담 개입을 제공하는 것이 현실적으로 어려운 일이다. 보다 전문적인 개입이 필요한 경우도 있고 인력과 시간의 부족으로 인해 외부 기관에 의뢰할 수도 있다. 즉, 학생들의 어려움을 파악하여 적절한 도움을 받을 수 있도록 지역사회와 연계한 서비스를 제공할 필요가 있다.

학교가 소속된 지역 교육청의 Wee 센터는 일차적으로 지역의 전문기관의 역할을 하는 곳이다. 또한 학교 인근의 지역사회 정신건강서비스 기관과도 협력 관계를 구축하도록 한다. 부차적으로는 보건복지부 산하 지역사회 정신건강증진센터나 여성가족부 산하의 청소년 상담기관과 협력하여 학생들의 필요에 따른 개입 서비스를 받을 수 있도록 학생들을 의뢰할 수 있다. 의뢰한 후에는 연계 기관에서 학생들에게 어떤 개입을 하고 도움을 받고 있는지에 대한 추적 관리할 필요가 있다. 지역사회 협력기관으로 정신건강증진센터와 청소년 상담기관에 대해 간략하게 살펴보기로 한다.

1) 정신건강증진센터

정신건강증진센터는 지역사회 중심의 통합적인 정신질환자의 관리체계를 구축함으로써 정신질환의 예방과 정신질환의 조기발견 · 상담 · 치료 · 재활 및 사회복귀를 돕고 있다. 이용할 수 있는 대상은 지역사회 내의 정신질환자와 그 가족 및 지역주민으로, 가정방문 상담, 전화상담, 내방 상담을 제공하고 있다. 특히, 학교상담자가 알아야 할 내용은 소아 · 청소년 정신건강증진사업의 내용이다. 소아 · 청소년을 위한 사업으로는 ADHD(주의력결핍 과잉행동장애) 및 소아정신질환 상담, 인터넷 중독 교육 및 상담, 학교부적응 교육 및 상담, 선별검사, 의뢰 및 연계(소아청소년 정신건강의학과, 청소년 복지기관 등) 등이 있다. 학생의 어려움이 정서 · 행동문제로 진단되는 경우, 지역의 정신건강증진센터와 연계하여 보다 전문적인 상담과 치료를 받을 수 있도록 의뢰하도록 한다.

2) 지역사회 청소년 통합지원체계

지역사회 청소년 통합지원체계(Community Youth Safety-Net: CYS-Net)는 청소년의 행

복한 성장을 위한 네트워크로서 전국의 청소년상담복지센터가 허브 역할을 담당하고, 위기청소년이 발견되면 상담을 통해 문제를 평가한 다음, 지역사회의 다양한 기관과의 협력 속에서 적절한 서비스를 원스톱으로 전달하는 지원체계를 말한다. 각 시도 청소년 상담복지센터에서는 청소년뿐만 아니라 부모와 교사에게 개인상담, 집단상담, 가족상담, 학부모 상담, 전화 및 사이버 상담 등을 무료로 제공하고 있다.

학교상담자는 위기에 내몰린 학생을 최대한 학교에서 돌봄을 받을 수 있도록 조력해야 하지만, 여러 가지 학생의 내·외적인 문제로 인해 학교를 중단하게 된 경우에, 지역사회 청소년 통합지원 서비스를 받을 수 있도록 연계할 필요가 있다. 다음의 [그림 7-3]은 지역 사회와 연계된 청소년 통합지원체계이다.

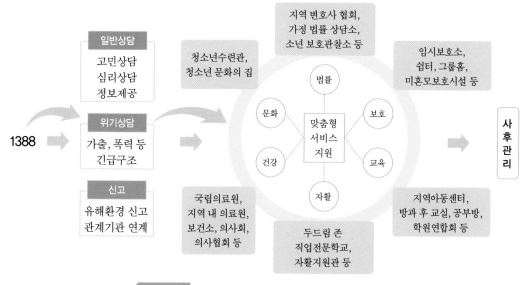

그림 7-3　지역사회 청소년 통합지원체계(CYS-Net)

3) 아동보호전문기관

아동보호전문기관은 학대받은 아동의 발견, 보호, 치료에 대한 신속한 처리 및 아동학대 예방을 담당하는 기관(「아동복지법」 제45조)이다. 교사는 아동학대 예방과 방지 의무(「아동복지법」 제22조)가 있기 때문에 지역에 설치된 아동보호전문기관에 대한 정보를 파악하고 이에 대해 대비할 필요가 있다. 학대가 의심이 되는 사례인 경우에 교사나 학교상담자는 아동학대의 예방과 방지 의무(「아동복지법」 제22조)에 따라 112에 신고 접수를 해야 한다.

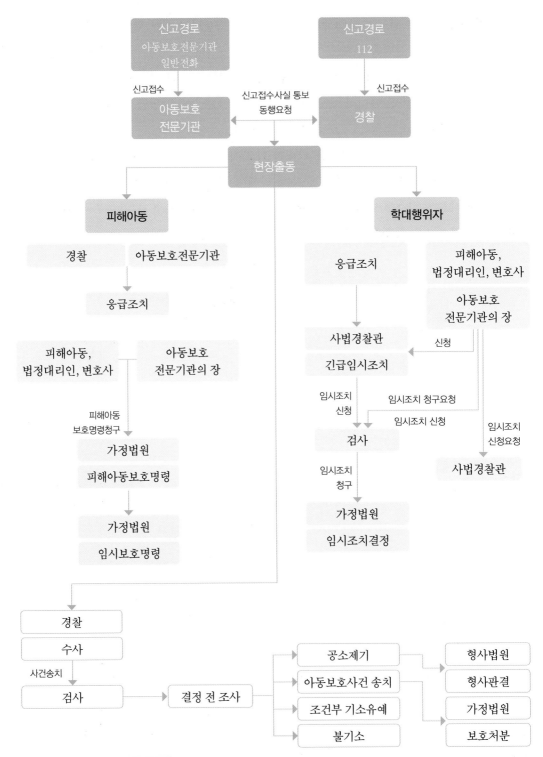

그림 7-4 아동학대사례 개입과정(보건복지부, 아동보호전문기관)

지역아동보호전문기관은 전국에 66개소로 서울 9개, 인천 3개, 경기 14개, 강원 4개 등으로 아동보호전문기관이 설치되어 있다. 아동학대사례 개입과정은 [그림 7-4]에 제시하였으며, 아동학대 신고의무자가 알아야 하는 아동학대 예방 요령과 신고 의무자 교육자료는 보건복지부 산하 아동권리보장원 사이트(http://www.korea1391.go.kr/new/)에서 확인해 볼 수 있다.

참고문헌

김계현, 김동일, 김봉환, 김창대, 김혜숙, 남상인, 천성문(2009). **학교상담과 생활지도**. 서울: 학지사.

Amatea, E. S., Daniels, H., Bringman, N., & Vandiver, F. M. (2004). Strengthening counselor-teacher-family connections: The family-school collaborative consultation project. *Professional School Counseling, 8*(1), 40-46.

Carlson, J., Dinkmeyer Jr., D., & Johnson, E. J. (2008). Adlerian teacher consultation: change teachers, change students! *Journal of Individual Psychology, 64*(4), 480-493.

Dinkmeyer Jr., D., Carlson, J., & Rebecca, E. M. (2016). *Consultation: Creating school-based interventions* (4th ed.). NY: Routledge.

Dougherty, M. (2009). *Psychological consultation and collaboration in school and community settings* (5th ed.). CA: Brooks Cole/ Cengage Learing.

Guli, L. A. (2005). Evidence-bsed parent consultation with school-related outcome. *School Psychology Quarterly, 20*(4), 455-472.

Schmidt, J. J. (2014). *Counseling in schools: Comprehensive programs of Responsive services for all students* (6th ed.). NJ: Pearson.

Zins, J. E., & Erchul, W. P. (2002). Best Practices in School Consultation. In A. Thomas & J. Grimes (Eds.), *Best practices in school psychology IV* (pp. 625-643). National Association of School Psychologists.

영역별 학교상담과 생활지도의 실제

지금까지 학교상담의 철학, 역사와 제도, 학교상담을 운영하고 전달하는 체계의 기초가 되는 학교상담의 이론적 배경, 그리고 학교상담을 실천할 수 있는 방법에 대해 학습했다. 제3부에서는 그동안 학습한 학교상담의 내용을 바탕으로 학생의 전인적 발달을 촉진하기 위해 인성 및 사회성, 학업, 진로의 세 가지 발달 영역에서 어떻게 학교상담과 생활지도를 실시할 수 있는지 상담 실제에 대해 학습하기로 한다.

전문상담교사, 진로전담교사, 전문상담사와 같은 학교상담자들이 실시할 수 있는 개인상담 과정에 대한 실무 역량을 함양할 목적으로 학생의 발달 영역별 구체적인 상담 방안을 중심으로 살펴보고자 한다. 그러나 학교상담자뿐만 아니라, 교과 교사도 직무로서 학생의 면담과 생활지도의 역량이 필요하므로 전문적인 상담자가 아니더라도 학교상담의 맥락을 이해하고 이를 적용해 볼 수 있는 수준에서 제3부의 내용을 구성하였다.

제8장 인성과 사회성 발달을 위한 상담이론과 실제에서는 심리적 부적응과 치유론을 설명하는 상담이론과 실제에 대해 학습을 한다. 제9, 10장에서는 학업과 진로발달을 위한 상담과 생활지도에 대해서 문제의 진단, 원인 탐색, 상담 개입 방안, 평가와 종결의 과정으로 살펴보고자 한다. 제11장 정서·행동 문제 유형별 상담과 생활지도에서는 교사들에게 도전이 되는 정서·행동 문제의 3차 예방을 위한 개별적인 개입 접근의 방안을 살펴봄으로써 상담과 생활지도의 효능감을 높일 수 있을 것이다. 끝으로 제12장 학교폭력 예방을 위한 상담과 생활지도에서는 학교 현장에서 매우 소수의 학생들에게서 나타나는 심한 공격성으로 인해 학교 전체가 위기를 겪을 수 있는 학교폭력 문제의 원인을 이해하고, 이를 예방하기 위한 구체적인 개입에 대해서 살펴보기로 한다.

제8장

인성과 사회성 발달을 위한 상담이론과 실제

 앞서 상담자의 전문적 자질에 대해 살펴보았듯이, 효과적인 상담 서비스를 제공하기 위해 상담자는 상담 및 심리치료 이론에 대한 지식과 개인 및 집단상담에서 사용되는 개입 전략들에 대한 이해를 바탕으로 이를 상담 실제에 적용할 수 있어야 한다.

 이 장에서는 학교상담자들이 개인 또는 집단상담을 통해 학생의 인성 및 사회성 발달을 촉진하기 위해 심리적 부적응에 대한 원인을 설명하고 이를 해결할 수 있는 상담 개입 방안을 제시하는 대표적인 상담이론을 살펴보기로 한다. 각각의 상담이론은 인간이 경험할 수 있는 심리적 고통의 이유를 설명하고 심리적 고통에서 벗어나 적응적인 삶을 살아갈 수 있도록 조력하기 위한 상담 과정과 절차, 그리고 기법에 대해서 제시하고 있다. 교사도 학생이 경험하는 심리적 부적응에 대해서 다양한 상담이론을 통해 원인을 이해할 수 있다면, 정서 · 행동 문제를 보이는 학생들을 위한 생활지도에 도움이 될 수 있다.

 구체적으로 성장배경의 영향을 강조하는 정신분석적 상담이론과 아들러 개인심리학, 유기체로서 전인적 성장을 강조하는 인간중심 상담이론, 행동변화에 초점을 두는 행동주의 상담이론과 현실치료 그리고 사고와 정서, 행동을 포괄하는 인지행동 상담이론을 통해서 인간의 심리적 부적응의 발생원인과 치유의 방법에 대해 학습하고, 수업활동을 통해 이를 자신에게 적용해 봄으로써 상담이론의 주요개념에 대한 체험적 지식을 함양할 수 있을 것이다.

1. 정신분석 상담

프로이트(Sigmund Freud, 1856~1939)에 의해서 창시된 정신분석 상담이론은 인간의 마음에 영향을 주는 '몸'의 요소를 강조한 이론으로 인간의 동물적 측면을 부각시켜 인간의 불합리한 모습을 이해하는 데 기여한 이론이다. 프로이트가 뱀장어의 생식기를 연구한 이력에서도 알 수 있듯이 인간을 이해하는 데 있어서 생물학적 관점에서 접근하여 인간 행동은 기본적인 생물학적 충동과 본능을 만족시키려고 하는 '욕망'에 의해 동기화되는 것으로 가정하였다. 여러분은 이에 대해 얼마나 동의하는가? 인간은 동물과 다르다는 것에 대해서 당연하게 받아들여지고 있고 인간은 합리적 존재라는 관점의 철학이 우세한 시절, 인간이 가지고 있는 동물적 속성을 파헤치고 그 욕망이 인간의 성격 발달과 정신병리에 어떻게 영향을 주는지에 대해 분석함으로써 인간이 지니고 있는 마음의 본질에 대해 보다 심층적인 이해를 할 수 있는 계기를 마련하였다는 점에서, 프로이트의 이론은 타의 추종을 불허하는 이론으로 자리매김하게 되었다.

1) 인간관: 인간에 대한 기본 관점

프로이트가 보는 인간은 비합리적이고 결정론적인 존재이다. 동물과 마찬가지로 인간 또한 생물학적 욕망이 있는 몸을 지닌 존재이기 때문에 욕망을 따라 행동할 수밖에 없다. 프로이트가 말하는 욕망은 생명을 유지하기 위한 자기보존적 욕망(예: 식욕, 수면욕, 배설의 욕구)과 종족을 보존하기 위한 성적인 욕망을 말한다. 자기보존적 욕망을 충족시키기 위해 인간은 성욕에 비해 큰 갈등을 경험하지 않는다. 배고프면 밥을 먹고, 잠이 오면 수면을 취하는 데 있어서 심리적으로 갈등을 하지 않고, 그 욕망을 충족시킬 수 있는 조건이 주어지면 얼마든지 충족이 가능하다. 그런데 성욕은 좀 다르다. 성적인 욕망이 일어난다고 해서 성욕을 바로 충족시킬 수 있는가? 만약 그렇다고 한다면 동물과 크게 다르지 않을 것이다. 인류가 진화할 수 있었던 것은 종족을 보존하는 욕망을 사회적 합의에 따라 조절해 온 결과이기 때문에 성욕을 충족시키는 문제는 무의식적 수준에서 심리적 갈등을 유발하게 된다.

프로이트는 이러한 욕망을 성적이며 공격적인 충동으로서 비합리적인 강한 힘으로 작용해 인간의 행동을 주도하는 것으로 보았다. 이러한 심리성적 에너지를 리비도라 하였고 리비도가 어디에 집중되느냐에 따라서 성격 발달 양상이 다르다고 가정하였다. 즉, 인간의 성격은 어린 시절의 경험들과 심리성적인 에너지에 의해 결정된다고 보았다. 인간의 외적인 행동이나 감정 혹은 생각은 외적인 환경이 아니라 모두 정신 내적인 원인, 즉 심리적 동기에 의해 결정되고 이러한 원인들은 개인의 자각 범위를 넘어선다고 보는 무의식적 정신 결정론의 입장을 취하고 있다.

2) 성격 발달

프로이트는 앞서 설명한 인간에 대한 두 가지 기본 관점을 바탕으로 인간의 성격 발달에 대해 설명하였다. 인간을 움직이게 하는 힘인 정신적 에너지, 즉 심리성적 에너지인 리비도가 집중되는 부위가 다르다는 가정에 따라 성격이 발달한다는 이론을 제안하였다. 프로이트는 인간의 성격이 발달하는 근원적 힘으로써 추동의 개념을 사용하여 성격의 구조가 형성되는 과정을 설명하였다.

추동(drive)이란 인간으로 하여금 어떤 행위를 하게 만드는 정신적인 힘이며 욕구, 본능, 충동 등과 비슷한 의미로 사용되기도 한다. 'drive'의 사전적 의미인 '몰다, 운전하다, 이끌다, 조종하다'에서 알 수 있듯이, 인간을 움직이게 하는 정신적 힘, 정신적 에너지라는 의미에서 본능이라 하지 않고 본능적 추동이라는 용어를 사용한 듯하다. 오늘날 본능적 추동에 근거한 초기 프로이트 이론을 이의 없이 추동 심리학이라 부른다(최영민, 2010). 프로이트는 두 가지 기본 추동, 즉 성적 추동인 리비도와 공격적/파괴적 추동인 타나토스에 의해서 인간의 마음이 움직이게 된다고 보았다. 1920년 『쾌락 원칙을 넘어서』라는 책을 통해 자기소멸과 파괴를 향한 죽음 본능(타나토스)에서 유래하는 공격적 욕구 또한 인간 행동의 주된 동력이 된다고 제안하였다. 예를 들어, 유아가 엄마를 사랑하기도 하지만 미워하기도 하고, 애착을 보이면서도 떼를 쓰고 공격을 하는 것에서 우리에게 이중 본능이 있음을 알 수 있다. 결국 인간의 발달이란 인간 안에 내재되어 있는 동물적 속성인 추동을 현실에 맞게 조정해 나가는 방법을 터득하는 과정이라 할 수 있다. 심리적 부적응의 문제는 본능적 욕구를 현실에 맞게 조정해 나가는 데 실패하여 나타난 결과인 셈이다.

인간 행동의 무의식적인 동기인 추동에 의해서 성격은 원초아에서 자아, 초자아의 삼원 구조를 형성해 간다. 인간의 마음에 영향을 주는 신체는 살기 위해 동물적 근성인 본능적 욕구가 있을 수밖에 없다. 이를 원초아라고 한다. 원초아는 쾌락의 원리에 의해 인간을 움직이게 하지만 현실적 상황에서 사람들은 본능적 욕구를 있는 그대로 충족시키는 것이 어렵다. 사회적 동물로서 진화한 인간이 자신의 욕망을 조절하기 위해 원초아로부터 자아가 파생되어 현실 원리에 기초하여 무의식적인 원초아의 욕구들은 억압될 수밖에 없다. 이러한 억압된 본능적 욕구들은 무의식 속에 잠재하고 있어 자각하지는 못하지만 개인의 삶에 많은 영향을 미치게 된다. 초자아는 사회화 과정에서 보다 이상적인 인간이 되기 위해 사회적 규범이나 가치관 그리고 양심에 기초한 행위를 하게 하는 성격의 구조이다. 사람들이 무언가 잘못된 행동을 했을 때 수치심과 죄책감을 느끼는 것은 초자아의 활동 결과라 하겠다(이장호, 정남운, 조성호, 2010). 원초아와 자아, 그리고 초자아 간의 성격 역동이 갈등하지 않고 조화를 이룰 수 있다면 우리는 건강한 성격이라 할 것이다.

프로이트는 인간을 움직이게 하는 정신적 에너지인 리비도가 집중되는 신체 부위에 따라서 구강기(0~1세), 항문기(2~3세), 남근기(4~6세), 잠복기(6세 이상), 그리고 사춘기 이후의 생식기를 통해 성격이 발달한다는 심리성적 성격 발달 이론을 제시하였다. 프로이트에 의하면, 성격 발달의 중요한 시기는 구강기에서 남근기의 6세까지라 할 수 있다. 이 세 단계의 시기에 어떤 경험을 하느냐에 따라 이후의 성격 발달은 큰 영향을 받게 된다. 정신분석 상담이론이 한 인간을 이해하는 데 있어서 과거 성장배경과 아동기 경험, 특히 남근기까지의 발달 과정을 중요하게 다루는 이유가 여기에 있다.

3) 심리적 부적응의 원인

앞서 설명한 성격의 세 가지 구조, 즉 원초아(id)와 자아(ego) 그리고 초자아(super ego) 간 기본적인 갈등을 조화롭게 해결하지 못하게 되면 심리적 문제가 발생한다고 본다. 이때 현실원리에 기초하여 원초아와 초자아 사이의 갈등을 중재하는 자아의 역할이 중요하다. 자아는 불안이나 정신적 갈등에 대처하기 위해 방어기제를 사용한다. 방어기제란 자아가 무의식적 충동을 방어하고 조절하기 위해 사용하는 정신적 대처의 방법들을 말한다. 원초아의 쾌락 원리대로 세상을 살아갈 수 없기 때문에 자아는 원초아의 본능을 현실에 맞게 수정하거나 충족을 지연시키고 다른 것으로 대치하는 방법 등을 사용한다. 미숙한 방어기제는 주로 아동기에 사용하는 것으로, 심리적으로 발달하면서 점차 성숙한 방어기제를 활용할 수 있을 때 정신건강을 유지할 수 있다. 그런데 만약 자아가 방어기제를 사용하여 욕구충족 과정에서 직면하는 여러 가지 압력을 적절히 처리하지 못하면 최후의 방어수단을 동원하게 되는 데, 이때 심리적 증상이 발생한다. 심리적 증상 또한 자신을 보호하는 수단이 되는 셈이다.

4) 상담의 목표와 과정

정신분석 상담의 목표와 과정 그리고 주요 상담 방법에 대해서 간략하게 소개하면 다음과 같다. 정신분석 상담의 궁극적인 목표는 내담자가 가지고 있는 자기 행동의 무의식적 동기를 각성하여 의식수준에서 행동할 수 있는 성격으로 변화할 수 있도록 돕는 것이다. 자아의 기능을 강화하여 심리적 증상과 관련된 정신 내적 원인을 해결하여 심리적 문제를 해소하는 뿌리치료라 할 수 있다. 즉, 심리적 증상 제거나 완화에 초점을 두기보다는 심리적 증상을 일으킨 근본 원인인 무의식적 충동이나 갈등을 해결하여 치유하는 상담이론이라 하겠다. 프로이트는 무의식을 의식화한다면 아주 풍요로운 삶을 살아갈 수 있다고 보았다. 인간의 무의식에 대해 빙산의 일각으로 비유하는데 바다 밑에 가려진 자신의 무의식을 수면으로 끌어올려 의식하게 된다면, 본래부터 우리에게 있는 지혜의 보배를 되찾는 것이나 다름이 없을 것이다.

정신분석 상담은 시작, 전이 발달, 전이의 해결단계, 훈습을 거쳐 진행된다. 상담 초기에 내담자는 자유연상을 통해서 자신의 주관적 느낌이나 생각 등이 자신의 정신 내적 경험에서 비롯된 것임에도 불구하고 상담자에게 점차 투사를 키워 나간다. 이때 상담자는 거울의 역할을 함으로써 내담자는 상담자에게 전이현상을 일으키는 전이 발달 단계로 진입하게 된다. 전이란 내담자가 중요한 인물들에게 느꼈던 감정이나 생각을 상담자에게 귀인하는 현상을 말한다. 이 단계에서 내담자는 과거를 재구성하고 어린 시절의 감정과 갈등이 표면화되어 재경험을 하게 된다. 상담자는 전이를 다루어 나가면서 내담자가 과거와 현재의 경험 사이의 유사점들을 탐구할 수 있도록 전이를 분석하고 해석의 작업을 통해 전이를 해결할 수 있도록 돕는다. 훈습의 단계에서는 무의식적 갈등이 어떻게 현실생활에서 나타나고 있으며 그에 대한 깨달음을 어떻게 적응적 행동으로 실천할 수 있는지를 검토하며 변화하는 점진적 과정이다. 무의식적 심리 역동에 대한 통찰을 얻고 이에 대한 훈습의 과정을 통해 내담자는 변화할 수 있게 된다.

5) 상담기법

정신분석 상담에서 사용하는 주요 방법은 자유연상, 저항이나 전이 그리고 꿈의 분석과 해석 등이 있다. 첫째, 자유연상이란 어떤 대상과 관련하여 마음에 떠오르는 생각, 감정, 기억들을 자유롭게 이야기하도록 하는 것이다. 자유연상을 하는 과정에서 증상과 관련된 과거의 경험이나 기억들이 차츰 드러나게 되며, 상담자는 이를 통해 내담자의 증상이 무의식적으로 어떤 의미를 지니는지를 이해하게 된다. 둘째, 해석은 상담자가 내담자의 꿈, 전이, 저항 등의 의미를 내담자에게 설명하고 가르치는 방법이다. 이러한 상담자의 해석을 통해 내담자는 자신의 문제에 대해 알지 못했던 무의식적 내용들을 의식적 수준에서 이해하고 수용할 수 있게 된다. 해석의 방법은 내담자가 자신의 문제에 대한 통찰을 할 수 있는 준비가 되었을 때 시도하는 것이 유용하다. 여기서는 전이의 해석과 저항의 해석에 대해 살펴보자.

앞서 설명한 전이 현상은 내담자가 상담 장면에서 무의식적인 소망을 드러내는 것으로 왜곡이 담겨져 있다. 내담자가 상담자에게 경험하고 있는 감정은 초기 아동기에 경험한 부모와의 관계에서 비롯된 생각, 감정, 기억들에서 비롯됨에도 불구하고 무의식적으로 현재의 상담자에게 그 감정을 투사하기 때문이다. 전이의 해석은 전이 현상에서의 왜곡을 내담자에게 설명하고 이해시키는 것이다. 한편, 저항의 해석은 내담자가 상담에 협조하지 않는 모든 행동들인 저항의 의미를 이해하고 설명하는 방법이다. 예를 들어, 상담시간에 지속적으로 늦게 온다거나 상담과정에서 아무런 말을 하지 않는다거나 상담과정에서 핸드폰을 꺼내 작업을 하는 등의 비협조적인 행동을 한다면 이것은 다루어야 할 중요한 저항의 현상이라 하겠다. 자신의 무의식을 탐사하는 과정은 두렵고 고통을 다시 경험해야 하기 때문에 저항할 수밖에 없다. 필자가 상담했던 한 내담자는 자신이 지난 몇 년 동안 애써서 서랍 속에 차곡차곡 넣어 둔 것들을 왜 다시 꺼내게 하냐면서 과거 경험에 직면하는 것에 대해 저항을 보였다. 이럴 때에는 충분히 꺼려질 수 있다는 마음을 공감하고 저항 현상에 대해 적절하게 해석을 함으로써 내담자가 자신의 심리적 고통에 대면할 수 있도록 이끌어 내야 한다.

6) 후기 프로이트 학파

프로이트는 정신분석 이론을 제창한 초기에는 인간의 심리내적인 욕망에 초점을 두었지만 후기에 들어서 대인관계의 관점에서 본능적 추동을 이해하기 시작했다(최영민, 2010). 이러한 관점은 후기 프로이트 학파인 그의 딸 안나 프로이트(Anna Freud)에 의해서 더욱 발전되었고, 카렌 호나이(Karen Horney)와 에릭 에릭슨(Erik Erikson)은 프로이트의 성격 역동을 기반으로 인간의 마음을 이해하였지만, 자아의 고유한 발달을 강조함으로써 자아심리학자라 일컬어진다. 이후 1980년대부터 본능적 추동이론보다는 발달 중심적이고 관계 중심적인 시각이 등장하였는 바, 대표적인 학자들이 존 볼비(John Bowlby)와 메리 아인스워스(Mary Ainsworth)이다. 이들은 초기 아동기 애착과 안전기지라는 개념을 제안하였고, 인생 초기 '대상'(양육자)과 어린 아동 사이의 애착이 성격 발달의 출발점이자 인간관계 형성을 위한 청사진으로 보았다(Ainsworth, Blehar, Water, & Wall, 1978; Bowlby, 1978: Cervone & Pervine, 2013에서 재인용). 이러한 대상관계이론은 관계에서 경험하는 타인과의 상호작용 과정에서 타인의 표상을 형성하게 하고 어린 시절에 형성된 관계의 이미지가 대인관계에 영향을 미치는 양상을 이해하는 데 유용한 이론이다.

한편, 자기애와 자기대상을 강조한 자기심리학은 하인즈 코헛(Heinz Kohut)에 의해서 제안되었는데 프로이트의 추동 이론을 거부하고 아이의 심리적 생존을 위해서는 타인과의 관계가 필요하다고 생각했으며, 공감적이고 반응적인 관계 속에서 자기가 출현하게 된다고 주장했다(최영민, 2010). 즉, 우리 인간은 '자기'가 가치 있는 존재라 느낄 수 있어야 하는데, 이를 위해서는 관계 안에서 자기대상 경험이 필요하고 이러한 자기대상 경험이 인간의 건강한 성격 발달에 중요하다는 것을 통찰하게 하였다. 만약 어린 시절에 주 양육자인 대상으로부터 자기에 대한 긍정적인 느낌을 전달받지 못한 개인이라면, 인간관계에서 자신의 가치를 확인시켜 주는 타인들과의 관계를 추구할 경향성이 높다. 그런 사람은 약한 자기 이미지를 북돋우기 위해 심리적으로 구걸하는 사람처럼 보일 수 있다.

수업활동 8-1   **프로이트의 정신분석 상담이론의 적용**

◎ 정신분석 상담이론(인간관, 무의식, 인간 행동의 동기, 성격발달 과정, 심리적 부적응의 문제에 관한 설명)이 학생을 이해하고 상담하는 데 시사하는 점이 무엇인지 조원들과 토의하고 발표해 보자.

_____

_____

◎ 정신분석 상담이론에 입각한 심리성적 성격발달 과정에 따라 자신의 성격이 어떻게 발달해 왔는지 자서전을 써 보자.

_____

_____

2. 아들러의 개인심리학

아들러(Alfred Adler, 1870~1937)에 의해 창시된 개인심리학의 명칭은 개인은 구분할 수 없이(indivisibility) 통합적으로 기능하는 존재라는 뜻에서 명명되었다. 인간은 본능적 욕구에 의해서 행동하고 자아는 원욕의 충복으로 비교적 약한 존재로 보았던 프로이트와는 달리, 아들러는 원욕의 부산물인 자아가 아닌 고차원적인 자아가 있어 인간은 성장지향적, 미래지향적, 목표지향적이며, 전인적·통합적으로 기능하는 존재로 보았다. 우리 인간은 태어나서 누구든지 자기만의 열등감을 지니고 태어나며 이를 극복하고 우월감을 추구하기 위해 행동하되, 건강한 성격의 소유자는 타인과 유대를 맺고 자신과 타인 모두를 배려하면서 개인의 내면적 인식체계를 사회적 관심으로 확장시킨다고 보았다.

최근에 아들러의 개인심리학은 아동·청소년의 교육을 위해 새롭게 조명되고 있는 상담이론 중의 하나이다. 아들러는 "정직한 심리치료자라면, 아동이 공동체의 일부분이 되고 세계를 집이라고 느끼지 못하게 막는, 적지에서 사는 것처럼 느끼게 하는 사회 조건들에 눈을 감아서는 안 된다."라는 철학을 바탕으로 아동·청소년이 자신의 가치를 실현하며 살아갈 수 있는 심리적 환경을 마련하기 위해 부모교육과 상담 프로그램을 개발·보급하는 데 자신의 일생을 바쳤다(홍숙기, 2000). 즉, 아들러의 개인심리학 이론은 학교상담자들에게 학생들을 이해하고 이들이 성장하는 데 어떻게 도움을 주어야 하는지에 대한 마음가짐에 대해 성찰하게 하는 이론이라 하겠다.

1) 인간관: 개인심리학의 기본 가정

첫째, 인간은 누구나 자신이 바라는 가상의 목표가 있어 그 목표를 이루기 위한 목표지향적인 존재로 가정한다. 둘째, 인간 행동의 가장 기본적인 목적은 누구에게나 자신이 처한 상황에서 주어지는 열등감을 극복하는 것이며 인간 행동의 동기로 보았다. 열등감을 극복하고 완전성을 추구하는 동기는 선천적이라고 가정한다. 셋째, 무의식보다는 현실에 대한 주관적 인식을 강조한다. 인간은 자신과 타인 그리고 세상에 대해 자신이 갖는 주관적 인식을 바탕으로 저마다 독특한 생활양식을 발달시킨다. 넷째, 인간은 심리 내적인 욕망만을 해결하고자 하는 존재가 아니라 공동체 의식을 지닌 사회적 존재라는 것을 강조한다. 끝으로, 인간은 통합된 존재로 자신의 목표를 향해 통일성 있게 살아가는 존재라 가정한다. 원초아, 자아, 초자아의 갈등에 의해 아등바등하며 사는 삶이 아니라, 개인의 삶은 목표를 추구하기 위해서 신체, 정서, 지각, 사고를 포함하는 성격 전체가 움직이는 과정이다(권석만, 2015).

2) 주요 개념과 성격이론

개인심리학에서 개인의 성격은 누구나 자신의 인생에서 실현하고자 하는 궁극적인 목표를 갖고 있고 이를 추구하는 독특한 생활양식을 개발하면서 드러나게 된다. 어린 아동에게 있어서 '신체적 열등'과 같은 열등감은 성격 형성에 상당한 영향을 미치는 주요 요인으로 보았다. 즉, 열등감은 누구든지 경험할 수 있는 보편적인 것으로 열등감을 극복하고 우월감을 추구하기 위한 삶의 도전과 노력의 원동력으로 보았다. 자신이 원하는 최종의 목표를 추구하는 인생의 과정에서 저마다 자신과 타인 그리고 세상에 대한 신념과 행동방식을 갖게 되는데, 아들러는 이를 생활양식이라 명명하였다. 따라서 아들러 관점에서 학생의 행동을 이해하기 위해서는 학생 자신의 최종 목표를 성취하기 위해 습득한 생활양식이 무엇인지 탐색하는 것에서부터 시작할 수가 있다. 아들러는 이런 목표가 6~8세 사이에 확고하게 형성되며 평생에 걸쳐 유지된다고 보았다. 이러한 생활양식을 주도하는 개인의 사적 논리는 자신과 세상 속 우리의 위치에 대한 주관적 신념으로, 삶의 패턴이나 인생

표 8-1 **아들러 개인심리학의 주요 개념**

주요 개념	내용
가상적인 최종 목표	• 인간은 누구나 자신의 인생에서 실현하고자 하는 궁극적인 목표를 가짐. • 개인의 삶에 강력한 영향을 미치고 행동을 유발하는 기반으로 작용함. • 아동기에 형성되며 행동 방향성을 결정함. • 최종목표는 개인의 성격을 형성하고 열등감을 보상하는 기능을 지님.
열등감과 우월감 추구	• 정신병리의 일차적 원인이 되기도 하지만 자기성장과 발전의 원동력임. • 뜻대로 되지 않는 경험은 약하고 열등하다는 의식으로 이어지고 왜곡된 해석의 원인이 됨. • 어린 시절 과잉보호, 무관심 또는 왜소한 신체 때문에 발생함. • 우월성 추구의 원동력이 됨. • 우월성 추구가 실패하면 열등 콤플렉스(inferiority complex)가 나타남. 열등 콤플렉스란 개인 스스로는 지나치게 열등하다고 평가하고 삶의 도전을 회피하는 것을 말함. • 가상의 목표를 가지고 열등감을 보상할 수 있는 생활양식을 개발함.

생활양식	• 개인이 지니는 독특한 삶의 방식 • 자신, 타인, 세상에 대한 신념(사적 논리)과 일상생활을 이끄는 감정과 행동 방식 • 어릴 적 가족경험에 의해 발달하며 4~5세경에 이미 결정됨. • 생활양식 분석은 내담자의 장기 목표와 동기를 이해하는 데 필수적인 과정임.
사회적 관심 (공동체감)	• 개인의 내면적 인식체계를 사회적인 환경적 요구에 맞추어 조화를 이루도록 조절하는 심리적 태도 • 정신건강과 심리적 성숙의 지표 • 인간 최초의 공동체 체험은 엄마와의 관계에서 시작됨.
가족구도 (family constellation)	• 가족구도를 통해 행동의 원인을 이해할 수 있음. • 아동은 가족 내에서 부모와 다른 형제자매와의 상호작용을 통해 세상을 지각, 해석, 평가하기 위한 준거틀을 발달시키며, 획득한 지식, 습관, 기술을 통해 상황을 처리하는 능력을 기름.
출생순위	• 출생순위를 기초로 한 가족구성원들과의 상호작용에서 힘, 우월감, 중요성을 획득함과 동시에 안전감, 소속감, 확실성을 유지하는 쪽으로 행동함. {표}

순위	특성
맏이	• 어른들이 주의를 집중해 주는 특권 누림, 부모의 야망과 꿈을 전수받음. → 조숙해 보임. 가정교사 역할 담당 • 둘째가 태어나면서 좌절 겪음(폐위된 아이), 동생을 경쟁자로 여김. • 부모의 사랑을 되찾기 위해 불순종, 퇴행 • 점차 무뚝뚝하고 철수적인 성격 형성 • 어른의 성취수준으로 자신을 평가 • 진지하고 보수적이고 변화를 두려워하는 성격
둘째 아이	• 사교적이고, 규칙과 통제를 거부하는 성격적 특성 • 맏이를 따라잡기 위해 힘이 넘치고 끊임없이 압박받는 것처럼 공격적이고 경쟁적인 특성 보임. (맏이와 정반대 성격이 되기 쉬움.)
막내	• 부모의 압박보다는 사랑과 관심을 받고 자람. • '가장 약한 자' 또는 '가장 어린 자'로서 대부분의 결정을 다른 사람이 내리게 하여 본인 책임을 줄여 자신에 집중하므로 가장 성공적인 사람이 되어 가족 내 보스 역할을 하기도 함. • 열등감으로 인해 가장 낙담하는 자로 전락하기도 함. • 형제 자매와 5~6년 터울인 경우에는 외동이 특성을 가짐.
외동이	• 부모의 인정을 받기 위해 어른의 기준으로 자신을 평가 • 소심하고 수줍어하며 무력해짐으로써 동정을 불러일으키기도 함. • 고집이 세고 의존적인 응석받이로 자라게 됨.

의 방향을 제시하는 나침반의 역할을 한다(Dreikurs, 1973). 만약 이 사적 논리에 오류가 있다면 언젠가는 현실의 벽에 직면하게 될 것이며, 이때 개인은 생활양식 속에 흐르는 자신의 생각과 행동을 이끄는 사적 논리를 변경할 필요가 있다. 그 밖에 아들러는 한 개인의 성격 형성 과정에서 출생순서와 가족구도(family constellation)의 영향을 강조하였다. 아들러의 성격이론에서 중요하게 다루어지는 주요 개념을 〈표 8-1〉에 정리하였다.

3) 심리적 부적응의 원인

아들러는 개인의 적응수준을 정상과 비정상의 이분법으로 구분하지 않고 연속선상에 있는 것으로 간주하며 부적응 문제를 정신장애 범주로 분류하지 않았다. 개인에게서 나타난 부적응이나 증상에 대해서 어떤 목표를 위해 어떤 기능을 하고 있는지 어떤 유용성을 지니는지를 이해하는 자료가 된다. 아들러는 부적응적 행동을 병리적인 것이 아니라 교육을 통해 바로잡아야 할 과제로 여겼다. 아들러에 의하면, 부적응의 원인은 자기이해의 부족으로 인한 낙담한 상태에 의해 기인한다. 자신이 어떤 인생목표를 지니고 있으며 어떤 생활양식을 지니고 있는지에 대한 이해의 부족으로 인해, 목표를 성취하기 위한 적극적인 삶을 살지 못한 데서 비롯된다.

아들러는 부적응의 발생과정에 대해 열등감을 극복하고 적절하게 우월감을 추구하는 과정에서 실패하여 열등콤플렉스(스스로를 지나치게 열등하다고 평가하고 숨기며 삶의 도전을 회피하는 것)나 우월콤플렉스(자신의 능력을 실제 이상으로 과대평가하여 이상적 자기와 현실적 자기를 혼동하는 것)에 빠져 삶에서 도전을 회피하는 방향으로 삶이 흘러가는 것으로 설명하였다. 나중에는 공동체 의식과 사회적 관심의 결여가 부적응을 유발할 수 있다고 보았다. 공동체 의식의 부족은 타인과 긍정적인 인간관계를 맺지 못하고 건설적인 방식으로 사회적 활동에 참여하지 못함으로써 공동체와 괴리가 되는 경향이 부적응적인 삶의 방향으로 이끌 수 있다.

4) 상담 목표

아들러는 건강하고 잘 기능하는 개인은 독립적이고, 정서적으로나 신체적으로 타인에게 과도하게 의존하지 않으며, 생산적이고 개인적인 유익뿐만 아니라 사회적인 유익을 위해 타인과 협력할 줄 아는 사람이라고 보았다(Seligman & Reichenberg, 2014). 아들러는 심리치료와 교육을 통해 사람들이 자신의 고통과 부적절감이 타인 때문이 아니라 바로 자신의 그릇된 논리와 사적 논리로부터 나오는 행동과 태도 때문이라는 것을 깨닫는 방향으로 상담 목표를 설정하였다. 이러한 아들러 상담이론을 적용하여 중·고등학생을 상담한다면, 다음과 같은 목표를 세울 수가 있다. 첫째, 학생의 약점을 보완하여 건설적이고 긍정적인 행동으로 대체하도록 돕는다. 둘째, 학생의 생활양식을 이해하고 부적응적인 목표와 신념을 파악(그릇된 사적 논리의 파악)하여 사회적 관심을 증진시키고 적응적인 목표와 생활양식으로 대체한다. 셋째, 학생을 이해하기 위해 증상이 어떤 목표를 위해 어떤 기능을 하고, 어떤 유용성이 있는지 탐색(만일 증상에 따른 이득이 없다면 신체적 원인에 의한 것일 수 있음)하여 자신에게도 유익하고 타인에게도 유익한 행동과 태도를 형성하도록 돕는다.

5) 상담의 원리와 과정

아들러의 개인심리학 이론에 근거한 상담에서 변화를 이끌어 내는 핵심적인 원리와 기술은 격려이다(Adler, 1956; Carns & Carns, 2006). 격려란 언어나 다른 상징적인 표현을 통해 힘든 상황을 다루거나 잠재력을 실현시키는 맥락에서 개인에게 용기, 인내심, 자신감, 영감이나 희망을 불어넣어 주기 위한 긍정의 표현으로 정의된다(Wong, 2015). 격려는 칭찬과 구분이 되는 것으로(Wong, 2015), 비록 격려가 칭찬과 설득을 통해 표현될 수 있더라도 격려는 칭찬 및 설득과 동일하지 않다. 칭찬은 다른 사람의 특성, 수행이나 결과물에 대한 긍정적 평가를 전달하는 것과 관련된다. 격려처럼 칭찬은 긍정의 표현을 포함하더라도, 칭찬은 반드시 용기, 인내력, 자신감, 영감이나 희망을 타인에게 불어넣어 주는 것은 아니다. 칭찬은 축하의 의미로 다가올 수 있어도 격려로 간주되지 않을 수도 있는 반면, 격려는 현재나 미래를 지향한다. 격려의 궁극적 목표는 개인이 긍정적 동기, 인지, 정서나 행동을 개발하도록 자극을 주는 것이다(김미헌, 최윤정, 2017). 예를 들어, '너는 수학 문제 풀기를 열심히 했어. 그래서 난 네가 시험을 잘 볼 것이라는 것을 알고 있어. 지금처럼 계속 열심히 해.'와 같이, 상대방의 강점에 대한 긍정의 서술적 표현이다. 즉, 칭찬은 평가자의 승인이 중심이 되는 반면, 격려는 판단적이기보다는 서술적이고, 사회적 유용성과 수행 과정에서의 향상을 강조한다(김미헌, 최윤정, 2017). 이러한 격려는 자기존중과 자기수용을 향상시키며, 내적 자원과 잠재력에 초점을 맞춰 용기와 책임감, 그리고 부지런함을 깨워 자신의 삶의 문제에 당당히 직면하여 자신의 문제를 해결할 수 있도록 돕는다(Carns & Carns, 2006).

표 8-2 낙담 대 격려

낙담시키는 행위	격려하기 방법(Sweeney, 2009)
1. 비판적 해석	1. 수행을 평가하는 대신 학생이 무엇을 하였는지에 초점을 맞추기
2. 다른 사람과의 비교	2. 과거나 미래보다는 현재에 초점을 맞추기
3. 실수에 초점 맞추기	3. 성격보다는 행동에 초점을 두기
4. 지나치게 높거나 비현실적 기준 설정	4. 결과보다는 노력에 초점을 두기
	5. 외적 동기보다는 내적 동기에 초점을 맞추기
5. 과도한 책임감으로 인한 통제적 행동	6. 몰랐거나 부족한 부분에 초점을 두기보다는 그것을 통해 배우게 된 부분에 초점을 두기
	7. 부정적인 면보다는 긍정적인 면에 초점을 두기

아들러는 심리적 부적응 상태에 대해서 단지 낙담한 상태일 뿐이며 아동, 청소년이 건강하게 성장할 수 있도록 교사나 부모는 격려의 기술을 익혀 적용할 것을 강조했다(Sweeney, 2009). 〈표 8-2〉에 학생들을 낙담시키는 행위와 대별하여 격려하기 방법에 대해 제시하였다.

아들러의 상담과정은 4단계로 이루어진다. 1단계에서는 협력적인 상담 작업을 위해 학생과 친밀하고 신뢰로운 관계를 형성하여 상담 목표를 공유한다. 2단계에서는 학생을 이해하고 학생의 문제를 탐색하기 위해 다양한 삶의 영역에 대한 정보(가족 구성, 가족 분위기, 초기 기억, 형제 순서, 생활양식 평가 등)를 수집한다. 3단계는 변화의 밑바탕이 되는 통찰을 촉진하기 위한 격려와 해석의 단계이다. 학생에게 이 단계는 힘든 과정이 될 수 있다. 해석과 직면을 통해 내담자가 자신의 생활양식을 자각하고, 자기행동의 숨은 동기를 인식하며 그 행동의 부정적인 결과를 수용함으로써 긍정적인 변화를 시도할 수 있도록 도와야 하는 단계이기 때문이다. 4단계는 재교육과 방향 재설정의 단계이다. 학생 자신의 생활양

표 8-3 아들러 상담의 과정과 내용

상담과정		내용
1단계	관계형성	• 학생과 친근하면서도 동등하고 협력적인 관계 형성과 목표설정
2단계	탐색	• 객관적인 정보(가족 구성, 가족 분위기, 형제 순위, 부모자녀 관계 등)와 이에 대한 주관적 인식과 초기 기억 탐색을 통한 생활양식 평가
3단계	해석	• 학생의 자기이해와 통찰과정으로 구성
4단계	재교육 또는 방향 재설정	• 통찰을 기반으로 변화에의 동기와 행동을 실행하도록 격려 • 행동변화를 위한 효과적인 행동계획 수립과 격려

식과 숨은 동기에 대한 통찰을 바탕으로 구체적으로 새로운 행동을 실행할 수 있도록 격려하고 긍정적인 행동 변화를 위해 그동안 상담과정에서 새롭게 얻은 유익한 점 등을 공고화하여 만족스러운 삶을 사는 방향으로 촉진한다. 각 단계에서 이루어져야 할 상담 내용에 대해 〈표 8-3〉에 정리하였다.

6) 상담기법

격려는 아들러 상담의 기본 원리이자 가장 보편적인 개입방법이다. 그 밖에 생활양식 분석, '마치~인 것처럼' 행동하기, 수렁 피하기, 자신을 포착하기, 단추 누르기, 스프에 침 뱉기, 즉시성, 직면, 과제 부여 등의 상담기법이 있는데 자세한 내용은 〈표 8-4〉에서 확인할 수 있다. 수업활동 8-2에서 생활양식 분석하기를 적용해 보도록 한다.

표 8-4 **아들러 상담의 기법**

상담기법	설명
격려	• 용기를 북돋아 주는 과정 • 상담자의 기본적인 태도이자 마음 자세
마치 ~인 것처럼 행동하기	• 할 수 없다고 생각하는 것을 실제로 성취할 수 있는 것처럼 행동하도록 권장하는 개입
수렁 피하기	• 흔히 빠지는 난처한 상황을 피하도록 돕는 기법 • 학생이 지속적인 자기파괴적인 행동을 변화시키기 위해 예측하지 못한 새로운 방식을 제안함.
자신을 포착하기	• 학생이 자신의 반복적인 그릇된 목표와 생각을 더 잘 의식하도록 돕는 개입
단추 누르기	• 학생으로 하여금 감정이 자신을 통제하도록 허용하는 대신 자신이 감정을 통제할 수 있음을 느끼도록 돕는 개입
스프에 침 뱉기	• 학생의 자기패배적인 행동의 이면에 있는 동기를 파악하여 그것의 매력을 손상시킴으로써 비효율적인 생활양식을 통찰하게 하는 기법
즉시성	• 학생과 상담자 사이의 상호작용에 초점을 두고 현재 무엇이 일어나고 있는지를 자각하게 하는 기법
직면	• 학생이 제시하는 자료들에서 드러나는 불일치를 직시하도록 촉구하는 개입
과제 부여하기	• 문제해결을 위한 구체적인 행동 과제를 수행하도록 격려하는 개입

수업활동 8-2   **생활양식 분석하기**

◎ 다음 생활양식 분석을 위한 다섯 가지 질문에 답을 해 보자.

1. 나는 항상 _____한 아이였다.

2. 형제와 자매 중에서 당신과 가장 다른 사람은 누구이며 어떻게 다른가?

   _____

3. 어린 시절에 당신은 부모님의 어떤 점이 가장 긍정적이라고 생각했는가? 부모님에 대해서 거부감
   을 느꼈던 것은 무엇이었는가?

   _____

4. 잊을 수 없는 성장과정의 중요한 결심: 당신이 성장하면서, 인생에 관해 내린 중요한 결론 중에서
   가장 기억나는 것은 무엇인가? 예: '어른이 된다면 나는 반드시 무엇을 할 것이다.' 또는 '나는 결코
   이런 일은 일어나지 않도록 할 것이다.'

   _____

5. 두 가지의 초기 기억 알아내기: '당신이 기억할 수 있는 가장 어린 시절의 사건은 무엇인가?' '어떤
   순간이 가장 생생하게 기억되는가?' '그 사건과 관련해서 어떤 느낌을 지니는가?'

   _____

◎ 위의 질문의 답을 한 후에, 여러분의 생활양식을 다음 네 가지 측면에서 분석해 보자.

6. 여러분의 가족 구도가 생활양식에 미친 영향은 무엇인가? (가족 구도: 여러분이 가족 내에서 지니
   는 서열적 · 심리적 위치를 의미하며, 여러분이 가족 구성원과의 관계를 어떻게 인식하고 있는지를
   보여 준다.)

   _____

7. 여러분이 경험한 가족 분위기가 여러분의 생활양식에 미친 영향은 무엇인가? (가족 분위기: 부모의
   부부관계를 비롯한 가족 구성원의 정서적 관계를 반영하여 가족 분위기에 대한 여러분의 평가는
   인간관계가 어떠해야 하는지를 결정하는 데 중요한 역할을 한다.)

   _____

8. 여러분에게 내재된 가족의 가치가 여러분의 생활양식에 미친 영향은 무엇인가? (가족가치: 부모가 자녀들에게 기대하는 것을 나타내며 자녀들은 이러한 가치들을 중요한 것으로 여기며 이에 따라 행동하게 된다.)

_____

9. 여러분이 갖고 있는 성역할 지침이 여러분의 생활양식에 미친 영향은 무엇인가? (성역할 지침: 이 지침을 통해 아이들은 진짜 남자 또는 여자가 어떤 것인지를 습득하며 성역할과 관련된 다양한 기대의 패턴과 원칙을 형성하여 인간관계나 사회적 활동에 중요한 영향을 미친다.)

_____

◎ 전체 토의

앞의 활동을 통해서 아들러의 개인심리학이 학생을 이해하고 상담하는 데 시사하는 점이 무엇인지 조원들과 토의하고 발표해 보자.

_____

3. 인간중심 상담

인간중심 상담이론은 칼 로저스(Carl Rogers)에 의해 창시된 상담이론으로 인간의 자유의지를 강조하는 관점을 취한다. 인간 행동의 동기에 대해 우리가 자각하지 못하는 무의식적 추동에 의한 것으로 설명한 정신분석적 상담이론과 달리, 인간중심 상담이론은 인간에 대해 스스로 원하는 것을 선택하여 이룰 수 있는 존재로 보고 이미 자기를 실현시킬 수 있는 기본적 동기와 능력을 지닌 것으로 가정한다. 즉, 우리 인간은 자신의 삶에 대한 통제력을 갖고 있어서 원하는 대로 이룰 수 있고 존재 그 자체로만으로도 이미 행복한 삶을 살아갈 수 있는 무한한 잠재력과 가능성을 지녔다고 가정한다. 이러한 믿음을 바탕으로 상담자가 내담자를 존중하고 대한다면 내담자는 어느새 자신이 잠시 보지 못한 자신의 잠재가능성을 실현시킬 수 있을 것이다. 상담 장면에서뿐만이 아니라 주변의 모든 사람에 대해 이러한 믿음을 발휘할 수 있다면, 바로 인본주의 삶의 철학이 되는 것이다. 인간중심적 상담이론이 지향하는 인간에 대한 기본 관점인 인간관과 성격 발달 이론, 심리적 문제의 원인과 상담 과정 및 방법에 대해서 간략하게 살펴보기로 하자.

1) 인간관

인간중심 상담이론은 인간에 대한 긍정적 시각을 갖고, 합목적적이고 건설적이며 현실적 존재인 동시에 아주 신뢰할 만한 선한 존재로 바라본다(김계현 외, 2009). 로저스는 모든 유기체는 자신을 성장시키려는 자연적인 경향성을 지니고 있고 그러한 경향성을 건설적으로 발현하기 위해 살아가는 것으로 보았다. 로저스에게 있어서 인간은 자신의 가능성을 능동적으로 펼쳐 가는 긍정적인 존재로서 끊임없이 인격적으로 성숙해 가는 존재이다.

(1) 실현 경향성: 인간 행동의 동기

로저스에 의하면, 인간은 태어나는 순간부터 자신의 잠재력을 개발하여 보다 가치 있는 존재로 성장하려는 선천적인 성향인 실현 경향성을 가지고 태어난다. 즉, 누구나가 자신의 잠재력과 가능성을 실현하려는 유기체의 타고난 경향성인 실현 경향성이 있기 때문에 마음껏 원하는 것을 이룰 수 있다고 본다. 현재의 시점에서 자신이 뜻하는 바가 잘 이루어지지 않아 불행하다고 느낄 수 있더라도 자신의 잠재력과 가능성이 부족해서가 아니라 아직 자기 안에 있는 무한한 가능성의 보배를 발견하지 못했을 뿐이라고 본다. 따라서 인간중심 상담은 바로 내담자가 자신이 지닌 실현 경향성대로 다시금 살아갈 수 있도록 촉진적 분위기를 제공하여 스스로 자신의 가능성을 발견할 수 있도록 촉진하는 것에 주력한다.

(2) 지금-여기

앞서 잠깐 설명하였듯이, 인간중심적 상담이론은 정신분석에서처럼 과거의 경험이 현재의 행동을 결정한다고 보는 것과는 달리, 오직 지금 이 순간 여기에서 어떻게 느끼고 생각하느냐에 따라 행동하는 것으로 본다. 오늘의 나를 결정하는 것은 온전한 존재로서의 유기체가 지각하는 지금-여기에서의 경험, 즉 현상적 장인 개인의 주관적 실제의 세계이다. 현상적 장은 매순간 개인의 의식에 지각되고 경험되는 모든 것을 의미한다. 예를 들어, 성인학습 및 상담론을 학습하고 있는 지금-여기에 함께 존재하고 있는 수강생들의 수만큼 현상적인 장이 존재한다고 할 수가 있다. 어느 누구도 지금-여기에서의 경험이 같을 수 없고, 유기체로서 경험하는 현상적인 장이 각자에게 중요하듯이, 타인에게도 그들의 현상적 장은 중요하기 때문에 서로 무조건적으로 존중할 필요가 있다. 로저스가 말하는 유기체는 본능적으로 내장되어 있는 감각적 반응뿐만 아니라 계획적이고 사려 깊은 생각과 경험하는 정서 모두를 있는 그대로 수용하는 전체로서의 개인을 말한다.

인간중심 이론에서 존재의 의미는 '거기와 그때(there-and-then)'에 있는 것이 아니라 '여기와 지금(here-and-now)'에 있다(이장호 외, 2010). 과거보다는 지금−여기에서 경험하는 현상적 장에서 참된 가치와 의미를 발견하는 것이 중요하다.

2) 성격 발달

로저스의 성격 이론에서 가장 중요한 구성개념은 자기(self)와 자기개념(self-concept)이다(권석만, 2012). 자기는 유기체가 경험하는 현상적 장에서 분화되어 발달한다. 자기에 대한 인식은 어린아이가 내면에서 지각되는 경험과 타인에 대한 경험을 구별할 수 있게 되면서 발달하게 된다. 부모로부터 사랑을 받으며 성장하면서 현재 자신이 어떤 사람인지에 대한 인식으로 자기개념이 형성된다. 정신이 건강한 개인은 현재 자기의 모습을 반영하는 현실적 자기와 중요한 타인에게서 긍정적 존중을 받기 위한 가치조건을 반영한 이상적 자기가 일치한다. 가치의 조건이란 중요한 타인이 부여한 가치에 의해 그 경험을 긍정적 또는 부정적으로 평가하는 것으로, 가치조건을 자기개념의 일부로 내면화 한 아이는 이러한 가치조건과 일치하지 않는 경험을 불쾌한 것으로 여기게 된다. 만약 내면화된 가치의 조건화가 심하다면, 유기체가 경험하는 것과 이상적 자기와의 불일치가 지속되어 결국 심리적 부적응의 문제를 일으키게 된다.

3) 심리적 부적응의 원인

인간은 누구나 실현경향성이 있어서 유기체적 가치화를 통해서 자신이 어떻게 느끼는가에 따라 경험을 평가한다. 만약 긍정적 존중을 받게 되면 긍정적인 자기 존중에의 욕구가 충족되어 자기에 대한 개념과 유기체가 경험하는 것이 일치하여 스스로 잠재력을 발현하며 건강하게 살아가게 된다. 그러나 다음의 [그림 8−1]에서처럼, 만약 한 개인이 긍정적 존중에의 욕구를 충족시키기 위해서 자신이 처한 가정환경에서 가치의 조건화를 통해 조건적인 긍정적 존중을 받게 된다면, 자기와 경험의 불일치로 인하여 진정한 자신으로 살아가지 못하고 심리적 부적응을 경험하게 된다. 따라서 로저스의 상담이론은 현재 상황에서 느끼는 감정과 경험이 중요하다.

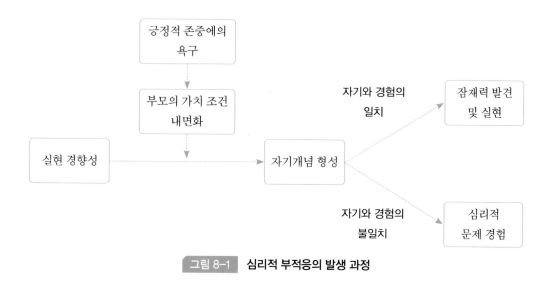

그림 8-1   심리적 부적응의 발생 과정

4) 상담의 목표와 원리

인간중심적 상담의 목표는 내담자로 하여금 '충분히 기능하는 사람'으로 성장하도록 돕는 것이다. 내담자의 자발성을 증가시키고 보다 생동감 있게 살아 나갈 수 있도록 조력함으로써 일반적으로 계속적인 성장의 방향으로 나아가게 하는 것을 강조한다. 충분히 기능하는 사람의 특성을 살펴보면, 첫째, 자신의 유기체적 경험을 자기개념과 일치하는 것으로 받아들여 통합함으로써 심리적으로 건강하다. 둘째, 자기를 신뢰하고, 외부의 가치나 권위적인 타인의 영향을 덜 받으며, 자신의 경험을 두려움이나 방어적 태도 없이 있는 그대로 받아들인다. 셋째, 자신의 행동과 결과에 대해 책임을 지면서 자유롭게 자신의 삶을 생산적인 방향으로 주도해 가는 특징이 있다.

인간중심적 상담이론의 상담 원리는 자기 경험에 대한 자각을 높여 자기에 대한 수용과 자기표현을 증가시키고 방어를 감소시키며 경험에 대한 개방성을 증가시키는 선순환을 촉발하는 것에 있다(권석만, 2012).

5) 상담 과정과 방법

인간중심적 상담이론은 특정한 상담 과정과 방법을 강조하기보다는 상담자와 내담자의 진실한 관계를 강조한다. 상담자는 내담자를 향한 무조건적 긍정적 존중과 공감적 이해 그리고 진실한 태도를 통해 촉진적인 관계를 형성하여 내담자로 하여금 실현경향성을 발현시켜 나갈 수 있도록 돕는다. 특히, 가장 중요한 태도로서 진실하다는 것은 상담자가 자신의 경험에 대해 솔직하고 꾸밈이 없고 거짓말을 하지 않는 태도를 말한다. 예를 들어, 알지 못하는데 안다고 내담자에게 말을 한다거나 자신의 전문성을 보여 주기 위해 박사 수료인데 박사학위가 있는 것처럼 얘기한다면 진실한 상담자라 할 수 없을 것이다. 그냥 있었던 일을 진실하게 말할 수 있는 솔직한 상담자에게서 나타나는 진솔한 태도는 자연스럽고 꾸밈이 없기 때문에 내담자에게 편안함과 말 할 수 있는 용기를 준다.

로저스는 상담의 과정을 성격의 변화가 일어나는 과정으로 보았다. 자기에 대한 자각이 증가하게 되면 자기수용이 높아지고 자기에 대한 표현이 확장되면서 성격의 고정성으로부터 변화하는 실체로, 경직된 구조들로부터 유동적인 구조로 변화되어 간다고 보았다. 상담자가 촉진자의 역할을 수행하여 내담자가 상담 과정에서 배운 것들을 일상의 관계에서 새롭게 적용할 수 있도록 조력함으로써 내담자는 자신의 문제에 대해 책임을 갖고 주체적으로 문제를 해결할 수 있게 된다.

지금까지 살펴본 인간중심 상담이론의 주요개념을 〈표 8-5〉에 정리하여 제시하였다.

표 8-5 **인간중심 상담이론의 주요 개념**

개념	내용
실현경향성	• 자신의 잠재력을 개발하여 보다 가치 있는 존재로 성장하려는 선천적인 성향 • 인간의 주된 동기, 모든 동기의 원천 • 자기실현(Self-actualization)을 향해 나아감. • 실현경향성이 차단되는 경우 부정적 감정과 행동으로 문제행동이 나타남.
자기	• 인간중심치료에서 가장 중요한 구성개념 • 자기에 대한 인식은 어린아이가 내면에서 지각되는 경험과 타인에 대한 경험을 구별할 수 있게 되면서 발달
자기개념	• 현재 자신이 어떤 사람인지에 대한 인식 • 현실적 자기(현재의 자기 모습의 반영), 이상적 자기(중요한 타인에게서 긍정적 존중을 받기 위한 가치조건을 반영한 자기 모습)
가치조건	• 중요한 타인이 부여한 가치에 의해 그 경험을 긍정적 또는 부정적으로 평가하는 것 • 가치조건을 자기개념의 일부로 내면화 한 아이는 이와 일치하지 않는 경험을 불쾌한 것으로 판단

자기와 경험의 불일치	• 중요한 타인의 긍정적 존중을 통해 자존감과 가치감을 높이려는 과정에서 실현경향성에 의한 자신의 유기체적 욕구와 가치조건을 통해 긍정적 존중을 얻으려는 욕구 사이의 갈등을 통한 불일치 • 개인의 유기체적 경험과 자기개념 간의 불일치가 클수록 행동은 더 혼란스러워짐. • 심해지면 방어기제와 정신병리적 혼란과 와해가 나타남.
충분히 기능하는 사람	• 자신의 유기체적 경험을 자기개념과 일치하는 것으로 받아들여 통합함으로써 건강한 심리적 적응을 가능하게 하는 인간상 • 자기를 신뢰하고, 외부의 가치나 권위적 타인의 영향을 덜 받으며, 자신의 경험을 두려움이나 방어적 태도 없이 있는 그대로 받아들임. • 자신의 행동과 결과에 대해 책임을 지면서 자유롭게 자신의 삶을 생산적인 방향으로 주도해 가는 특징이 있음.

수업활동 8-3 인간중심 상담이론의 적용: 나는 얼마나 충분히 기능하는 사람인가?

◎ 로저스(Rogers, 1961)는 『On Becoming Person』이라는 책에서 건강하고 충분히 기능하는 인간에 대한 개념을 소개하였다. 충분히 기능하는 인간의 특성에 따라 현재 자신은 어떠한지 성찰해 보자.

1. 경험에 대한 개방성

_____

2. 유기체에 대한 신뢰

_____

3. 실존적 삶

_____

◎ 전체 토의

인간중심 상담이론이 학생을 이해하고 상담하는 데 시사하는 점이 무엇인지 조원들과 토의하고 발표
해 보자.

_____

_____

_____

_____

_____

_____

_____

4. 행동주의 상담

이 절에서는 환경적 결정론의 입장에 있는 전통적인 행동주의의 인간관과 행동주의의
주요개념과 원리를 이해할 수 있는 학습이론을 살펴봄으로써 인간의 삶이 학습된 결과로
얼마나 설명할 수 있는지 알아본다. 이러한 학습이론을 적용하여 발전된 행동주의 상담의
목표와 과정에 대해 간략하게 살펴보기로 한다.

1) 인간관

행동주의 심리학적 관점은 인간을 복잡한 '기계'라 가정한다. 사람의 몸이 여러 다양한
기능(예: 신진대사, 체온 유지 등)을 하는 신체 기관이 모인 기계와 같다고 본다. 행동주의자
들은 사람에 대한 과학을 구축하는 과정에서 사람을 기계적인 기제의 종합으로 보고 이 기
제들이 어떻게 학습하는지, 즉 이 기제들이 환경적 자극에 반응하여 어떻게 변화하는지에
대해 탐구하였다(Cervone & Pervin, 2013). 이러한 가정으로 인해 사람은 자연 세계의 일부
분이기 때문에 모든 자연이 외부 환경적 요인에 의해 영향을 받듯이, 인간의 행동도 환경
적 요인에 의해 영향을 받는다는 결정론적 인간관을 취한다. 결정론은 한 사건이 선행하
는 다른 사건의 결과로 나타나거나 선행사건에 따라 결정된다고 보는 관점이며, 사건의 원

인은 과학의 기본 법칙들을 가지고 이해할 수 있다고 가정한다. 다른 상담의 이론과 달리, 행동주의 상담은 행동주의 심리학에 기초하여 우리 인간이 경험하는 심리적 고통이나 부적응에 대해서 심리 내적인 과정에 초점을 두지 않고 외부 환경적 요인에 의해 비롯되는 것으로 본다. 즉, 환경요인이 어떻게 사람의 행동을 인과적으로 결정하는지에 대해 관심을 갖는 환경 결정론을 바탕으로 인간의 행동을 이해한다.

2) 행동주의의 주요개념과 학습이론

바람직한 행동과 부적응적인 행동 모두 환경적 자극에 대한 반응으로 학습된 것으로 보는 행동주의의 대표적인 학습이론으로는 고전적 조건형성과 조작적 조건형성 그리고 이후에 개인의 자발적 의지를 강조한 사회학습이론이 있다. 사회학습이론은 사회인지이론으로 발전되었으며, 사회인지적 관점 상담이론이 발달하는 데 영향을 미쳤다. 발전된 흐름에 따라 간략히 살펴보고자 한다.

(1) 고전적 조건형성

러시아의 생리학자인 이반 파블로프(Ivan Pavlov, 1849~1936)는 개의 침샘 연구를 통해서 고전적 조건형성으로 알려진 학습유형을 발견하고 설명하였다. 파블로프는 무조건자극(먹이)과 조건자극(종소리)을 동시에 일으켜 개들이 먹이를 소리와 연합하도록 학습시킨

조건형성 이전		
종소리(중성자극)	→	무반응
먹이(무조건자극)	→	침분비(무조건반응)

조건형성 중		
종소리(조건자극)	↘	
먹이(무조건자극)	→	침분비(무조건반응)

조건형성 이후		
종소리(조건자극)	→	침분비(조건반응)

그림 8-2 고전적 조건형성의 과정

후, 조건자극(종소리)만 사용해서 개들의 침 분비를 끌어낼 수 있다는 것을 밝혔다. 이러한 연구 결과는 개나 사람이 이 세상의 사건들에 대해 경험하는 정서적 반응은 고전적 조건형성에 의해 결정될 수 있음을 시사한다. 동물의 실험 결과를 인간에게 적용한 왓슨과 레이너(Watson & Rayner, 1920)는 11개월 된 알버트에게 흰쥐와 쇠막대 망치의 소음을 연합하여 본래 중성적 자극이었던 흰쥐에 대한 공포반응을 학습하게 하였고 이를 조건화된 정서 반응이라고 하였다. 예를 들어, 아버지와 자동차를 타고 가면서 트로트 음악을 듣다가 자동차 사고를 당하는 경험을 하는 경우, 트로트 노래와 자동차는 중성 자극이지만, 자동차 사고와 연합되어 자동차에서 트로트 음악을 들을 때 불안을 경험한다면 이것은 조건화된 정서 반응이라 할 수 있다. 고전적 조건형성의 과정을 도식화하여 [그림 8-2]에 제시하였다.

(2) 조작적 조건형성

스키너(Skinner, 1904~1990)는 파블로프와 왓슨의 연구를 기초로, 우연히 일어난 행동이 유기체에 만족을 주면 그 행동을 다시 할 가능성이 높아지는 학습의 유형을 발견하고 설명하였다. 스키너는 실험 박스를 이용해서 배고픈 쥐가 지렛대를 누르는 행동을 하게 되면, 즉 바람직한 행동이 발생하게 되면 먹이와 같은 강화를 줌으로써 지렛대를 누르는 행동의 강도와 빈도가 증가한다는 것을 관찰하였다. 이를 통해서 유기체는 우연히 주어진 강화조건(먹이)에 의해 자극(지렛대)과 반응(지렛대를 누르는 행동)의 연합이 이루어지면 외부 자극 없이도 의도적이고 자발적으로 환경을 조작하는 행동(먹이를 먹기 위해 스스로 지렛대를 누르는 행동)을 학습한다는 조작적 조건화를 제안하였다. 즉, 쥐는 먹이를 먹고자 할 때 지렛대를 누르는 행동을 학습함으로써 환경을 조작하는 것이다.

행동의 강도와 빈도에 영향을 미치는 환경적 자극에는 유쾌 자극과 혐오 자극이 있다. 학생의 바람직한 행동이 나타날 때마다 학생이 좋아하는 것(유쾌 자극)을 제공함으로써 바람직한 행동 발생의 빈도를 높이는 것을 정적 강화라 한다. 반면에 부적 강화는 바람직한 행동이 나타날 때마다 혐오 자극을 제거해 줌으로써 바람직한 행동 발생의 빈도를 높이는 것을 의미한다. 앞서 고전적 조건형성에 의해 불안이 형성된 예시에서, 불안을 유발하는 자동차와 트로트 음악을 회피하게 되는 행동은 부적 강화의 결과이다. 자동차에서 트로트 음악을 들음으로써 불안을 느낀다면 자동차를 타는 행동의 발생 가능성은 줄어들고, 즉 혐오 자극을 회피함으로써 불안을 느끼지 않도록 자동차 대신 지하철을 더 많이 이용할 수 있다. 행동주의에 기초한 학습이론은 인간이 어떻게 학습하는지 그 과정에 초점을 두기보다는 외부 환경적 자극요인과 반응 간 연합이나 우연한 행동이 외적 환경에서 보상이나 처벌의 자극 요인과 결합되어 특정한 행동이 발생한다고 가정하였다. 그러나 오늘날 행동주의는 급진적인 환경 결정론에서 벗어나 인간의 주체성과 자율적 의지를 강조하고 있으며, 인지행동적 상담으로 발전하여 적용되고 있다.

(3) 사회학습이론

반두라(Bandura, 1925~현재)는 타인을 관찰하고 모방함으로써 학습한다는 사회학습이론을 창안하였다. 고전적 조건형성과 조작적 조건형성의 원리를 사회적 상황에 적용하여 학습과 후속 행동 변화는 직접적인 경험뿐 아니라 타인의 행동을 관찰하고 모방함으로써 대리적으로 일어날 수 있음을 발견했고, 이를 모델링(대리학습+관찰학습)이라고 불렀다. 모델링은 긍정적인 행동과 부정적인 행동 모두 이끌어 낼 수 있다. 교사가 학생들에게 존댓말을 사용하는 행동을 보여 줄 때 존댓말을 자연스럽게 학습할 수 있는 것처럼 긍정적인 행동을 이끌어 낼 수 있는 반면에, 반두라의 유명한 보보인형 실험에서처럼, 공격적인 행동을 학습할 가능성도 있다.

모델링은 행동 자체에 영향을 주기도 하지만 우리 능력에 대한 인지를 변화시키고 자기효능감을 증진시킬 수 있다(Bandura, 1969). 반두라는 이를 자기효능감 이론으로 설명하였는데, 예를 들어, 우리가 존경하는 어떤 사람이 도전을 감수하는 것을 관찰하는 것은 불안을 줄여 주고 그 과제를 수행하려는 노력을 촉진할 수 있다. 이때 자신이 할 수 있다는 신념인 자기효능감이 높은 개인은 좀 더 어려운 과제에 도전하여 과제에 대한 유능감을 키울 수 있게 된다. 사람들은 자신이 유능하다고 느끼는 행동을 더 많이 할수록 자기효능감을 높일 수 있게 된다. 반두라의 자기효능감 이론에 의하면, 어떤 과제를 수행할 수 있다는 것은 그것을 할 수 있어 얻게 되는 환경적 강화뿐만 아니라 그것을 얼마나 잘할 수 있는가 하는 자신의 유능성에 대한 신념에 기초한다. 즉, 사회학습이론은 자기효능감 신념에 따른 학습의 결과가 달라지는 것을 강조한다. 인간은 외부의 보상에 의해 조형되는 수동적 학습자가 아니라, 세상에 대한 이론을 형성하는 능동적인 지각자로 본다. 인간의 사고과정이 인간의 동기와 정서 그리고 행위에 영향을 미친다는 믿음에서 사회학습이론은 사고과정을 강조하기 위해 사회인지이론으로 변경되었다(Bandura, 1986). 여기서 사회적이란 대부분의 인간사고와 행동이 사회적 기원을 갖고 있음을 의미하는 것이다. 이러한 사회인지이론은 이후에 인지행동적 상담이론의 발전에 영향을 미쳤다. 이로써 행동을 변화시키기 위한 상담방법의 개발에서 개인의 사고과정과 사회적 지식에 초점을 두기 시작하였다. 이에 대해서는 인지행동적 상담이론에서 자세하게 살펴볼 수 있다.

3) 심리적 부적응의 원인

정상적인 행동은 보상과 모방에 의해서 학습한 것인 반면, 이상행동이나 심리적 부적응은 마음속에 있는 병이 아니라, 개인이 처한 부적응적인 환경에 의해 학습된 결과로 발생한다고 가정한다. 즉, 적응적 행동에 대한 강화를 받지 못했거나, 적응적 행동에 대해 처벌을 받았거나, 부적응적 행동에 대한 강화를 받았거나, 특정 행동을 보이기에는 부적절한 상황에서 이 행동에 대한 강화를 받았을 경우에 부적응적인 행동을 하는 것으로 설명한다. 예를 들어, 한 아동이 엄마가 자신이 요구하는 것을 듣지 않아 소리를 지르고 물건을 집어 던졌더니 엄마가 관심을 갖고 자신의 요구를 들어주었고 이런 일이 몇 번 반복되었다면, 아이는 원하는 것을 요구하는 행동으로 소리 지르고 물건을 집어 던지는 행위를 학습한 것이지만, 부적응 행동으로 관찰될 수 있다.

4) 상담의 목표와 과정

상담의 목표는 내담자가 새로운 학습 경험을 할 수 있는 새로운 환경을 제공하는 데에 있다. 결국 상담도 학습이론의 원리를 바탕으로 진행하며 상담의 과정은 학습과정의 특별한 형태라 하겠다. 행동주의 상담은 내담자들에 대한 최소한의 기본적인 이해를 하고 내담자의 문제의 맥락을 파악하는 데 충분한 정보를 수집한 후, 다음 8단계에 따라 계획을 세워 상담을 진행한다(Seligman & Reichenberg, 2014). ① 문제행동의 기술(문제의 본질과 역사의 검토, 바람직하지 않은 행동의 맥락 조사), ② 문제행동의 규명(문제행동의 빈도, 지속 기간, 강도의 기초선을 설정), ③ 목표의 설정(현실적이고 명확하며 구체적이고 측정 가능한 목표), ④ 변화 촉진을 위한 전략 개발(문제행동을 유발하는 선행 조건을 바꾸고 바람직한 행동을 촉진할 수 있는 전략들을 내담자와 협의하며 계획함), ⑤ 계획의 실행, ⑥ 상담결과의 평가(진행과정을 평가하고 계획의 성공을 검토함), ⑦ 이득 강화하기(내담자의 진전과 긍정적 변화를 위한 강화), ⑧ 과정 지속하기(이득의 유지를 촉진하기 위한 계획과 재발 방지를 위한 계획 수립)이다. 이러한 과정을 바탕으로, 수업활동 8-4를 통해 자신의 행동문제에 대한 변화 계획을 작성하고 실행해 보도록 한다.

5) 상담기법

행동주의적 상담기법은 행동주의 학습이론의 원리를 적용하여 다양하게 개발되어 적용하고 있다. 대표적으로 자기주장훈련, 체계적 둔감법, 홍수기법, 혐오기술, 강화, 대리경제체제, 행동조성, 모델링(시범), 역할연기, 활동계획 짜기, 자기지시훈련 등이 있으며, 이에 대한 간략한 설명을 〈표 8-6〉에 제시하였다.

표 8-6 행동주의 상담의 기법

상담기법	설명
체계적 둔감법	두려워하는 자극과 이완반응을 유발하는 자극을 함께 제시함으로써 불안과 공포의 정서를 소거함.
홍수기법	두려운 자극에 많이 노출되는 것은 그 자극에 둔감해지는 원리를 적용한 기법이나, 주의 깊게 사용해야 함.
혐오기술	바람직하지 않은 행동과 부정적인 경험을 연합하여 변화를 유발하게 함.
강화	• 강화와 보상을 통해 행동 변화를 촉진하고 학습을 향상시키는 방법 • 현실성 있게 강화의 종류와 계획을 짜는 것이 필요함.
대리경제체제	토큰, 스티커 등을 강화물로 사용하여 바람직한 행동을 강화함.
행동조성	조작적 조건형성의 원리를 이용해서 부적절한 행동을 없애고 바람직한 행동을 형성하게 하는 기법
모델링	• 적응적 행동을 관찰하고 모방하게 함으로써 적응 행동의 학습 • 주장훈련, 인간관계 훈련, 아동청소년을 위한 사회적 기술의 향상을 위해 적용할 수 있음. • 사람들은 성, 나이, 신념의 측면에서 자신과 유사하고 현실적인 측면에서 매력적이고 존경할 만하여 유능한 모델들에게서 가장 영향을 잘 받음.
역할연기	상담자와의 역할연기를 통해 원하는 행동을 연습하고 자신의 행동을 녹화하여 피드백과 향상의 기회를 제공함.
활동계획 짜기	보상이 있고 성취감을 주는 활동을 계획하게 함으로써 무기력, 혼란, 의사결정의 문제를 중화시킬 수 있음.
자기지시훈련	새로운 행동을 배우고 자기지시를 통해서 스스로 적응적인 행동을 연습하고 실천하도록 돕는 방법

수업활동 8-4 **행동주의 상담이론의 적용: 행동변화 계획과 실행**

◎ 다음 단계에 따라 행동변화를 위한 계획을 세우고 3일 동안 실행하여 평가해 보자.

• **1단계) 행동기술하기:** 변화하고 싶은 행동을 떠올려 보고 목표행동을 구체적이고 측정 가능한 용어로 기술한다.

〈예시〉 밤에 잠들기 전에 입술을 뜯는 행동을 멈추고 싶다. 입술을 뜯는 순간 알아차리고 멈춘다.

1단계) 행동기술:

• **2단계) 기초선 설정하기:** 행동의 강도와 빈도를 반영하여 기초선을 설정한다.

〈예시〉 낮 동안 스트레스를 받았을 경우에는, 입술 껍질을 완전히 다 벗길 때까지 지속하고 알아차리지도 못한다. 입술이 아프고 나서야 입술을 뜯었음을 알아차린다. 앞으로 5일 동안 입술 뜯는 행동을 시간, 강도의 정도를 측정한다.

2단계) 기초선 설정:

• **3단계) 목표 설정하기:** 의미 있고 분명하며 구체적으로 측정 가능하게 설정한다.

〈예시〉 입술을 뜯는 순간 멈추고 앉는다. 알아차리고 복식 호흡을 한다. 복식 호흡을 하면서도 입술을 뜯는 행동을 하게 되더라도 비난하지 않고 다시 복식 호흡한다.

3단계) 목표 설정:

• **4단계) 전략 개발하기:** 목표를 성취하도록 돕는 전략을 확인한다.

〈예시〉 입술을 뜯는 순간 알아차리고 복식 호흡을 한다. 복식 호흡을 하면서도 입술을 뜯는 행동을 하게 되더라도 비난하지 않고 다시 복식 호흡한다.

4단계) 전략 개발:

• 5단계) 실행하기: 행동변화를 위한 계획을 실행 및 기록한다.

〈예시〉 3월 5일 새벽 1시. 낮에 알바 사장이 나에게 소리를 지른 일이 떠올랐다. 나도 모르게 입술을 뜯는 순간 알아차리고 앉았다. 복식 호흡을 했다. 화가 났다.

> 5단계) 실행 기록:

• 6단계) 평가하기: 주기적으로 진행과정을 살펴보고 계획 실행의 어려운 점을 성찰한다.

〈예시〉 집안의 분위기가 험악한 날에는 행동 변화를 위한 실행이고 뭐고 그냥 이 집을 떠나고 싶다는 생각이 들고 그냥 입술을 뜯는다. 돈 걱정. 부모님의 불화가 미치는 영향에서 벗어날 방도를 찾고 싶다.

> 6단계) 평가하기:

• 7단계) 강화 계획하기: 성공적으로 실행한 자신에게 상을 준다.

〈예시〉 입술을 뜯는 행동을 하지 않고 계속해서 복식 호흡을 하다가 잠든 다음 날에 나를 위해서 맛있는 커피 한 잔을 돈 걱정하지 않고 사 준다.

> 7단계) 강화 계획하기:

◎ 위의 활동을 통해서 행동주의 기법을 적용하여 실천한 후, 자기 자신에 대한 지각이나 느낌을 작성해 보자.

_____

_____

◎ 전체 토의

위의 활동을 통해서 행동주의 상담이 학생을 이해하고 상담하는 데 시사하는 점이 무엇인지 조원들과 토의하고 발표해 보자.

_____

_____

5. 현실치료

윌리엄 글래서(William Glasser, 1925~2013)는 인간을 기본적 욕구를 충족시킬 수 있는 좋은 세상을 추구하며 획득하기 위해 전체행동을 선택하는 하나의 통제 시스템으로 이해하는 내부통제 심리학, 즉 선택이론에 근거하여 현실치료를 창시하였다. 글래서는 외부통제심리학에 기초하여 벌과 보상을 통해 타인의 행동을 통제하려 하는 태도는 인간의 삶에서 갈등과 불행의 원천이라 보았다. 정신적으로 건강하기 위해서는 자신의 행동에 책임을 질 수 있고, 친밀하면서도 긍정적인 관계를 유지하는 것이 필수적인 일이라 하였다. 정신적 문제의 대부분은 뇌의 문제가 아니라 잘못된 행동 선택에 의한 것으로, 상담자는 학생이 원하는 삶을 살아가는 데 올바른 선택을 할 수 있도록 개입하여 건강하고 행복한 삶을 영위할 수 있도록 도와야 한다. 현실치료는 이해하기 쉽고 상담과정이 구조화되어 상담현장에서 실시하는 것이 상대적으로 용이하기 때문에 학교상담의 맥락에서 활용 가치가 높다. 현실치료가 가정하는 인간관과 주요개념, 심리적 부적응의 원인, 상담 목표와 과정, 상담기법을 간략하게 살펴보기로 한다.

1) 인간관

인간은 자신이 원하는 것을 얻지 못하고 있다고 지각하면 그 차이를 줄이기 위해 행동체계를 작동시킨다. 인간의 행동은 목표지향적이며, 외부세계와 소통하면서 외부세계에 영향을 주기 위한 시도를 통해 개인의 자발적인 변화를 중시한다. 건강한 개인은 타인에게 해가 되지 않으면서 자신의 기본 욕구를 충족시켜 행복 수준을 스스로 향상시킬 수 있다.

2) 주요 개념

현실치료의 주요 개념인 기본 욕구, 좋은 세계, 전체행동에 대해 간략히 살펴보면 다음과 같다. 첫째, 기본 욕구에는 생존, 소속(사랑), 힘(유능감), 자유, 즐거움의 다섯 가지가 있다. 생존에 대한 욕구는 자기보존의 욕구로서 건강을 유지하기 위한 필수요소인 음식, 공기, 안식처, 안전감, 신체적 편안함 등을 필요로 하는 욕구를 의미한다. 소속에 대한 욕구는 사랑하고, 사랑을 받고, 사람들과 접촉하고 상호작용하며 관계를 맺는 욕구이다. 인간이라는 존재의 본질은 관계를 떠나 생존할 수 없기 때문에 소속과 사랑의 욕구는 기본적인 욕구이다. 힘 또는 성취에 대한 욕구는 성취감, 자신감, 자긍심을 느끼고 자신의 삶을 통제할 수 있다는 것을 느끼고자 하는 욕구와 관련된다. 자유에 대한 욕구는 선택할 수 있는 능력으로서 인간은 과도하고 불필요한 한계와 구속 없이 살아가길 원한다. 즐거움에 대한 욕구는 재미와 기쁨을 느끼고 웃고 놀면서 인간의 삶을 즐길 수 있는 능력과 관련된 욕구이다.

둘째, 좋은 세계란 개인의 욕구와 소망이 충족되는 세계를 말한다. 좋은 세계를 이루는 내용 요소들에는 사람, 장소, 생각, 소유물, 신념 등이 해당된다. 우리의 행동이 어떤 욕구를 충족시키는 결과를 가져왔을 때 우리는 욕구를 충족시켜 주었던 사진을 저장하게 된다. 이와 같은 개인적인 사진첩은 우리가 한평생 이루려고 하는 것의 구체적인 동기가 된다. 좋은 세계는 기본 욕구를 반영하여 구성되는데, 인식된 현실세계와 비교되어 어떻게 행동할 것인지를 선택하는 바탕이 된다. 인간의 모든 행동은 자신이 원하는 것과 자신이 가지고 있는 것과의 차이를 줄이려고 끊임없는 노력을 한다. 만약 자신이 지각하는 세계와 좋은 세계와의 간극이 너무 크다고 한다면, 행복감을 느끼는 것이 쉽지 않을 것이다. 따라서 상담자는 내담자나 학생의 지각된 세계를 보다 실제에 가깝게 지각할 수 있도록 지각의 변화를 이끌 필요가 있다.

셋째, 전체행동이란 단순히 행동하는 것만을 의미하는 것이 아니라 활동하기, 생각하기, 느끼기 그리고 생리과정 모두를 포함하는 통합된 행동을 말한다. 인간이 할 수 있는 모

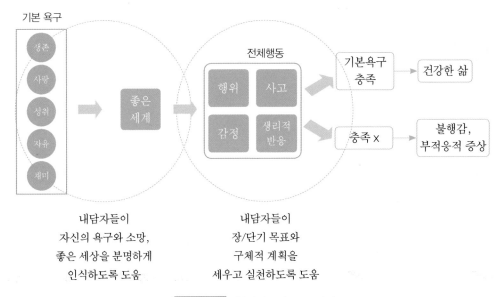

그림 8-3 현실치료의 주요 개념

든 것은 행동하는 것으로, 행동하는 모든 것이 전체행동이고 전체행동은 우리가 선택할 수 있다. 모든 전체행동은 동사형태로 지칭된다. 예를 들면, '나는 우울해.'가 아니라 '난 우울하기를 선택했어.'라고 전체행동을 선택하는 것이다. 적절한 전체행동으로 기본욕구를 충족하면 삶을 효과적으로 통제할 수 있어 건강하고 행복한 삶이 가능하지만 전체행동이 기본욕구를 충족시키지 못하면 부적응적인 삶으로 이어지게 된다. 현실치료의 주요개념을 바탕으로 개념화할 수 있는 도식을 [그림 8-3]에 제시하였다.

3) 심리적 부적응의 원인

현실치료에서는 책임감 있고 효과적인 방식으로 다섯 가지 욕구들을 충족하는 데 실패하여 어떤 욕구를 과도하게 강조하고 어떤 욕구는 무시하였기 때문에 정신질환이 발생한다고 보았다. 심리적 부적응에 대해서 진단용어 대신에 선택의 문제, 욕구 충족의 어려움, 책임의 문제 등으로 개념화를 한다. 외로움이라고 한다면 소속에 대한 욕구의 부족, 통제감 상실은 성취 욕구의 어려움, 권태와 우울은 재미 욕구 충족의 어려움, 좌절이나 반항은 자유의 부재가 원인이라고 간주하였다.

글래서는 한 개인이 겪는 심리적 고통과 불행은 기본 욕구를 책임감 있고 효과적인 방식으로 충족시키는 데 실패했기 때문이라고 보았다. 인간의 기본 욕구를 충족시킬 수 있는 방법은 관계 안에서 이루어지기 때문에 불행의 근원은 인간관계에서 비롯될 수밖에 없다. 건강한 발달과 성장을 촉진하기 위해서는 인간관계에서 좋은 시간을 갖는 것이 중요하다. 좋은 시간이란 개인이 부모, 자녀, 배우자, 친구, 동료들과 함께 나눈 편안하고 유쾌한 관계 경험의 저장고를 의미한다(권석만, 2012).

4) 상담의 목표와 과정

현실치료의 상담 목표는 다음과 같다. 첫째, 내담자가 자신의 현재 행동을 평가하고, 효과적인 행동을 할 수 있도록 심리적인 힘을 개발할 수 있는 조건을 제공하는 것이다. 즉, 안정적인 상담 환경을 조성하여 학생 스스로가 자신의 삶을 선택할 수 있는 존재임을 강조한다. 둘째, 내담자가 생활의 통제를 다시 획득하고 좀 더 효율적으로 살아가는 방법을 배우도록 도와준다. 과거보다 더 많은 선택이 있음을 인식시키고, 현명한 선택을 통해 더욱 만족스럽고 행복한 삶을 영위하도록 도울 필요가 있다. 끝으로 좋은 세계를 인식하고 기

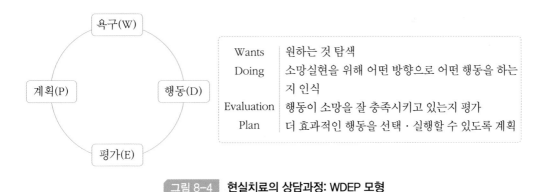

Wants	원하는 것 탐색
Doing	소망실현을 위해 어떤 방향으로 어떤 행동을 하는지 인식
Evaluation	행동이 소망을 잘 충족시키고 있는지 평가
Plan	더 효과적인 행동을 선택·실행할 수 있도록 계획

그림 8-4　현실치료의 상담과정: WDEP 모형

본욕구 충족을 위한 전체행동을 선택하도록 돕는 것이다. 이러한 상담목표를 성취하기 위해서 현실치료는 WDEP 모델(Wubbolding, 2000)을 활용한다. 이 모델에 기초한 상담과정은 다음과 같다([그림 8-4] 참조). 첫째, 소망과 욕구(Wants) 살펴보기이다. 학생이 바라는 것과 좋은 세상에 그려진 것들을 탐색하고 동시에 바라지 않는 것인데 가지게 된 것은 무엇인지 살펴본다. 둘째, 현재행동과 지향(Doing & Direction)을 살펴본다. 원하는 것을 얻기 위해서 구체적으로 어떤 노력을 기울이고 있는지 탐색하고 하고 싶은 것을 가로막는 것은 무엇인지 확인한다. 셋째, 현재 행동 평가하기(Evaluation)이다. 현재 자신이 하고 있는 행동이 자신의 소망과 욕구를 충족시키는 데 효과적인지 평가하고 지금 하고 있는 행동이 진정 원하는 것을 얻게 하는 데 얼마나 도움이 되는지 살펴봄으로써 행동변화를 촉진한다. 끝으로, 행동을 계획하고 실천하기(Plan)이다. 장기적인 계획과 목표 설정을 격려하고 장기적인 계획 실천을 위해 단기적이고 현실적인 것들로 세분화하여 실천 가능성을 높일 수 있도록 한다.

5) 상담기법

현실치료는 기법을 강조하지는 않는다. 내담자와의 협력적인 관계 형성을 통해 내담자가 지혜로운 선택을 할 수 있도록 효과적으로 도울 수 있는 기법을 활용한다. 현실치료의 기법은 내부 통제 심리학에 기초하여 내담자로 하여금 책임감을 높이고 스스로 좋은 세계를 이룰 수 있도록 전체행동을 선택하는 것을 촉진하기 위해 사용한다. 구체적인 상담기법은 〈표 8-7〉에 제시하였다. 수업활동 8-5를 통해서 자신의 좋은 세계를 탐색하고 좋은 세계를 이루기 위해 필요한 행동이 무엇인지 알아보자.

표 8-7	**현실치료의 상담기법**

상담기법	내용
질문하기	• 질문을 통해 내담자가 자신의 소망과 욕구를 인식하고 현재의 행동을 자각하여 평가하도록 촉진
동사로 표현하기	• 그 사람이 나를 싫어해요. → 나는 '그 사람이 나를 싫어한다.'고 생각하기로 선택했어요. • 행동과 사고뿐만 아니라 감정까지도 스스로 선택한 것이라는 책임의식을 심어 주기 위한 것
긍정적으로 접근하기	• "그 친구가 당신을 무시해서 화가 많이 났군요." 　→ 그 친구로 인해 화가 나지 않으려면 어떤 행동을 선택해야 할까요?
직면시키기	• 내담자가 자신의 말과 행동에 대해 책임감을 지니도록 촉진

수업활동 8-5　**현실치료의 적용: 기본적 욕구와 좋은 세계 탐색**

◎ 다음 질문에 답해 보자.

1. 여러분의 5가지 욕구 중에서 잘 충족되고 있는 것은 무엇이며 그렇지 못한 욕구는 무엇인가?

_____

_____

2. 여러분의 욕구가 잘 충족된 좋은 세계는 어떤 것인가?

_____

_____

3. 여러분이 꿈꾸는 좋은 세계가 여러분의 삶에서 펼쳐지도록 하기 위해서 현실적으로 할 수 있는 것은 무엇이며, 현재 얼마나 좋은 세계를 만들어 가고 있나?

_____

_____

4. 좋은 세계를 만들어 가기 위해 필요한 것은 무엇인가?

_____

_____

◎ 각자의 좋은 세계에 대해 발표하고, 오늘 활동 후 자신에 대해 새롭게 깨달은 점에 대해서 조원들과 이야기를 나누어 보자.

_____

_____

◎ 전체 토의
현실치료 이론이 학생을 이해하고 상담하는 데 시사하는 점이 무엇인지 조원들과 토의하고 발표해 보자.

_____

_____

_____

6. 인지행동 상담

이 절에서는 인간의 마음을 구성하는 인지, 행동, 정서, 신체의 요소들이 서로 어떻게 마음에 영향을 주는지에 대해 통합적으로 살펴볼 수 있는 인지행동적 상담이론에 대해서 살펴보기로 한다. 앞서 학습한 행동주의 상담이론은 행동주의의 1세대 치료이론으로 반두라의 사회인지이론에 의해서 개인의 능동적인 사고과정에 초점을 두는 행동주의 2세대 치료인 인지행동적 상담이 시작되었다. 인지행동적 상담이론은 정신분석 상담이론과 달리, 상담의 진행이 빠르고 단기간에 문제를 해결하는 데 초점을 두며 매뉴얼화되어 있기 때문에 상담 현장에의 적용가능성이 높다는 장점이 있다. 인간중심 상담이론이 인간의 성격적 변화와 성숙을 목표로 한다면, 인지행동적 상담은 심리적 문제를 해결하는 것을 우선적으로 문제 해결 이후에 좀 더 궁극적인 차원의 상담 목표를 추구하는 특성이 있다. 단기간 상담을 진행하고 문제 해결에 초점을 두는 목표 지향적 특성으로 인해 학교상담이나 기업체 상담 그리고 교육기관 등에서 좀 더 많이 활용되고 있다.

인지행동 상담이론은 행동주의의 제3의 물결로 지칭되는 마음챙김 명상에 기반한 상담이론으로 발전해 오고 있다. 전통적인 인지행동적 접근의 상담이론과 마음챙김 명상에 기반한 인지행동 상담이론은 인간의 심리적 문제를 바라보는 관점이 전혀 다르다. 기존의 인지행동 상담이론은 건강한 정상성에 대해 가정하여 의학적 모델에 기반해 질병과 증상은 비정상의 상태로 고쳐야 하는 것으로 바라보는 반면에, 마음챙김에 기반한 상담은 건설적이지 않은 게 정상이라는 가정을 취한다. 즉, 적응과 부정응이라 구분 짓는 것이 아니라 변화무쌍한 맥락에서 심리적 불편함에 대해 상대적 적응과 부적응의 상태로 본다. 심리적 고통에 대해서 잘못된 상태라 보는 것이 아니라 인간의 삶 자체가 심리적 고통을 겪을 수밖에 없다고 바라보고 심리적 고통의 보편성을 수용하는 관점을 취한다. 최근 뇌과학이 발전하면서 마음챙김 명상에 기반한 인지행동적 접근의 효과가 뇌의 구조와 기능의 변화를 가져온다는 것이 밝혀지면서 마음챙김 명상은 전 세계적으로 각광을 받고 있으며, 다양한 심리적 문제의 개선뿐만 아니라 현대인의 정신건강과 행복한 삶을 살아가는 데 명상의 적용이 빠르게 확산되고 있다. 특히, 동양의 마음 수련 방법에서 시작된 마음챙김 기반 상담이론은 과학적으로 그 효과가 입증되고 있을 뿐만 아니라 우리나라 학교상담의 철학적 배경인 마음교육 철학과 맥을 같이하고 있다는 점에서 학교상담과 생활지도의 개입으로서 학교교육에 통합될 수 있다.

먼저 인지행동 상담이론의 인간관에 대해 살펴본 후, 인지행동적 상담의 대표적인 엘리스(Ellis)의 합리적·정서적 행동상담이론과 벡(Beck)의 인지치료에 대해 학습한 후, 제3의 물결인 마음챙김에 기반한 상담이론에 대해 중점적으로 살펴보기로 한다.

1) 인간에 대한 기본 관점

인지행동적 접근에서는 감정이나 행동도 중요하지만 사람들이 어떻게 생각하느냐에 따라 감정이나 행동이 달라진다고 가정한다. 감정이나 행동은 우리가 어떻게 생각하느냐에 따라 영향을 받게 된다. 인간은 합리적이고 올바른 사고와 비합리적이고 올바르지 못한 사고를 모두 할 수 있는 존재이므로 인간의 문제행동은 비합리적 사고에 의해 형성된다고 본다. 즉, 특정한 사안에 대해 부정적인 생각을 하기 때문에 부정적인 정서를 느끼게 되고, 결국 문제행동을 하게 된다는 것이다. 예를 들어, 친구가 문자로 "내일 만나기로 한 거 말이야…… 미안하지만 다음으로 미루자. 내가 몸이 아프거든."이라고 보내왔다. 이럴 때, 어떤 사람은 정말 그런가 보다 하고 "그래, 다음에 만나자. 몸조리 잘해."라고 답 문자를 마음 편하게 보낸다. 반면, 그 문자를 받고 화가 나는 사람이 있다면, 그 이면에 어떤 생각이 깔려 있는지를 들여다볼 필요가 있다. "날 만나기 싫어서 거짓말하는 것일 거야."라고 생각했기 때문에 화가 올라오지만, 그 화나는 감정이 상대방으로 인한 것이 아니라고 귀인한다면, 이 사람은 비합리적인 사고로 인해 일상생활에서 좀 더 불편한 정서를 많이 경험할 가능성이 높을 수밖에 없다.

2) 합리적·정서적 행동상담

알버트 엘리스(Albert Ellis, 1913~2007)가 창시한 것으로 인지 변화를 통해 정서와 행동 변화를 이끌어 내고자 하는 상담이론이다. 위에서 제시된 예시에서처럼, 인간의 심리적 문제는 외부사건 자체 때문이 아니라 사건에 대한 잘못된 인식과 비합리적 생각의 산물로 간주된다. 내담자의 비합리적 신념에 직면하여 논박을 통해 합리적 신념으로 변화를 유도하는 것이 중요한 합리적·정서적 행동 상담의 원리이다. 엘리스에 의하면, 인간은 합리적이고 올바른 사고를 할 수 있을 뿐만 아니라 비합리적이고 왜곡된 사고도 할 수도 있는 존재이다. 오히려 역기능적으로 생각하는 경향성을 지닌 존재이기도 하다.

(1) 비합리적 신념

비합리적 신념이란 당위적 요구를 기반으로 형성되어 주변에서 일어나는 사소한 사건을 과잉일반화하게 하여 부적절한 정서와 자기파괴적 행동을 유발하는 일련의 사고를 말한다. 이러한 비합리적 신념은 현실을 과장하거나 왜곡한 것이며 강요나 명령의 형태를 지닌다. 또한 과도한 감정을 유발하고 개인의 목표를 달성하는 데 도움을 주지 못하는 특

표 8-8 비합리적 사고의 유형

개념	내용
과잉일반화	파국화, 왜곡, '견딜 수 없어' 메시지, 의무주의 사고, 완벽주의화 사고에 의해 발생
파국화	일상생활 속의 소소한 일을 끔찍한, 파멸적인 등과 같이 강한 감정이 섞인 말로 표현하는 것
왜곡	선/악, 천사/악마, 옳음/그름 등과 같이 모든 것을 양분법적으로 범주화하는 것
'견딜 수 없어' 메시지	자신이 도저히 참을 수 없거나 대처할 수 없는 일이거나, 모욕을 당해 왔다거나 특정한 일로 무기력해졌다거나 등과 같은 정서적 가정을 하는 것
의무주의 사고	다른 사람에게 '반드시~해야 한다.' 또는 '반드시~해서는 안 된다.'는 의미의 말로 도덕적 요구와 의무를 이행해야 함을 강조하는 것
완벽주의화 사고	자신에 관한 모든 것이 항상 완벽할 것이라고 가정하는 것 사소한 실수도 엄청난 정신적 타격으로 간주

성이 있다. 반면에 합리적 신념은 어떤 사건에 대해 판단하지 않고 가능성을 보며 희망과 소망을 반영한다. 많은 선택권과 해결책이 있다고 보기 때문에 문제해결과 건설적 행동을 촉진하는 특성이 있다. 예를 들어, 한 남성이 여자 친구가 헤어지자고 하자 자신은 살 말한 가치가 없고 여자 친구와 함께하지 않는다면 난 죽는 게 낫다며 자살만이 이 사태를 해결할 수 있는 유일한 해결책이라 생각한다면, '이별은 죽음이다.'라는 비합리적 신념으로 인해 다른 대안들을 볼 수 없는 심각한 상황에 처한 것이라 할 수 있다. 〈표 8-8〉에서 다양한 비합리적 사고의 유형들을 살펴볼 수가 있다.

(2) 상담의 목표

내담자의 자기파괴적인 신념을 줄이고, 내담자가 보다 합리적이고 현실적이며 관대한 신념과 인생관을 갖게 하여 더욱 융통성 있고 생산적인 삶을 살아가도록 내담자를 돕는 것이다. 상담자는 교사와 같이 기능하고 내담자는 자신의 문제에 대하여 통찰을 얻고 난 후 자기를 파괴하는 행동을 바꾸기 위하여 적극적으로 실천해야 하는 역할에 충실해야 한다.

(3) 상담과정

상담의 과정은 아래의 도식에서 살펴볼 수 있듯이, ABCDEF 모형([그림 8-5])으로 설명할수가 있다. ABC는 비합리적 신념이 정서 문제를 야기하는 과정이고 DEF는 치료의 과정이다. 내담자가 겪는 심리적 문제(C)는 선행사건(A) 때문이 아니라, 그 사건에 대해 내담자가가지는 신념체계(B)라 보는 것이다. 상담의 과정에서 상담자는 내담자의 비합리적 신념(iB)의 부당성을 적극적으로 논박(D)하여 그것을 합리적 신념(rB)으로 변환함으로써 정서적 건

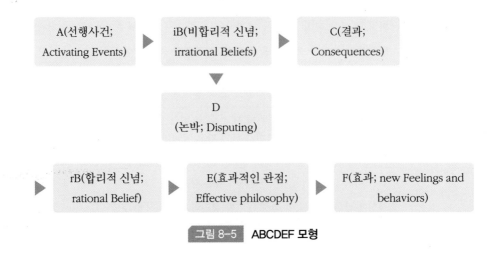

그림 8-5 ABCDEF 모형

강을 되찾게 하는 효과(E)를 얻게 되는 것이다. 이 모형은 단기상담의 틀로 실행될 수 있다. 특히, 내담자가 이해하기 쉽고 향후 스스로 돕기 위한 방법을 제공한다는 이점이 있다.

(4) 상담기술

상담의 기술은 비합리적 신념을 포착하고 비합리적 신념을 논박하기 위한 인지적 기술(소크라테스식 문답법), 정서적·환기적 기술(합리적 정서 심상법, 유머), 그리고 행동 변화를 위한 행동적 기술(합리적 역할극, 대처 진술 숙달시키기 등)로 구분이 된다. 논박, 과제제시, 독서법, 자기진술, 수용 등 행동주의 상담에서 사용되는 많은 기술을 그대로 사용한다. 논박하기는 이성적 판단에 근거하여 내담자의 신념이 부적응을 초래하는 비합리적이라는 사실을 인식하게 하여 학생의 비합리적 신념을 합리적 신념으로 대체할 수 있도록 돕기 위한 기법이다. 이러한 상담기술은 다른 이론적 접근에 비해 설득적이고 지시적이며 교수적인 특징이 있다.

 수업활동 8-6 　합리적·정서적 행동 상담이론의 적용: 비합리적 신념의 논박

◎ 최근 불쾌한 감정을 경험한 것을 떠올려 보고 ABCDE 모형에 따라 자신의 비합리적 신념을 확인하고 논박하는 것을 적용해 보자.

〈예시〉

A: 과학 수행평가에서 선생님으로부터 평균 점수를 받았다.

B: 과학 선생님은 나에게 점수를 더 주어야 해. 내가 얼마나 열심히 수행평가를 했는지 모르는 멍청이. 이렇게 열심히 해 놓고서 받아야 할 만큼의 평가를 받지 못하는 것은 끔찍한 일이야.

C: 분노, 수치심. 과학 성적이 떨어질지 모른다는 불안감/과학 선생님에 대한 비난 행동

D: 인지/행동/정서적 논박

평균점수가 끔찍한 것인가?

내가 왜 이렇게 불안해 하고 수치심을 느끼는가?

과학 선생님에게 확인해 보면 어떨까?

E: 비록 수행평가가 평균이라 실망하긴 했지만 그것이 다는 아니다. 과학 선생님에게 내가 준비한 내용을 말씀드리고 무엇이 부족했는지 알아보자.

〈자신에게 적용〉

A: _____

B: _____

C: _____

D: _____

E: _____

◎ 자신에 대해 새롭게 깨달은 점과 활동 소감에 대해 조원들과 의견을 교환해 보자.

_____

_____

_____

◎ 전체 토의

앞의 활동을 통해서 합리적 · 정서적 행동 상담이론이 학생을 이해하고 상담하는 데 시사하는 점이 무엇인지 조원들과 토의하고 발표해 보자.

_____

_____

_____

3) 인지치료

인지치료는 아론 벡(Aron Beck, 1921~현재)에 의해 창시된 것으로, 1960년대 정신분석과 행동치료로 잘 치료되지 않았던 우울증 치료를 위해 개발되었다. 인지의 변화에 초점을 맞추어 증상을 치료하는 적극적이고 구조화된 단기상담으로 진행되어 상담 실제에서 널리 활용되고 있고 그 효과에 대한 증거도 상당하다. 벡은 인간을 자신의 의식적 경험에 근거하여 주체적으로 판단하고 행동하는 존재로 보았다. 인지치료 이론은 우울증을 치료하는 이론으로 출발하였으나 점차 불안과 공포증 등을 포함한 정서적 문제, 그리고 사람들의 성격적 문제(예: 경계선 성격장애, 자기애성 인격 장애 등)를 치료하는 이론으로 확장되어 그 효과성이 입증되었다.

(1) 핵심개념

핵심개념으로 자동적 사고, 역기능적 인지도식, 인지적 왜곡을 이해한다면 심리적 문제가 어떠한 과정을 거쳐 발생하는지에 대한 인지치료의 내용을 쉽게 이해할 수가 있다. 첫째, 자동적 사고란 부정적 사고경향으로, 특정 생활사건을 접하게 되는 경우에 거의 자동적으로 유발되는 일련의 생각을 말한다. 앞서 언급한 여자 친구와의 이별로 인해 자살을 생각하는 남성의 예를 떠올려 보자. 만약 이 남성이 '그래, 나랑 헤어지고 얼마나 좋은 놈 만나나 보자. 잘 가라.'라는 생각이 떠오른다면 그 사태를 해결하기 위해 자살을 해야겠다고 다짐하지는 않을 것이다. 그러나 이 남성은 '여자 친구가 없는 인생은 의미가 없다.'라는 생각이 떠올라 자살밖에는 해결할 수 있는 방법이 없다고 판단하여 극단적인 행동을 하려는 것이다. 바로 어떤 사건에 맞닥뜨릴 때, 자동적으로 어떤 생각이 올라오게 되는데, 이를 자동적 사고라 한다. 이렇듯, 심리적 문제를 해결하기 위해서는 특정 인생 사건에 대해 떠오르는 자동적 사고를 파악하는 것이 중요하다.

둘째, 역기능적 인지도식은 우울증을 유발하는 인지적 요인으로 완벽주의적이고 당위적이며 비현실적인 역기능적 신념으로 구성된다. 앞서 엘리스의 합리적 · 정서적 상담이론에서 비합리적 신념과 유사한 개념이라 할 수 있다. 이러한 역기능적 신념은 어린 시절의 경험에 의해 형성된 것으로, 생활사건의 의미를 부정적으로 왜곡하여 해석하는 자동적 사고를 활성화하게 하는 원인이 되고 이로 인해 심리적 문제가 발생한다고 본다. 심리적 문제를 야기하기 쉬운 역기능적 인지도식의 예(이장호 외, 2010)를 살펴보면 다음과 같다.

- 사람은 멋지게 생기고 똑똑하고 돈이 많지 않으면 행복해지기 어렵다.
- 다른 사람의 사랑 없이 나는 행복해질 수 없다.
- 다른 사람에게 도움을 요청하는 것은 나약함의 표시이다.
- 절반의 실패는 전부 실패한 거나 다름없다.
- 인정을 받으려면 항상 일을 잘 해야만 한다.
- 한 인간으로서 나의 가치는 나에 대한 다른 사람의 평가에 달려 있다.
- 사람들이 언제 나에게 등을 돌릴지 모르기 때문에 믿을 수 없다.

끝으로, 인지적 왜곡(오류)은 정보처리과정에서 특정 생활사건의 의미를 자의적으로 해석하여 자동적 사고를 생성해 내는 인지과정을 의미한다. 인지적 왜곡의 종류는 〈표 8-9〉에 제시되어 있다. 인지적 왜곡의 여러 종류의 내용을 살펴보면 알겠지만, 인지적 왜곡의 특징은 자신과 세상 그리고 타인에 대해 이해하려 할 때, 자기만의 방식으로 고집하여 바라보고 생각하고 해석하여 외부 객관적 현실과의 간극이 멀어지게 된다는 것이다. 심리적 고통을 경험하는 대다수의 내담자들은 실제는 그렇지 않은데 자기만의 세상에 갇혀 스스로 만들어 내는 이야기 속에 빠져 스스로 괴로움을 창출하고 있는 경우가 많다.

　지금까지 살펴본 인지치료의 핵심개념을 통해 심리적 문제의 발생과정을 도식화하면 [그림 8-6]과 같다. 수업활동 8-7을 통해서 각자 자신이 지닌 인지적 왜곡이 무엇일지 성

표 8-9　인지적 왜곡(오류)의 종류	
인지적 왜곡	내용
임의적 추론	구체적 근거 없이 또는 정반대의 근거를 토대로 결론을 내리는 것
이분법적 사고	생활사건의 의미를 성공 아니면 실패처럼 이분법적으로 해석하는 것
선택적 추상화	일부 정보만 선택적으로 받아들여 전체인 것처럼 해석하는 것(=정신적 여과)
과잉일반화	몇몇 상황에서의 경험으로부터 일반적인 규칙을 정하거나 결론을 내림으로써 관계없는 상황에도 적용하는 것
확대 · 축소	특정 사건의 의미 또는 중요성을 실제보다 확대 또는 축소하는 것
개인화	자신과 무관한 일을 자신과 관련된 것으로 해석하는 경향성(머피의 법칙을 자기의 것으로 받아들임.)
잘못된 명명	특정 대상의 특징이나 행위에 대해 과장되거나 부적절한 명칭을 붙여서 자신의 정체성을 창출하는 오류
파국화	관심 있는 한 가지 사건을 과장하여 비극적 결말을 예상하는 경향성
터널 시야	오로지 상황의 부정적 측면에만 초점을 맞추는 것

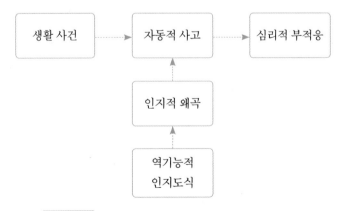

그림 8-6　인지치료에서 심리적 문제의 발생 과정

찰해 보는 시간을 갖고 자신과 타인 그리고 세상에 대해 좀 더 현실에 가깝게 바라보기 위해 어떤 변화를 해야 할지 살펴보기로 하자.

(2) 상담의 목표 및 과정

인지치료의 상담 목표는 내담자의 정보처리체계의 오류를 인식하고 수정하는 것이다. 상담자는 내담자가 관련된 정서와 행동, 자동적 사고와 기저에 내재된 사고(역기능적 인지도식)와 믿음을 확인하고 역기능적 인지도식이 얼마나 타당한지 평가하여 이를 수정할 수 있도록 내담자와 건강한 협력관계를 구축해야 한다. 상담 진행과정은 크게 세 가지 과업을 달성하는 것을 목표로 이루어진다(이장호 외, 2010). 첫째, 내담자의 부정적인 자동적 사고를 찾아내어 이를 보다 적절한 적응적인 사고로 대치한다. 즉, 학생이 세상을 주관적으로 인식하는 방식을 파악하여 정서와 행동에 미치는 영향을 밝혀냄으로써 부적응적 인지 변화를 돕는다. 둘째, 내담자의 사고과정에서의 오류, 즉 인지적 왜곡을 찾아내어 수정한다. 심리교육모형에 근거하여 자가치료할 수 있도록 과학자처럼 사고하는 법을 교육시킨다. 이로써 학생이 자신의 부정확하거나 왜곡된 사고에 직면할 수 있도록 한다. 셋째, 부정적인 자동적 사고와 인지적 오류의 기저를 이루는 근원적인 역기능적 인지도식을 찾아내어 그 내용을 보다 융통성 있고 현실적인 것으로 바꾼다. 상담회기 사이의 시간에 새로운 사고방식을 연습하도록 과제(역기능적 사고 기록지 작성, 활동계획표 작성, 행동실험 계획 및 실행, 문제관련 서적 읽기 등)를 부여할 수 있다.

(3) 상담기법

왜곡된 인지를 수정하기 위해 벡의 인지치료는 다양한 기법을 활용한다. 인지수정 기법으로 절대적 진술에 도전하기, 활동 일정 짜기(활동계획을 세우면서 자신의 시간을 통제할 수 있다는 자신감을 키움), 비난을 재귀인하기, 인지적 시연, 주의분산, 대처카드('이 또한 지나가리…'라는 카드를 책상 위에 붙여 놓기), 일지쓰기(현실적/왜곡된 인지, 감정 등을 기록하여 자각을 증대함), 재명명(난 구제 불능이야 → 난 만능이야), 역할연기, 거리두기(떨어져서 바라보기), 과제부여 등이 있다.

수업활동 8-7 **인지치료 이론의 적용: 빈틈 메우기 방법**

◎ 빈 종이를 여러 개의 칸으로 나누어 스트레스 사건, 정서적 경험, 자동적 사고, 대안적인 사고, 정서적 변화 등을 기록해 자신이 자각하지 못하던 자동적 사고로 인해 자신이 경험하는 스트레스 사건과 그 결과 경험하는 정서적 곤란 사이의 빈틈을 채워 보자.

〈작성 방법〉

① 제일 왼쪽에 문제를 경험했던 상황이나 구체적인 스트레스 사건을 적는다.

② 세 번째 칸에는 그 상황이나 사건을 경험하고 난 후 일어났던 정서적 결과를 적는다.

③ 그 다음 둘째 칸에 문제상황이나 스트레스 사건과 정서적 결과 사이의 빈틈인 자동적 사고를 확인하여 작성한다.

④ 네 번째 칸에는 부정적 자동적 사고 대신에 다른 긍정적이거나 중립적 사고를 확인하여 작성한다.

⑤ 다섯 번째 칸에는 4번 대로 생각을 바꾸게 된다면 정서적 결과가 어떻게 달라질지 작성한다.

◎ 기록 후, 자신에 대해 새롭게 깨달은 점에 대해서 조원들과 이야기를 나누어 보자.

_____

_____

◎ 전체 토의

인지치료 이론이 학생을 이해하고 상담하는 데 시사하는 점이 무엇인지 조원들과 토의하고 발표해 보자.

_____

_____

_____

_____

4) 마음챙김에 기반한 상담

지난 20년 동안 만성 통증, 불안, 우울 및 기타 다른 정신장애가 있는 성인들을 위한 마음챙김 명상에 기반한 심리치료의 개발과 시행이 확산되어 마음챙김 명상은 오늘날 심리적 문제와 신체적 질병에 대한 치료로 적용될 뿐만 아니라, 교육 기관과 기업 조직 등에서 자신의 관리와 계발을 위해서 널리 활용되고 있다(고형일, 2015). 성인에 대한 마음챙김에 기초한 개입들은 임상심리학, 정신의학, 행동 건강 및 정신신체의학 등에서 널리 받아들여졌고, 기분, 불안 및 다른 장애의 치료에 효과적인 것으로 최근 입증되었다. 더불어 아동 및 청소년 대상 마음챙김 명상의 효과성에 관한 연구들은 마음챙김 명상이 학업성취와 집중력 향상, 정서조절능력과 공감 능력의 배양을 통한 인간관계의 개선 등을 보고하고 있다(유현숙, 최윤정, 2020). 이러한 결과들은 마음챙김 명상이 학생의 인지적 발달영역에서부터 정의적 발달의 영역을 아우르는 효과적인 전인교육의 방안임을 시사한다. 이 절에서는 행동치료의 제3세대로 알려진 마음챙김에 기반한 상담이 무엇인지 인지행동적 상담과 비교하여 살펴보고 마음챙김에 기반한 상담의 원리와 방법 그리고 학교에서 적용된 마음챙김 명상의 효과에 대해 알아보고자 한다. 구체적인 프로그램은 제5장에서 살펴볼 수 있다.

(1) 마음챙김의 정의

마음챙김(mindfulness)이란 불교의 명상 수행에서 나온 개념으로, '사티(sati)'라는 팔리어를 현대 영어로 번역한 것을 우리말로 다시 번역한 것이다. 구체적으로는 의식적 알아차림(awareness), 주의(attention), 지금 이 순간에 온전히 존재함을 기억하기(remembering) 및 지속적인 평정심을 유지하기와 관련된 불교의 복잡한 개념을 표현한 것이라 할 수 있다.

지금 현재, 매 순간 펼쳐지는 자신의 경험에 의도적이고 비판단적으로 주의를 기울임으로써 생겨나는 알아차림(Kabat-Zinn, 1994)이라는 의미가 널리 받아들여지고 있다. 이는 매순간 일어나는 내부사건(생각, 정서, 지각 및 신체감각) 및 외부사건(환경적, 상황적 및 대인관계적 경험)에 비판단적인 주의를 기울이는 의도적인 수행 행위이다. '지금 이 순간에 머무르기(nowscape)'라고 부르는 풍부하고 복잡한 지각과 경험의 내적ㆍ외적 세계를 통하여 반복해서 주의를 지금 이 순간으로 돌리는 것이다. 우리는 살아가면서 부지불식간에 행동을 하는 경우가 많다. 운전을 하면서 어제 있었던 기분 좋지 않았던 일에 대한 생각에 빠져있기도 하고 밥을 먹으면서 내일 있을 시험에 대해 걱정을 하면서도 자신이 지금 이 순간에 무엇을 생각하고 있는지 그리고 무엇을 느끼는지에 대해 자각하지 못한 채 자동적으로

움직이는 경우가 많다.

(2) 마음챙김과 인지행동치료의 차이점

마음챙김에 기반한 상담이론은 행동치료의 역사에서 보면 행동치료, 인지치료에 이어서 나타난 제3세대에 해당된다. 제1세대는 1950년대에 활성화된 고전적 조건형성이나 조작적 조건형성을 통해서 행동을 수정하는 행동치료가 여기에 해당된다. 이들은 관찰 가능한 행동에 초점을 맞추고 인간의 정서를 학습으로 설명하면서 강화나 체계적 둔감법과 같은 이완 기법을 주로 사용한다. 1960년대에 등장한 인지치료는 우울증을 치료할 목적으로 개발되었고, 자극과 반응의 조건형성보다는 주로 사고 작용의 역할에 초점을 맞추고 있다. 특히 자동적 사고와 비합리적인 신념을 발견하여 그것을 수정하는 기법을 주로 사용한다. 1990년에 본격적으로 대두한 제3세대는 동양의 명상기법을 전폭적으로 수용하고 건강한 정상성에 대한 가정에 대해 관계적 맥락과 상대성을 강조한 점에서 크게 차이점이 있다.

기존의 인지행동 상담은 건강한 정상성에 대해 가정하여 의학적 모델에 기반해서 질병과 증상은 비정상의 상태로 고쳐야 하는 것으로 바라보는 반면에, 마음챙김에 기반한 상담은 건설적이지 않은 게 정상이라는 가정을 취한다. 즉, 적응과 부적응이라 구분 짓는 것이 아니라 변화무쌍한 맥락에서 상대적 적응과 부적응의 상태로 본다. 심리적 고통에 대해서 잘못된 상태라 보는 것이 아니라 인간의 삶 자체가 심리적 고통을 겪을 수밖에 없다고 바라보고 심리적 고통의 보편성을 수용하는 관점을 취한다.

(3) 마음챙김에 기반한 상담 프로그램의 종류

마음챙김 명상을 연습하는 것을 주된 상담방법으로 하는 상담을 마음챙김에 기반한 상담이라고 한다. 대표적인 이론은 마음챙김에 기반한 스트레스 감소 프로그램(Mindfulness Based Stress Reduction: MBSR), 마음챙김에 기반한 인지행동치료(Mindfulness Based Cognitive Therapy: MBCT), 수용-전념치료(Acceptance and Commitment Therapy: ACT)가 있다. 이에 대해 간략하게 살펴보면 다음과 같다.

① 마음챙김에 기반한 스트레스 감소 프로그램(MBSR)

MBSR은 만성 통증 환자를 위한 8주 집단 프로그램으로 개발되어 광범위한 신체적 및 심리적 건강 상태에 적용되어 왔다(Kabat-Zinn, 2003). MBSR은 치료적 접근이기보다는 마음챙김 명상의 교육 프로그램으로서 규칙적인 마음챙김 수행을 통하여 경험적으로 마음챙김 태도를 배양함으로써 심신 치유의 효과를 이끌어 낸다. 매일 집에서 연습은 필수이며, 45분간의 명상 수행과 마음챙김 알아차림을 일상 생활활동으로 통합하는 것에 강조를 둔다. 아동·청소년을 위한 프로그램은 성인 MBSR 프로토콜과 유사하나 청소년에게 맞는 수정이 필요하다. 대체로 성인보다 좀 더 짧은 연습 시간으로 구성되며 감각 및 다양한 방식의 학습활동을 포함한다. 무엇보다도 가정에서 마음챙김 명상의 연습과 훈련을 위해서 부모 참여를 권장하고 있다(Burke, 2010; Semple & Lee, 2008).

② 마음챙김에 기반한 인지행동치료(MBCT)

MBCT는 MBSR과 인지행동치료가 혼합된 프로그램으로서 우울한 경험이 있던 내담자들의 우울 재발 방지를 위한 예방적 치료로 개발되었다(Segal, Williams, & Teasdale, 2002). MBCT에서도 MBSR에서 훈련하는 마음챙김 명상 교육이 매 회기마다 진행되며 추가적으로 기분과 관련된 인지, 정서, 생리적 패턴을 관찰하는 것으로 구성되어 있다. 내적 경험으로부터 탈중심화하는 방법으로서 경험적 마음챙김 수행에 참여하게 한다. 아동·청소년용 MBCT(MBCT for Children: MBCT-C)는 12회기로 구성되며, 9~13세 아동의 주의를 향상시키고 불안을 감소시키기 위해 개발된 집단치료 프로그램으로 국내에서도 정서·행동 관심군 고등학생에게 적용하여 우울과 자살생각 감소에 효과가 있는 것으로 나타났다(김영선, 최윤정, 2016). 생각, 감정, 신체감각의 알아차림과 수용을 향상시키기 위한 마음챙김 연습을 사용한다.

③ 수용전념치료(ACT)

ACT는 모든 사건과 행위들은 그것이 일어난 상호의존적인 관계적 맥락에서만 의미를 갖는다고 보는 관계 구성 이론(Relational Frame Theory: RFT)에 기초하여, 행동치료와 마음챙김 명상 그리고 수용의 요소들을 조합하여 개발되었다(Hayes, Strosahl, & Wolson, 2012). ACT의 주요 목표는 우리의 생각과 감정을 통제하는 대상으로 보지 않고 수용하여 자신이 가치를 두는 삶을 꾸려가는 데 전념하도록 개인을 격려하는 것에 있다. 구체적으로 자신의 생각이 사실인 줄로 아는 인지적 융합과 자신이 가공한 심리적 고통을 경험하기보다는 회피하려는 심리적 경직성으로부터 벗어나 심리적 유연성을 발달시키는 것이 상담과정의 목표이다. 즉, 수용, 인지적 탈융합, 현재 순간과의 접촉, 맥락으로서의 자기, 가치, 전념행위로 구성된 육각형 모형을 기초로 각각의 요소를 중심으로 변화를 경험할 수 있도록 조력한다. ACT의 과정은 지금 마음챙김 명상을 통해 지금 이 순간을 자각하고, 신체에 집중하며, 수용을 하는 마음챙김 훈련, 가치의 탐색과 선택 그리고 행동변화의 순서로 진행된다. 아동·청소년용(ACT-A)은 성인용과 마찬가지로 심리적 유연성을 키우고, 개인적으로 경험되는 모든 현상에 대한 수용을 발달시켜 삶의 가치와 질을 강조하는 데 목표를 두며, 심리적 경직성이 성인기에 몸에 배기 전에 예방에 초점을 둔다.

(4) 마음챙김에 기반한 상담의 원리와 방법

마음챙김에 기반한 상담의 원리는 마음챙김 명상을 통해서 외부 자극에 대한 자동적 반응이 아니라 마음챙김 명상 수행을 통해 의도적인 조절 혹은 숙고 반응을 하는 것에 있다. 즉, 마음챙김 명상 수행을 통해 자신의 생각, 감정, 신체 감각 등의 내적 자극과 외부에서 벌어지는 일들에 대한 외적 자극에 대해 알아차리고 자신의 경험 및 자신의 존재에 대해 있는 그대로 수용하여 현재에 충실하게 존재하는 삶의 방식으로 살아가도록 돕는 상담의 방법이다. [그림 8-7]은 이러한 마음챙김의 심리적 치유의 기제를 도식화한 것이다. 마음챙김을 하지 않는다면, 우리는 외부 자극에 대해 자동적 반응을 하게 되지만, 마음챙김을 하면 자극과 반응 사이에 주어지는 잠깐의 시간 동안 마음챙김을 통해서 숙고하여 조절된 반응을 할 수 있다. 이렇게 함으로써 좀 더 건강한 방식으로 외부 대상 및 타인과 관계를 유지할 수 있게 된다.

지속적으로 마음챙김을 수행하게 되면, 생각을 마음속의 순간적인 사건으로서 지각하고 받아들이는 '탈중심화'의 경험을 하게 되고, 감정적 평정심이 생겨나 경험에 대해 있는 그대로 수용하며 내외적 자극에 대해 좋다/싫다, 옳다/그르다 등 분별하지 않고 사회·정서적 탄력성을 강화하게 된다. 이러한 마음챙김 능력은 수행과 연습을 통해 향상될 수 있다(Rothwell, 2006).

마음챙김 명상의 방법으로는 호흡명상, 바디스캔, 정좌명상, 걷기 명상, 먹기 명상, 하타

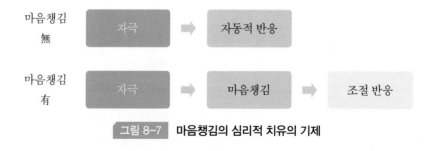

그림 8-7 **마음챙김의 심리적 치유의 기제**

요가 등이 있다. 마음챙김을 배양하는 4가지 주요 기술인 현재의 자각, 내외적 경험에 대해 허용하기, 현재 지금 이 순간에 집중하기, 거리두기(자신의 생각과 감정이 자신이 아니라는 탈중심화를 학습하고 생각과 감정, 신체적 감각에 대해 스스로 다룰 수 있는 기술)는 위와 같은 명상의 방법을 통해 연습할 수 있게 되고 지속적으로 꾸준히 한다면, 마음챙김을 통한 숙고적 반응이 숙달되어 오히려 마음챙김 하는 수행이 자동화되어 삶에서 큰 변화를 경험할 수 있게 된다. 마음챙김 명상에 기반한 상담이론들은 존 카밧진에 의해서 개발된 마음챙김에 기반한 스트레스 감소 프로그램(MBSR)을 적용 또는 변용하여 마음챙김 명상을 연습하고 있는데, 이에 대한 구체적인 프로그램의 내용을 간략히 소개하면 〈표 8-10〉과 같다.

표 8-10   **한국판 마음챙김에 기반한 스트레스 감소 프로그램의 내용**

회기	명상의 내용	구체적 내용
1회기	• 마음챙김 명상 이론 • 건포도 먹기 명상 실습	방황하는 마음의 속성을 설명하고 마음챙김 명상과 이를 위한 7가지 기본적 태도 소개
2회기	• 바디스캔 • 걷기 명상 실습	바디스캔을 통해 마음의 산만성을 새삼 깨닫게 하고, 스트레스 사건을 경험하면서 몸이 어떻게 반응하는지를 살펴봄.
3회기	• 바디스캔 • 마음챙김 호흡명상	'호흡의 힘'이라는 주제로, 마음이 얼마나 분주하게 움직이는가를 호흡훈련을 통해서 다시 한 번 인식하도록 하고 의도적으로 마음을 챙겨 호흡을 해 나가도록 유도함.
4회기	• 마음챙김 호흡명상 • 마음챙김 정좌명상	'마음챙김 호흡'을 하면서 감정이나 생각의 변화를 순간순간 알아차리는 훈련을 하게 됨.
5회기	• 마음챙김 정좌명상 • 대상에 깨어 있기	현재에 머물며 항상 깨어 있는 연습을 함. 일상생활에서 일어나는 마음의 움직임을 판단하지 않은 채 있는 그대로 알아차리며 수용하도록 함.
6회기	• 하타요가 • 마음챙김 호흡	하타요가를 하면서 마음챙김을 함. 동작을 하는 동안 자신의 호흡을 관찰하고 신체감각에 주의를 기울이며 요가 동작과 함께 마음챙김
7회기	• 마음챙김의 날 • 묵언수행	'마음챙김의 날'은 종일 마음챙김 명상을 수련하는 것으로, 참가자 모두가 묵언을 하며 서로의 시선을 마주치지 않은 채 먹기명상과 더불어 일상적 활동을 함. 참가자는 정좌명상, 걷기명상, 바디스캔, 요가 수행에 참여, 지도자에 의해 제공되는 지시를 제외하고는 하루 종일 침묵 속에서 지냄.
8회기	• 자신만의 명상법	참가자가 모두 8주간 프로그램에서 느낀 소감을 발표

(5) 마음챙김에 기반한 상담의 효과

우리 고유의 마음 다스리는 방법 중의 하나인 '마음챙김 명상'은 서양의 과학을 만나 심신의 건강과 연민, 공감과 같은 대인관계 능력을 향상시키는 데 그 효과성이 입증되고 있다. 마음챙김 명상은 주의를 현재에 집중하고 자기 스스로를 조절하며 공감 능력을 함양하는 데 탁월한 효과(Baer, Smith, & Allen, 2004; Shapiro, Schwartz, & Bonner, 1998)가 있을 뿐만 아니라 학생들의 주관적 안녕감과 학업성취를 향상시키는 것으로 확인되고 있다 (Oberle, Schonert-Reichl, Lawlor, & Thomson, 2012; Weissberg & Cascarino, 2013).

특히 뇌과학의 발전은 마음챙김 명상의 효과를 신경생리학적 변화(Davidson, 2003; Lazar et al., 2005; Jacobs et al., 2011)를 통해 검증함으로써 그 영향력이 더욱 확대되고 있다. 마음챙김 명상이 뇌의 활동 패턴을 변화시켜 공감, 연민, 낙관성, 주관적 안녕감 그리고 긍정적인 감정을 강화시키는 것으로 밝혀져 오고 있다(Davidson & Begley, 2012). 즉, 마음챙김 명상을 통한 고차원적인 인지 기능을 담당하는 전전두피질의 강화가 감정 관련 뇌 활동 패턴을 변화시킴으로써 정의적 영역의 감정을 조절하게 되는 과정이 확인되었다. 이러한 연구 결과는 마음챙김 훈련을 통해서 학교생활에서 발생하는 언어 폭력 및 신체 폭력, 집단 괴롭힘, 사이버 폭력, 불안과 우울 같은 심리 · 정서 및 행동적인 문제의 근본 원인이 되는 정서 조절 능력을 함양할 수 있을 뿐만 아니라, 향상된 집중력을 통한 학업성취의 향상, 그리고 공감 능력의 배양을 통해 사회성 발달에도 긍정적인 성과를 가져올 수 있음을 시사한다.

요컨대, 학생들의 건강한 인성 및 사회성 발달과 학업성취의 목표를 달성하기 위한 학교상담과 생활지도의 개입으로서 마음챙김 훈련 프로그램은 인지적 영역과 정의적 영역을 모두 아우르는 전인교육을 실천할 수 있는 효과적인 개입(Schonert-Reichl & Lawlor, 2010; Schonert-Reichl et al., 2015)이 될 수 있다. 국내에서 수행된 청소년 대상 마음 챙김에 기초한 심리치료(예: MBCT, MBSR, ACT)에 관한 효과 연구들(권영주, 2008; 김유미, 2013; 엄지원, 김정모, 2013; 장영수, 2010; 진다슬, 손정락, 2013)은 청소년 대상의 마음챙김에 기초한 상담 개입들이 성인 집단에서 나타나는 효과 이상으로 보고하고 있어 학교-기반의 상담과 생활지도의 개입으로 적합할 수 있음을 알 수 있다. 미국에서 보고된 교사와 학생의 마음챙김 효과를 정리하면 〈표 8-11〉과 같다.

표 8-11	교사와 학생의 마음챙김 효과

교사의 마음챙김 효과	학생의 마음챙김 효과
• 집중력과 알아차림을 증진한다. • 학생의 필요에 잘 부응할 수 있는 능력을 향상시킨다. • 정서적 균형을 촉진한다. • 스트레스 관리 및 감소를 돕는다. • 직장과 가정에서 건강한 인간관계를 유지한다. • 교실분위기를 개선한다. • 전체적인 행복감을 증진한다.	• 학습동기를 고양시킨다. • 학업 성적 향상에 도움이 된다. • 주의력과 집중력을 강화한다. • 시험 불안을 감소시킨다. • 자기성찰과 자기평안을 증진한다. • 충동적인 행동을 감소시킴으로써 수업 참여도를 향상시킨다. • 스트레스 감소 기법을 배울 수 있다. • 사회정서적 학습을 향상시킨다. • 친사회적 행동과 건강한 인간관계를 기른다. • 전체적인 행복감을 증진한다.

(6) 학교상담에의 적용

마음챙김에 기초한 개입에 대한 유의미한 부작용은 보고된 적 없으며 오히려 그 효과에 대해서 사실로서 받아들여지고 있다고 해도 과언이 아니다. 일부 집중 명상 수행을 경험한 참가자들 사이의 정서적 불편감, 들썩거림, 불안이 보고되기도 했지만 이러한 결과는 명상경험의 부족과 종교적인 거부감으로 인해 비롯된 것일 수도 있다. 그러나 명상이 비록 불교에서 시작된 것이지만 종교적 행위가 아닌 과학으로서 검증되고 있는 만큼 학생들에게 마음챙김 명상을 적용할 경우에 이러한 안내가 필요하다.

가장 만성적이고 손상된 정신장애는 흔히 아동기에 시작되므로, 예방과 초기 치료적 개입은 아동·청소년 시기에 초점을 맞출 필요가 있다. 탄력성에 기초한 모델로서 마음챙김을 아동 및 청소년에게 가르치는 것은 아동기 문제의 발생과 진행을 완화시켜 성인기의 심각하고 견고한 장애로 발전하지 않도록 예방적인 이익을 제공할 수 있을 것이다(Holmbeck, O'Donnell, Abad, Colder, & Updegrove, 2006). 마음챙김에 기반한 상담들은 전반적인 생각과 감정의 수용을 고취하고 심리적 탄력성을 증가시키며, 현재에 초점적 주의의 함양을 통하여 정서적 자기조절을 강화하는 데 효과적으로 확인되고 있어 인성 및 사회성 발달을 위한 강력한 개입으로서 학교 교육에 적용되고 있다(Zenner, Herrnleben-Kurz, & Walach, 2014).

학교에서 마음챙김 명상을 적용하여 본래의 효과성을 이끌어 내기 위해서는 청소년의 비자발적 참여를 해결하는 것이 관건이다. 왜냐하면 비자발적 참여를 통한 마음챙김은 진정한 마음챙김이 아니기 때문이다. 아동·청소년용으로 개발된 마음챙김 기반 상담 프로 그램들은 부모와 아동을 함께 참여시키는 방법을 중요시한다. 마음챙김을 하는 부모나 교 사는 이들에게 중요한 모델링의 대상이므로 억지로 마음챙김을 훈련시키는 것보다 일상생 활 속에서 통합된 마음챙김 명상을 훈련시킬 수 있는 수월한 방법은 모델링을 통한 자연스 럽고 건강한 생활 습관으로 자리 잡을 수 있도록 교사와 부모가 함께 하는 것이 필요하다.

수업활동 8-8) 마음챙김 명상의 적용: 이완을 위한 호흡명상

◎ 호흡명상의 안내

이완을 위해서는 횡격막으로 숨쉬는 기술이 필요하다. 흔히 배로 숨쉬는 호흡인 복식 호흡이라고 한 다. 복식 호흡은 우리 몸의 산소 포화도를 높이고 젖산 수치를 낮춰 스트레스를 감소하는 효과가 있 다. 호흡에 집중하여 숨을 쉬는 명상은 수세기에 걸쳐 여러 문화권에서 전해져 오는 방법인데 현대 과 학이 고대의 지혜를 검증한 것이라 하겠다.

〈복식 호흡 연습하기〉

배꼽 아래 2인치 정도(단전)에 주의를 두고 천천히 깊게 숨을 쉰다. 배에 집중을 하고 배가 오르내리 는 것에 주의를 기울이면 정신이 통일되고 고요해진다. 호흡을 하면서 각 숨의 시작과 끝에 대해 생각 하지 말고 공기의 지속적인 흐름대로 호흡을 하면 된다. 호흡의 느낌에만 집중하되, 만약 다른 생각이 떠오르면 다시금 호흡에 집중하여 생각이 지나가게 내버려 둔다. 숨을 들이쉴 때 배가 부풀고 내쉴 때 꺼지는 것에 주의를 기울여 복식 호흡을 약 10~15분 동안 연습한다.

◎ 호흡명상 체험 후, 소감에 대해서 조원들과 이야기를 나누어 보자.

_____

_____

◎ 전체 토의

마음챙김 명상에 기반한 상담이론이 학생을 이해하고 상담하는 데 시사하는 점이 무엇인지 조원들과 토의하고 발표해 보자.

_____

_____

_____

_____

참고문헌

고형일(2015). 미국의 마음챙김 훈련 프로그램과 한국교육에의 함의. 한국교육, 42(2), 5-27.

권석만(2012). 현대 심리치료와 상담의 이론과 실제. 서울: 학지사.

김경은, 김진숙(2015). 마음챙김 활용 프로그램의 효과에 대한 메타분석. 청소년상담연구, 23(2), 135-155.

김계현, 김동일, 김봉환, 김창대, 김혜숙, 남상인, 천성문(2009). 학교상담과 생활지도. 서울: 학지사.

김미헌, 최윤정(2017). 아들러의 격려 집단상담이 우울한 고등학생의 우울감소와 희망고취에 미치는 효과성. 교육혁신연구, 27(3), 335-352.

김영선, 최윤정(2016). 마음챙김 명상에 기초한 인지치료(MBCT)가 정서·행동 관심군 고등학생의 우울 및 자살생각 감소에 미치는 효과 및 상담 성과. 열린교육연구, 24(2), 261-284.

김유미(2013). 마음챙김 명상 기반 인지행동 프로그램이 아동의 공격성 감소에 미치는 효과. 학습자중심교과교육학회지, 13(6), 51-68.

엄지원, 김정모(2013). 마음챙김 명상에 기초한 인지치료(MBCT)가 고등학생의 주의집중력과 우울 및 불안 감소에 미치는 효과. 청소년학연구, 20(3), 159-185.

유현숙, 최윤정(2020). 학교기반 명상 프로그램 성과연구의 동향. 한국명상학회지, 10(1), 45-64.

이장호, 정남운, 조성호(2010). 상담심리학의 기초. 서울: 학지사.

장영수(2010). 마음챙김에 기초한 스트레스 감소 프로그램이 고등학생의 우울, 불안에 미치는 효과. 한국동서정신과학회, 13(2), 21-32.

정혜정(2012). 조선 선불교의 심성 이해와 마음공부론: 득통 기화의 삼교합일 사상을 중심으로. 교육학연구, 50(2), 51-70.

조용래, 노상선, 조기현, 홍세희(2014). 우울과 불안증상에 대한 마음챙김에 기반을 둔 개입의 효과: 메타분석. 한국심리학회지: 일반, 33(4), 903-931.

진다슬, 손정락(2013). 변증법적 행동치료(DBT) 기술훈련이 청소년의 공격성, 자아존중감 및 분노 표현양식에 미치는 효과. 한국심리학회지: 임상, 32(4), 917-933.

최영민(2010). 정신분석의 역사-분석이론의 진화를 중심으로. 대한신경정신의학회지, 49(1), 9-35.

Broderick, P. C., & Metz, S. (2009). Learning to BREATHE: A pilot trial of a mindfulness curriculum for adolescents. Advances in School Mental Health Promotion, 2(1), 35-55.

Burke, C. A. (2010). Mindfulness-based approaches with children and adolescents: a preliminary review of current research in an emergent field. Journal of Child Family Study, 19, 133-144.

Carns, M. R., & Carns, A. W. (2006). A review of the professional literature concerning the consistency of the definition and application of Adlerian encouragement. In S. Slavik & J.

Carlson (Eds.), *Readings in the theory of individual psychology* (pp. 277-293). NY: Taylor & Francis.

Cervone, D., & Pervin, L. A. (2013). *Personality psychology: International student version* (12th ed.). NY: John Wiley & Sons Inc.

Corey, G. (2017). *Theory and Practice of Counseling and Psychology*(10th ed.). Boston: Cengage Learning.

Davidson, R., & Begley, S. (2012). *The emotional life of your brain: How its unique patterns affect the way you think, feel, and live-and how you change them.* NY: Hudson Street Press.

Hayes, S. C., Strosahl, K. D., & Wolson, K. G. (2012). *Acceptance and commitment therapy: the process and practice of mindful change* (2nd ed.). New York, NY: Guilford Press.

Holmbeck, G. N., O'Donnell, K., Abad, M., Colder, C., & Updegrove, A. (2006). Cognitive-behavioral therapy with adolescents: Guides from development psychology, In P.C. Kendall (Ed.), *Child and adolescent therapy: Congnitive-behavioral procedures*(3rd ed., pp. 419-464). New York: Guilford Press.

Jennings, P. A., Snowberg, K. E., Coccia, M. A., & Greenberg, M. T. (2011). Improving classroom learning environments by cultivating awareness and resilience in education(CARE): Results of two pilot studies. *Journal of Classroom Interaction, 46*(1), 37-48.

Kabat-Zinn, J. (1994). *Wherever you go, there you are: Mindfulness meditation in everyday life.* New York: Hyperion.

Kabat-Zinn, J. (2003). "Mindfulness-based interventions in context: past, present, and future". *Clinical Psychology: Science and Practice, 10*(2): 144-156.

Knowles, M. S., Holton III, E. F., & Swanson, R. A. (2012). *The Adult Learner.* NY: Routledge.

Oberle, E., Schonert-Reichl, K. A., Lawlor, M. S., & Thomson, K. C. (2012). Mindfulness and Inhibitory Control in Early Adolescence. *The Journal of Early Adolescence, 32*(4), 1-24.

Rogers, C. (1961). *On Becoming Person.* Boston, MA: Houghton Mifflin.

Rothwell, N. (2006). The different facets of mindfulness. *Journal of Rational-Emotive and Cognitive-Behavior Therapy, 24,* 79-86.

Schonert-Reichl, K. A., & Lawlor, M. S. (2010). The effects of a mindfulness-based education program on pre and early adolescents' well-being and social and emotional competence. *Mindfulness, 1*(3), 137-151.

Schonert-Reichl, K. A., Oberle, E., Lawlor, M. S., Abbott, D., Thomson, K., Oberlander, T. F., & Diamond, A. (2015). Enhancing Cognitive and Social-Emotional Development Through a Simple-to-Administer Mindfulness-Based School Program for Elementary School Children: A Randomized Controlled Trial. *Developmental Psychology, 51*(1), 52-66.

Segal, Z. V., Williams, J. M. G., & Teasdale, J. D. (2002). *Mindfulness–based cognitive therapy for depression: A new approach to preventing relapse*. NY: Guilford Press.

Seligman, L., & Reichenberg, L. W. (2014). *Theories of Counseling and Psychotherapy: Systems, Strategies, and Skills* (4th ed.). NY: Pearson Education, Inc.

Semple, R. J., & Burke, C. A. (2012). Mindfulness–based treatment for children and adolescence, In Kendall, P. C. (Eds.), *Chid and Adolescent Therapy* (4th ed., pp. 411–428). NY: Guilford.

Semple, R. J., & Lee, J. (2008). Treating anxiety with mindfulness: Mindfulness-based cognitive therapy for children. In A. Laurie & G. S. Hayes (Eds.), *Acceptance and Mindfulness Treatments for Children and Adolescents: A practitioner's guide*. Oakland, CA: New Harbinger Publications.

Sweeney, T. J. (2009). *Adlerian counseling: A practitioner's approach* (5th ed.). Philadelphia: Taylor & Francis.

Watson, J. B., & Rayner, R. (1920). Conditioned emotional reactions. *Journal of Experimental Psychology, 3*(1), 1–14.

Weissberg, R. P., & Cascarino, J. (2013). Social–emotional learning, an overview. *Kappan, 95*(2), 8–13.

Wong, Y. J. (2015). The psychology of encouragement: theory, research, and applications, *The counseling psychologist, 43*(2), 178–216.

Wubbolding, R. E. (2000). *Reality therapy for the 21st century*. Brunner–Routledge.

Zenner, C., Herrnleben–Kurz, S., & Walach, H. (2014). Mindfulness–based interventions in schools– a systematic review and meta–analysis. *Frontiers in Psychology. 5*(603), 1–20. doi:10.3389/fpsyg.2014.00603.

제9장

학업 발달을 위한 상담과 생활지도

    학교교육의 목표는 교과교육을 통해서 학생의 지적 능력을 향상시켜 지적 발달을 이끎과 동시에 정의적 영역인 인성 및 사회성 발달을 이루어 자신이 원하는 삶을 만족스럽게 살아갈 수 있는 일을 찾아 자신의 능력을 발휘하며 살아갈 수 있도록 진로 발달을 촉진하는 데에 있다. 지적·정의적 그리고 진로 발달의 영역은 개별적으로 분리된 것이 아니라, 서로 유기적으로 연계되는 발달 영역이다. 학교교육의 목표로서 학생들의 지적 발달을 향상시키기 위해서 학교상담은 학업 성취에 영향을 미치는 정의적인 영역을 다룰 필요가 있다.

    최근 뇌과학 연구와 학습이론에 의하면, 교과학습과 사회정서학습은 불가분의 관계가 있는 것으로 확인되고 있다. 따라서 교과교육을 통한 지적 발달을 위해서는 학업 성취에 영향을 미치는 인지적·정서적 그리고 행동적 요인의 측면에서 학생의 학업 발달을 도울 필요가 있다. 학업 수행에 영향을 미치는 동기의 요인은 자신이 왜 공부를 하고 지적인 능력을 개발해야 하는지에 대한 타당한 이유를 찾았을 때 높아지므로, 진로 목표와 연결지어 학업 동기를 향상시키는 통합적 접근이 요구된다.

    이 장에서는 학생의 학업 발달을 촉진하기 위한 목표를 갖고 학습상담을 어떻게 실시할 수 있을지 그 과정과 구체적인 개입 전략에 대해서 살펴보기로 한다. 학업 발달 과정에서 학생들이 경험하는 어려움을 이해하고 학업 문제를 어떻게 진단할 수 있는지에 대한 방법과 학습 과정을 설명하는 심리적 요인을 중심으로 학업 문제의 원인과 원인별 학습상담 방안에 대해 학습하도록 한다.

1. 학업 문제의 진단

학생이 호소하는 학업 문제의 내용을 파악하기 위해서는 관찰과 면접에 기초한 정보수집과 심리검사를 활용할 수 있다. 학업 문제 내용 탐색을 위한 질문은 다음의 〈표 9-1〉과 같다. 학업 성취와 관련해서 학부모들은 큰 관심을 갖고 자문을 요청하는 경우가 많기 때문에 학교상담자 이외의 교사들도 학업 문제를 탐색하기 위한 적절한 질문을 연습할 필요가 있다.

표 9-1 학업 문제 내용 탐색을 위한 질문

대상	질문
학생	• 학교 수업 시간 이외에 공부시간은 하루에 몇 시간인가요? • 가장 최근의 성적은 어떠한가요? • 과목별로 성적이 어떠한가요? • 최근 들어 성적이 떨어진 이유가 무엇이라고 생각하나요? • 평소 공부를 하는 이유가 무엇인가요? • 공부할 때 가장 어려운 점은 무엇인가요? • 현재 공부를 어떻게 하고 있나요? (자기주도, 학원, 과외, 학습지 등) • 학교생활은 어떠한가요? • 공부 이외에 다른 고민이 있다면 무엇인가요? • 친구들과의 관계는 어떤가요?
학부모	• 지금 상담을 신청한 계기가 있다면 무엇일까요? • 자녀의 학업 문제가 무엇이라고 보는지요? • 언제부터 학업에 문제가 있다고 판단하였는지요? • 학습 문제의 원인이 무엇이라고 생각하나요? • 자녀의 학업 문제를 해결하기 위해서 어떤 노력을 기울이셨나요? • 문제해결 방안이 얼마나 성공적이었나요?

1) 심리검사를 활용한 진단

학업 수행에 영향을 미치는 인지적·정의적 요인을 살펴보기 위해서 개인용 지능검사, 주의집중능력 검사, 학습전략 및 동기 관련 검사, 정서 및 성격 특성 검사(제4장 참조) 등을 실시할 수 있다. 〈표 9-2〉에 학업 문제의 진단을 위해 실시할 수 있는 심리검사를 제시하였다.

표 9-2 학업 문제 진단을 위한 심리검사

검사목록		내용
한국판 웩슬러 개인 지능 검사 4판	아동용	• 아동용의 경우 만 6세~만 16세 11개월까지 아동의 인지적 능력을 평가할 수 있음. • 전반적인 지적능력을 나타내는 IQ 지수와 특정 인지 영역(언어이해, 지각추론, 작업기억, 처리속도)에서의 지적 기능을 나타내는 소검사와 합성 점수를 제공함. • 웩슬러 지능검사는 지적장애에서부터 학습을 통해 개발할 수 있는 지적인 능력과 학습으로는 해결할 수 없는 복합적인 인지 능력을 파악할 수 있는 장점이 있음. • 소검사의 기본 구성은 언어이해(공통성, 어휘, 이해), 지각추론(토막짜기, 공통그림 찾기, 행렬추리), 작업기억(숫자, 순차연결, 산수), 처리속도(동형찾기, 기호쓰기) • 보충검사로는 상식, 단어추리, 빠진 곳 찾기, 선택
	성인용	• 성인용의 경우 만 16세~만 69세 11개월까지 성인의 인지적 능력을 평가할 수 있음. • 전반적인 지적능력을 나타내는 IQ 지수와 특정 인지 영역(언어이해, 지각추론, 작업기억, 처리속도)에서의 지적 기능을 나타내는 소검사와 합성 점수를 제공함. • 소검사의 기본 구성은 언어이해(공통성, 어휘, 상식), 지각추론(토막짜기, 행렬추론, 퍼즐), 작업·기억(숫자, 산수), 처리속도(동형찾기, 기호쓰기) • 보충검사로는 이해, 무게비교, 빠진 곳 찾기, 순서화, 지우기
주의집중 능력 검사		• 주의집중능력 검사는 정보처리 과정을 근거로 주의집중능력을 세분화하여 종합적이고 체계적으로 측정하는 도구 • 주의집중능력 검사는 시각 주의력, 청각 주의력, 학습 집중력, 지속적 집중력의 4개 소검사로 구성
학습전략 검사		• 학습전략의 이해도와 학업 성취동기에 영향을 줄 수 있는 다양한 요인들에 대해 탐색할 수 있는 정보를 제공함. • 성격특성(효능감, 결과기대, 성실성), 정서특성(우울, 짜증, 불안), 동기특성(학습, 경쟁, 회피), 행동특성(시간관리, 공부환경, 수업듣기, 노트필기, 집중전략, 읽기전략, 기억전략, 시험전략)의 하위요인으로 측정함. • 자기주도학습태도를 향상시킬 수 있는 요인별 개인의 강점과 약점을 파악하여 구체적인 학습상담 개입을 계획하는 데 유용함.

(1) 한국판 웩슬러 개인용 지능검사

지능을 평가하기 위한 대표적인 검사는 한국판 웩슬러 아동용 또는 성인용 개인 지능검사(4판)가 있다. 개인용 지능검사의 경우는 다소 시간이 많이 걸릴 수 있으나 한 번의 평가로 인지적 요인과 정서적 요인 모두를 평가할 수 있어 학생의 학업 발달을 예언하는 데 상당히 타당하고 신뢰로운 결과를 얻을 수 있는 장점이 있다. 웩슬러 지능검사를 통해서 잠재적 능력과 개발된 능력을 추론할 수 있기 때문에 학생의 잠재적 역량을 추정해 보는 데 적합하며, 약 90분간 검사자와 1:1로 실시하기 때문에 그 과정에서 드러나는 정서적 특성과 태도에 대해서도 관찰하고 평가할 수 있어서 학습 문제의 원인을 파악하고 진단하는 데 매우 실효성 있는 평가 도구라 하겠다.

(2) 주의집중능력 검사

이 검사는 인지적 정보처리과정을 근거로 주의력과 집중력을 측정하는 검사로 시각 주의력, 청각 주의력, 학습 집중력, 지속적 집중력을 세부적으로 측정하여 학습 과정에서 정보를 처리하는 데 문제를 탐색할 수 있다. 주의집중능력은 크게 주의력과 집중력으로 구분되는데, 이 두 가지를 측정한다. 주의력은 감각 저장소에 머문 무수히 많은 정보 중 특정 정보만 선택하여 단기 기억으로 저장하는 데 요구되는 능력으로 정보처리의 초반 과정에서 요구되는 능력이다. 주의력은 다시 정보의 특성에 따라 시각 주의력과 청각 주의력으로 구분된다. 한편, 집중력은 단기 기억에 머문 선택된 정보를 다양한 전략을 통해 장기기억으로 저장하거나 장기기억의 정보를 인출하여 문제 해결 과정에 적용하는 능력으로 정보처리의 후반 과정에서 요구되는 능력으로, 요구되는 능력에 따라 학습 집중력과 지속적 집중력으로 구분된다.

(3) 학습전략 및 동기 관련 검사

학습전략 검사는 학업 수행의 향상을 위해 현재 학생이 개발한 학습 전략과 기술이 무엇인지 그리고 학업에 대한 동기를 파악하여 학업 성취를 향상시킬 수 있는 구체적인 방안을 검토할 수 있다. 자세한 내용은 〈표 9-2〉에서 확인할 수 있다. 학습전략과 동기에 대한 검사들은 자기보고식 검사로 검사 문항에 대한 의도를 쉽게 파악할 수 있어 사회적 바람직성에 의해 피검사자가 응답할 가능성이 높다. 따라서 사회적 바람직성을 포함하여 검사의 신뢰성 지표를 확인하여 결과를 해석하는 것이 필요하다.

(4) 성격 및 정서 특성 검사

학업에 방해가 되는 가장 큰 요인 중의 하나인 부정적인 정서를 살펴보기 위해서 학생의 주관적인 보고와 더불어, 정서를 조절할 수 있는 자기조절능력의 정도를 평가할 필요가 있다. 이를 위해서는 인성 및 사회성 발달의 문제를 진단하기 위해 활용하는 기질-성격 검사, HTP 검사, 문장완성 검사, 다면적 인성검사(MMPI) 등을 실시할 수 있다. 해당 내용은 제4장을 참조하길 바란다.

2) 학습 관련 장애의 선별

학생의 학업 발달의 문제가 단순히 학업 성취의 저조인지 학습 관련 장애로 인한 것인지를 선별할 필요가 있다. ADHD, 학습장애, 지적 장애 등과 같은 장애로 인한 학습의 어려움인지 파악하기 위해서는 정신건강 진단 및 통계편람과 진단을 위한 평가 도구를 활용하여 의심이 될 경우에는 전문기관에 의뢰할 필요가 있다. 학습 관련 장애에 관한 내용은 특수교육 관련 서적을 참고하길 바란다.

2. 학업 문제의 원인 탐색

학업 문제의 원인은 다양하여 여러 연구자들은 학업 문제의 원인에 대해 다양하게 분류하고 있다. 홍경자, 김창대, 박경애, 장미경(2002)은 인지적(지적능력의 부족, 학습전략의 문제), 정의적(학습동기의 문제, 공부태도의 문제, 학습관련 스트레스와 시험불안), 관계적 문제(대인관계 문제)의 대분류를 기준으로 세부 원인들에 대한 소분류를 통해 학업 문제의 원인을 기술했다. 황매향(2009)은 15개 정도의 호소문제에 대해서 인지, 정서, 행동적 요인으로 분류한 2차원적 학업 문제 분류 유형을 제안한 바 있다. 이 책에서는 홍경자 등(2002)과 황매향(2009)의 분류를 참조하여, 학업 문제의 원인에 대해서 인지적 요인과 정의적 요인 그리고 행동적 요인을 중심으로 살펴보고자 한다.

먼저, 인지적 요인에는 지능에 대한 신념과 정보를 지각하고 처리하는 과정을 설명하는 인지적 정보처리 이론(Atkinson & Shiffrin, 1968)에 기초하여 학습전략, 주의집중 능력의 문제, 새로운 개념과 기존의 개념들과 연결짓는 선행조직자를 얼마나 형성하였는지를 파악하기 위한 선행학습 양의 측면에서 문제의 원인을 찾아볼 수 있다. 서두에서 언급하였듯이, 학업 성취를 방해하는 요인 중 가장 많은 비율로 조사되고 있는 정의적 요인에는 동기와 귀인양식, 그리고 부정 정서의 경험 등에서 그 원인을 찾을 수 있다. 끝으로 학업 수행이라는 행동을 실천하는 데 어려움이 있다면, 이 또한 학업 발달에 지장을 초래한다. 학업에 방해가 되는 미루기 행동이 지나치거나 시간관리 체계가 부족한 경우도 학업 문제의 원인이 될 수 있다. 이제부터 학업에 방해가 될 수 있는 문제의 원인으로 인지적·정의적 그리고 행동적 요인을 중심으로 살펴보고자 한다.

1) 인지적 요인

(1) 지능과 지능에 대한 성장 마인드셋

학업 발달을 설명하는 요인 중 연구가 가장 많이 이루어진 인지적 요인은 학습 능력과 관련된 지능이다. 학습문제의 원인과 학생의 학업 성취를 위한 잠재적 능력을 파악하기 위해서 학교상담자는 개별 학생들의 학업 성취에 지능이 미치는 상대적인 영향을 고려할 필요가 있다. 그러나 지능만으로 충분하지 않기 때문에 학습 수행과 관련된 학습 전략과 정의적 영역의 요인 등을 함께 고려하여 진단할 필요가 있다. 최근 뇌과학의 연구 분야가 발전하면서 지능은 변화하고 평생 동안 학습능력이 향상될 수 있다고 보고되고 있어, 지적인 발달에 장애가 있는 경우를 제외하고서는 지능과 관련해서는 지능을 바라보는 개인의 마인드셋(Dweck, 2017)이 잠재력을 개발하는 데 더 중요한 요인으로 밝혀져 왔다.

Dweck(2000)은 지능에 대한 암묵적 이론에서 고정(실체)이론과 대비되는 증진(향상)이론으로 성장 마인드셋(mindset)을 소개하였다. 성장 마인드셋은 지능이나 능력이 타고난 것이 아니라 노력에 의해서 성장할 수 있다고 믿는 신념으로 개념화된다(Dweck, 2017). 성장 마인드셋이 높은 학생일수록 긍정적인 전략의 실천과 장기적인 노력을 통해 성적이 향상되는 것으로 보고되었다(Blackwell, Trzesniewski, & Dweck, 2007).

지능이 변하지 않는 고정된 실체로서 믿는 학생의 경우, 학업에서 지향하는 목표는 자신이 얼마나 잘하는지 또는 자신이 얼마나 똑똑한지를 보여 주거나 자신의 능력이 부족하지 않다는 것을 보여 주는 데에 있다. 그렇기 때문에 학업의 과정에서 즉각적인 성취를 얻지 못할 경우에 쉽게 좌절하고 아예 학업에 대한 목표를 낮게 설정하여 실패를 회피하는 방향으로 자신을 보호하는 데 에너지를 사용하는 부적응을 초래할 수 있다. 반면에, 지능이 향상될 수 있다고 믿는 성장 마인드셋을 지닌 학생은 잘하고 똑똑한 모습을 보여 주는 데 초점을 두지 않고 배우고 노력하는 것 자체에 목표를 둔다. 노력하면 똑똑해질 수 있다고 믿고 학업의 과정에서 배움을 추구한다. 따라서 학교상담자는 학업에서 어려움을 호소하는 학생의 지능에 대한 신념을 점검하고 성장 지향적인 마인드셋을 지향할 수 있는 개입 전략을 계획하여 상담을 진행할 필요가 있다.

(2) 학습전략

학습전략은 정보의 획득, 저장, 활용을 촉진할 수 있는 정보처리의 과정에서 학습을 촉진시키기 위하여 학습자가 사용하는 여러 가지 정신적 조작활동으로 정의되는 목표지향적 행동을 말한다(Dembo & Seli, 2013). 정보처리 이론은 인간의 뇌가 학습과 기억을 어떻게 처리하는지에 대해 [그림 9-1]과 같은 과정으로 설명한다.

저장이란 정보를 기억으로 넣는 과정이며 부호화란 정보를 저장하기 전에 정보를 변화하는 데 요구되는 과정을 말한다. 인출은 이전에 저장한 정보를 찾거나 기억하는 과정과 관련된다. 어떨 때에는 정보가 쉽게 떠올라 인출이 잘 될 때도 있지만, 기억하기 위해 상당한 노력이 필요할 때도 있다. 정보의 저장소는 단기 감각정보, 작업기억, 장기기억으로 이루어져 있으며 정보처리의 과정은 주의집중, 지각, 시연, 부호화, 인출, 망각 등의 과정을 거친다. 정보처리 과정에 따른 학습 전략을 살펴보면 단기 감각정보에서 작업기억으로 이동하기 위해서는 주의집중 전략이 필요하고, 새롭게 학습한 정보가 작업기억에 머물게 하기 위해서는 시연과 반복 전략을 활용해야 한다. 작업기억에 잠깐 머문 정보가 장기기억에 저장되기 위해서는 정교화와 조직화 전략을 통한 부호화 과정이 반드시 필요하다. 정보를 처리하는 단계별 정보의 저장소인 단기 감각정보, 작업기억 그리고 장기기억의 특징을 이해하고 그에 따른 학습 전략을 활용한다면, 학습의 효율을 극대화할 수 있다.

정보처리 이론에 근거하여 공부하는 시간에 비해 저성취를 보이는 학생의 학업 문제의

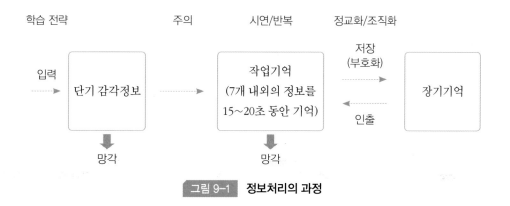

그림 9-1 정보처리의 과정

원인을 파악하고자 하다면, 정보처리 과정에서 사용하는 학습 전략을 살펴볼 필요가 있다. 첫째, 단기 감각정보에서 작업기억으로 정보가 이동하지 못한다면 기억한 정보가 없기 때문에 학습이 발생하지 않는다. 이것은 학습전략의 측면에서 보면 주의력이 부족한 것이라 하겠다. 둘째, 작업기억에서 장기기억으로 이동하기 위해서는 작업기억의 한정된 용량으로 인해 시연과 반복을 통해서 최대한 들어온 정보를 보유하도록 해야 한다. 〈표 9-3〉에서 볼 수 있듯이, 작업기억은 최대 15~20초 이내에 지속되기 때문에 장기기억으

표 9-3 세 가지 정보 저장소의 특징

정보 저장소	특징
단기 감각기억	• 보고, 듣고 냄새 맡는 모든 것은 단기감각 저장소에 저장되지만, 망각되기 이전에 오직 몇 초 동안만 지속됨. • 우리가 경험하는 많은 자극은 우리가 그 자극에 주의를 기울이지 않기 때문에 작업기억으로 이동하지 않기 때문에 정보에 주의를 기울이지 않는다면 기억할 것도 없게 됨. • 주의력을 향상시키는 것이 학습 과정에서 중요한 학습 전략이 됨. • 만약 정보에 주의를 기울이고 기록하는 특별한 시도가 없다면, 우리는 강의를 듣거나 교재를 읽으면서 많은 내용이 저장되지 않게 되고 이것은 학습이 일어나지 않았다는 의미이기도 함.
작업기억	• 작업기억은 정보처리 체계에서 의식의 중심으로 설명되며 기억 체계의 능동적인 부분임. • 우리가 잊어버린 사실을 열심히 기억하려고 하거나 무언가에 대해서 의식적으로 신중하게 생각할 때마다, 작업기억을 사용하는 것임. • 작업기억은 용량과 지속성의 측면에서 한계가 있어 성인의 경우, 5~9개의 덩어리 정보만을 보유할 수 있음(7±2 마술 숫자). • 작업기억은 15~20초 동안 짧게 지속되기 때문에 처리할 수 있을 때까지 최소한의 반복, 시연이 필요함.
장기기억	• 장기기억 저장소는 우리가 즉각적으로 사용하지 않는 모든 정보를 저장함. • 새롭게 학습한 내용을 작업기억에서 장기기억 안으로 저장하기 위해서는 정보의 '부호화 과정'이 필요함. • 부호화란 장기기억 속에 존재하고 있는 기존의 정보에 새로운 정보를 연결하거나 연합하는 것으로, 작업기억에서 장기기억으로 정보를 이동시키는 과정 • 만약 부호화가 이루어지지 않으면, 우리가 받아들이는 대부분의 정보는 일시적으로 저장될 뿐, 장기기억에 저장되지 못하게 됨. • 단순 암기식의 벼락치기 공부법이 별로 효과적이지 못한 이유는 기존의 알고 있는 정보와 잘 연결되어 장기기억 안으로 저장되지 못했기 때문임.

로 저장되려면 주의집중을 바탕으로 반복과 시연을 활용해 기억을 유지하고, 부호화 과정을 통해서 장기기억에 저장된 기존 정보와 의미 있게 연결할 때 의미 있는 학습이 이루어진다. 이때, 장기기억으로 이동하지 못한 상황에서 계속 새로운 것을 학습하게 되면, 작업기억의 용량이 한정적이어서 심한 불안을 유발하게 되어 학습자로 하여금 학습 과정에 집중하지 못하게 하는 문제가 발생한다. 따라서 학교상담자는 정보처리 과정별 정보 저장소의 특징(〈표 9-3〉 참조)과 학습 전략에 대한 지식을 갖추어 학생의 학습 전략의 측면에서 학업 문제의 원인을 파악하고 설명할 수 있어야 한다. 구체적인 학습 전략의 내용을 살펴보면 다음과 같다.

① 반복, 시연 전략

효과적으로 암기하기 위해서는 집중학습보다는 분산학습이 훨씬 효과적이다. 즉, 짧은 시간 동안 여러 번 반복하는 것이 한번에 집중적으로 학습하는 것보다 효율적이다. 에빙하우스(Ebbinghaus)의 망각 곡선에 의하면, 학습한 내용을 10분 뒤에 70%가량 기억하고, 20분이 지나면 58%, 하루가 되면 33%를 기억하기 때문에 새로이 학습한 내용을 하루 이내에 복습을 하게 되면, 더 많이 기억할 수가 있다(Dembo & Seli, 2013). 대표적인 시연 전략으로는 노트하기, 메모하기, 밑줄 긋기와 같은 방법이 있는데 이러한 학습 전략은 작업기억에서 장기기억으로 학습한 내용을 저장하기 이전에 작업기억에서 처리하기 위한 전략이지, 장기기억으로 이동하기 위해서는 장기기억에 있는 기존의 정보와 새로이 학습한 내용을 의미 있게 연결 짓는 부호화 과정을 위한 학습 전략이 필요하다. 즉, 정교화와 조직화 학습 전략을 통해서 장기기억에 저장하면 오래 기억할 수 있고 쉽게 인출할 수도 있다.

② 정교화 전략

정교화(elaboration)는 학습을 보다 유의미하게 만들기 위해 무엇인가를 부가함으로써 정보를 확장하는 전략이다. 정교화 전략에는 심상, 기억보조 전략, 질문법, 노트하기 등의 방법이 있다.

첫째, 심상(imagery)은 마음에 그림을 부가한다. 정보는 단순 반복을 통해 암기할 수도 있고 그림을 보고 그 정보와 연결 지어 마음속에 이미지를 만들어 정보를 정교화할 수도 있다. 둘째, 기억 보조 전략에는 두문자어법(acronym)과 핵심단어법(keyword method)이 있다. 두문자어법은 암기할 내용의 첫 글자를 조합하여 의미 있는 단어로 만든다. 예를 들어, 성격의 5요인을 기억하기 위해서 'OCEAN'으로 기억하면, Openess(개방성),

Conscientiousness(성실성), Extraversion(외향성), Agreeableness(호감성), Neurosis(신경증)를 쉽게 떠올릴 수 있을 것이다. 한편, 핵심단어법은 외국어 학습에 효과적인 방법이다. 외국어의 단어를 기억하기 위해서 먼저 그 외국어의 발음 혹은 그 일부만이라도 비슷한 단어, 즉 키워드를 선택한다. 그리고 키워드와 연결될 만한 단어를 연상한다. 예를 들어, 'psychiatrist'(정신과 의사) 단어를 기억하기 위해서 발음의 핵심 단어 '싸이키'를 선택하고 가수 '싸이'를 떠올려 금방 기억해 내는 방법이다(최윤정, 2018).

셋째, 질문법은 스스로 학습한 내용의 핵심 내용을 파악하여 질문을 만들고 그 질문에 답을 하는 학습 전략이다. 스스로 평가자가 되어 시험 문항을 출제하게 되면, 학습한 내용을 정확하게 이해하여 장기기억에 저장할 수가 있다.

넷째, 노트하기는 선생님의 강의 내용을 받아쓰는 것과 달리, 스스로 자신의 말로 강의 노트를 작성하는 것이다. 학습한 내용을 주요 개념들 위주로 자신만의 노트를 정리한다면, 무엇을 이해하고 있고 모르는지를 쉽게 파악하여 새롭게 학습한 내용을 보다 정교화할 수 있다.

③ 조직화 전략

학습한 내용을 자신이 새롭게 구성하여 의미 있게 학습하는 전략으로 개요 작성하기나 위계적 분류, 표 작성하기의 전략 등이 있다. 이 책에서 제시된 표들을 보면 알 수 있듯이, 여러분들이 학습한 내용을 표로 정리해 본다면 자신이 학습한 내용이 무엇인지 좀 더 분명하게 이해하고 의미 있게 부호화하여 장기기억으로 저장하는 것이 수월해진다.

(3) 주의집중 능력

앞서 살펴보았듯이, 입력된 정보가 단기 기억으로 저장되기 위해서는 정보에 주의를 기울이지 않으면 정보의 입력은 발생하지 않는다. 그리고 단기 기억에서 작업기억 그리고 장기기억으로 이동하기 위해서는 집중력이 필요한데 집중력은 주의를 계속 지속할 수 있는 힘, 즉 주의의 초점을 지속하는 것을 말한다. 만약 주의가 산만한 학생인 경우, 학습 과정 자체가 발생하지 않기 때문에 학업에서 어려움을 겪을 수밖에 없다. 주의력 결핍의 문제가 의심될 경우에, ADHD를 평가할 수 있는 도구들을 활용하여 선별하고, 전문기관에 의뢰하는 것이 필요하다. 장애의 수준까지는 아니지만 주의집중력이 떨어져 학습에서 어려움을 겪는 경우라면, 상담이론에서 학습한 마음챙김 명상의 개입을 적용할 수 있을 것이다.

① 주의력

초점적 주의력, 선택적 반응능력 등과 유사한 개념으로, 정보처리의 초반 단계에서 요구되는 능력이다. 주의력이 낮은 학습자는 적절한 선택을 통해 중요한 정보에만 초점을 맞추고, 방해 자극은 무시하는 능력이 낮기 때문에 학습환경을 구조화하는 것이 필요하다.

② 집중력

집중력은 선택된 단기기억 정보를 장기기억으로 이동시키는 데 필요한 능력으로 작업기억 용량의 영향을 받는다. 작업기억 용량이 클수록 새로 받아들일 정보와 기존에 알고 있던 정보 각각에 필요한 만큼 주의를 분할할 수 있기 때문이다. 작업기억의 용량은 단기기억 정보와 장기기억 정보 간의 연계성이 클수록 증가한다. 그러나 최대 용량은 7±2, 즉 9개의 덩어리 이상의 정보를 수용하지는 못한다. 작업기억의 용량 자체가 제한적이지만 더 많은 것을 처리할 수 있다면 학습의 효율이 높을 수밖에 없다. 선수 학습량이 많아 장기기억에 저장된 정보가 많은 학습자는 정보 간의 연결고리가 다양하기 때문에 분할 주의력 혹은 학습 집중력을 더 잘 발휘할 수 있게 된다. 반면, 선수 학습량이 적은 학습자는 배경 지식의 부족으로 인해 새로운 정보를 장기기억으로 이동시키지 못하는 문제를 경험하게 된다(김동일 외, 2014).

요컨대, 분할 주의력 혹은 학습 집중력이 높은 학습자는 더 많은 정보를 처리하여 장기기억의 양이 증가하는 선순환 과정을 겪는 반면, 반대의 경우 처리할 수 있는 정보의 양이 제한되어 있어 높은 집중력을 발휘할 수 없고, 결과적으로 인지능력 발달이 지체되는 악순환 과정을 겪게 된다. 따라서 집중력을 향상시키기 위한 개입을 하기 위해서는 학생의 학습결손 정도와 인지적 능력을 함께 고려하여 과제 난이도를 조정해야 한다. 학습의 효율을 높이기 위해서는 작업기억의 용량을 키우는 것이 필요하고 작업기억의 용량을 키우기 위해서는 어느 정도 배경 지식의 절대적 양이 채워졌을 때 가능하다는 사실에 기초하여, 학습 결손이 있을 시 인내심을 갖고 부족한 부분을 채울 수 있도록 격려할 필요가 있다.

(4) 선행학습량

선행학습량이 부족하다면 새로운 학습에 집중할 수 있는 힘이 떨어지는 문제도 있지만, 선행학습량이 지나친 경우에는 학업 소진이나 학업 무의미와 같은 문제를 경험할 수도 있다. 이에 대해 간략하게 살펴보기로 한다.

① 선행학습량이 부족한 경우

학교 학습에서는 이해력 부족이나 집중력 저하와 같은 문제가 나타나 학습 결손의 폭이 넓어지게 된다. 특히 읽기, 쓰기, 셈하기와 같은 기초학습 능력이 자동화되어 있지 않은 경우, 이후 요구되는 보다 복잡한 문제 해결 상황에서 필요한 능력을 발휘하지 못하는 문제로 이어질 수 있기 때문에 기초학습능력의 기능을 강화할 필요가 있다.

② 선행학습량이 지나친 경우

충분히 숙달되지 않은 채 새로운 것을 계속 학습할 경우에 뒤처지는 능력으로 같은 수준을 유지하려다 보니 과도한 학습을 하게 됨으로써 정신적 스트레스와 신체적 피로가 심해지는 학업 소진을 경험할 수 있다. 나아가 공부 자체에 대한 의문이나 회의, 공부에 대한 반감을 보이는 학업 무의미 현상이 나타날 수도 있다. 이러한 현상들은 학습에 대한 부담감이나 거부감과 같은 정서적 문제에서 기인하는 학습문제로 학습과 관련된 좌절 경험을 경청하고 공감적으로 다루면서 심리적 어려움에 대한 타당화 작업이 필요하다(김동일 외, 2014).

2) 정의적 요인

학업이라는 과업에 집중하고 학습 행동을 실행하고 유지할 수 있는 심리적 요인은 동기이다. 동기란 행동을 지속하게 하는 에너지와 방향을 제공하는 내적인 과정으로 인간행동의 원동력이 된다. 그러한 동기 이면에는 개인적인 욕구가 있고 그 욕구를 충족시키는 방향으로 인간은 행동하게 되며 욕구 충족에서 결핍이 생기면 다양한 정서를 경험하게 된다. 그래서 동기는 정서와 불가분의 관계에 있다. 어떤 특정한 행위를 실행하고 유지하기 위해서는 욕구를 충족하게 하는 동기를 이해할 필요가 있고 학습행동도 예외가 아니다. 학업성취에 영향을 미치는 정의적 요인으로 가장 많이 연구가 이루어지고 있는 학업 관련 동기는 크게 학습동기, 성취동기, 성취목표 유형으로 살펴볼 수 있다. 이에 대해서 간략하게 살펴보자.

(1) 학습동기

동기란 행동을 시작하거나 지속시키는 근원으로 학습행동을 시작하게 하거나 지속시키기 위해서는 학습동기가 요구된다(김동일 외, 2014). 학습동기에는 내재적 동기와 외재적 동기가 있다. 내재적 동기는 행동을 하는 근원적인 목적이 그 행동의 내부에 있는 것을 의미하고, 외재적 동기는 행동을 하는 목적이 행동의 외부에 있는 것을 말한다. 배우는 것 자체가 즐겁고 행복한 일이라는 것을 경험한 학생은 학습에 대해서 지식이 늘어나고 이를 적용하면서 자신이 환경을 통제할 수 있다는 내적인 강화를 얻게 되면, 그 자체가 지속적으로 학습을 하고자 하는 동기를 이끌어 낸다. 그러나 우리나라 청소년들에게 학습동기는 상급학교 진학을 위한 외재적 동기인 경우가 많기 때문에 학업 스트레스나 학업 소진을 경험하는 경우가 많다. 성적 스트레스가 높은 학생이라면, 학생들에게 공부의 타당성을 점검할 수 있도록 진로와 연계된 상담을 실시할 필요가 있다(최윤정, 김지은, 2012).

(2) 성취동기

컨빙턴과 로버츠(Convington & Roberts, 2004)에 의하면, 우리 모두는 성공하려는 동기와 실패를 피하기 위한 서로 반대되는 동기에 의해서 행동하게 된다고 한다. 즉, 어떤 학생들은 성공을 이루어 내고 해냈다는 자부심을 느끼기 위해서 동기가 부여되는가 하면, 반대로 어떤 학생들은 실패와 관련된 수치심과 창피함을 경험하기 싫어서 실패하지 않으려고 동기가 부여되는 경우도 있다. 인간은 성취를 통한 보상을 추구할 때, 성공을 얻는 보상과 보상을 추구하는 과정에서 발생하는 어려움과 위험을 회피하려는 동기 두 가지가 같이 작동하게 된다. 기질적으로 성공추구 동기가 더 높은 학생(성공 지향자)이 있는 반면에, 실패 회피동기가 더 높아서 아주 쉬운 과제를 하거나 자신의 능력 이상의 너무 수준 높은 과제를 추구하여 학업에서 저성취를 나타낼 수 있다(실패 회피자). 또는 두 가지 동기가 모두 높은 학습자는 성공을 함으로써 실패를 피하려고 노력을 하는 것이 특징이어서 에너지가 금방 소진되고 정서적으로 불안을 많이 경험할 수밖에 없다(과노력 추구자). 편안하게 자신의 학습 과정을 즐기는 학생들은 성취동기가 높고 실패 회피동기는 낮은 성공 지향 학습자이다. 끝으로, 두 가지 동기가 모두 낮은 실패 수용자의 경우는 학업 포기자로 희망의 부재 또는 무기력함 이면에는 숨겨진 분노가 있을 수 있다. 따라서 상담자는 성취동기와 실패 회피동기의 높고 낮은 수준으로 분류되는 네 가지 동기 유형의 특성을 이해하고 실패 회피자, 과노력 추구자, 실패 수용자별 보상 추구 행동 기전을 파악하여 적절하게 기질을 조절할 수 있는 전략을 향상시킬 수 있도록 조력할 필요가 있다. 〈표 9-4〉에 컨빙턴과 로버츠(2004)가 제안한 네 가지 동기 유형을 제시하였다.

표 9-4	동기 문제의 분류		
동기의 종류	성공 접근에 대한 동기		
		낮음	높음
실패 회피에 대한 동기	낮음	실패 수용자	성공 지향자
	높음	실패 회피자	과노력 추구자

(3) 성취목표

성취목표는 개인이 어떤 과업을 수행할 때 달성하고자 하는 목적이 무엇인가, 즉 성취행동과 관련된 이유와 의도에 초점을 둔 개념이다(김동일 외, 2014). 성취하려고 하는 이유에 따라서 성취목표는 숙달목표와 수행목표로 분류할 수 있다. 목표지향 이론은 학교에서 학생의 학습동기를 설명하는 대표적인 이론으로, 숙달목표와 수행목표를 통해서 학생의 인지적·정의적 영역에서의 성취와의 관련성의 차이를 확인해 오고 있다(Kaplan & Martin, 2007). 학습목표나 과제 성취목표와 유사한 개념으로 숙달목표가 높은 사람은 행동의 목적이 자신의 유능성을 발달시키는 것이기 때문에 내재적 동기가 높고, 자신의 수행에 대한 올바른 평가와 학습의 기능을 제공받을 수 있는 정보를 선호하며, 학업에서 자기효능감과 인내심이 높고 긍정적인 정서가 보다 높은 것으로 확인되고 있다(Ames, 1992). 반면에, 수행목표가 높은 사람은 자신의 유능성을 증명하거나 다른 사람보다 더 잘하는 것이 목적이기 때문에 외재적 동기가 높고 타인과 비교를 가능케 하는 정보를 선호하는 경향이 있다. 수행목표는 부적응적인 인지, 정서, 행동과 관련이 있는 것으로 나타나기도 하지만 연구결과들이 일관적이지는 않다(Kaplan & Martin, 2007). 대체로 숙달목표가 높은 학습자와 수행목표가 높은 학습자는 귀인양식이 다른 것으로 나타나고 있다. 숙달목표가 높은 사람은 통제가능하고 내적인 귀인을 하는 반면에, 수행목표가 높은 학습자는 통제불가능하고 내적인 귀인을 하는 경우가 많아서 수행목표가 높은 학습자가 지속적으로 실패를 할 경우에, 학습 무기력에 빠질 수 있으므로 적절한 개입을 필요로 한다.

3) 행동적 요인

하루 종일 공부를 한다고 해서 학업 성취가 향상되는 것은 아니다. 오직 공부를 위해서 다른 활동에 시간을 낼 수 없다는 것은 합당하지 않다. 우리에게는 매일 수면을 위한 시간 6~7시간 정도를 빼면 17~18시간의 시간이 주어지고 학교에서 하는 수업 시간을 뺀 나머지지의 시간으로 분산학습을 하여 얼마든지 시간 부족을 메울 수 있다.

학습의 효율이 높은 학생은 월간 계획과 주간 계획 그리고 하루 단위로 계획하여 실천하는 실행력이 높다. 그러나 학업에서 어려움을 호소하는 학생의 경우, 똑같이 주어진 시간이지만 시간 관리 체계가 부족하고 미루기 행동으로 인해 실행하지 못하는 경우가 많다. 학업에 영향을 미치는 인지, 정서, 행동 요인은 서로 별개로 작동하는 것이 아니기 때문에 전반적으로 학습 효율이 떨어지는 학생들은 이 세 가지 요인의 측면에서 어떤 어려움이 있는지를 파악하는 것이 필요하다. 만약 행동관리 전략이 부족하다면, 시간 사용을 구체적으로 분석하여 낭비하는 시간을 줄이고 미루기 행동을 감소하는 시간 관리 체계를 개발하는 상담 개입을 적용할 수 있을 것이다.

3. 학습상담 개입

학습상담의 목표는 학업 성취의 향상뿐만 아니라 학업과 관련된 적응적 행동의 향상을 통해서 학업 발달을 촉진하는 것에 있다. 학생이 주로 호소하는 것을 바탕으로, 즉 성적을 올리고 싶다, 집중력을 높이고 싶다, 공부를 재밌게 하고 싶다 등의 구체적인 상담목표를 설정하되, 앞에서 탐색된 학업 문제의 원인에 기초하여 상담 개입의 계획을 세울 수 있다. 지능에 대한 고정된 신념이나 학습 전략 개발의 부족인 경우에는 인지행동적 접근을 통해서 학업 능력을 향상시키는 인지전략과 행동전략에 대해 습득할 수 있도록 할 필요가 있다. 반면에 정의적 요인에서 문제의 원인이 탐색되었다면, 동기향상 전략이나 정서조절 전략 등을 활용하여 학업과 관련된 적응적인 행동을 개발하는 것에 초점을 두는 상담 개입 전략을 세울 수 있을 것이다. 요컨대, 상담 개입 전략의 설정은 학생이 겪는 학습 문제의 원인을 인지적 요인과 정의적 요인 그리고 정서적 요인에 영향을 미칠 수 있는 대인관계 측면에서 살펴보고 궁극적으로 학생이 자신의 개인적 특성을 파악하여 스스로에게 맞는 학습 전략을 구축할 수 있도록 조력할 필요가 있다.

학업 문제의 원인에 따라서 학습전략과 동기, 정서조절 전략 그리고 행동관리 전략의 개입을 계획하여 학업 문제에 대한 상담 개입을 실시할 수 있다. 정서를 조절할 수 있는 상담 개입은 인지행동 상담이론에서 사고의 전환을 통한 정서조절과 마음챙김 명상의 방법을 적용해 볼 수 있을 것이다. 학업 수행을 높일 수 있는 행동관리 전략은 낭비하는 시간을 줄이고 구체적인 시간활용의 계획과 미루기 행동의 감소를 위한 전략을 활용할 수 있다. 시간 관리 전략과 미루기 행동 감소를 위한 전략의 예시를 소개하고자 한다.

1) 시간 관리 전략[1]

시간 관리의 방법은 현재 자신의 시간 사용이 어떠한지 분석하고, 시간을 어디에 낭비하고 있는지를 확인한 후에 시간 관리 체계를 개발하는 것이다.

(1) 시간 사용의 분석과 시간 낭비의 확인

먼저 자신의 시간 관리에 대한 체크리스트를 통해 자신의 시간 관리를 점검해 보자. 오늘부터 시작해서 일주일간 자신이 시간을 어떻게 활용했는지에 대해서 수업활동 9-1을 통해 분석해 봄으로써 어떻게 시간을 활용하고 있는지 가시적으로 확인할 수 있다.

(2) 시간 계획과 관리 체계의 개발

시간 계획의 방법에는 학사 달력을 사용하여 자신이 해야 하는 일들을 작성하기, 주간 우선순위 과제 목록 작성하기, 주간 계획 짜기 등이 있다. 스마트한 세상으로 변화하면서 시간을 계획하고 관리하는 스마트폰 애플리케이션도 다양해져 자신에게 맞는 시간 관리를 할 수 있는 보조도구를 활용할 수도 있을 것이다. 시간 계획과 관리 방법의 예시를 다음에 제시하였다.

- 매일 공부할 규칙적인 시간을 정하라.
- 상대적으로 주의집중이 잘되는 환경을 조성하라.
- 30분에서 60분 단위로 할 수 있는 과제로 계획을 세우라.
- 짧게 쉬어라. 만약 쉽게 집중을 잃는다면, 30분 집중하고 2~3분 쉬라.
- 시간 계획의 방법을 확인하고 구체적으로 짜라.
- 충분히 공부할 시간이 있을 경우에는 몇 가지 대안을 함께 마련하라.
- 과제에 필요한 시간을 추정해서 현실적인 계획을 세우라.
- 과제의 우선순위를 매기라.
- 당신이 싫어하는 과목의 과제를 먼저 하라. 싫어하는 과목을 먼저 하게 되면 부적 강

---

1) 최윤정(2018, pp. 211-213)에서 발췌, 수정함.

수업활동 9-1 시간 사용의 분석

◎ 다음의 분석표에서 한 시간 단위로 시간을 어떻게 활용했는지 작성해 보자. 여러 가지 색을 활용해서 온전하게 사용한 시간, 낭비한 시간, 그 중간 등 나름의 기준을 갖고 색칠을 해 본다면, 자신의 시간 사용 패턴을 시각적으로 관찰할 수 있다.

나의 시간 활용_(　　　)월 (　　　) 주								
		월	화	수	목	금	토	일
오전	6~7							
	7~8							
	8~9							
	9~10							
	10~11							
	11~12							
오후	12~13							
	13~14							
	14~15							
	15~16							
	16~17							
	17~18							
	18~19							
	19~20							
	20~21							
	21~22							
	22~23							
	23~24							
오전	24~1							
	1~2							
	2~3							
	3~4							
	4~5							
	5~6							

화의 효과를 얻을 수 있다.
- 가능하다면 미리 과제를 하라.
- 일정이 잡히자마자 달력이나 스마트폰에 기록하라.
- 시간 관리를 위한 테크놀로지를 활용하라.

학교상담자는 시간 계획 및 관리 체계와 관련된 다양한 방법을 찾아 학생들에게 소개하고 행동주의 상담의 방법으로 새로운 행동을 개발할 수 있도록 조력할 필요가 있다.

2) 미루기 행동 감소를 위한 전략

미루기 행동(procrastination)은 학습을 방해하는 대표적인 원인 중의 하나이다. 미루는 행동의 이면에 동기의 문제가 있을 수 있으므로, 혹시 미루는 행동으로 인해 점점 더 학습의 동기가 떨어진다면 동기가 어떠한지 먼저 살펴볼 필요가 있다. 성취동기와 실패 회피 동기 유형을 바탕으로 학생이 미루는 행동의 원인이 실패를 피하기 위한 것이라고 한다면,

표 9-5 미루기 행동 감소를 위한 전략

전략	내용
타임-텔링	해야 할 일을 미루고 있다는 사실을 스스로 자각할 수 있도록 15분 단위로 시간을 알려 주는 애플리케이션 활용
회상 노트 활용	포스트잇을 여기저기 붙여 놓기, 스마트폰 팝업 알림 활용하기 등
강화전략	50분 공부해서 다 한다면, 아이스크림을 먹을 거야.
한 입 크기로 쪼개기	시간 단위를 작게 나누기
5분 계획	바로 시작하기 싫을 때, '5분만 하자' 하다 보면 집중 시간이 늘어난다.
80%면 성공 규칙	완전 100% 완성에 대한 기대보다는 현실적인 접근을 하라. 80% 달성하면 나머지 20%는 금방이다!
과제 완성을 위한 사회적 지지의 활용	이왕이면 미루는 친구들보다 완수하는 친구들과 함께 작업하라.
규칙적인 시간 정하기	일어나자마자 운동하기, 저녁 식사 후 그날 배운 내용 복습하기
환경을 개선하기	미루기 행동에 영향을 줄 수 있는 환경적 조건을 피하라. TV, Wi-fi, 음식이 있는 장소는 과제를 완수하는 데 최적의 장소가 될 수 없다.

학업과 관련된 부정적인 정서를 탐색하고 부정적 정서 이면에 있는 학생의 욕구를 파악하여 학생이 원하는 바를 성취하기 위해 어떤 행동을 하는 것이 효율적이고 현재 행동을 평가하여 간극을 좁혀 나갈 수 있는 행동전략을 함께 개발하는 상담 개입을 실시할 수 있다. 미루기 행동 감소 전략의 예시를 〈표 9-5〉에 제시하였다.

4. 평가와 종결

학생의 학업 문제와 관련해서 함께 합의한 상담 목표의 달성 정도를 확인하고 상담과정에서 새롭게 학습한 학습 전략이나 행동 전략을 지속하기 위한 방안에 대해서 내담자와 이야기를 나눌 필요가 있다. 학생의 학업 성취의 향상 정도와 학습의 효율성에 대한 내담자의 주관적 평가 그리고 학습 전략 개선에 대한 객관적 심리검사 등을 활용하여 학습상담을 통해서 변화된 성과를 평가할 수 있다.

참고문헌

김동일 외 14인(2014). 청소년 상담학 개론. 서울: 학지사.

최윤정(2018). 성인학습 및 상담론. 서울: 학지사.

최윤정, 김지은(2012). 중·고등학생의 진로발달 관련 변인 및 진로교육 경험과 자기주도 학습태도와의 관계: 다수준 분석의 적용. 아시아교육연구, 13(2), 81-106.

홍경자, 김창대, 박경애, 장미경(2002). 청소년집단상담의 운영. 서울: 한국청소년상담원.

황매향(2009). 학업 문제 유형분류의 탐색. 상담학연구, 10(1), 561-581.

Ames, C. (1992). Classrooms: Goals, structures, and student motivation. *Journal of Educational Psychology, 84*, 261-271.

Atkinson, R. C., & Shiffrin, R. M. (1968). Human memory: A proposed system and its control processes. In K. W. Spence, & J. T. Spence (Eds.), *The psychology of learning and motivation: Advances in research and theory*, vol. 2 pp. 89-195. New York: Academic.

Blackwell, L. S., Trzesniewski, K. H., & Dweck, C. S. (2007). Implicit theories of intelligence predict achievement across an adolescent transition: A longitudinal study and an intervention. *Child Development, 78*(1), 246-263.

Convington, M. V. & Roberts, B. (2004). Self-worth and college achievement: Motivational and personality correlates. In P. R. Pintrich, D. R. Brown, & C. E. Witnstein (Eds.), *Student motivation, cognition, and learning: Essays in hour of Wilbert J. McKeachie* (pp. 157-187). Hillsdale, NJ: Erlbaum.

Dembo, M., H. & Seli, H. (2013). *Motivation and learning strategies for college success: A focus o self-regulated learning.* NY: Routledge.

Dweck, C. S. (2000). *Self-theories: Their role in motivation, personality, and development.* Philadelphia. PA: Psychology Press.

Dweck, C. S. (2017). *Mindset: Changing the way you think to fulfil your potential.* NY: Robinson.

Kaplan, A. & Martin, L. M. (2007). The contributions and prospects of goal orientation theory. *Educational Psychology Review, 19,* 141-184.

제10장

진로 발달을 위한 상담과 생활지도

중 · 고등학교 학생들의 중요한 삶의 발달 과업은 진로 발달과 학업성취 두 가지로 압축할 수 있다. 학생들이 이 두 가지 발달 과업을 잘 성취할 수 있다면, 미래 삶의 주인공으로 살아가는 전인적 인간의 육성이라는 중등교육의 본질적인 목표가 잘 달성되었다고 평가할 수 있을 것이다. 그런데 오늘날 대한민국 사회에서 진로와 진학의 문제는 많은 교사와 학부모, 그리고 학생 당사자들은 성공적인 직업생활과 안정된 삶을 살아가기 위한 첫 번째 당면 과제로서 '학업성적에 따른 대학 입학'(예: university fever)[1]을 떠올리는 경우가 대부분이다. 보다 좋은 대학과 인기 있는 학과에 진학하는 것은 마치 좋은 직장과 안정된 삶을 보장하는 매우 '비싼 알약'처럼, 그 알약만을 먹으면 인생에서 중요한 과업을 모두 해결할 수 있다고 믿는 우리나라의 사회맥락적인 진로신화(김병숙, 김소영, 박선주, 2007)는 학생들의 창의적 진로 의식을 함양하는 데 걸림돌이 되고 있다. 따라서 중 · 고등학생의 진로 발달을 위한 교육과 상담은 우리나라에서 암묵적으로 형성되어 온 진로신화에 대해 학생들

---

1) 미래의 노동시장 상황이나 자신의 적성에 대한 고민 없이 성적에 맞춰 대학에 가는 우리 사회의 '대학 열풍'을 의미함(박영범, 2012).

이 검토해 보는 것에서부터 시작할 필요가 있다. 왜 우리는 일을 하며 살아야 하는지 그리고 중·고등학생들에게 진로와 상급학교 진학의 의미는 무엇인지에 대해 그들이 생각하고 탐색하여 스스로 답을 찾을 수 있는 시간과 기회를 주어야 할 것이다. 이 장에서는 진로전담교사, 전문상담교사, 전문상담사 등의 학교상담자가 진로 문제로 고민하는 학생들과 상담 과정에 대해서 진로 문제의 진단과 원인 탐색 그리고 진로 문제에 대한 상담 개입의 방안에 대해서 살펴보기로 한다.

1. 진로 문제의 진단

진로에 대해 갖고 있는 학생의 신념과 현재까지 개발된 진로 의식의 수준을 평가하기 위해서는, ① 자기이해, ② 직업세계와 노동시장 상황에 대한 정보, ③ 진로계획 수립 및 준비(실행)의 세 가지 영역에서 진단할 수 있다. 진로 문제로 인해 어려움을 호소하는 내담자의 문제를 파악하여 진단할 수 있는 영역별 임상적 내용에 대해서 정리하면 다음의 〈표 10-1〉과 같다. 각 영역에 대해 학생이 어떤 상황인지 질문하면서 진로 문제를 탐색한다.

표 10-1 **미성숙한 진로 의식의 영역과 내용**

영역	내용	탐색 질문
자기이해의 부족	• 흥미, 가치관, 성격, 능력에 대한 현실적 인식의 부족 • 정서적 문제(불안, 두려움, 회피, 낙담, 좌절, 무망감, 우울, 동기의 결여 등) • 진로 관련 인지적 문제(자아정체감의 유실과 유예, 낮은 자기효능감)	• ○○님의 인생에서 개인적으로 보람 있는 성취를 했던 경험을 얘기해 보세요. • 학교에서 어떤 과목이 재미있었나요? • 어떤 취미나 흥미가 있나요? • 몰두했던 아동기 활동에 대해 얘기해 보세요. • 당신이 정말 활력을 느꼈던 상황을 얘기해 보세요.
직업세계와 노동시장 상황에 대한 정보 부족	• 왜곡된 직업 의식 • 편중된 직업선호 성향 • 묻지 마 대학입학 준비 • 미래 진로와 학업계획의 연계성에 관한 이해의 부족 • 대학 및 학과 정보의 부족 • 제한된 정보 탐색 방법 • 왜곡된 정보의 습득	• 부모님(조부모님)이나 친척이(중요한 타자)이 어떤 유형의 직업을 가지고 있나요? • 그 사람들에게 받은 조언은 어떤 것들인가요? • 진로 유형에 대하여 어떤 유형의 지지를 받았나요? • 이 조언에 대해 나는 어떻게 반응해 왔나요? • 알고 있는 직업의 종류는 무엇이고 어떻게 알게 되었나요?

| 진로계획 수립 및 준비(실행)의 부진 | • 불분명한 진로목표
• 근면성(인내심)과 성실의 부족
• 시간활용 전략과 행동 계획의 부족
• 불충분한 진로탐색 | • 요즘 학교생활이든 일상의 삶에서 중요하게 이루고 싶은 목표가 있다면 무엇인가요?
• 목표를 세우고 계획을 세워 성취한 경험이 있다면 예를 들어 설명해 주세요.
• 지난 3일 동안 일상에서 시간 계획을 세워 어떻게 활용하였는가요? |

1) 진로 심리검사

일반적으로 진로상담에서 내담자의 문제를 진단하기 위해서 심리검사를 활용하여 내담자에 대한 다양한 정보를 수집한다. 학교상담자나 교사들이 쉽게 사용할 수 있는 다양한 진로 검사들은 한국고용정보원의 워크넷(www.work.go.kr)과 한국직업능력개발원의 커리어넷(http://careernet.re.kr)에서 개발하고 보급하고 있는 웹기반 검사들을 활용할 수 있다. 청소년용 진로 심리검사 목록과 내용은 〈표 10-2〉와 같다. 이 책에서는 진로성숙도를 평가할 수 있는 검사로서 커리어넷에서 무료로 제공하는 진로성숙도 검사를 소개하고자 한다(글상자 10-1). 그 밖에 진로 문제를 평가하기 위한 척도와 검사에 대해서 더 알고자 한다면, 『진로상담과 연구를 위한 척도 핸드북』(최윤정 외, 2014)을 참조하길 바란다.

표 10-2 **청소년용 웹기반 심리검사**

	검사목록	내용
한국고용정보원	직업흥미검사	Holland의 일반흥미 6개(현실형, 탐구형, 예술형, 사회형, 기업형, 관습형), 기초흥미분야
	직업적성검사 (중학생용)	8개(언어/수리/공간/지각/과학/색채능력/사고유연성/협응능력)의 적성요인과 1개의 학업동기요인, 10개의 하위 검사
	직업적성검사 (고등학생용)	10개(언어/수리/추리/공간/지각/과학/집중/색채능력/사고유연성/협응능력)의 적성요인과 15개의 하위 검사
	직업가치관 검사	13개 가치관 요인(개별활동, 영향력 발휘, 직업안정, 변화지향, 몸과 마음의 여유, 지식추구, 자율성, 금전적 보상, 성취, 봉사, 애국, 인정, 실내활동)

한국고용 정보원	청소년 진로 발달검사	진로성숙도 검사(진로에 대한 태도와 성향, 진로와 관련된 지식의 정도, 진로행동의 정도), 진로미결정(성격요인, 정보요인, 갈등요인) 검사
	청소년 직업인성검사	5개요인(외향성, 민감성, 지적 개방성, 친화성, 성실성) 인성을 측정하는 성격 기술 척도, 사회적 바람직성 척도, 부주의성 척도
	대학 전공(학과) 흥미검사	7개 전공계열 49개 전공학과
한국직업 능력 개발원	직업적성검사	10개의 적성영역(신체/운동 능력, 손재능, 공간/시각 능력, 음악능력, 창의력, 언어능력, 수리/논리력, 자기성찰능력, 대인관계능력, 자연친화력)
	직업흥미검사	16가지의 직업 흥미군(과학분야 전문직, 과학분야 숙련직, 공학분야 전문직, 공학분야 숙련직, 경영분야 전문직, 경영분야 숙련직, 서비스분야 전문직, 서비스분야 숙련직, 예술분야 전문직, 예술분야 숙련직, 소비자 경제분야, 농업/천연자원 분야, 사무직, 언론직, 전산/정보통신 분야, 컴퓨터응용 분야)
	직업가치관 검사	8개의 가치(능력발휘, 자율성, 보수, 안정성, 사회적 인정, 사회봉사, 자기계발, 창의성)
	진로성숙도 검사	진로성숙 태도(자기이해, 계획성, 직업에 대한 태도, 독립성), 능력(정보탐색, 합리적 의사결정, 희망 직업에 대한 지식), 행동(진로탐색 및 준비행동)의 3개 영역으로 구성. 실제 진단할 수 있는 내용은, ① 진로에 대한 의견 및 태도(자기이해), ② 진로탐색 및 의사결정, ③ 직업에 대한 지식, ④ 진로준비행동 네 가지로 구성됨.

2) 진로성숙도 평가를 통한 진단

글상자 10-1에 제시된 진로성숙도 검사를 인터넷에서 실시하여 결과지를 출력하면 결과와 해석을 제공한다. 그런데 학교에서 생활지도 차원에서 실시하는 각종 심리검사 활동이 효과적으로 운영되기 위해서는 교사들이 이에 대한 전문적 지식을 어느 정도 구비해야한다. 진단을 위한 간략한 지침은 다음과 같다.

첫째, 진로성숙도 검사의 네 가지 영역에서 특별히 점수가 낮은 영역을 확인한다. 만약 자기이해를 포함한 진로에 관한 태도의 영역에서 중간 이하의 점수를 보인다면, 기타 친구 관계나 가정 및 학교 생활에 대한 만족에 대해서 점검하는 것이 필요하다. 〈표 10-1〉에서 살펴볼 수 있듯이, 자기이해의 부족으로 인해서 나타날 수 있는 정서적인 문제가 관찰되고 전반적인 학교생활에서 어려움을 겪고 있다면, 심리·정서적인 상담으로 의뢰한다.

둘째, 자기이해의 영역에서 점수는 높은데 나머지 영역에서 점수가 낮다면, 실질적인 진로 지도의 도움을 필요로 하는 학생이다. 흥미, 기질과 성격, 가치관, 능력 등에 대해 검토하고 자신이 원하는 진로 목표가 무엇인지 탐색할 수 있도록 개입할 필요가 있다.

셋째, 반대로 자기이해(진로에 대한 태도) 영역의 점수는 낮은데 나머지 영역에서 점수가 높은 학생이라면, 불안에 의해 섣부른 결정과 준비를 하고 있는 학생일 수 있기 때문에, 자기에 대한 탐색활동 후에 진로의 목표를 세우는 과정을 다시 점검할 수 있도록 한다.

넷째, 진로준비행동의 점수가 낮은 경우에는 자신에 대한 이해도 높고 무엇을 하고 싶은지도 알겠는데 실제 어떤 준비와 계획을 세워야 하는지 모르는 경우이다. 자신이 원하는 진로 목표를 달성하기 위해 필요한 교육이 무엇인지 학업 계획과 관련지어 진로 준비 계획을 세울 수 있도록 조력할 필요가 있다.

📋 **글상자 10-1**　**진로성숙도 검사[2]**

※ 다음 질문은 진로에 관한 여러분의 생각과 태도를 알아보기 위한 것입니다. 각 문항을 읽고 자신의 생각이나 태도와 얼마나 일치하는지 각 문항에 점수를 표기하세요.

1 ················· 2 ················· 3 ················· 4 ················· 5
전혀 그렇지 않다　　　　　　　　　　　　　　　　매우 그렇다

Ⅰ. **진로에 대한 의견 및 태도(자기이해)**

1. 나의 진로를 선택하고 계획하는 일은 중요하다. _____

2. 나는 무엇을 잘 할 수 있는지 안다. _____

3. 나의 진로는 내가 선택하며, 그 결과에 대한 책임도 나에게 있다. _____

4. 장래에 내가 원하는 일을 하기 위해서 지금부터 준비할 필요가 있다. _____

5. 나는 내가 잘하지 못하는 일이 무엇인지 안다. _____

6. 진로 문제(진학 또는 직업선택)는 내가 스스로 결정하겠다. _____

7. 나의 장점이 무엇인지 안다. _____

8. 장래 희망을 이루기 위해 지금 무엇을 해야 할지 구체적으로 생각해 본다. _____

---

2) 최윤정 외(2014), 제4장 '웹기반 척도'에서 소개된 검사의 일부를 발췌하였음.

9. 어떤 직업을 갖는가에 따라 내 삶이 달라질 수 있다. _____

10. 나의 단점이 무엇인지 안다. _____

11. 직업은 한 사람이 다른 사람 및 사회와 관계를 맺는 중요한 수단이다. _____

12. 나의 꿈을 실현하기 위한 나름대로의 계획을 가지고 있다. _____

13. 내가 배우고 싶거나 하고 싶은 것을 스스로 결정하는 편이다. _____

14. 내 성격에 대하여 잘 안다. _____

15. 교과공부, 취미생활, 봉사활동 등을 통해 나의 흥미나 적성을 알아볼 것이다. _____

16. 학교 공부를 할 때, 교과 내용을 나의 미래와 관련지으려고 한다. _____

17. 여자도 군인이나 중장비(포클레인, 덤프트럭) 기사가 될 수 있다. _____

18. 내가 즐겁게 할 수 있는 일들이 무엇인지 안다. _____

19. 어떤 진로를 선택할지 부모님이나 선생님이 정해주셨으면 좋겠다. _____

20. 미래를 위해 다양한 경험을 쌓으려는 계획을 가지고 있다. _____

21. 남자도 유치원 교사나 간호사가 될 수 있다. _____

22. 내가 하고 싶지 않은 일이 무엇인지 안다. _____

23. 내가 중요하게 생각하는 가치가 무엇인지 안다. _____

24. 다소 어려운 일이 생겨도 가능한 한 내가 스스로 해결하려고 노력한다. _____

25. 나는 진로를 선택할 때 주위 사람에게 의지하기보다는 스스로 판단한다. _____

26. 어떤 직업이든지 장점이 있으면 단점도 있기 마련이다. _____

27. 나는 일을 시작하기에 앞서 먼저 계획을 세운다. _____

28. 어떤 직업이든지 어려움 없는 직업은 없다. _____

29. 나는 내가 해야 할 일들을 계획적으로 하는 편이다. _____

30. 내가 돈이 많은 부자라도 직업을 갖겠다. _____

Ⅱ. 진로탐색 및 진로 의사결정

다음 질문은 미래에 자신의 진로를 탐색하고 결정할 때, 다음의 것들을 얼마나 잘 할 수 있다고 생각하는지를 묻고 있습니다. 각 문항에 점수를 표기하세요.

1. 나는 관심 있는 학교나 직업에 관한 정보를 찾을 수 있다. _____

2. 나는 진로와 관련된 정보를 제공해 주는 기관(청소년상담센터, 진로정보센터, YMCA 등)을 찾아갈 수 있다. _____

3. 나는 내가 관심 있는 분야에 구체적으로 어떤 직업이 있는지 알아볼 수 있다. _____

4. 나는 여러 직업의 장점과 단점에 대하여 충분히 생각해 본 후에 내 진로를 결정할 수 있다. _____

5. 나는 나의 능력과 가정환경을 고려하여 진로를 결정할 수 있다. _____

6. 나는 먼저 여러 사람들의 의견을 충분히 듣고 진로를 결정할 수 있다. _____

7. 나는 직업에 대한 지식과 나 자신에 대한 이해를 바탕으로 내게 맞는 직업을 선택할 수 있다. _____

8. 원하는 직업을 갖기 위해 필요한 학력이나 자격을 내가 갖출 수 있는지 판단할 수 있다. _____

9. 나는 진로를 선택할 때 충분한 시간을 갖고 생각한 후에 결정할 수 있다. _____

10. 나는 관심 있는 직업에 종사하는 사람을 만나서 그 직업에 대하여 알아볼 수 있다. _____

11. 나는 직업을 선택하기에 앞서 다양한 직업들에 대해 충분히 알아보고 서로 비교할 수 있다. _____

Ⅲ. 직업에 대한 지식

다음 질문은 자신의 희망직업에 대한 지식 여부를 묻고 있습니다.

1. 자신이 가장 가지고 싶은 직업을 쓰세요. (   )

* 위 직업과 관련하여 다음의 내용에 대해 얼마나 잘 알고 있습니까?

전혀 모를 경우에 1점, 다른 사람들에게 들어 본 정도로 아는 경우 2점, 직접 정보를 찾아서 확인한 정도로 아는 경우 3점, 친구들에게 설명해 줄 수 있는 정도인 경우에는 4점을 주세요.

1-1. 위에 적은 직업에서 필요한 능력 _____

1-2. 위에 적은 직업에서 요구하는 교육수준 _____

1-3. 위에 적은 직업을 위한 준비과정과 자격조건 _____

1-4. 위에 적은 직업의 근무환경 _____

1-5. 위에 적은 직업의 임금 _____

1-6. 위에 적은 직업에서 하는 일 _____

1-7. 위에 적은 직업의 미래 전망 _____

Ⅳ. 진로준비행동

다음은 여러분이 진로를 탐색하고 준비하는 활동을 얼마나 해 보았는가를 알아보기 위한 것입니다. 다음 각 물음에 '예' 혹은 '아니요'로 표시하세요.

* 최근 1년 이내에 나의 적성이나 진로에 대해 다른 사람들과 이야기해 본 적이 있다.

(답변이 '예'인 경우 1-1번~1-6번을 체크하세요. '아니요'일 경우 2번으로 가세요.)

1-1. 부모님이나 친척 어른 (예, 아니요)

1-2. 친구나 선배 (예, 아니요)

1-3. 학교 선생님 (예, 아니요)

1-4. 학원 선생님 (예, 아니요)

1-5. 상담 전문가 (예, 아니요)

1-6. 사이버 상담(채팅 상담, 게시판 상담) (예, 아니요)

2. 최근 1년 이내에, 내가 관심을 갖고 있는 직업분야에 대해 정보를 찾아본 적이 있다. (예, 아니요)

3. 최근 1년 이내에, 내가 관심을 갖고 있는 교육기관(학교, 학원 등)에 대한 정보를 찾아본 적이 있다. (예, 아니요)

4. 최근 1년 이내에, 내가 관심을 갖고 있는 진로(진학, 직업)와 관련된 기관을 방문한 적이 있다. (예, 아니요)

5. 최근 1년 이내에, 내가 관심을 갖고 있는 직업에 종사하는 사람을 만나 이야기해 본 적이 있다. (예, 아니요)

6. 최근 1년 이내에, 진로와 관련하여 나의 적성이나 흥미, 성격 등을 알아보기 위한 검사를 받아 본 적이 있다. (예, 아니요)

7. 최근 1년 이내에, 직업 체험을 해 본 적이 있다. (예, 아니요)

8. 최근 1년 이내에, 내가 관심을 갖고 있는 직업에 종사하는 직업인의 인터뷰 동영상을 시청한 적이 있다. (예, 아니요)

9. 내가 관심을 갖고 있는 진로(진학 또는 취업)를 위해 지금 열심히 준비하고 있다. (예, 아니요)

10. 학교 공부 외에도 나의 소질과 적성을 살리기 위해 노력하고 있다. (예, 아니요)

2. 진로 문제의 원인 탐색

내담자의 문제가 무엇인지 확인이 되었다면, 그 문제가 왜 발생하였는지를 설명하는 것은 상담자가 지향하는 이론적 접근에 따라 달라질 수 있다. 진로 문제를 설명하기 위한 이론을 진로 발달이론이라고 하는데 진로 발달이론에는 파슨스(Parsons)의 특성요인 이론, 홀랜드(Holland) 인성 이론, 사회 인지 진로 이론, 크롬볼츠(Kromboltz)의 사회학습이론, 수퍼(Super)의 생애주기-생애역할 이론, 구성주의와 내러티브 접근 등이 있다. 진로 발달이론의 주요 개념을 정리한 내용을 〈표 10-3〉에 제시하였다. 이러한 진로 발달이론들의 공통점은 개인의 진로 발달은 인간의 발달과 마찬가지로 환경과의 상호작용에 의해서 발달적 양상이 달라지고 성장하는 과정에서 주요하게 영향을 미치는 환경적 요인과 개인적 특성을 함께 고려하는 것을 강조한다. 특히, 한 개인이 어떤 가정과 사회에 속해 있느냐의

표 10-3 진로 발달이론별 주요 내용과 핵심 개념

이론	주요 내용	핵심 개념
특성요인이론	• 개인의 특성(흥미, 가치관, 성격, 적성 등)과 직업 또는 직무가 요구하는 사항이 밀접하게 관련을 맺을수록 직업적 성공의 가능성은 커진다고 가정함. • 자기이해와 직업에 대한 이해를 통해서 두 요인 간의 합리적 연결이 직업 선택의 과정임.	• 개인특성 • 직업적 요구 • 개인 · 환경의 일치
홀랜드 인성이론	• 개인의 능력과 흥미와 진로 기회를 연결시킴. • 성격과 직업 환경은 6가지 유형(현실형, 탐구형, 예술형, 사회형, 진취형, 관습형)에 따라 분류됨. • 사람들은 자신의 기술과 능력을 발휘하고 태도와 가치를 표현할 수 있는 직업 환경을 찾음.	• 흥미 • 흥미의 일관성, 변별성, 정체성, 일치성 • 개인 · 환경의 일치
수퍼의 생애주기-생애역할 이론	• 자기이해와 직업세계에 대한 이해에 따라 직업을 선택하기 위한 능력은 연령에 따라 발달하며 해당되는 시기마다 주어지는 발달 과업을 성공적으로 수행했을 때, 그다음의 단계로 이행할 수 있는 준비가 되었다고 가정함. • 진로는 전 생애 기간 동안 발달하고 개인의 자아개념은 성장, 탐색, 확립, 유지, 쇠퇴기의 진로 발달 단계 동안 변화해 가다가 확립, 유지기 동안 안정됨. • 개인이 수행하는 다양한 삶의 역할이 생활양식을 구성하고 진로에 영향을 미침.	• 전생애 • 생애역할 • 자아개념 • 진로성숙도
사회인지 진로이론	• 개인의 진로 관련 흥미발달과 직업 선택과정에 대해 개인이 속한 환경과 상호작용하는 과정에서 형성된 자신에 대한 믿음인 자기효능감과 행위의 결과에 대한 결과기대라는 인지적 평가의 영향을 강조함.	• 자기효능감 • 결과기대 • 개인특성 • 환경적 배경 • 흥미, 목표, 수행
크롬볼츠의 사회학습이론	• 진로선택은 개인이 타고난 선천적 능력과 환경적 상황과 여러 가지 사건, 그리고 개인의 학습경험, 과제 접근 기술(개인이 당면한 문제를 해결하는 기술)에 의해서 이루어진다고 봄.	• 개인적 · 유전적 그리고 특수 능력 • 환경조건과 사건 • 학습경험 • 강화요인 • 과제접근 기술

구성주의와 내러티브 접근	• 자신의 진로를 스스로 구성해 온 삶의 이야기를 시작으로 개인이 저자로서 자신의 삶의 이야기를 어떻게 쓰고 싶은지를 탐색하여 새로운 진로 이야기를 구성하게 함. • 연기자로서의 자기, 주체자로서의 자기, 저자로서의 자기에 해당되는 이야기를 하되, 구성, 탈구성, 재구성, 협력구성, 행동의 과정을 밟아 진행함.	• 연기자, 주체자, 저자 • 진로구성을 위한 상담 모형(구성, 탈구성, 재구성, 협력구성, 행동)

사회맥락적 요인은 특정 사회에서 직장을 구하고 일을 하는 사회생활의 모습에 많은 영향을 미치기 때문에 한 개인이 속해 있는 집단의 사회문화적 특성을 파악하는 것은 진로 문제를 이해하는 데 필수적인 일이다. 이 절에서는 수퍼(Super)의 생애주기-생애역할 이론과 다양한 진로 발달이론의 공통적인 내용을 중심으로 우리나라 중·고등학생의 미성숙한 진로 의식의 문제의 원인에 대해서 사회맥락적 요인인 '진로신화'와 개인적 요인으로 '진로성숙도'의 측면에서 설명해 보고자 한다.

1) 사회맥락적인 요인

오늘날 우리나라 청년들은 대입을 위한 수능점수와 고등학교 내신 성적을 바탕으로 합격 가능한 대학에 입학한 후에, 자신의 진로에 대한 탐색과 실험보다는 안정적인 직장에 들어가는 것을 주된 목표로 전공에 상관없이 대기업 취업이나 공무원 시험을 진로 대안으로 삼고 스펙 쌓는 것에 많은 시간과 에너지를 쓰고 있다. '캥거루족'이라는 신조어에서도 알 수 있듯이, 원하는 직장을 얻기 위해 취업 준비에 수년을 투자하면서 자신의 생계는 부모님에게 의존하는 청년층의 출현은 경제적·정서적 자립을 통한 개체로서의 성장에 심각한 문제가 있음을 보여 준다. 이 같은 청년들의 왜곡된 진로 의식과 청년층의 편중된 직업 선호 현상 그리고 부모의 울타리를 벗어나지 않으려 하는 캥거루족의 발생과 같은 사회적 현상에 대해 전문가들은 중등교육의 부실한 진로 교육과 지도에서 그 원인을 찾는다. 급기야 중·고등학생들의 진로 발달을 촉진하기 위해서 「진로교육법」이 제정되어 진로전담교사를 양성하고 진로교육과 상담을 강화하고 있다. 학생들의 창의적인 진로 의식을 함양함으로써 4차 산업 혁명 시대에 적응할 수 있는 인재를 양성하기 위한 새로운 시도들이 학교 현장에서 이루어지고 있다. 하지만 서두에서 언급했던 것처럼, 우리나라 진로교육의 문제를 해결하기 위해 성공적인 직업생활과 안정된 삶에 대한 '진로신화'를 점검하고 일과 진로의 본질에 대해 교사와 학부모 그리고 학생들이 함께 논의하는 과정이 우선적으로 이루어질 필요가 있다. 사회맥락적인 진로신화를 고려하지 않고 개인에 국한한 진로 문제에 대한 반응적 서비스는 궁극적으로 청년층의 진로 문제를 해결하지 못할 뿐만 아니라, 중·고등학교 학생들의 진로 및 진학의 고민 또한 단순하게 대학입시에 국한된 문제로 귀결시키는 문제를 지속적으로 양산할 수 있기 때문이다.

진로신화

진로신화란 진로에 관한 사람들이 갖는 부정적 또는 긍정적인 신념, 인지, 사고 등으로 이해된다. 김병숙 등(2007)에 의하면, 우리나라의 사회적 맥락은 청소년들이 갖는 진로신화 중 '최고성 신화'를 형성하였다고 본다. 즉, 부모들은 자녀들에게 열심히 공부해서 목표를 이루어 성공해야 하는 '일등주의'를 가르쳤다는 것이다. 이러한 사회맥락적인 진로신화는 물론 근대화 시대에 우리나라의 경제적 발전에 기여한 긍정적인 측면도 있지만, 오로지 성공해야만이 훌륭한 인생이라는 편향된 신념을 전달한 부정적인 영향이 학생들의 왜곡된 진로 의식을 형성하게 한 중요한 원인 중에 하나로 볼 수 있다.

중·고등학생들이 안고 있는 진로 미성숙의 문제는 단순히 이들의 개인적인 문제가 아니다. 자녀의 진로 발달에 많은 영향을 미치는 부모의 진로 의식과 관여는 긍정적인 영향(선혜연, 2008)을 미치기도 하지만 타인들에게 보여지는 공적인 정체감을 지나치게 강조하는 면은 자녀들로 하여금 성숙한 진로 의식의 발달을 저해하게 하는 원인이 된다(최윤정, 2015). 일례로, 한국직업능력개발원(2012)이 학부모 909명을 대상으로 조사한 연구 결과에 의하면, 중·고등학생 자녀의 직업 1, 2, 3순위가 교사, 공무원, 의사였으며, 자녀가 바라는 직업 또한 부모와 크게 다르지 않은 것으로 나타났다.[3]

이러한 결과는 타인의 시선을 의식하고 타인들로부터 존경과 성공적인 직업이라는 인정에 상당한 가치를 두는 우리나라 부모들의 태도를 시사한다. 집단주의 문화에서 일이란 개인적 정체성뿐만 아니라 집단 정체성의 표현으로 나타나(Lent & Brown, 2013), 우리 사회에서 개인의 직업 선택은 개인적 요인에 기초하기보다는 가족과 친족 구성원들 간의 합작품으로 간주된다. 특히, 조선 왕조 500년 동안 우리 삶의 전반을 지배해 온 유교사상과 신분

---

3) 중학생의 경우, 1순위: 교사, 2순위: 의사, 3순위: 연예인으로 나타난 반면, 고등학생의 경우 1순위: 교사, 2순위: 회사원, 3순위: 공무원이었음.

제도는 밥을 먹기 위해, 즉 생계를 유지하기 위해 행하는 직업적 행위에 대해 천박한 이미지를 형성하게 하였다. '생계유지를 위한 돈벌이'는 사실상 일의 본질적인 의미임에도 불구하고, 진로교육에서 일에 대한 현실적인 안목 없이 '보여지는 모습'에 지나친 의미를 두었다는 데에서 왜곡된 진로 의식을 형성한 것은 아닌지 자성해 볼 필요가 있다. 학생들의 장래 희망에 대한 조사 결과 또한 불안정한 사회환경 속에서 비교적 오랜 시간 동안 안정적인 직업으로 종사할 수 있는 교사가 지속적으로 1위로 조사되고 있다(교육부, 2018년).[4] 이러한 결과는 우리나라 중·고등학생들이 4차산업혁명 시대에 요구되는 창의적 진로의식의 발달의 측면에서 진로교육과 상담 개입이 필요하다는 것을 시사한다.

2) 개인적 요인

오늘날 '진로'란 전생애진로 발달 관점(Lent & Brown, 2013; Gysbers, Heppner, & Johston, 2003; Super, Savikas, & Super, 1996)에서 다차원적으로 이해된다. 인간은 성장하면서 개체로서 독립하여 살아가기 위해 반드시 경제적으로 자립해야 한다. 자신의 생계유지를 위해 이 세상에서 어떤 일을 하면서 살아갈 것인가에 대한 계획과 실천은 남들에게 보여지는 공적인 정체감(public identity)을 위해서가 아니라 자신의 진정한 가치의 실현을 바탕으로 결과 중심이 아닌 삶의 과정이다. 그러한 삶의 과정 안에서 우리는 학생, 근로자, 배우자, 부모, 자녀, 시민 등의 다양한 역할을 수행함으로써 자신이 원하는 삶을 살아가게 된다. 상급학교의 진학은 위와 같이 자신의 전체적인 삶의 청사진 안에서 살펴볼 경우에 인생에서 선택하는 진로 전환 과제 중의 하나일 뿐이다. 그런데 우리나라 청소년들은 자신의 삶에서 주어진 다양한 역할과 과업들이 있다는 사실을 자각하지 못한 채 대학 입학이라는 첫 번째 관문을 위해 자기 자신에 대한 이해와 탐구를 등한시할 수밖에 없는 상황에 내몰리고 있다.

완성된 미래 진로의 그림은 평생의 삶을 통해서 그려지는 것이지, 어느 특정한 시기가 되면 완결되는 실체가 아니다. 더욱이 그 그림은 남들에게 보여 주기 위해 그리는 것이 아니라, 자신이 행복하고 생명력이 넘치는 삶을 살아가기 위해 형태를 그리고 열심히 붓질을 하는 그 자체에 의미가 있다. 그리고 자신이 원하는 미래의 그림을 그리기 위해서 필요한 도구는 스스로 구하고 요구되는 능력 또한 스스로 개발해야 한다. 다만, 한 마리의 아기 새

---

4) 중학생의 경우, 1위 교사, 2위 경찰관, 3위 의사/ 고등학생의 경우 1위 교사, 2위 간호사, 3위 경찰관

가 비상하여 먹잇감을 잡을 수 있도록 어미 새가 단계적으로 비행 훈련을 시키듯이, 가정과 학교에서의 진로교육은 청소년들이 개체로서 자신의 생계유지를 위해 필요한 역량을 개발하여 독립할 수 있도록 단계적인 준비를 시키는 데 목적이 있다. 학생들 모두가 교사, 공무원, 의사가 될 필요는 없다. 만약 그러한 직업에 뜻을 두더라도 자신이 원하는 일을 수행할 수 있을 때까지 많은 시간과 노력이 필요하고 그 준비의 과정 동안 자신의 생계유지에 대해 책임이 필요하다는 진로 의식이 필요하다.

(1) 진로 의식

진로 의식이란 전인(全人)으로서 자신의 삶을 창조하는 방법을 알고 이를 실천할 수 있는 것을 말한다(Gysbers et al., 2003). 학생들이 자신의 진로목표를 찾아 목표를 성취하기 위해 다양한 요구와 과제들을 주어진 삶 안에서 창의적으로 해결할 수 있다면, 전인으로서 살아갈 수 있을 것이다. 한 개인이 자신의 진로를 탐색하고 선택하여 자신의 진로 목표를 추구하는 과정은 삶의 전반을 통해서 진행된다. 이러한 삶의 과정에서 개인들은 환경과 상호작용할 수밖에 없고, 자신이 선택한 진로를 추구하는 과정에서 발생하는 내외적 요인들에 대해 민감하게 알아차리고 대처할 필요가 있다.

(2) 진로성숙도

진로상담에서 이러한 창의적 진로 의식을 파악할 수 있는 진로 발달의 지표는 진로성숙도이다. 진로성숙도는 개인이 일을 하고 주어진 과업을 수행할 수 있는 역량과 준비 그리고 태도를 포함하는 포괄적인 개념으로, 전생애진로 발달 관점에서 청소년기의 학생들은 자신의 진로를 탐색하고 구체적으로 미래의 진로를 계획하고 준비해야 한다(Super et al., 1996). 특히 이 시기에는 자신이 꿈꾸는 진로와 그 진로가 요구하는 교육적 준비와의 상호 관련성을 인식하고 자신의 꿈에 따라 학업 계획 및 실천이 요구된다(최윤정, 김지은, 2012; Akos & Niles, 2007; Choi, Kim, & Kim, 2015). 자신의 흥미와 가치, 성격, 능력 등의 주관적인 측면들을 자각할 수 있고 자신이 속한 가정 및 학교와 같은 환경적 요건들을 고려하여 스스로 원하는 진로를 구체화하고 계획하여 실행할 수 있다면, 일반적으로 진로성숙도가 높고 정신이 건강한 개인으로 성장할 수 있다. 그러나 교육 현장에서 고등학생 대부분은 성숙한 진로 의식을 바탕으로 진로와 학업을 연계하여 진로선택을 하는 것이 아니라 '묻지마 대학입학'만을 고려하고 있다는 점에서 대입에 대한 관점의 전환이 필요하다. 따라서 학교상담자는 전생애진로 발달 관점에서 학생이 얼마나 성숙한 진로 의식을 갖추었는지를 평가하고 비록 시간이 걸리더라도 학생이 자신을 이해하고 자신이 속한 환경적 특성 요인의 영향을 살펴보게 함으로써 자신이 원하는 삶을 위해 무엇을 준비해야 하는지를 찾아갈 수 있도록 조력할 필요가 있다.

3. 진로상담 개입

앞서 살펴본 중·고등학교 학생들의 진로 문제를 해결하기 위해서는 우선적으로 교사, 학부모, 학생들 모두 '일'에 대한 본질적 의미를 탐색하고 우리나라의 사회맥락적인 진로신화를 점검하는 것이 필요하다. 한 개인이 성장하는 과정에서 어떠한 사회맥락적 요인들이 진로 의식에 영향을 미치고 있는지를 이해하는 것에서부터 전생애진로 발달 관점에서 일에 대한 의미를 이해하는 교사와 학부모라면, 학생들에게도 보다 폭넓은 안목으로 진로에 대한 안내를 할 수 있을 것이다. 구체적으로 진로신화의 점검과 진로성숙도를 높일 수 있는 상담 개입 방법에 대해 살펴보기로 한다.

1) 진로신화의 점검: 일에 대한 본질적 의미의 탐색

(1) 일의 다차원적 의미

'왜 사람들은 일을 하는가?'라고 물으면, 어떻게 대답할 것인가? 아마도 '먹고 살기 위해서 해야 하니까.'라는 대답이 대부분의 사람에게 일하고자 하는 공통된 이유가 될 것이다. 그러나 그것은 일의 전부는 아니며, 또 모두에게 해당되는 말도 아니다. 일은 개인들에게 여러 가지 의미가 있는데 일에 대한 다차원적 의미(Lent & Brown, 2013)를 살펴보면, ① 생계유지와 같은 욕구충족, ② 개인의 공적인 정체성(타인에게 비춰지는 자신의 이상적 모습), ③ 개인의 정체성(개인이 추구하는 이상적 모습), ④ 규범적 기대/집단 정체성/사회적 기여(삶의 소명, 가업의 승계, 사회적 기여를 통한 삶의 의미의 발견), ⑤ 자아실현과 정신건강 등이 있다. 학생이 지니고 있는 일의 의미를 확장시키기 위해서 학교상담자는 〈표 10-4〉에 제시된 질문을 활용할 수 있다.

표 10-4	**일의 다차원적인 의미 탐색하기**
일의 의미 유형	탐색 질문
생계유지와 같은 욕구충족	• 가까운 미래에 먹고사는 문제를 해결하기 위해서 어떤 일을 하고자 하나요? • 직업 생활을 하면서 충족될 수 있는 욕구가 있다면 무엇이 있을까요?
개인의 공적인 정체성	• 남들이 보기에 괜찮은 직업이란 어떤 직업이라 생각하나요? 구체적인 예를 들어 설명해 주시겠어요? • 10년 뒤 동창회에 가는 모습을 상상해 보세요. 어떤 일을 하는 모습을 친구들에게 보여 주고 싶나요?
개인의 정체성	• 자신이 되고 싶은 모습은 어떤 모습일지 구체적인 인물로 예를 들어 설명해 주시겠습니까? • 10년 뒤, 맞이하고 싶지 않은 자신의 모습은 어떤 모습인가요?
규범적 기대/ 집단 정체성/사회적 기여	• 부모님은 어떤 직업을 갖길 **에게 기대하나요? • 직업에 대해서 갖는 가족들의 신념이 있다면 무엇이 있을까요? • 일을 통해서 사회에 어떻게 기여할 수 있을까요?
자아실현과 정신건강	• 만약에 생계유지를 위해서 직업을 갖지 않아도 될 만큼 경제적 여유가 있다면, 어떻게 살고 싶은가요? • 행복하고 활력이 넘치는 삶을 위해 필요한 게 있다면 무엇인가요?

(2) 일과 삶의 다른 영역과 역할에 대한 이해

대다수의 성인들은 많은 시간을 일하는 데 사용하여 다른 삶의 역할들과의 잠재적인 갈등을 경험할 수도 있지만 동시에 서로 다른 역할들이 오히려 삶을 풍요롭게 할 수 있는 가능성도 있다. 학생들에게 일뿐만 아니라 다른 삶의 역할에 대해서 조망하게 하는 것은 미래 사회에서 자신이 어떠한 삶을 살아갈지에 대해 전체적으로 이해할 수 있게 한다. 특히, 여학생의 경우에는 남성과 달리 '출산과 육아'라는 독특한 생애사적인 사건을 통해 얻게 되는 양육자와 학부모의 역할을 수행하면서 동시에 자기 자신을 실현하는 '일'에 대한 역할을 수행하는 다중역할에 대한 계획과 준비를 할 수 있도록 전생애발달 관점에서 자신의 삶을 조망해 보는 개입이 필요하다. 물론 현대 사회에서는 남성도 육아 휴직을 권고하고 있어 다중역할에 대한 계획과 준비는 이제 여학생만을 위한 개입이라 보기 어렵다.

다음의 [그림 10-1]에 제시된 생애진로무지개(Super et al., 1996)를 통해 인생에서 자신이 어떤 역할을 수행하고 나이에 따라서 다중역할의 양상이 어떻게 변화하는지를 조망해 볼 수 있다. 직업의 역할과 더불어 다른 삶의 역할에 대해 생각해 보고 자신에게 현 시점에

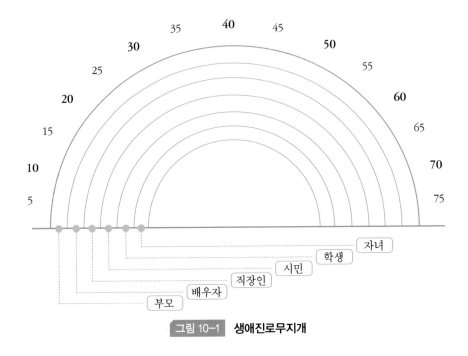

그림 10-1 생애진로무지개

서 중요한 역할에 대해 진하게 색을 칠하면서 역할의 중요도를 평가해 볼 수 있다.

2) 진로성숙도 향상을 위한 진로 개입

중등교육기관에서 실시할 수 있는 진로 개입의 양식은 집단활동, 워크숍, 진로 수업, 개인 진로상담, 심리검사, 진로 강연, 직업 체험 등 다양하다. 진로 개입 양식에 따른 성과에 대한 메타 분석 연구(Whiston, Brecheisen, & Stephens, 2003)에 의하면, 개인 진로상담의 양식이 가장 효과적인 것으로 보고하고 있지만, 학교에서 진로 수업에 대한 효과(이동혁, 2010; Folsom & Readon, 2003; Whiston, 2002: 최윤정, 이지은, 2014에서 재인용)가 지속적으로 검증되고 있어 진로 교과목 수업이 확대 개선될 필요가 있다.

일반적으로 진로교육 개입의 목표는, ① 자기이해의 향상, ② 직업세계와 노동시장 상황에 대한 정보 습득, ③ 진로와 학업 계획과의 연계성 이해, ④ 진로 및 학업 계획 수립 및 준비(실행)의 네 가지로 살펴볼 수 있다(Akos & Niles, 2007). 여기서는 개인 진로상담이나 학생 전체를 대상으로 수업을 통한 진로 의식을 향상시킬 수 있는 구체적인 활동 예시를 간략히 소개하고자 한다. 각 영역에서 다룰 수 있는 개입은 매우 다양하지만 그러한 활동을 모두 소개하는 것은 이 책의 범위를 넘어서는 일이므로 관심 있는 독자들은 관련 참고문

헌 그리고 한국직업능력개발원 커리어넷에서 제공하는 학교급별 청소년용 진로교육 수업
자료들(예: 학교 진로교육 프로그램, 교과에 통합된 진로교육, 대학전공선택 가이드, 직업체험 프
로그램 운영 매뉴얼 등)이나 한국 고용정보원에서 제공하는 진로지도 콘텐츠(http://cyber-
edu.keis.or.kr/)를 참조하길 바란다.

(1) 자기이해의 향상

다음 활동은 학생들의 꿈의 변천사를 통해서 자신의 흥미, 성격, 가치관, 능력 등과 같은
주관적인 측면을 고려함과 동시에 가정과 학교에서 의미 있는 타인들과의 관계가 자신의
꿈에 어떻게 영향을 미쳤는지를 자각하는 데 활용할 수 있다. 만약 개인 진로상담을 실시
할 경우, 학생의 자기이해를 높이기 위해서 개인적 특성에 대한 주관적 평가뿐만 아니라,
흥미, 성격, 가치관, 적성과 지능 등에 대한 객관적 심리검사를 실시하는 것도 효과적인 개
입 방안이 된다. 수업활동 10-1을 실시하여 자기이해를 높이기 위한 개입 활동을 연습해
볼 수 있다.

수업활동 10-1 **자기이해 활동: 꿈의 변천사**

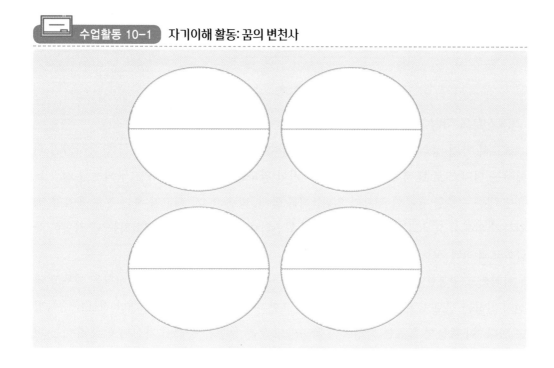

◎ 앞의 반원에는 자신의 꿈을 쓰고, 아래 반원에는 왜 그러한 꿈을 꾸게 되었는지 그 이유를 작성한다.
실제 활동에서는 초등학교 시절부터 현재에 이르기까지 변천된 자신의 꿈의 이야기들을 모두 작성한
다. 구체적인 탐색 질문은 다음과 같다.

1. 언제, 어떤 이유에서 꿈이 바뀌었나요?

_____

_____

2. 여러 꿈이 가지는 공통된 특징이 있나요?

_____

_____

3. 꿈이 바뀌게 된 이유들에서 공통점을 발견할 수 있나요?

_____

_____

◎ 자신이 원하는 삶의 모습과 진로목표를 정리해 보고, 조원들과 각자의 진로목표에 대해 공유해 보자.

_____

_____

(2) 진로와 학업 계획의 관련성 이해

진로와 학업 성취와의 관련성을 이해하고 자기주도적인 학습의 태도를 향상시키기 위해서는 먼저 진로 탐색 활동을 통해서 자신이 원하는 꿈을 이루는 데 요구되는 훈련과 교육에 대한 정보를 습득할 필요가 있다. 예를 들어, 방송 PD가 되고자 하는 진로 목표를 성취하기 위해서 요구되는 역량이 무엇인지 확인하여, 필요한 역량을 개발하는 데 적합한 상급학교의 학과 정보를 파악해야 한다.

학과카드(김봉환, 박진영, 박현옥, 이재희, 최명운, 2010)를 활용해서 진학계획을 세우고 자신이 원하는 진로 목표를 달성하기 위해 필요한 다양한 학교와 학과에 대한 정보를 습득할 수 있다. 이 활동의 목표는 학생들이 학과카드 분류 활동을 통해서 자신의 학과 흥미를 파악하고 고등학교 및 대학교의 종류와 학과 정보의 수준을 높이는 데 있다. [그림 10-2]는 학과카드의 구성을 일부 소개한 것이다. 카드 구성은 대학카드, 계열카드, 학과카드, 학과카드 뱀사다리 게임, 인터뷰 게임으로 이루어져 있다.

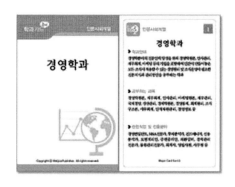

그림 10-2   진로와 학업 계획과의 관련성 이해 활동 예

(3) 직업세계와 노동시장 상황에 대한 정보의 습득

　자신의 꿈을 확인하였다면 그 꿈을 실현시킬 수 있는 구체적인 직업들이 무엇인지 탐색해 봄으로써 자신의 진로계획을 구체화할 수 있다. 학생들이 학교에서 사회로 나가 일을 수행하게 될 때 자신이 선호하는 직업들이 요구하는 능력이나, 근무환경, 수입, 필요한 교육과 훈련 등에 대한 조사 활동은 학생들이 교육과 진로와의 관련성을 쉽게 이해하고 현실적인 진로 의식을 형성하게 하는 데 필수적이다. 학생들이 선호하는 직업 2~3가지에 대해

📋 글상자 10-2　**직업정보 탐색 활동**

직업정보＼선호직업	1) 예: 방송 기획	2)	3)
1. 필요한 교육과 훈련, 훈련기관, 훈련비용			
2. 특성, 자격요건(학위, 자격증, 대인관계기술 등)			
3. 일의 특성			
4. 직업 환경(근무시간, 근무조건 등), 근무지역			
5. 수입			
6. 장래성			
7. 고용 기회			
8. 자신의 생활양식 허용 정도			
9. 실현 가능성			
10. 삶의 만족도, 즐거움의 제공 정도			

조사할 수 있는 활동의 예시는 글상자 10-2에 제시하였다. 각자 선호하는 직업을 2~3가지 선정하여 워크넷(www.work.go.kr)의 한국직업정보검색을 활용하여 해당 정보들을 조사해 볼 수 있다.

(4) 진로 및 학업 계획과 준비(실행)

"꿈은 날짜와 함께 적어 놓으면 목표가 되고, 목표를 잘게 나누면 계획이 되며, 그 계획

수업활동 10-2 **진로목표 설정 및 계획 수립하기**

◎ 지금까지 탐색한 자신과 직업에 대한 정보를 바탕으로 관심 직업을 정리해 보자. 장기 목표를 설정한 후, 장기 목표를 성취하기 위한 중간 목표와 구체적인 단기 목표들을 작성해 봄으로써 진로계획을 수립해 보자.

```
              소질

      지식           흥미
            직종

         가치   성격


          장기 목표

          중장기 목표

   단기 목표 1  단기 목표 2  단기 목표 3
```

을 실행에 옮기면 꿈이 실현되는 것이다."[5]라는 명언에서 알 수 있듯이, 앞의 단계에서 자신의 꿈에 대해 충분히 탐색한 학생은 구체적인 진로계획을 세워야 한다. 진로계획은 학업 및 취업 계획을 포함하는 전체적인 삶의 그림을 어떻게 그릴 것인지에 대해 단계적으로 준비해야 할 내용으로 구성된다. 중·고등학교 학생들에게 필요한 진로계획과 준비는 자신이 하고 싶은 일의 분야가 요구하는 직무 수준이 복잡하고 어려울수록 학업 계획에 더 많은 시간과 투자를 할 수 있도록 지도해야 한다. 아울러 자신의 전체적인 진로계획 내에서 자신이 세운 진로 목표를 달성하기 위해 필요한 구체적인 준비들을 장단기 목표로 구분 지어 구체화함으로써 실천 및 실행력을 높이는 데 초점을 둘 필요가 있다. 목표 실행을 위해 학생들에게 요구되는 것은 자기주도적인 학습 태도와 능력이다. 이를 위해서 앞서 학업발달을 위한 상담과 생활지도에서 다룬 행동계획 세우기, 행동관리의 방법, 자기계약, 시간 관리 등의 자조기술을 향상시키는 개입 활동을 활용할 수가 있다.

4. 평가와 종결

진로개입 이후, 학생들이 진로 의식에서 어느 정도 성숙했는지 그리고 목표에 대한 추구에서 실행력을 갖추었는지에 대해 종결 이전에 학생 스스로 평가할 수 있는 시간을 구성할 필요가 있다. 학교상담자 입장에서 학생의 변화에 대한 피드백과 함께 진단을 위해 평가했던 진로성숙도 검사 도구를 활용하여 학생의 진전도를 평가하고 그 결과에 대해 학생과 함께 이야기를 나누어, 진로상담 과정을 통해 새롭게 배우고 깨달은 점을 실천할 수 있도록 격려한다. 만약 부모와 반대되는 진로 의사결정을 실행에 옮기는 것이 어려울 때, 학부모를 만나 진로 발달에 대한 자문을 제공하고 학생의 의사 결정을 지지하고 격려하는 방향으로 학생의 진로 발달을 촉진할 수 있도록 학부모와 협력을 이끌어 낼 필요가 있다. 학생의 진전도를 평가하는 방안과 상담 종결을 위해 다루어야 할 사항에 대해 간략히 살펴보기로 한다.

1) 학생의 진전도 평가

진로상담 과정 중에도 지속적으로 학생의 진전도를 평가하는 것이 필요하다. 이는 진로

---

5) 그레그 S. 레이드의 『10년 후』에서 인용.

상담 활동이 제대로 진행이 되며, 도움이 되는지 이야기를 나눌 수 있는 기회를 제공하고 학생은 진로상담 개입과정에 더욱 몰두할 수 있게 하는 자극 요인이 되기 때문이다. 특히, 학생으로 하여금 주인의식과 책임감을 느끼게 하는 것이 중요하다. 학생의 진로 발달을 촉진하기 위해서 학생의 문화적 맥락과 경험에 대해 존중하고 힘을 실어 줄 필요가 있다.

상담 성과를 평가하기 위한 학생의 진전도에 대한 평가는 상담 전과 후의 비교를 통한 경험적 자료와 진로상담 과정에 대한 학생의 인식에 기초한 주관적 의견 그리고 상담과정 동안 학생이 수행한 활동과 관련된 행동 자료들을 바탕으로 진행한다.

2) 진로상담에서 종결 단계

내담자의 진전과 성과를 평가해야 하는 시간이다. 종결 회기에서는 진로상담 관계를 잘 마무리하고 내담자가 학습한 것에 대해 강화할 필요가 있다. 더불어 내담자가 당면하게 될 어려움에 대해서도 논의하여 상담 과정에서 수립한 진로 목표를 성취하는 데 방해 요인에 대해 적절하게 대처할 수 있도록 준비를 도와준다. 끝으로, 종결에 대해 내담자가 마음의 준비를 할 수 있도록 종결 이전에 미리 예고를 하고 종결에 대한 모호함이 없이 진행할 필요가 있다(Amundson, Harris-Bowlsbey, & Niles, 2013). 만족스러운 상담의 종결을 위해서 상담자는 상담 성과에 대한 평가를 통해 내담자가 학습한 것을 강화하고 내담자의 진전도에 대한 평가 분위기도 긍정적으로 이끌어 가는 데 주의를 기울일 필요가 있다.

참고문헌

김민정, 조긍호(2009). 취업준비생의 경제적 스트레스와 진로태도 성숙도가 무망감과 정신건강에 미치는 영향. 한국심리학회지: 사회 및 성격, 23(4), 47-62

김병숙, 김소영, 박선주(2007). 청소년의 진로신화 연구. 진로교육연구, 20(2), 15-34.

김봉환, 박진영, 박현옥, 이재희, 최명운(2010). 청소년용 학과카드. 서울: 학지사.

박영범(2012). "청년드림. 진로교육이 미래다(10): 선취업 후진학도 좋은 시도", 동아일보 (2012.12.12.). 한국직업능력개발원 홈페이지.

선혜연(2008). 청소년기 진로의사결정에서 부모의 관여 방식. 서울대학교 대학원 박사학위논문.

최윤정(2015). 대학생 진로 문제의 개념화를 위한 진로 미결정의 잠재요인 탐색. 상담학연구, 16(3), 175-193.

최윤정, 김지은(2012). 중ㆍ고등학교 학생의 진로 발달 관련 변인 및 진로교육 경험과 자기주도 학습

태도와의 관계: 다수준 분석의 적용. 아시아교육연구, 13(2), 81-106.

최윤정, 이지은(2014). 진로개입 성과 연구의 동향과 향후 과제. 상담학연구, 15(1), 321-341.

최윤정 외 8인(2014). 진로상담과 연구를 위한 척도 핸드북. 서울: 학지사.

Akos, P., & Niles, S. G. (2007). Promoting educational and career development planning in schools. In B. T. Erford (Ed.), *Transforming the school counseling profession* (2nd ed., pp. 195-210). New Jersey: Pearson.

Amundson, N. E., Harris-Bowlsbey, J. E., & Niles, S. G. (2013). *Essential elements of career counseling: Processes and techniques* (3rd ed.). New Jersey: Pearson.

Brown, S. D. & Rector, C. C. (2008). Conceptualizing and diagnosing problems in career decision-making. In S. D Brown & R. W. Lent (Eds.), *Handbook of Counseling Psychology* (4th ed., pp.392-407). NY: Wiley.

Choi, Y., Kim J., & Kim, S. (2015). Career development and school success in Korean adolescents: The role of career interventions. *Career Development Quarterly, 63*(2), 171-186.

Gysbers, N. C., Heppner, M. J., & Johnston, J. A. (2003). *Career counseling: Process, issues, and techniques* (2nd ed.). Allyn & Bacon.

Lent, R. W. & Brown, S. D. (2013). Understanding and facilitating career development in the 21st century. In S. D Brown & R. W. Lent (Eds.), *Career Development and Counseling: Putting Theory and Research to Work* (2nd ed., pp.1-27). NY: Wiley.

Super, D. E., Savickas, M. L., & Super, C. M. (1996). The life-span, life-space approach to careers. In D. Brown, L. Brooks, & Associates (Eds.), *Career choice and development* (3rd ed., pp. 121-178). San Francisco: Jossey-Bass.

Whiston, S. C., Brecheisen, B. K., & Stephens, J. (2003). Does treatment modality affect career counseling effectiveness? *Journal of Vocational Behavior, 62*(3):390-410.

제11장

정서·행동 문제 유형별 상담과 생활지도

청소년 정신건강 실태 조사 결과에 의하면, 중·고등학생의 약 30%가 우울감을 경험하고 있고 청소년 사망원인으로 2008년부터 2018년까지 자살이 부동의 1위를 차지하고 있다. 이러한 결과는 중·고등학생의 인성 및 사회성 발달을 지원하는 학교상담과 생활지도는 이제 학생들의 정신건강을 위한 개입에 좀 더 주의를 기울이고 이에 대한 대응을 적극적으로 할 필요가 있음을 시사한다. 우리나라 특수교육에서 정서행동장애로 판별되어 배치되는 비율은 약 2% 정도로, 중등도 이상의 문제를 보이지 않는 나머지 관심군 대상은 일반적인 교육환경 내에서 학업적, 사회·정서적 지원을 제공받아야 한다. 그렇다고 특수교육환경이 심리·정서적인 어려움이 있는 학생들에게 건강한 인성과 사회성 발달을 촉진할 수 있는 최적의 환경이라 보기 어렵기 때문에, 학교는 좀 더 개별적인 개입을 필요로 하는 학생들에게 정신건강을 위한 사회적인 대안 체계로 기능할 필요가 있다.

이러한 필요성에 기초하여 이 장은 우울이나 자살사고와 같은 심리·정서적인 곤란과 공격성의 악의적 표출과 같은 도발적 행동으로 인해 학교생활에서 적응의 문제가 있는 학생들을 이해하고 개입하는 상담 방안을 학습하는 것에 목적이 있다. 먼저 보편적 개입으로 현재 학교상담과 생활지도 차원에서 실시하고 있는 정서·행동 문제의 진단과 청소년기에 경험할 수 있는 대표적인 정서 · 행동 문제 유형별 원인과 개입 방안에 대해서 살펴보도록 한다. 개입이란 심리적 문제의 체계적인 예방과 상담 모두를 포괄하는 뜻으로 사용하기로 한다.

1. 정서 · 행동 문제의 진단

정서 · 행동 문제에 대한 정보를 수집할 수 있는 방법은 학생의 행동관찰과 면접 그리고 표준화 심리검사를 활용하는 것이다. 이미 제4장에서 학습하였듯이, 인성 및 사회성 발달 특성을 살펴볼 수 있는 심리검사는 다면적 인성검사와 문장완성 검사, 기질−성격 검사 등이 있다. 이 절에서는 학교 전체를 대상으로 정서 · 행동 특성 검사를 통해 조기에 고위험군 학생을 선별하는 청소년 정서 · 행동 특성검사에 대해서 살펴보기로 한다.

1) 청소년 정서 · 행동 특성검사(AMPQ−Ⅲ)

중학생과 고등학생용의 경우, 성격특성은 6개의 하위요인(자존감, 성실성, 개방성, 타인이해능력, 사회적 주도성, 공동체 의식)으로 측정하며 정서 · 행동 특성은 심리적 부담, 기분문제, 불안문제, 자기통제부진, 자살관련 5가지 하위요인으로 측정한다. 성격특성은 정서 · 행동 관심군 선별에는 포함하지 않는다.

관심군의 기준은 성별과 연령에 따라 달라지며 평균에서 1.5 SD(표준편차)를 벗어나는 경우에 해당한다. 관심군 중에서 정서 · 행동 문제 총점이 중1 남학생 37점/여학생 39점, 고1 남학생 39점/여학생 37점 이상인 경우에는 우선 관리군에 속하며, 평균에서 2 SD(표준편차)를 벗어나는 경우에 해당한다(교육부, 2018). 글상자 11−1에서 청소년 정서 · 행동 특성검사의 문항과 결과 판정 기준을 확인할 수 있다.

학교에서는 정서 · 행동 특성검사 결과를 바탕으로 문제유형과 심각성을 확인하는 상담을 거쳐 관심군 대상을 선별하여 Wee 센터나 정신건강복지센터와 같은 전문기관과 연계하여 우선관리 대상 학생을 관리하고 지원하고 있다. 학교폭력 피해와 자살사고에 대한 문항을 통해 위험요인을 평가하고 정서 · 행동 문제는 심리적 부담(피해의식, 관계사고, 반항성향, 폭식, 스트레스의 정도), 기분문제(우울증, 기분조절장애, 조울증, 신체화성향, 강박성향), 불안문제(시험 · 사회적 상황 등에 대한 공포증 또는 불안장애, 강박성향, 심리적 외상반응,

환청 · 관계사고 등), 자기통제 부진(주의력결핍과 과잉행동장애, 품행장애, 인터넷 또는 스마트폰 중독 등)의 4가지 요인으로 평가하고 있다. 관계사고란 어떤 사건이나 사소한 우연의 일치를 경험한 것에 대해 강력하게 자기와 관련된 것이라 믿는 현상이다. 예를 들어, 다른 사람의 최소한의 무심한 동작이 개인적으로 커다란 중대한 의미를 가지고 있다고 생각하는 경향을 말한다. 글상자 11-2에 검사 결과와 해석의 예시를 확인할 수가 있다. 이제부터 2차, 3차 예방을 필요로 하는 정서 · 행동 문제 유형별(우울, 자살, 불안, 주의력결핍과 과잉행동장애, 공격성) 원인과 개입에 대해서 살펴보기로 한다. 일반교사들도 학교 현장의 전문가로서 학생 상담과 생활지도를 수행해야 하므로 보다 특별한 주의와 관심을 요하는 정서 · 행동 문제에 대한 이해와 지식을 겸비하는 것은 필요하다.

📋 **글상자 11-1**   **청소년 정서 · 행동 특성검사**

청소년 정서 · 행동 특성검사지(AMPQ-III)

학생	이름				
	학교	( ) 학교	학년	( ) 학년	
	반	( ) 반	번호	( ) 번	
	연령	만 ( ) 세	성별	□ 남 □ 여	

다음은 청소년 여러분의 성격 및 정서 · 행동을 묻는 설문입니다. 이 검사에는 옳거나 그른 답이 없으므로 자신의 의견을 있는 그대로 솔직하게 대답하시면 됩니다. 다음 각 문항을 읽고, 최근 자신의 모습에 해당된다고 생각하는 곳에 ○표 해 주십시오.

지난 3개월간 나는…

	문항	전혀 아니다	조금 그렇다	그렇다	매우 그렇다
1	좋은 점이 많은 사람이다.	0	1	2	3
2	기발한 생각이 자주 떠오른다.	0	1	2	3
3	한 번 하겠다고 마음먹은 일은 끝까지 한다.	0	1	2	3
4	공동의 문제를 해결하기 위해 친구들과 함께 적극적으로 나선다.	0	1	2	3
5	어떤 일을 할 때 상대방의 감정을 고려하여 행동한다.	0	1	2	3
6	상상력이 풍부하다는 말을 듣는다.	0	1	2	3

7	해야 할 일에 끝까지 집중한다.	0	1	2	3
8	우리 반이 좋다.	0	1	2	3
9	다른 사람들과 친하게 지내는 것이 중요하다.	0	1	2	3
10	신중히 생각한 후에 말하고 행동한다.	0	1	2	3
11	소중한 존재다.	0	1	2	3
12	새로운 것을 배우고 경험하는 것을 좋아한다.	0	1	2	3
13	다른 사람의 의견을 귀 기울여 듣는다.	0	1	2	3
14	지금의 나 자신에 대해 만족한다.	0	1	2	3
15	내 자신이 자랑스럽다.	0	1	2	3
16	친구들과의 모임을 잘 만든다.	0	1	2	3
17	어떤 일을 할 때 미리 계획을 세운다.	0	1	2	3
18	친구들과 어떤 일을 함께 하는 것을 좋아한다.	0	1	2	3
19	우리 반에는 나의 마음을 알아주는 친구가 있다.	0	1	2	3
20	친구들 사이에서 리더 역할을 한다.	0	1	2	3
21	친구들의 감정과 기분에 공감을 잘한다.	0	1	2	3
22	다른 사람의 기분을 잘 알아차린다.	0	1	2	3
23	학교행사나 활동에 적극적으로 참여한다.	0	1	2	3
24	호기심이 많고, 탐구하는 것을 좋아한다.	0	1	2	3
25	이유 없이 기분이 며칠간 들뜬 적이 있다.	0	1	2	3
26	뚜렷한 이유 없이 여기저기 자주 아프다. (예: 두통, 복통, 구토, 메스꺼움, 어지러움 등).	0	1	2	3
지난 한 달간 나는…					
27	다른 아이로부터 따돌림이나 무시를 당한 적이 있어 힘들다.	0	1	2	3
지난 3개월간 나는…					
28	인터넷, 게임, 스마트폰 과다 사용으로 일상생활에 어려움이 있다. (예: 부모와의 갈등, 학교생활에 지장 등)	0	1	2	3
29	이유 없이 감정기복이 심하다.	0	1	2	3
30	가만히 앉아 있지 못하거나 손발을 계속 움직인다.	0	1	2	3
31	단시간에 폭식을 하고 토한 적이 있다.	0	1	2	3
32	모든 것이 귀찮고 재미가 없다.	0	1	2	3
33	수업시간, 공부, 오랜 책 읽기 등에 잘 집중하지 못한다.	0	1	2	3
34	심각한 규칙 위반을 하게 된다. (예: 무단결석, 약물사용, 가출, 유흥업소 출입 등)	0	1	2	3

35	괜한 걱정을 미리 한다.	0	1	2	3
36	긴장을 많이 해서 일을 망친다.	0	1	2	3
37	잠들기 어렵거나 자주 깨서 힘들다.	0	1	2	3
38	원치 않는 생각이나 장면이 자꾸 떠올라 괴롭다.	0	1	2	3
39	남들이 듣지 못하는 말이나 소리가 들린 적이 있다.	0	1	2	3
40	수업시간에 배우는 내용을 전반적으로 이해하기가 어렵다.	0	1	2	3
41	이전에 겪었던 힘든 일들(사건 · 사고, 가까운 사람들과의 이별 또는 사망 등)을 잊지 못하여 힘들다.	0	1	2	3

지금 나는…

42	이 검사에 나는 솔직하게 답변하고 있지 않다.	0	1	2	3

지난 3개월간 나는…

43	사람들과 있을 때 긴장을 많이 한다.	0	1	2	3
44	기다리지 못하고 생각보다 행동이 앞선다.	0	1	2	3
45	남들이 내 생각을 다 알고 있는 것 같다.	0	1	2	3
46	특정 행동을 반복하게 되어 힘들다. (예: 손 씻기, 확인하기, 숫자 세기 등)	0	1	2	3
47	자해를 한 적이 있다.	0	1	2	3
48	어른들이 이래라저래라 하면 짜증이 난다.	0	1	2	3
49	이 검사에서 한 번도 거짓말을 한 적이 없다.	0	1	2	3

지난 3개월간 나는…

50	화를 참지 못해 문제를 일으킨 적이 있다.	0	1	2	3

지난 한 달간 나는…

51	다른 아이로부터 놀림이나 괴롭힘(언어 폭력, 사이버 폭력, 신체적 폭력)을 당하여 힘들다.	0	1	2	3

지난 3개월간 나는…

52	남들이 나에 대해 수군거리는 것 같다.	0	1	2	3
53	죽고 싶다는 생각이 든다.	0	1	2	3
54	이유 없이 우울하거나 짜증이 난다.	0	1	2	3
55	부모님이나 선생님의 지시에 반항적이거나 대든다.	0	1	2	3
56	남들이 나를 감시하거나 해칠 것 같다.	0	1	2	3
57	구체적으로 자살계획을 세운 적이 있다.	0	1	2	3
58	전반적으로 신체적 건강은 좋은 편이다.	□ 예	□ 아니요		
59	전반적으로 정서적 건강은 좋은 편이다.	□ 예	□ 아니요		

지금까지 나는…		
60	한 번이라도 심각하게 자살을 시도한 적이 있다.	☐ 예 ☐ 아니요
61	전문가에게 상담을 받아 본 경험이 있다.	☐ 예 ☐ 아니요
지금 나는…		
62	이 검사에 있는 그대로 성실히 응답하고 있다.	
63	본 설문 결과에 따라 전문 상담 등의 지원을 받아볼 의향이 있다.	☐ 예 ☐ 아니요

2018 청소년용 학생정서 · 행동 특성검사(AMPQ-III) 판정기준

가. AMPQ-III의 요인별 문항 및 절단점

구분			점수범위	문항	절단점
개인 성격 특성	내적	성실성	0~12	3, 7, 10, 17	—
		자존감	0~12	1, 11, 14, 15	
		개방성	0~12	2, 6, 12, 24	
	외적	타인이해	0~12	5, 13, 21, 22	
		공동체의식	0~12	8, 9, 18, 19	
		사회적 주도성	0~12	4, 16, 20, 23	
위험문항		학교폭력피해	0~6	27, 51	2점
		자살	0~6	53, 57	2점
			0~6	60	문항 60에 '예'라고 응답하고 49번과 62번의 합이 '5점' 이상
요인		심리적 부담	0~30	27, 31, 34, 47, 51, 52, 53, 55, 56, 57	중 1 남학생 6점/여학생 7점 고 1 남학생 7점/여학생 7점
정서 행동문제		기분문제	0~21	26, 29, 32, 35, 48, 53, 54	중 1 남학생 10점/여학생 11점 고 1 남학생 10점/여학생 11점
		불안문제	0~27	35, 36, 37, 38, 39, 41, 43, 44, 45	중 1 남학생 13점/여학생 11점 고 1 남학생 13점/여학생 11점
		자기통제 부진	0~24	28, 30, 32, 33, 34, 40, 48, 55	중 1 남학생 10점/여학생 10점 고 1 남학생 11점/여학생 10점
기타			—	58, 59, 61, 63	—

정서 · 행동문제 총점	0~93	25~41, 43~48, 50~57	중 1 남학생 31점 / 여학생 33점
			고 1 남학생 33점 / 여학생 31점

※ 문항 25, 46, 50은 정서 · 행동문제 총점에는 포함되지만, 개별 요인 점수에는 포함되지 않음.

※ 성격특성 및 기타에 해당하는 문항은 정서 · 행동문제 총점 산정에 포함되지 않음.

※ 신뢰도 문항은 총 3개 문항(42번, 49번, 62번)이며, 총점 산정에는 포함되지 않음.

※ 자살시도 문항(60번)에 '예'로 응답한 학생 중에서 신뢰도 문항(49번, 62번)의 합이 '5점' 이상인 학생은 관심군 (자살위기)으로 선별, 개인면담(자살관련 면담지 활용) 조치

글상자 11-2   정서 · 행동 특성검사 결과의 예

AMPQ-III	Adolescent Personality and Mental Health Problems Screening Questionnaire, Third Version
학생 정서 · 행동 특성검사(중 · 고등학생용)	

학교/소속	학년/반/번호	이름	성별	검사실시일
교육대부설중학교	1학년/1반/51번	정서2	남	2018. 04. 30.

01   검사 결과 정서 · 행동 문제의 총점

정서 · 행동 문제	총점	T점수	백분위수	의미
	36	69	97.13	관심군(일반관리군)

02   문제 영역별 적응상황

영역	원점수	T점수	백분위수	의미
심리적부담	10	80	99.87	상당히 높음
기분문제	8	60	84.13	양호함
불안문제	12	64	91.92	양호함
자기통제부진	9	63	90.32	양호함

※ T점수는 원점수를 평균 50, 표준편차 10인 점수로 환산하여 해당 학년과 성별에서 학생의 점수가 상대적으로 어느 정도에 해당하는지를 나타냅니다. 65점 이상은 100명 중 약 6.7위 이상, 70점 이상은 약 2.3위 이상에 해당합니다.

2. 우울장애

이 절에서는 청소년 우울의 개념과 특성, 실태와 현황, 원인에 대해 알아본 후, 학교상담에서의 우울장애 학생을 위한 개입에 대해 살펴보기로 한다.

1) 청소년 우울의 개념과 특성

(1) 개념

우울이란 심리적으로 우울한 기분, 무가치한 느낌, 죄책감, 흥미의 상실, 집중·기억력의 감소, 자살에 대한 생각 등의 증상과 신체적으로 식욕이나 체중의 변화, 피로 등의 증상들을 수반하는 정신병리를 말한다. 청소년 우울은 성인 우울과 유사하게 지속적으로 슬픈 감정과 외로움, 불안, 공허감, 흥미상실 등의 정서적 증상과 함께 자기 비난과 비하, 죄의식과 무가치감, 사고력 및 주의력 저하와 같은 인지적 증상이 나타난다. 우울증상이 심한 청소년은 학업을 중단할 가능성이 높고, 가족관계나 또래관계 등에서 사회적 능력 손상을 보일 수 있다.

(2) 청소년 우울의 특성

청소년 우울은 사춘기 전후의 민감한 시기에 경험하는 발달 과정상의 인지적·사회적 변화 및 신체·생리적 변화와 밀접한 관련이 있으므로 학교 부적응이나 일탈행동으로 치부하는 등 다른 문제로 인식되는 경향이 있다. 청소년기는 우울증 발생의 주요한 출발점이 됨과 동시에 발병률이 현저히 증가하는 시기이기 때문에 이에 대한 조기 발견과 예방적 개입이 매우 중요하다. 청소년 우울은 사회적 손상, 자아발달에서의 혼란, 학교생활 실패를 초래할 수 있고, 불안장애, 가출, 반항, 자살시도, 약물중독과 같은 충동적인 행동으로 이어질 수 있으므로 이에 대한 개입이 필수적이다.

한편, 아동과 청소년기에만 진단이 되는 우울장애의 하위 유형인 파괴적 기분조절 부전장애는 심한 분노발작이 특징이다. 폭언을 하거나 사람 또는 사물에 대한 공격행동을 보일 수 있는데 가정이나 학교 그리고 또래와의 관계에서 이러한 분노발작이 뚜렷하게 관찰된다면, 우울에 의한 것일 수도 있음을 고려할 필요가 있다.

2) 청소년 우울의 실태와 현황

우리나라 청소년의 우울감 경험률은 2007년 41.3%에서 2018년 27.1%로 11년 동안 14.2%p 감소하였다. 2018년 기준 남학생 21.1%, 여학생 33.6%로 여학생의 우울감 경험률이 1.6배 더 높았으며, 중학생(25.2%)보다 고등학생(28.7%)이 더 높은 우울감 경험률을 보였다. 2018년 중·고등학생의 우울감 경험률은 27.1%로 2017년(25.1%)보다 2.0%p 높게 나타났으나, 10년 전인 2008년(38.8%) 대비 11.7%p 감소한 결과이다. 성별로는 남학생 21.1%, 여학생 33.6%로 여학생이 남학생보다 12.5%p 높았으며, 남학생 및 여학생 모두 학년이 올라갈수록 우울감 경험률도 높은 것으로 나타났다. 학교급별로는 중학생(25.2%)보다 고등학생(28.7%)의 우울감 경험률이 높으며, 중학생 및 고등학생 모두 전년에 비해 소폭 증가한 것으로 나타났다([그림 11-1]).

지난 11년 동안 전반적 추이는 감소추세이지만, 우울로 인한 정서·행동 문제를 보일 수 있는 학생들이 여전히 많은 비율을 차지하고 있다는 점을 주목하고 학교상담과 생활지도에서 이에 대한 개입이 이루어질 필요가 있다. 청소년기에 변화의 정도가 크다는 점을 고려할 때, 자신의 주어진 환경에 최적으로 적응하는 청소년들도 있지만, 그렇지 못할 경우, 학교에서 적응하지 못하고 심리적으로 고립되는 등의 정서적 곤란의 정도가 오히려 심화될 수도 있다. 즉, 청소년기는 긍정적이거나 부정적인 방향으로 극적인 변화를 가져올 수 있는, 발달 단계상 매우 중요한 시기로 좀 더 특별한 교육적 개입이 요구된다.

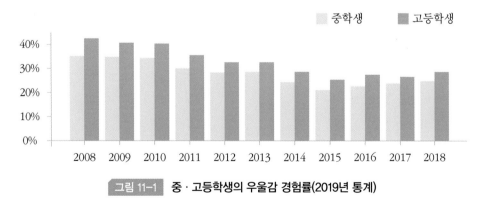

그림 11-1　중·고등학생의 우울감 경험률(2019년 통계)

출처: 교육부, 보건복지부, 질병관리본부(각 연도).

3) 청소년 우울의 원인

상담의 이론에 따라서 우울의 원인을 설명하는 강조점이 다르다. 정신분석 상담의 이론에서는 대상 상실에 대한 분노를 내재화하면서 우울로 변환된 것으로 설명하는 반면, 행동주의 이론은 보상과 관련된 강화가 없어진다거나 원하는 보상이 주어지지 않는 등의 강화의 질이 떨어지게 될 때 우울 정서를 경험하는 것으로 본다. 즉, 강화를 획득하기 위해 요구되는 기술에서 결손이 발생하여 적절한 강화를 얻지 못할 때 우울을 경험한다고 본다. 인지행동 이론에서는 우울한 도식으로 우울의 원인을 설명한다. 우울한 도식이란 왜곡되거나 부적응적인 인지구조를 바탕으로 외부의 정보들을 처리하는 인지 과정을 통해, 결과적으로 자신과 타인 그리고 세계에 대한 부정적인 관점을 갖게 하고 이로 인한 낮은 대인관계 능력과 문제해결 능력은 다시금 우울감을 경험하게 하는 악순환의 결과를 초래한다. 이러한 이론들을 토대로 조사된 청소년 우울과 관련된 요인들을 정리하면, 개인적 요인, 가족환경적 요인, 사회환경적 요인을 중심으로 살펴볼 수 있다.

(1) 개인적 요인

청소년 우울과 밀접한 관련이 있는 개인적 요인은 스트레스이다. 우리나라 청소년들은 학업관련 스트레스 수준이 매우 높으며, 이러한 스트레스를 적절히 대처하지 못할 경우 반복적으로 부정적 정서를 경험하며 우울에 보다 취약해질 수 있다. 동일한 스트레스 상황에 노출되더라도 청소년의 인지적 특성에 따라 우울 정도에 차이가 있다. 스트레스가 높으면서 부정적인 귀인양식을 나타내는 청소년은 스트레스가 높더라도 긍정적인 귀인양식을 지닌 청소년에 비해서 우울 점수가 월등히 높은 것으로 나타났다(Abramson, Metalsky, & Alloy, 1989).

(2) 가족환경적 요인

부모와의 애착관계와 의사소통이 결여되고, 청소년의 현재 상황에 대한 부모의 관심 수준이 낮은 청소년은 그렇지 않은 청소년에 비해서 우울 정도가 높을 수 있다. 가정폭력을 직 · 간접적으로 빈번하게 경험하는 청소년일수록 스트레스 수준이 높고 불안정하며 분노를 느끼기 쉽기 때문에 심리적 위축과 우울 정도가 높은 것으로 조사되고 있다(Wicks-Nelson & Israel, 2016). 또한 부모가 우울증이나 정신장애를 가지고 있는 청소년일수록 우울증에 취약한 것으로 알려져 있다. 예를 들어, 가버와 플린(Garber & Flynn, 2001)은 청소년 자녀가 6학년일 때부터 시작하여 3년간 매년 부모와 자녀를 평가하였는데 어머니의 우울증 병력은 자녀의 낮은 자기가치감, 부정적 귀인양식, 절망감과 상관이 있는 것으로 나타났다. 우울한 부모의 행동에는 분노나 적대감 같은 부정적 감정이 묻어 있을 수 있다. 게다가 자신의 문제에 매몰된 나머지 위축되고, 자녀의 정서를 돌보지 않으며, 자녀에게 보상을 덜 주는 것으로 나타나 자녀의 인성 발달에 부정적인 영향을 미칠 수밖에 없다는 것을 충분히 짐작할 수 있다.

(3) 사회환경적 요인

청소년 우울과 관련된 사회환경적 요인으로는 또래지위 및 학교폭력, 이웃 환경의 무질서와 폭력성 등이 있다. 특히 또래지위는 우울증을 포함한 적응문제와 밀접하게 관련이 있는 것으로 보고된다. 또래에게 거부당하는 소년과 소녀 모두 정신건강 평가 결과 임상적 범위에 해당하는 문제들에서 평균보다 높은 비율로 나타났다(Kupersmidt & Patterson, 1991). 이러한 또래관계의 문제는 우울증을 일으키는 원인일 뿐 아니라 우울증의 결과이기도 하다. 아동 초기의 파괴적 행동이 아동 중기에 또래관계의 문제를 초래하고, 이는 다시 청소년 초기의 우울증상과 관련이 있는 것으로 확인되었다(Pedersen, Vitaro, Barker, & Borge, 2007).

4) 청소년 우울장애에 대한 개입

학교를 기반으로 하고 있는 인지행동 절차를 따르는 보편적 우울증 예방 프로그램들을 평가한 연구 결과(Spence, Sheffield, & Donovan, 2005)에 의하면, 단기적으로는 효과가 있지만 장기추적 검사에서는 그 효과가 지속되지 않는 것으로 나타났다. 따라서 예방 프로그램들은 아동·청소년의 환경에서 위험요인을 줄이고 보호요인을 늘리는 데 중점을 두고 지속적으로 진행될 필요가 있다. 더불어 소수 집단을 위한 집단상담이나 집중적인 개인상담을 통해서 적극적으로 우울장애 청소년을 위한 2, 3차 예방을 위한 개입을 실시해야 한다.

국내 정서·행동 관심군 고등학생을 대상으로 실시된 마음챙김 명상에 기반한 인지치료가 우울 및 자살생각의 증상을 완화하고 대인관계 어려움, 신체증상, 개인내적 고통 등이 감소된 것으로 보고되었으며(김영선, 최윤정, 2016), 해외 연구에서도 마음챙김 명상에 기반한 심리치료들이 우울증 완화와 재발에 효과가 있는 것으로 확인되고 있다. 이 프로그램은 학지사 홈페이지(www.hakjisa.co.kr)에서 내려받을 수 있다. 청소년의 우울장애를 설명하는 상담이론별 개입의 주요 내용은 〈표 11-1〉과 같다.

표 11-1 **우울장애의 상담이론별 개입 중점요소**

중재	주요 내용
행동치료	• 주된 치료 목표는 정적인 강화를 이끌어 내는 행동을 증가시키고 환경으로부터의 벌을 줄임. • 행동치료에는 사회적인 능력과 대인관계 기술을 가르치고 불안관리 훈련과 이완훈련을 포함함.
인지행동 치료	• 일차 목표는 자신의 비관적이고 부정적인 사고, 억압적인 신념과 편견, 실패에 대해서는 자신을 비난하고 성공에 대해서 자신을 인정하지 않는 자신의 귀인양식을 깨닫도록 도와줌. • 일단 이런 억압적인 사고 패턴을 인식하게 되면, 아동은 부정적이고 비관적인 관점을 긍정적이고 낙천적인 관점으로 바꾸는 법을 배우게 됨.
자기조절법	• 주된 목표는 자신의 장기목표에 맞게 행동을 조직화하는 법을 가르치는 일 • 자기조절 치료는 자신의 생각과 기분을 스스로 모니터링, 단기보다 장기 목적을 중시, 좀 더 적응적인 귀인양식과 현실적인 자기평가 기준을 갖도록 하며 자기강화의 증가와 자기처벌의 감소를 강조
지지적 치료	• 지지적 치료는 우울 청소년들이 다른 사람과 연합하고, 지지받고 있다는 것을 느끼도록 안전하고 지지적인 환경을 제공하고자 함. • 청소년들의 자존감을 향상시키고 우울 증상을 줄이고자 함.
대인관계 치료	• 청소년들은 또래집단의 확장과 역할수행에서의 변화, 부모 이혼과 가족관계 변화 등으로 인해 다양한 대인관계의 갈등과 상실을 경험하므로, 대인관계 심리치료는 청소년 우울증 치료와 예방에 효과적임.
약물치료	• 항우울제, MAOIs(Mono amine oxidase inhibitors), 선택적 세로토닌 억제제(SSRIs)를 사용해서 기분장애와 우울의 다른 증상들을 치료
학교중심 중재	• 개인에 초점을 두는 것과 다양한 집단 프로그램을 사용 • 상담, 문제해결, 인성교육, 인지적 재구조화, 이완훈련, 사회성 기술훈련 등

출처: 이승희(2017)에서 발췌, 보완함.

3. 자살행동

자살은 기분장애를 논의할 때 관련되는 행동으로 자주 언급된다. 특히 우울증이 자살의 주요 위험요인일 뿐 아니라 자살 사고 및 행동을 하는 사람들 또한 반복적인 우울증을 겪는 사람들에게서 나타나는 인지적 반응성을 동일하게 경험한다. 기분이 저조하고 무기력한 상태가 되면, 우울한 기분 동안 느끼는 정서나 사고, 행동의 패턴이 활성화됨으로써 자살을 통해 문제를 해결하려는 인지적 반응성이 잠재적 자살 위험요인이 된다(Williams, Duggan, Crane, & Fennell, 2006). 따라서 교사나 학교상담자는 청소년 자살과 관련된 요인에 대해 잘 알고 있어야 하며, 자살 위험요인을 평가하는 데 있어서 책임을 갖고 임해야 한다.

1) 자살행동의 개념과 특성

(1) 개념

자살은 스스로 죽음을 선택하고 삶을 마감하는 것을 의미하는 것으로 자살행동의 구성요소는 자살생각, 자살계획, 자살시도, 자살사망이 포함된다.

(2) 청소년 자살행동의 특성

청소년은 인지적으로 미성숙하고 정서적으로 불안정하므로 충동성이나 회피적인 욕구에 의해 자살행동을 하는 경우가 많다. 청소년의 자살시도는 성인에 비해 충동적이고 일시적이기 때문에 성공률이 낮지만 청소년 사망의 주요 원인으로서 청소년기의 유병률이 상당히 높은 것으로 조사되고 있다. 청소년들은 영향력 있는 사람의 죽음을 모방하거나 또래와 동반자살을 시도하는 경향이 있다.

2) 청소년 자살행동의 실태와 현황

통계청(2019) 자료에 의하면(〈표 11-2〉 참조), 2018년 우리나라 청소년 사망원인 중 자살(9.1%), 안전사고(4.6%), 암(2.9%) 순으로 나타났다. 2011년부터 8년째 청소년 사망원인으로 자살사고가 1위라는 점에 주목할 필요가 있다. 중학생이 고등학생보다, 여학생이 남학생보다, 자살생각, 자살계획, 자살시도의 비율이 높은 것으로 나타났다. 우리나라 청소년들은 OECD 국가 중에서 가장 불행하다고 느끼고 있는 조사결과(2018)에서 확인할 수 있듯이, 청소년들의 삶의 질이 상당히 떨어지고 있고 이로 인해 자살 행동과 같은 극단적인 선택을 하고 있음을 알 수 있다. 따라서 학교상담과 생활지도는 학업에서의 성취와 성공에 대한 지나친 관심과 보상을 제공하는 학교와 사회의 구조에 대해 개선할 수 있는 방향으로 나아가야 할 필요가 있다. 학교상담과 생활지도는 청소년들의 건강한 인성 및 사회성 발달을 위해서 학생이 어떻게 하면 행복할 수 있을지를 고려하여 이들의 생활만족도를 높여 줄 수 있는 프로그램을 개발하고 적용해야 한다.

표 11-2	청소년(9~24세) 사망자 수 및 사망원인		(단위: 명, 청소년 인구 10만 명당)	
	사망자 수(명)	사망원인(사망률)*		
		1위	2위	3위
2010	2,937	안전사고**(8.9)	고의적 자해(자살) (8.8)	악성신생물(암) (3.3)
2011	2,765	고의적 자해(자살) (8.9)	안전사고 (7.8)	악성신생물(암) (3.3)
2012	2,528	고의적 자해(자살) (8.0)	안전사고 (7.1)	악성신생물(암) (3.4)
2013	2,345	고의적 자해(자살) (7.8)	안전사고 (6.4)	악성신생물(암) (3.1)
2014	2,273	고의적 자해(자살) (7.4)	안전사고 (6.9)	악성신생물(암) (2.9)
2015	2,093	고의적 자해(자살) (7.2)	안전사고 (5.7)	악성신생물(암) (2.9)
2016	2,077	고의적 자해(자살) (7.8)	안전사고 (5.5)	악성신생물(암) (3.1)
2017	1,943	고의적 자해(자살) (7.7)	안전사고 (4.9)	악성신생물(암) (2.7)
2018	2,017	고의적 자해(자살) (9.1)	안전사고 (4.6)	악성신생물(암) (2.9)

자료: 통계청.

주: * ( ) 안의 수치는 사망률, 사망률=(사망자 수/당해 연도 9~24세 연앙인구)×10만 명

  ** 운수사고, 추락, 익사, 화재, 중독, 기타 외인

3) 청소년 자살행동의 위험요인

청소년 자살과 관련된 위험요인에 대한 연구들은 크게 개인적 요인, 가정환경적 요인, 또래관계 및 학교환경적 요인을 중심으로 제시하고 있다(Studer, 2005; Wicks-Nelson & Israel, 2016). 이에 대해 간략하게 살펴보기로 한다.

(1) 개인적 요인

청소년 자살행동의 개인적 위험요인으로는 우울, 감정조절 문제(절망감), 충동성, 약물 남용, 이전 자살시도 경험, 가출 등의 심리장애 등이 있다. 우울의 구성요소 가운데 하나인 절망감은 자살생각과 밀접하게 관련이 있는 것으로 조사되고 있다. 상담교사는 학생에게 장·단기 목표에 대해 질문함으로써 절망감을 평가하여 자살사고와 관련된 위험요인을 평가할 수 있다.

(2) 가정환경적 요인

부모의 학대와 성적 학대, 신체적 폭력, 지지해 줄 보호자의 부재 등의 가정환경적 요인은 청소년의 능력으로 대처하기에는 버거운 수많은 스트레스와 부정적인 사건을 겪게 함으로써 자살을 선택하게 하는 위험요인이 된다. 자살행동의 가족력은 청소년 자살행동의 위험을 증가시키고 자살을 시도하는 청소년들의 경우 대체로 문제가 많은 가정에서 성장했을 가능성이 큰 것으로 지속적으로 보고되고 있다. 그러나 가족뿐 아니라 학교나 다른 기간들이 청소년의 문제에 많은 관심을 갖고 지원을 한다면 보호요인으로 작용할 수 있기 때문에 학교상담과 생활지도는 학생의 정신건강을 위한 보호요인의 기능을 강화할 필요가 있다.

(3) 또래관계 및 학교환경적 요인

또래로부터의 소외와 학교폭력 피해경험은 청소년 자살행동을 예측하는 주요 요인 중의 하나이다. 청소년 자살을 예방하기 위해서는 청소년 자신 및 청소년이 속해 있는 가족, 그리고 학교의 사회적 환경의 여러 특성을 함께 고려할 필요가 있다.

4) 청소년 자살행동 사정과 개입

일반 청소년을 위해서는 자살예방을 위한 개입이 실시되어야 한다. 자살 인식과 교육 프로그램들은 자살행동에 대한 학생들의 인식과 지식을 키워 주고 도움을 청하는 방법을 권장하는 것에 목표가 있다(Wicks-Nelson & Israel, 2016). 위기개입방법은 심각한 자살위험 징후를 보이는 청소년에게 사용하는 개입 전략이며, 위기개입의 주된 목적은 청소년의 자살시도를 차단하는 데 있으며, 병원입원, 자살수단의 제거, 부모를 청소년 행동 모니터로 활용하기, 긴급한 정신건강서비스에 대한 교육 등을 실시한다. 자살시도를 한 학생의 경

| 글상자 11-3 | 자살위험에 대한 사정[1] |

1. 자살행동 탐색

탐색 내용	최근 자살시도	과거 시도
언제		
어디서		
무엇으로		
무엇 때문에		
신체 손상 정도		
당시에 했던 생각		
시도 후 했던 행동		
치료 여부		

2. 자살 위험성 사정을 위한 질문

자살 위험요인	질문
자살사고 빈도, 계획, 시도	• 자살사고가 언제부터 있었는가? • 얼마나 자주 자살계획을 세우는가? • 현재는 어떤 계획을 가지고 있는가(방법, 시간, 장소)? 　-자살 계획의 구체성, 수단 이용 가능성, 방법의 치명도 탐색 • 자살을 준비하기 위해 무엇을 했는가(도구 준비, 유서쓰기, 물건 정리 등)? • 자살을 시도하기 위해 리허설을 해 본 적이 있는가(자해 여부)?
자살의 의미 및 의지	• 자살을 통해 이루고자 했던 것이 무엇인가? • 자살에 대해 어떤 생각과 감정을 가지고 있는가? • 실제 실행 및 성공 가능성이 얼마나 있다고 생각하는가? • 죽고 싶거나 살고 싶게 만드는 동기가 무엇인가?
스트레스 요인	• 최근 어떤 스트레스 사건이 있었는가(대상 및 목적 상실 등)? • 현재 느끼는 감정이나 상황이 점차 나아지거나 좋아질 가능성이 있는가? • 가까운 친구 중에 자살을 함께 고민하는 친구가 있는가? • 가족 중에 누가 자살한 전력이 있는가?
정서적 상태	• 스스로 감당하기 어려운 감정이 무엇인가? 　-절망감, 무가치함, 죄책감, 수치심, 분노감 등을 평가함. • 이러한 감정이 본인 혹은 타인 중 어디로 향해 있는가? • 이전에 정신과 진단 및 치료를 받은 적이 있는가?

---

1) 대구광역시서부교육지원청(2014). 『자살위기개입 매뉴얼』을 참조하여 수정함.

우에는 반드시 집중적인 개인상담이 필요하다. 인지행동치료는 청소년 우울증뿐 아니라 자살 청소년의 치료에도 효과성이 입증된 개입으로 많이 적용되고 있다. 자살위험에 대한 사정을 위한 면담 질문지를 글상자 11-3에 제시하였다.

4. 불안장애

불안은 인간의 기본 정서로 아동과 청소년에게 새롭거나 위협적인 상황을 경고해 주는 적응적 기능을 갖는다. 즉, 불안은 정상적인 발달과정의 한 부분으로, 청소년은 불안을 통해 각성을 확인하고 이에 대처함으로써 유능감을 발달시키고 자율성을 성취하는 것을 학습하게 된다(Wicks-Nelson & Israel, 2016). 따라서 교사나 학교상담자는 학생이 경험하는 불안의 정서가 정상적인 두려움과 걱정, 불안인지 아니면, 그 정도가 너무 지나쳐서 건강한 인성 및 사회성 발달에 지장을 주는 수준인지에 대해서 판단할 수 있어야 하고 어떻게 개입할 수 있는지에 대한 지식이 필요하다.

1) 불안의 특징과 정의

Barlow(2002)에 의하면, "불안은 미래지향적인 정서로 특징된다. 불안의 또 다른 특징은 혐오적일 가능성이 있는 사건을 통제 및 예측할 수 없는 것으로 지각하고 주의집중을 신속하게 전환하여 잠재적으로 위험한 사건에 초점을 맞추거나, 이러한 사건에 대한 자신의 정서반응에 주의를 기울이는 특징을 갖는다."라고 설명하였다. 두려움과 불안은 혼용되어 사용되기도 하지만, 두려움은 즉각적인 현재의 위협에 대한 경고반응이 특징이라면, 불안은 미래지향적이며 높은 수준의 걱정과 통제 결여의 특징을 갖는다는 점에서 차이가 있다(Wicks-Nelson & Israel, 2016).

일반적으로 불안과 두려움은 위협이 지각될 때 보이는 세 가지 형태의 복잡한 반응 양상으로 정의된다(Barrios & O'Dell, 1998: Wicks-Nelson & Israel, 2016에서 재인용). 불안과 두려움의 3요소 모델에는 행동반응(예: 도주, 목소리를 떨거나 눈을 감는 행동 등), 인지적 반응(예: 무섭다는 생각, 자신을 비난하는 생각, 신체적 위험에 대한 심상), 생리적 반응(예: 심장박동 및 호흡의 변화, 근육 긴장, 복통 등)이 포함된다.

2) 아동과 청소년의 정상적인 두려움과 걱정

아동이 경험하는 두려움의 수와 강도는 연령에 따라 감소하는 것으로 알려져 있다. 걱정은 7세경에 가장 두드러지며, 아동이 발달함에 따라 그 양상이 더욱 복잡해지고 다양해진다. 낯선 사람에 대한 두려움은 6~9개월에 가장 두드러지며, 상상 속의 대상에 대한 두려움은 2세에, 어둠에 대한 두려움은 4세에 가장 많이 나타난다. 또한 사회불안이나 실패에 대한 두려움은 더 큰 아동들에게서 빈번하게 나타난다(Gullone, 2000: Wicks-Nelson & Israel, 2016에서 재인용). 즉, 유아는 상상 속의 위협을 걱정하고, 어린 아동은 자신의 신체적 안전에 대해, 그리고 더 큰 아동과 청소년은 사회적 상황과 자신의 유능감에 대해 걱정하는 것으로 변화하게 된다. 단지 두려움과 걱정의 내용이 인지적 · 사회적 · 정서적 발달에 따라 변화할 뿐, 결과적으로 자신의 주관적 안녕에 대한 위협은 모든 연령대의 걱정거리이며 불안을 유발하는 주된 요인이라는 것을 알 수 있다. 이승희(2017)가 정리한 연령별 아동 및 청소년이 경험할 수 있는 정상적인 두려움과 걱정의 내용을 참조하여 발달 단계별 불안의 범주와 세부 내용을 요약한 것을 〈표 11-3〉에서 살펴볼 수 있다.

표 11-3   **아동 및 청소년의 정상적 두려움, 걱정, 불안의 내용**

발달 단계	연령	불안 범주	두려움과 걱정, 불안의 내용
영아기	0~6개월	생존에 대한 위협	지지의 상실, 큰 소음
	7~12개월		낯선 사람
유아기	1세	상상 속의 위협	부모로부터의 분리, 상처, 화장실 문제, 낯선 사람
	2세		큰 소음, 동물(특히 개), 어두운 방, 부모로부터 분리
	3세		어둠, 동물, 부모로부터의 분리
	4세		부모로부터의 분리, 어둠, 소음
	5세		동물, 어둠, 부모로부터의 분리, 신체 상처
아동기	6세	신체적 안전에 대한 위협	유령(귀신), 신체 상처, 천둥과 번개, 어둠, 부모로부터의 분리
	7~8세		유령(귀신), 어둠, 무당, 혼자 있는 것, 신체 상처, 부모로부터의 분리
청소년기	9~12세	사회적 상황과 유능감에 대한 걱정	학교시험, 학교성적, 신체 손상 또는 상처, 외모, 천둥과 번개, 죽음
	청소년기		인간관계, 외모, 학교, 미래, 동물, 초자연적인 현상, 자연재해

3) 불안장애의 유형

연령에 맞는 두려움은 그 정도가 지나치거나 너무 오래 지속되지만 않는다면 임상적 관심을 필요로 하지 않는다(Wicks-Nelson & Israel, 2016). 그러나 비록 일시적이지만 일상생활의 기능을 심각하게 방해하는 수준이라면 개입이 필요하고, 불안장애의 수준인데 방치하게 될 경우 만성화되어 인성 및 사회성 발달에 큰 지장을 초래하게 된다. 아동·청소년이 경험할 수 있는 불안장애의 유형을 〈표 11-4〉에 제시하였다. 특히, 청소년기에 나타나는 불안장애 유형으로 사회불안장애와 최근 재난 사고 이후 위기 대응에 대한 학교상담자의 역할 비중이 커져 외상 및 스트레스 사건 관련 장애에 대해 살펴보기로 한다.

표 11-4 **불안장애 유형**

유형	주요 특징
분리불안장애	• 부모와의 분리, 집에서 떨어지는 것에 대한 부적절하고 과도한 불안 • 분리에 대한 걱정은 지속적이며 과도한 걱정과 심리적 불편, 수면 및 신체적 문제(예: 두통, 복통, 구역질, 구토)를 수반함. • 심각한 심리적 고통, 사회적/학업적 영역에서의 손상이 있음. • 등교거부로 나타남.
선택적 함구증	• 사회적 관계나 상황(학급이나 놀이상황 같이 말하는 것이 중요한 상황)에서만 말을 하지 않음. 특정 상황에서만 나타나며, 다른 상황에서는 말을 하기도 함. • 수줍음을 잘 타고 위축되어 있으며, 겁이 많고 다른 사람에게 매달리는 성향을 지닌 것으로 기술됨. 높은 수준의 사회불안을 나타냄. • 학교에서 읽기능력의 평가가 어려움.
특정 공포증	• 발달적으로 적절한 두려움에 비교해 볼 때 과도하며, 설명해도 없어지지 않고 자발적으로 통제되지 않으며, 상황을 회피하게 하고 일상생활의 기능을 방해함. • 행동면에서 두려운 상황이나 대상을 회피하려고 함. • 인지적 측면에서는 두려운 상황에 노출되는 즉시 발생하는 파국적 생각이 포함됨. • 생리적 증상으로 메스꺼움, 심장 박동 증진, 호흡곤란의 경험 • 공포에는 동물, 높은 곳, 주사 등이 포함됨.
사회불안장애 (사회공포증)	• 불안은 사회적 상황이나 수행이 요구되는 상황에서 당황하거나 경멸을 받는 행동을 하게 될 것에 대해 현저하고도 지속적인 두려움을 느끼는 것 • 아동과 청소년의 정상적인 일상생활과 학업기능, 대인관계를 방해하며 현저한 심리적 고통을 유발함. • 낮은 자존감과 슬픔, 외로움을 보고하고 낮은 학업성취를 경험함.

공황장애	• 명백한 이유 없이 불안이 격렬하게 그리고 자주 일어남. • 예고 없는 공황발작(panic attack, 공황발작이란 갑작스럽게 시작되어 10분 이내에 급속하게 최고조에 달하는 극심한 불안과 공포)이 반복적으로 나타남. • 성인 공황장애가 청소년기에 시작되었다고 보고됨으로써 청소년 공황장애에 관심을 기울이기 시작함.
광장공포증	• 공황발작 상황에서 도주하기 어려운 (또는 압도하는) 불안 • 도움을 이용할 수 없는 상황이나 장소에 대한 불안 • 흔한 상황은 집 밖이나 또는 대중들이 붐비는 장소
범불안장애	• 다양한 사건이나 활동에 대한 지나친 불안과 걱정이 특징 • 사회불안이나 분리불안과는 달리, 청소년이 느끼는 심리적 고통은 특정 유형의 상황에 한정되어 있지 않음. • 안절부절못함, 쉽게 피로해짐, 주의집중의 곤란, 화를 잘 냄, 근육긴장, 수면장애 등의 증상의 일부를 경험함. • '꼬마 걱정쟁이'로 학업, 또래관계, 운동 등의 영역에서 능력과 수행에 대해 과도하게 걱정하고 불안해 하고, 완벽주의적이며 자신에 대해 비현실적으로 높은 기준을 설정함. • 가정의 재정문제와 자연재해에 대해서도 걱정, 끊임없이 확인하고 동의를 구하며 초조한 습관(예: 손톱 물어뜯기)과 수면장애, 복통과 같은 신체 증상을 호소함.
외상 및 스트레스 사건 관련장애	• 외상은 보통 모든 사람에게 심리적 고통을 줄 수 있는 뜻밖의 사건으로 정의됨. • 세월호 사고와 같은 재난 사건(외상사건)을 경험한 이후에 생존자와 유가족 그리고 목격자들이 경험하는 불안 증상을 외상 경험으로 봄.

(1) 사회불안장애

앞서 발달 단계별 불안의 범주와 내용에서 확인할 수 있듯이, 청소년의 발달적 시기에 경험할 수 있는 두려움과 걱정, 불안은 사회적 상황 속에서 능력이나 외모 등 자기에 대한 평가와 자신이 얼마나 유능해 보이는가에 위협을 느끼고 이에 대해 걱정하고 불안해 하는 시기이다. 따라서 교사는 자아정체감에 대해 고민하고 타인에게 비춰지는 자신의 모습에 주의를 기울이고 신경을 쓰는 중 · 고등학생의 정상적인 발달 특성을 고려함과 동시에 그 정도가 지나칠 때 사회불안장애로까지 발전할 수 있다는 사실을 유념할 필요가 있다. 사회불안장애는 청소년기 평생 유병률이 9%로 조사되고 있는 불안장애의 유형으로(Wicks-Nelson & Israel, 2016), 특히 청소년 시기에 시작되는 것으로, 개입이 필요한 장애 유형이다.

(2) 외상후 스트레스 장애

이전에는 많은 관심을 기울이지 않았던 외상후 스트레스 장애(Posttraumatic Stress Disorder: PTSD)에 대한 학교상담의 개입이 세월호 사건과 같은 재난 사고를 통해서 그 중요성이 커지고 있다. 이러한 재난 사고가 발생해서도 안 되지만, 발생 후 생존자들과 유가족 그리고 학교 전체가 겪게 되는 외상 경험에 대한 치유의 노력은 국가와 지역사회가 연계하여 이에 대한 신속한 대응을 해야 하며 학교상담자들은 그 중심의 역할을 수행할 필요가 있다. 재난대응을 위한 지침은 〈표 11-5〉와 같다. 또한 아동학대나 학교폭력 피해는 PTSD 관점에서 외상의 형태이므로 학교상담자는 외상후 스트레스 장애에 대한 보편적이고 선택적인 개입에 대한 준비가 필요하다.

외상후 스트레스 장애진단을 받기 위해서는 재경험, 회피, 인지와 기분의 부정적 변화, 각성과 반응성의 증상을 나타내야 한다. 재경험이란 외상 사건을 경험한 후에 시작되는 침투적 증상들로서 외상 사건에 대한 고통스러운 기억, 외상과 관련된 고통스러운 꿈의 반복적 경험, 사건을 상기시키는 단서에 대한 강렬한 그리고 지속적인 심리적 고통 또는 생리적 반응, 그리고 해리반응 등의 증상이 포함된다. 해리반응은 이인화(자신의 감정이나 환경과 단절된 느낌)와 현실감 상실(현저한 비현실감)을 포함하는데 해리반응을 경험하는 사람은 마치 외상 사건이 되풀이되고 있는 것처럼 느끼거나 행동할 수 있다. 회피 증상에는 외상 사건과 관련된 생각이나 감정을 회피하려는 지속적인 노력이 포함된다. 인지와 기분의 부정적 변화는 외상 사건의 중요한 측면을 기억하지 못하거나, 외상 사건의 원인이나 결과를 왜곡하거나, 과도한 부정적 신념이나 기대를 갖는 등의 인지적 증상이 포함된다. 네 번째 외상 사건의 발생 이후에 시작되거나 악화되는 각성과 반응성의 증상이란 안절부절못하는 행동, 분노 폭발, 무모한 행동, 과도한 경계, 지나친 놀람 반응, 주의집중 곤란, 수면장애 등이 있다.

표 11-5 **재난대응 학교위기 관리위원회, 전문상담교사, 일반교사를 위한 지침**

단계		학교위기관리위원회	전문상담교사	일반교사
사전 준비		1. 재난 사고 후 6개월 내에 집단 위기개입의 실시 2. 재난 세부계획 수립 고려사항의 숙지 3. 학교 위기관린 위원회 긴급회의 개최 시, 다루어야 할 사항을 숙지	• 사전에 호흡법과 같은 안정화 방법의 숙지	
개입	학교 정상재개 이전	1. 교내 재난 발생 시 • 교직원은 학교 관리자에게 재난 사실을 긴급하게 알리고 학교 구성원의 안전을 확보한다. • 학교위기관리위원회는 재난 현장을 통제하고 재난 피해 목격자를 안전한 곳으로 이동시키고 보호한다. 2. 교외 재난 발생 시 • 재난 현상에 담당자를 파견하거나 청소년 재난심리지원단에 연락을 취하여 현장의 재학생 피해 상황을 파악한다. • 가정 혹은 임시 거처를 방문하여 재난에 따른 학생의 안전 여부를 확인하고, 학생이 처한 상황을 파악한다. • 전화 및 문자 메시지를 활용하여 학부모 및 학생의 안전 여부를 확인한다. 3. 재난에 따를 파급효과를 판단하여 개입 범위를 결정한다. • 파급효과가 클 경우, 학교 구성원 전체를 대상으로 개입하는 것이 원칙이다. • 파급효과가 적을 경우, 재난피해를 입은 특정인을 대상으로 신속하게 접근한다. 4. 재난 사고 대처를 위한 세부 계획을 수립하고 실행한다. 5. 재난 사망 청소년의 가족에 대해 개입한다.	1. 교사가 학생들에게 적절히 대응할 수 있도록 재난 관련 정보를 제공한다. • 교사들에게 재난 소식 전달 내용, 전달 시 유의 사항, 재난피해자가 보일 수 있는 반응, 학생 관리 방법 등을 교육한다. • 학급 교사들이 학생들에게 재난에 관한 정보, 재난에 따른 자연스러운 심리적 · 신체적 반응, 재난으로부터 일상 회복을 위해 할 수 있는 방법에 대해 안내하도록 교육한다. • 학교위기관리위원회에서 계획하는 여러 가지 개입 활동, 협력기관 정보(청소년 재난 심리지원단, 지역 청소년상담복지센터, 정신건강증진센터, 병원 등)를 제공한다. • 교사에게 학생들에게서 급성스트레스 장애 및 외상후 스트레스장애 반응이 나타나는지 관찰하도록 안내한다. 2. 학급별 위기개입을 계획한 경우, 학급 교사에게 위기개입 계획과 대처방법을 안내한다. 3. 교사도 재난에 따른 영향을 받을 수 있으므로 교사에게 재난으로 인한 보편적 반응과 대처반응에 대해 안내한다. 4. 교사들의 생각, 감정, 의견을 나눌 기회를 갖고, 질의응답 시간을 가진다.	

| 개입 | 학교 정상 재개 이후 | 1. 학교 정상재개 당일 오전(약 10분 간)에 전체 학생들을 대상으로 재난 관련 사실 정보, 학생들 간 지지 방법, 대처 방법을 안내한다.
2. 낙인효과를 방지하기 위해 학급 전체 학생을 학습상담, 진로상담 등의 명칭하에 교사가 일괄적으로 단회성 면담을 실시하되, 재난에 많이 영향을 받거나 받을 가능성이 높은 학생들에게는 별도로 특별상담실의 의뢰과정을 설명하고 특별상담실로 의뢰한다.
3. 재난 피해 학생이 학기 중에 모든 소유물을 상실한 경우, 우선적으로 학비, 교복, 문구류, 교과서 등을 지원할 수 있도록 학교 및 관련 사회복지기관 등의 협조를 요청한다. | 1. 고위험 학생을 스크리닝한다.
2. 특별상담실을 설치하여 재난에 영향을 받을 학생에게 개별 위기 개입을 실시한다.
3. 전체 학생을 대상으로 집단 위기 개입을 실시한다.
4. 교직원을 대상으로 재난 위기 개입을 실시한다. | 1. 눈여겨볼 학생들을 파악하여 특별히 지켜보아야 한다.
2. 학생들을 심리적으로 지원하는 방법을 알고 실행한다.
3. 학교 정상재개이후, 재난 관련 정보전달 시 다음과 같은 사항을 유의한다. 사실적 정보만 명료하게 전달한다. 재난피해상황에 대해 상세하게 묘사하지 않고, 재난의 원인에 대해 교사가 판단한 이유를 말하지 않는다. 재난을 당한 사람에게 책임과 잘못이 없으며 부끄러운 일이 아님을 강조한다. 학생들이 공통적으로 겪게 되는 반응들이 모두 '정상'임을 강조하여 전달한다.
4. 학교 정상재개 이후, 학생들에게 재난 관련 정보와 유의사항을 전달한다.
5. 재난으로 인해 사망한 학생이 있을 시 애도방법에 대해서 개입한다.
6. 교사도 마음이 힘들면 전문상담교사와 상의하고, 불면증, 식욕저하, 집중력 저하, 무기력 등의 증상이 발견되면 상담전문가 혹은 의사를 만나야 한다. |
| 사후 관리 | | 1. 다음과 같은 특정 상황에 더욱 주의를 기울인다.
• 재난으로 인한 사망자의 기일
• 시험, 졸업식 등의 주요 학사 일정
• 학생이 학교를 그만둘 때(전학, 졸업 또는 취업)
• 학생의 개인적 어려움이 커질 때(부모의 이혼, 학업 성적의 추락 등) / 학생들의 행동상의 변화(친구들과 잘 어울리지 않음, 표정이 어두움, 잦은 결석이나 지각 등)가 감지될 때
2. 재난으로 사망한 학생의 생일 및 기일에 대해 관리한다. | 1. 정기적으로 재난 피해 청소년의 일상생활 수행능력(학교에 지각하거나 결석하는 횟수, 수업 참여 태도, 학교의 동아리 활동 참여 여부, 친구관계)을 평가하고 필요한 교육을 제공한다.
2. 재난에 따른 장기적 영향을 확인하기 위하여 학생들을 지속적으로 관찰(적어도 추후 6개월, 혹은 1년)하고, 보건교육사의 협조를 얻어 관찰 결과를 학교위기관리위원회에 보고한다.
3. 필요시 외부기관 연계를 고려한다. | |

출처: 김동일, 이윤희, 김경은, 안지영(2015).

4) 불안장애의 원인

불안장애의 최근 모델은 불안장애에 대한 원인에 대해 한두 가지로 보기보다는 주로 생물학적 및 환경적 영향에 대한 상호작용의 중요성을 강조하고 있다.

(1) 신경생물학적 요인

가족을 대상으로 한 연구들은 불안장애 부모를 가진 자녀는 불안장애를 발달시킬 위험에 놓여 있으며, 불안장애 자녀를 둔 부모 자신도 불안장애를 갖고 있을 가능성이 있는 것으로 보고하고 있다(Wicks-Nelson & Israel, 2016). 즉, 유전적 요인이 불안 및 관련 장애의 발달에서 중요한 역할을 한다.

이러한 유전의 영향은 뇌 회로와 신경전달체계의 차이를 통해 표출된다(Pliska, 2011). 세로토닌과 감마아미노부티르산(GABA)과 같은 신경전달물질은 불안과 공황의 발달과 밀접하게 관련이 있는 것으로 알려져 있다. 이러한 신경전달물질은 다른 호르몬에 영향을 주며 불안과 관련된 뇌 부위에 영향을 미친다. 불안과 흔히 연합된 뇌의 부분은 뇌간과 피질 간의 중재자로서 활동하는 대뇌 변연계, 특히 편도체가 불안과 가장 관련이 깊은 뇌의 부위로 알려져 있다.

(2) 심리·사회적 요인

불안에 대한 전반적인 취약성을 지닌 청소년은 불안장애의 위험을 증가시키는 다양한 경험에 노출 될 수 있다. 이를테면, 아동의 불안은 개한테 공격을 받은 것과 같은 아주 무서운 사건을 겪으면서 시작될 수 있다. 불안의 심리·사회적 영향을 개념화하는 방식은 라흐만(Rachman, 1991)의 세 가지 경로 이론을 활용할 수가 있다. 첫째, 조건형성을 통한 학습이다. 악명 높은 실험연구의 예시인 알버트 사례(행동주의 상담이론 참조)를 통해서 아동의 두려움이나 불안은 먼저 외상적 또는 위협적 사건에 노출된 후 학습되는 것을 알 수 있다. 특정 대상에 대한 불안이나 두려움은 그에 따르는 회피행동을 통한 불안 감소에 의해 강화를 받음으로써 발달한다. 예를 들어, 세 살 난 아들과 박물관에 간 엄마는 화장실에 갔다 나왔는데 가방을 두고 나온 것을 뒤늦게 깨닫고 '어머 어떡해? 내 가방… 내 가방…' 하고 안절부절못하면서 가방을 두고 나온 사건에 대해 크게 불안해 하며 아들을 안고 가방을 찾아 이리 저리 뛰어다니는 행동을 하였다. 그 뒤, 세 살 난 아들은 어디를 갈 때마다 엄마의 가방을 챙기고 누가 만지면 그런 행동에 대해 강한 경계 반응을 하기 시작했다. 가방이 없어지는 사건이 불안을 유발하는 사건이 되었고 불안 감소를 위해 가방을 챙기는 행동이 학습된 결과로 나타난 것이다.

두 번째 경로는 관찰학습을 통한 모방이다. 다른 사람의 불안반응을 관찰함으로써 특정 대상이나 상황에 대한 두려움을 간접적으로 학습하는 경로이다. 이 경로는 자녀의 불안 행동을 상기시켜 주고 본보기를 보여 주며 강화하는 부모로부터 아동이 불안반응을 학습할 수 있음을 보여 준다. 예를 들어, 어머니가 고무 뱀이나 고무 거미와 같은 장난감에 부정적인 반응을 하는 것을 본 자녀는 그 장난감에 다가가지 않으려 했으며, 장난감에 대해서도 부정적인 정서반응을 보이는 경향을 보였다(Wicks-Nelson & Israel, 2016). 세 번째 경로는 정보의 전달을 통해 불안이 학습될 수 있다. 모방학습을 통한 학습과 더불어 부모가 상황이 위협적이라는 정보를 자녀에게 전달할 수 있다는 것이다.

끝으로, 불안한 부모의 양육방식은 자녀의 불안 발달에 영향을 미치는 것으로 확인되고 있다. 예를 들어, 불안한 아동의 부모들은 자녀의 말에 귀를 덜 기울이고, 적응적인 행동의 긍정적 결과에도 덜 주목하며, 아동의 회피적인 선택에 더 많은 반응을 보이는 것으로 나타났다(Dadds, Barrett, & Ryan, 1996).

5) 불안장애의 개입

불안장애 아동과 청소년의 상담에 관한 연구는 행동적 또는 인지행동적 상담을 효과적인 치료 방법으로 지지해 왔다(Silverman et al., 2008; Silverman, Pina, Viswesvaran, 2008). 불안유발 상황에 대한 노출이 성공적인 공포 감소 및 불안치료 프로그램의 중요한 요소이다. 불안장애에 대한 개입으로서 행동적 기법과 인지행동치료의 요소들은 관련된 대상이나 상황에 대한 노출을 촉진하는 방법을 적용하고 있다. 행동수정 기법으로 이완훈련, 체계적 둔감법, 홍수법, 모델링을 적용할 수 있다. 인지행동 상담이론을 통해서는 불안해 하는 청소년의 생각, 신념, 지각을 변화시키기 위한 여러 가지 방법들을 사용할 수가 있고 이에 대해서는 제8장에서 살펴본 행동주의와 인지행동 상담이론에서 자세하게 살펴볼 수 있다.

5. 주의력결핍 과잉행동장애(ADHD)

주의력결핍 과잉행동장애(Attention-Deficit Hyperactivity Disorder: ADHD)는 한 개인의 일생 동안 영향을 미치는 신경발달장애이다. ADHD는 아동기 이후에 사라지지 않는다는 사실이 밝혀지면서 ADHD 청소년에 대한 관심이 증가하고 있다. 아동기에 시작된 ADHD 가 중·고등학생의 시기에는 어떤 특성이 있으며 이들에 대한 선택적이고 집중적인 개입이 왜 필요한지에 대해 살펴보고 일반적인 교육환경에서 어떤 교육적 중재를 적용할 수 있을지에 대해 알아보도록 한다.

1) ADHD 청소년의 특성

정체성 확립이 중요한 시기에 있는 ADHD 청소년들은 청소년기의 발달 과정에서 오는 어려움과 더불어 ADHD 증상의 어려움들이 가중되면서 내적·외적으로 힘든 상황에 처하게 된다. ADHD 증상은 발달적으로 조기에 발생하며 지속되는 특징을 보이며 아동기 이후 ADHD 청소년기에도 지속되는데, ADHD 초등학생 중 50% 정도는 정상으로 돌아가고, 50%는 가정, 학교, 사회에서 지속되는 부적응을 보인다(Dupaul & Stoner, 2014). 그리고 여러 종단 연구에서 ADHD 아동들은 청소년기나 성인기가 되어서도 ADHD의 1차 증상뿐 아니라 대인관계, 행동, 정서, 학업 등의 2차 생활 기능면에서도 어려움을 나타내는 것으로 확인되고 있기 때문에(문효빈, 최윤정, 2018), 중·고등학교에서 이들에 대한 적절한 교육적 중재가 필요하다. 먼저 ADHD 청소년의 1차 증상과 2차 생활 기능의 특징을 살펴보면 다음과 같다.

(1) ADHD 청소년의 1차 증상

DSM-5에 따르면 ADHD에는 복합형(ADHD-COM), 주의력 결핍 우세형(ADHD Inattentive Type-IA)과 과잉행동-충동 우세형(ADHD-Hyperactive-Impulsive Type-HI)의 세 가지 하위 유형으로 규정하고 있다. 복합형은 주의력 결핍과 과잉행동이 복합적으로 나타나는 것을 말한다. 이러한 ADHD의 1차 증상은 부주의와 과잉행동이며 이로 인하여 사회적·학업적·직업적 기능을 방해하는 특징이 있다. DSM-5에 제시된 ADHD의 하위 유형별 증상과 진단기준은 글상자 11-4에서 살펴볼 수 있다.

글상자 11-4 ADHD 증상과 진단기준

A. 주의력결핍(부주의)과 과잉행동은 충동성의 지속적인 패턴이 개인 기능이나 발달을 저해하며 1, 2의 특징을 다음과 같이 나타낸다.

B. 심각한 부주의 또는 과잉행동 충동성 증상들이 12세 이전에 나타났다.

C. 심각한 부주의 또는 과잉행동 충동성 증상들이 2개 이상의 환경(가정이나 학교 혹은 직장이나 친구들, 친척들과 함께하는 자리, 다른 활동 상황)에서 나타난다.

D. 증상들이 사회적, 학업적, 직업적 기능을 방해, 저하시킨다는 명백한 증거가 있다.

E. 이런 증상들이 조현병이나 다른 정신증 장애의 경과 중에 나타나는 것이 아니며, 다른 정신질환(기분장애, 불안장애, 해리성 장애, 성격 장애, 물질 중독, 금단)에 의해 더 잘 설명되지 않는다.

1. 주의력결핍 우세형
다음의 9개 증상 중 6개 이상이, 적어도 6개월 이상 발달 수준에 적합하지 않고, 사회적 · 학업적이나 직업 활동에 직접적인 부정적 영향을 미치는 정도로 지속된다. 이런 증상은 반항적 행동이나 적대감 또는 과제나 지시에 대한 이해 실패에 의한 양상이 아니어야 한다. 청소년 후기나 성인(17세 이상)의 경우에 적어도 다음 다섯 가지 증상을 만족해야 한다.

(a) 흔히 세부적인 면에 대해 면밀하게 주의를 기울이지 못하거나 학업, 직업 또는 다른 활동에서 부주의한 실수를 저지른다.

(b) 흔히 과제를 하거나 놀이를 할 때 지속적으로 주의를 집중하지 못한다.

(c) 흔히 다른 사람이 직접 말을 할 때 경청하지 않는 것처럼 보인다.

(d) 흔히 지시를 수행하지 못하며, 학업, 잡일, 작업장에서의 임무들을 완수하지 못한다.

(e) 흔히 과업과 활동을 체계화하지 못한다.

(f) 흔히 지속적인 정신적 노력을 요구하는 과업들에 참여하기를 피하거나 싫어하거나 혹은 마지못해 한다.

(g) 흔히 과제나 활동을 하는 데 필요한 물건들을 잃어버린다.

(h) 흔히 외부 자극에 의해 쉽게 산만해진다.

(i) 흔히 일상적인 활동을 잊어버린다.

2. 과잉행동-충동성 우세형
다음의 9개 증상 중, 적어도 6개 이상의 증상들이 최소 6개월 이상 지속되어야 한다. 이 같은 증상들은 발달 수준에 적합하지 않으며, 사회적 · 학업적 · 직업적 활동에서 직접적으로 부정적 영향을 미친다. 이러한 증상은 반항적 행동이나 적대감, 과제나 지시의 이해 실패로 인한 양상이 아니어야 한다. 청소년 후기나 성인(17세 이상)의 경우에는 적어도 다음 다섯 개 증상을 만족해야 한다.

(a) 흔히 손발을 가만히 두지 못하거나 의자에 앉아서도 몸을 꼼지락거린다.

(b) 흔히 가만히 앉아 있어야 할 상황에서 자리를 떠나 돌아다닌다.

(c) 흔히 다른 사람이 직접 말을 할 때 경청하지 않는 것처럼 보인다.

(d) 흔히 지시를 수행하지 못하며, 학업, 잡일, 작업장에서의 임무들을 완수하지 못한다.

(e) 흔히 과업과 활동을 체계화하지 못한다.

(f) 흔히 지속적인 정신적인 노력을 요구하는 과업들에 참여하기를 피하거나 혹은 싫어하거나 마지못해 한다.

(g) 흔히 과제나 활동을 하는 데 필요한 물건들을 잃어버린다.

(h) 흔히 외부 자극에 의해 쉽게 산만해진다.

(i) 흔히 일상적인 활동을 잊어버린다.

3. 복합형

9개의 부주의 항목 중 적어도 6개 이상의 증상과 9개의 과잉행동 충동성 항목에서 적어도 6개의 증상을 만족해야 한다. 증상이 최소 6개월 지속되어야 하며 개인의 발달 수준과 일치하지 않고 사회적 활동과 학업 수행에 직접적인 영향을 주어야 한다.

(2) ADHD 청소년의 2차 증상: 생활기능 저하

ADHD의 1차 증상으로 인한 정서, 인지, 대인관계상의 2차 증상은 기능 장애로 발달하면서 청소년기와 성인기에 이르러 학업실패, 대인관계 문제, 우울증, 낮은 자아개념, 반사회적 행동과 성격, 약물사용, 교육과 직업에서의 문제를 갖는 비율이 높아진다(Glass, Flory, & Hankin, 2012; Holmberg & Hijern, 2008; Kent et al., 2011: 문효빈, 최윤정, 2018에서 재인용). 즉, ADHD 청소년들은 아동기에 비해 전반적으로 1차적인 주요증상은 감소하는 경향을 보이지만 또래에 비해 높은 수준의 문제행동을 보이기 때문에 학교생활을 포함하여 다양한 생활기능 문제의 해결과 사회적응 및 정서적 측면에서 적절한 상담 개입이 시급한 집단이다(문효빈, 최윤정, 2018).

학교생활에서 가장 빈번히 나타내는 ADHD 청소년의 문제는 낮은 과제 집중력과 학업 수행의 문제로 인한 학업부진, 반항, 권위자의 명령에 불복종, 분노조절 실패 등으로 인한 교사와의 문제, 공격성으로 인한 또래관계의 문제가 있다(문효빈, 최윤정, 2018). 발달적으로 자아정체성 및 자아 개념을 확립하게 되는 중요한 시기인 청소년기에 ADHD 청소년들은 아동기 때부터 이어져 온 또래 및 가족과의 부정적 상호작용으로 인해 낮은 자아존중감을 갖게 된다. 이는 청소년의 정체성 확립의 문제, 동기 부여의 부족, 대인관계의 어려움으로 이어져 ADHD 청소년들이 사회적 · 학업적 · 직업적 상황에서 성취를 하는 데 부정적인 영향을 미친다. 또한 학교 중퇴, 성적 행동(sexual action)의 조기개시 등 다양한 문제행동을 보인다(문효빈, 최윤정, 2018).

이상에서 살펴본 것처럼 ADHD 청소년의 경우 2차 생활기능에서의 어려움으로 인해 청소년기에 요구되는 학업 성취에서의 어려움뿐만 아니라 대인관계 역량을 개발하여 또래와 교사와의 원만한 관계를 형성하고 유지하기 위한 발달적 과업을 성취하는 데 어려움을 겪을 수밖에 없다. 그러나 학교에서 교사는 ADHD 청소년들을 이해하고 어떻게 지도해야 하는지에 대해 어려움을 느끼며, 단순히 ADHD 청소년들을 문제아로 인식하는 경향이 크다(이정옥, 2004). 따라서 이들에 대한 심리 · 정서적 특성을 이해하고 학교생활 유지와 성인기 삶의 준비를 위한 적절한 개입을 제공할 필요가 있다.

2) ADHD의 원인

ADHD 증상을 나타내는 경우에 뇌의 전두엽과 두정엽 부분의 손상과 뇌의 크기와 기능이 저하된다는 것이 밝혀져(Hoogman et al., 2017), ADHD의 청소년들에게 지속적이고 장기적인 의학적 · 정신적 관리가 필요하다. 약물치료와 함께 적절한 교육적 중재가 이루어질 때 ADHD 증상으로 인한 생활기능 저하로 발생하는 성인기 삶의 문제를 예방할 수 있다(문효빈, 최윤정, 2018).

3) ADHD 교육적 중재

ADHD는 학습을 하기 위한 선결 조건인 주의력이 부족하기 때문에 ADHD 중 · 고등학생은 심각한 학습 문제를 경험하여 일반 학생들에 비해서 학업에서 실패하는 비율이 매우 높다. 게다가 앞서 살펴보았듯이 ADHD 중 · 고등학생은 사회성과 또래관계에서 어려움을 경험하기 때문에 다른 학생들보다 타인을 괴롭히고 괴롭힘을 당하는 대상이 된다(Timmermanis & Wiener, 2011). 따라서 이들을 위한 학교상담의 3차원적 예방 구조에 따른

2차 예방으로서 선택적 개입과 개별화 접근이 요구된다. 여기서는 선택적 조치로서 학업 발달을 지원하고 인성 · 사회성 발달을 위한 프로그램을 살펴보도록 한다.

(1) 조직화와 학습기술

조직화 및 학업기술 훈련 프로그램으로 'Challenging Horizons Program(CHP)'이 있다 (Evans, Axelrod, & Langberg, 2004). CHP는 ADHD 중학생의 학업 기술과 과제 관리 능력을 훈련하고 지원하는 방과후 활동 프로그램이다. 조직화 기술과 필기 기술에 초점을 두고 알림장을 꾸준히 사용하도록 한다. 조직화 기술의 사용에 대한 행동강화를 통해서 독립적으로 과제를 기록하고 확인할 수 있게 한다. 그 밖에 수업 노트와 교과서, 책가방 그리고 사물함을 관리하는 능력을 향상시키기 위해서 체크리스트를 준비해 스스로 확인하고 점검할 수 있도록 지도할 수 있다. 필기 기술의 경우, 들은 정보를 바탕으로 소리 내어 생각하고, 필기하는 과정에 대해 모델링을 제공하여 연습할 수 있도록 유도한다.

(2) 자기조절을 위한 인지행동관리 전략

ADHD 학생을 위한 학교상담과 생활지도의 목표는 적절한 수준의 자기통제를 할 수 있게 하는 것이다. 자기통제란 아동 · 청소년이 환경에 대한 통제를 하는 것으로, 독립적으로 사회적 · 학업적 행동을 수행하는 것을 의미한다. 그러나 만성적이고 복합적인 ADHD 의 경우, 실제 상황에서 이 목표를 성취하는 것이 쉽지 않다.

ADHD를 위한 자기조절전략은 자기점검, 자기강화가 어우러진 인지행동 전략을 포함한다. 자기점검은 스스로 자신의 행동을 관찰하거나 기록하도록 하는 것이다. 예를 들어, ADHD 아동에게 공부 시간 중의 과제행동을 인식하고 기록하도록 가르칠 수 있다. 수업을 위한 준비행동 체크리스트를 학생별로 구성하여 자기점검 훈련을 통해 수업 준비행동을 향상시킬 수 있다. 자기관리 및 자기조절 전략이 ADHD 청소년에게 최대의 효과를 내기 위해서는 학생 스스로 자신의 행동을 점검하고 자신의 수행에 대해 평가 및 강화하도록 해야 한다. 자기점검과 자기강화를 함께 제공하는 방법이 ADHD 학생의 과제행동, 학업의 정확성 그리고 또래와의 상호작용에 효과적인 것으로 나타났다(Dupal & Stoner, 2014). 과제 수행에 대한 교사의 평정과 학생 자신이 평정을 하게 하고 둘 간의 비교를 통해서 정확한 평가를 한 것에 대해 교사가 보너스 점수를 주는 것을 통해 자기강화의 방법을 훈련시킬 수 있다.

6. 공격성

다음 두 사례를 살펴보자.

사례1. 급식 당번인 중학교 2학년인 민○이는 점심시간에 교실에서 배식하다가 순서를 지키지 않은 동○와 말다툼이 있었고 그 친구가 오늘 사정이 있어서 먼저 받는다는 사실을 알고는 그냥 넘어갔다. 그러나 동○가 반찬을 받고 나서 또다시 받으러 오자, 민○이는 안 된다고 말하는 과정에서 동○가 먼저 욕을 하며 인상을 쓴 것에 화가 난 나머지 배식하던 밥주걱을 던지고 화를 내면서 동○를 사정없이 때리기 시작했다. 급우들이 싸움을 말리자 자기 분에 못 이겨 동○의 얼굴에 침을 뱉었다. 담임선생님이 친구를 때리지 않기로 했는데 지금 뭐 하는 것이냐 했더니 "씨××아, 저 새끼가 먼저 나한테 화를 냈는데 그럼 가만히 있으란 말이야!"라고 욕을 하고 소리를 질렀다.

사례2. 고등학교 3학년 주○이는 친구 네 명과 함께 학교 앞 주변 식당에서 술, 밥, 노래방, 담배 등의 유흥비를 마련하기 위하여 2학년 학생 7명에게 금품을 갈취할 목적으로 수시로 폭력을 행사하였으며, 이러한 상습적인 금품 갈취가 70여 만 원에 이르렀다. 주○이는 아무런 죄의식도 없이 술과 담배 심부름을 강요하고, 후배들의 돈으로 사 오게 하거나 노래방 비를 대납하게 하였으며, 후배들이 돈이 없어 요구를 수용하지 못하면 아무렇지도 않은 듯이 폭력을 행사하며, "다른 사람한테 얘기하면 죽을 줄 알아!" 하면서 겁박했다.

이와 같은 사례는 학교 환경 내에서 일어나기를 바라지 않는 서로를 향한 공격성의 표현으로, 아동·청소년의 공격성은 우리나라뿐만 아니라 전 세계적으로 중요한 사회적 문제 중의 하나이다. 왜 어떤 학생은 타인에게 친절하고 웃으며 반응하는데, 어떤 학생은 화를 내고 갑자기 돌변하여 선생님에게 심한 욕설을 하는 것일까? 그리고 두 번째 사례에서 주*이는 학생을 폭행하고 금품을 갈취하는 반사회적 행동을 어떻게 하게 되었을까? 이들의 발달학적 경로가 어떠한지에 대한 지식과 이해는 이러한 공격적인 행동의 문제를 개입하는 데 해결의 단서를 제공할 수 있다. 이 절에서는 위의 사례에서처럼, 학교환경에서 교사들을 가장 좌절하게 하는 공격성을 발휘하는 학생들을 이해하기 위해 공격성의 개념과 특성, 공격성 관련 문제행동의 유형 그리고 발달적 원인을 살펴보고 개입 방안에 대해 학습하도록 한다.

1) 공격성의 개념과 특성

청소년의 공격성에 대한 통합된 이론(Dodge, 1991)에 의하면, 더 감정적으로 유발된 공격행동을 반응적 공격성으로(사례 1), 더 도구적으로 유발된 것을 책략적(proactive) 공격성(사례 2)으로 정의한다. 이러한 개념화는 예방적 개입을 담당하고 있는 학교상담자에게 유용한 정보를 제공한다. 그러나 극단적인 경우를 제외하고, 모든 행동은 그 행동의 기능뿐 아니라 촉발요인에 대해 추측할 수 있다는 점에서 반응성과 책략성의 측면을 가지고 있다(Dodge, 1991).

(1) 반응적 공격성

반응적으로 공격적인 학생은 아주 사소한 도발에 화내거나 공격성을 보이는 급한 성질을 가진 게 특징이다. 이들은 막무가내로 폭발한 뒤에 언제 그랬냐는 듯이 천진난만하게 "저게 어쩌다 저렇게 되었죠? 죄송합니다."라고 말하고 가 버린다. 반응적 공격성을 보이는 학생들은 또래에게 미움을 받거나 배척을 당하며, 환경 내에서 공격적인 신호에 과민하고 흔히 또래의 의도를 적대적으로 오해한다.

(2) 책략적 공격성

책략적으로 공격적인 학생은 학교에서 가해자가 되는 경향이 있고 그들의 공격성은 관찰할 수 있는 감정이 별로 나타나지 않는 것이 특징이다. 이들은 자신의 공격적 행동에 대한 긍정적 결과의 경험이 있으며, 가족이나 이웃, TV 등에서 본 폭력에 대한 간접 경험이 많다. 이들이 통솔력과 기분 좋은 유머 감각을 가지고 있는 것으로 보인다 하더라도 또래로부터 미움과 두려움의 대상이 된다.

2) 공격성 관련 문제행동 유형

앞서 살펴본 공격성 관련 두 사례의 가장 큰 차이점은 강한 분노 감정을 동반하느냐 그리고 죄책감이 있느냐의 유무이다. 사례 1의 경우에는 분노를 유발하는 촉발사건에 대해 강렬한 감정적 흥분과 특히 높은 수준의 분노가 공격적 행동으로 나타나는 것이라면, 사례 2는 문제해결의 방안으로서 반사회적 행동을 하는 것이라 하겠다. 반응적 공격성으로 나타나는 품행문제는 적대적 반항장애일 수 있으며 책략적 공격성으로 드러나는 품행문제는 품행장애로 진단될 수 있다.

(1) 적대적 반항장애

적대적 반항장애의 세 가지 주요 특징은 반항적 태도와 행동, 자신의 행동을 타인에 대한 비난과 환경의 탓으로 돌리며, 강렬한 분노심과 짜증 및 복수심의 정서이다. 적대적 반항장애의 DSM-5의 진단 기준을 글상자 11-5에 제시하였다.

📋 **글상자 11-5** **적대적 반항장애 진단기준**

A. 분노/과민한 기분, 논쟁적/반항적 행동 또는 보복적인 양상이 적어도 6개월 이상 지속되고, 다음 중 적어도 4가지 이상의 증상이 존재한다. 이러한 증상은 형제나 자매가 아닌 적어도 1명 이상의 다른 사람과의 상호작용에서 나타나야 한다.

1. 분노/과민한 기분
   - 자주 욱하고 화를 냄.
   - 자주 과민하고 쉽게 짜증을 냄.
   - 자주 화를 내고 크게 분개함.
2. 논쟁적/반항적 행동
   - 권위자와의 잦은 논쟁, 아동이나 청소년의 경우는 성인과 논쟁함.
   - 자주 적극적으로 권위자의 요구나 규칙을 무시하거나 거절함.
   - 자주 고의적으로 타인을 귀찮게 함.
   - 자주 자신의 실수나 잘못된 행동을 남의 탓으로 돌림.
3. 보복적 특성
   - 지난 6개월 동안 적어도 두 차례 이상 악의에 차 있거나 앙심을 품음.

B. 행동 장애가 개인 자신에게, 또는 자신에게 직접적으로 관련 있는 사회적 맥락(예: 가족, 또래집단, 동료) 내에 있는 상대방에게 고통을 주며, 그 결과 사회적 · 학업적 · 직업적 또는 다른 중요한 기능 영역에서 부정적인 영향을 준다.

C. 행동은 정신병적 장애, 물질사용장애, 우울장애 또는 양극성장애의 결과 중에만 국한
되어 나타나지 않는다. 또한 파괴적 기분조절부전장애의 진단기준을 충족하지 않아야
한다.

(2) 품행장애

품행장애의 진단은 보다 심각한 공격적 · 반사회적 행동을 의미한다. 품행장애의 중요
한 특징은 연령에 적합한 사회적 규범을 파괴하는 것뿐만 아니라 다른 사람의 기본권을 파
괴하는 행동을 반복적 · 지속적으로 보인다는 것이다. DSM-5에서 품행장애를 정의하기
위해 사용하는 15가지 진단기준은 다음의 네 가지 범주(사람과 동물에 대한 공격, 재산파괴,
사기 또는 절도, 중대한 규칙 위반)로 구분된다(글상자 11-6).

한 가지 이상의 행동이 10세 이전에 시작되었는지의 여부에 따라 아동기 발병과 청소년
발병으로 구분된다. 아동기 발병형은 성인기 반사회적 인격장애로 이행될 가능성이 크고
반항행동, 재산 파괴, 공격적인 행동, 동물에 대한 잔인한 행동을 보이며 거짓말, 도벽, 가
출 등은 청소년기로 갈수록 더욱 증가하는 경향이 있다. 반면, 청소년 발병형은 아동기 발
병형에 비해 공격적 행동이 적고 정상적인 친구관계가 가능하며 반사회적 인격장애로 이
행될 가능성이 적다.

📋 글상자 11-6 품행장애 진단기준

A. 다른 사람의 기본적 권리를 침해하고 연령에 적절한 사회적 규범 및 규칙을 위반하는 지
속적이고 반복적인 행동 양상으로, 지난 12개월 동안 다음의 15개 기준 중 적어도 3개 이
상에 해당되고, 지난 6개월 동안 적어도 1개 이상의 기준에 해당된다.

1. 사람과 동물에 대한 공격성
   • 자주 다른 사람을 괴롭히거나, 위협하거나, 협박함.
   • 자주 신체적인 싸움을 걺.
   • 다른 사람에게 심각한 신체적 손상을 입힐 수 있는 무기 사용(예: 방망이, 벽돌, 병,
     칼, 총)
   • 다른 사람에게 신체적으로 잔인하게 대함.
   • 동물에게 신체적으로 잔인하게 대함.

- 피해자가 보는 앞에서 도둑질을 함(예: 노상강도, 소매치기, 강탈, 무장강도).
- 다른 사람에게 성적 활동을 강요함.

2. 재산의 파괴
- 심각한 손상을 입히려는 의도로 고의적으로 불을 지름.
- 다른 사람의 재산을 고의적으로 파괴함(방화로 인한 것은 제외).

3. 사기 또는 절도
- 다른 사람의 집, 건물 또는 자동차를 망가뜨림.
- 어떤 물건을 얻거나 환심을 사기 위해 또는 의무를 피하기 위해 거짓말을 자주 함 (즉, 다른 사람을 속임).
- 피해자와 대면하지 않은 상황에서 귀중품을 훔침(부수거나 침입하지 않고 상점에 서 물건 훔치기, 문서위조).

4. 심각한 규칙 위반
- 부모의 제지에도 불구하고 13세 이전부터 자주 밤늦게까지 집에 들어오지 않음.
- 친부모 또는 양부모와 같이 사는 동안 밤에 적어도 2회 이상 가출, 또는 장기간 귀 가하지 않은 가출이 1회 있음.
- 13세 이전에 무단결석을 자주 함.

B. 행동장애가 사회적 · 학업적 또는 직업적 기능 영역에서 임상적으로 현저한 손상을 초 래한다.

C. 18세 이상일 경우 반사회성 성격장애의 진단기준에 부합되지 않아야 한다.

5. 후회나 죄책감 결여
- 본인이 잘못을 저질러도 나쁜 기분이나 죄책감을 느끼지 않음.
- 자신의 행동으로 인한 부정적인 결과에 대해 일반적인 염려가 결여되어 있음.

6. 냉담, 즉 공감의 결여
- 다른 사람의 감정을 무시하거나 신경 쓰지 않음. 다른 사람들은 이들을 차갑고 무정한 사람으로 묘사함. 심지어 자신이 다른 사람에게 상당한 피해를 주는 경우에도, 자신이 타인에게 미치는 영향보다는 자기 자신에게 미치는 영향에 더 신경을 씀.

7. 수행에 대한 무관심
- 학교나 직장 또는 다른 중요한 활동에서 자신이 저조한 수행을 보이는 것을 개의치 않음. 심지어 충분히 예상 가능한 상황에서도 좋은 성과를 보이기 위해 필요한 노력을 기울이지 않으며, 전형적으로 자신의 저조한 수행을 다른 사람의 탓으로 돌림.

8. 피상적이거나 결여된 정서
- 피상적이거나, 가식적이고, 깊이가 없는 정서(예: 행동과 상반되는 정서 표현, 빠른 정서 전환)를 제외하고는 다른 사람에게 자신의 기분이나 정서를 드러내지 않음. 또는 얻고자 하는 것이 있을 때만 정서를 표현함(예: 다른 사람을 조종하거나 위협하고자 할 때 보이는 정서 표현).

3) 공격성 발달 이론

공격성 발달을 설명하는 대표적인 이론은 사회학습이론, 사회인지정보처리이론, 그리고 강압적인 가족과정 모형이 있다. 각 이론에 따른 원인을 살펴보도록 한다.

(1) 사회학습이론

사회학습이론에 의하면, 공격적 행동은 일차적으로 실제나 대중매체에서 공격적 행동에 대한 관찰학습, 공격성에 대한 보상 결과와 직접경험, 자기조절영향(예: 자기보상 또는 자기처벌을 적용하고, 인지적 피드백 과정을 차별적으로 적용함.)을 통해 학습되고 유지된다. 실제 삶에서 이러한 영향은 상호작용을 통해 공격반응을 유발하게 한다. 경험을 통해 높은 비율로 공격적인 반응을 선택하도록 학습한 아동은 타인도 자신에게 공격적으로 반응할 것이라 예상한다. 이러한 예상은 그 아동이 더욱 공격적으로 반응하도록 영향을 준다. 타인도 그 아동에게 역공으로 반응하며, 결국 아동의 처음 예상을 강화한다(Larson & Lochman, 2010).

(2) 사회인지정보처리이론

사회인지 정보처리이론은 분노와 공격성의 원인을 사회적 상황에 대한 인지적 정보처리 과정에서 결함과 왜곡으로 설명한다(Dodge, Baltes, & Pettit, 1990; Dodge, 1993). 사회인지정보처리이론은 순차적인 6단계에 의해서 사회적 상황의 정보를 처리하고 실행하는 일련의 과정을 명쾌하게 구분하여 공격적인 아동은 각각의 단계에서 어려움이 있는 것을 확인하였다(Dodge et al., 1990). 다음 공격적 행동의 사례(Lasron & Lochman, 2010)를 사회인지정보처리이론으로 설명해 보기로 한다.

어느 날 아침 학교 정수기에서 물을 마시기 위해 반 아이들이 줄을 섰을 때, 주○이의 앞에 서 있던 민식이가 뒷걸음질을 치면서 주○이의 발을 밟았다. 민식이는 "이런!" 이라고 말하며 미소와 함께 어깨를 으쓱거리며 주○이에게 돌아섰다. 주○이의 성장 경험은 남이 자신에게 공격적일 것이라 예상하고, 자신의 공격성에 대한 긍정적 결과를 예상하며, 학교에서 어른들의 인정보다 복수를 가치 있게 여기도록 만들었다. 주○이는 민식이를 밀치고 다른 아동과 부딪히게 하였다. 그러자 민식이는 주○이에게 주먹을 날렸고, 그럼으로써 주○이는 자신의 예상이 정확하며 자신의 행동이 정당함을 확인시켜 주었다. 싸움은 계속되었다.

① 1단계: 관련된 사회적 단서의 부호화과정

한 사건이 개인에게 인접하여 일어나고 그 사람은 자신의 감각 기관을 통해 정보를 수집하여 그 사건을 인식한다. 어떤 순간이든 사회적 환경에서 나타나는 어마어마한 양의 정보가 있고 적절한 단서에 집중하고 선택하는 능력이 사회적 역량의 핵심이다(Dodge, 1986; Larson & Lochman, 2010에서 재인용). 공격적인 아동은 비적대적인 단서는 배제하고 적대적 단서에는 선택적으로 주목하는 경향성이 강하다. 앞의 사례에서 주○이는 민식이가 자신의 발을 밟은 적대적 단서에만 주의를 기울이고, 이것이 사고였다는 명백한 단서("이런!")와 비적대적 몸짓(어깨 으쓱거림과 미소)을 무시했다.

② 2단계: 단서들에 대한 표상과 해석의 단계

아동이 주의를 기울이고 단서를 선택한 후(부호화), 아동은 정신적 표상과 해석에 따라 그것에 의미를 부여하게 된다(Dodge, 1993). 이 표상과 해석의 단계에서 단서의 의미를 이해하기 위해 아동은 자신의 기억과 이 단서를 통합해야 한다. 공격적인 아동은 사회적 사건과 타인의 의도를 해석할 때 인지 왜곡을 하기 쉽다. 사례의 주인공인 주○이의 사고에서는 상대방의 적대적 동기의 증거가 없는데도 부호화된 단서를 적대적으로 해석했는데(인지 왜곡), 공격적 성향의 아동은 적대적 귀인 편향(상대방의 의도를 애매한 상황에서 최악으로 가정하는 경향)을 지닌 것으로 조사되고 있다(Larson & Lochman, 2010).

③ 3단계: 목표 선택과정

아동이 상황을 만족스럽게 해석한 뒤에는 사회적 상호작용에서 정서적 또는 행동적으로 바라는 결과를 의미하는 목표를 선택하는 과정에 진입하게 된다. 주○이의 경우, 적대적 의도로 편향된 해석을 한 결과, 그의 목표가 복수라고 가정해 볼 수 있다.

④ 4단계: 반응 해법 구성

인지된 문제에 대한 가능한 해법의 구성은 부호화되고 해석된 단서에 대한 반응으로서 정신적 표상을 불러내거나 만드는 능력을 볼 수 있다. 보다 정상적인 아동이라면, 앞의 상황에서 친구가 실수로 내 발을 밟은 것이라 해석하고 사과를 요청하는 해결책을 생각해 낼 수 있다. 그러나 주○이의 제한된 반응 탐색 능력은 그로 하여금 정신적으로 적대감에 대해 비공격적인 반응(예: 자기주장, 유머, 권위에 호소 등)을 만들지 못하고, 공격적인 반응을 만들어 냈다.

⑤ 5단계: 해결책에 대한 평가

다음의 단계는 가능한 반응 중 어떤 것을 내가 선택해야 할까?를 묻는 반응 결정 과정이다. 컴퓨터 체스 게임에서처럼 컴퓨터 메모리가 더 복잡하고 운영체계가 더 정교할수록 컴퓨터 체스 게임에서 움직임의 선택이 더 만족스러워지듯이, 인간 또한 대안적 반응이 많을수록 사회적 상황에서의 대처는 자연스럽고 효율적이다. 그러나 주○이는 민식이를 밀치는 행동의 결과를 긍정적으로 평가하였고, 반응을 수행할 기술도 준비되어 있다고 판단하였다. 주○이는 이런 행동으로 곤란해질 것이라는 것을 예측하지 못하고 다른 대안적 해결의 레퍼토리가 없다는 점에서 인지적으로 결함이 있다는 것을 알 수 있다.

⑥ 6단계: 선택된 반응의 실행

행동 실행과정에서는 일단 최적이라고 믿는 반응을 선택하면, 아동은 그것을 진행해 실행한다. 성공하기 위해서는 자신의 행동 레퍼토리 내에 필요한 행동기술이 있어야 한다. 예를 들어, 친구의 행동에 의문을 갖는 것이 최적의 반응이라고 결정할 수도 있지만, 그것을 수행할 언어적 능력이 부족하면 실행이 불가능할 것이다(Pepler, King, & Byrd, 1991: Lasron & Lochman, 2010에서 재인용). 공격적인 아동은 친사회적 문제해결 전략을 사용하는 데 필요한 많은 사회적 기술들이 부족하기 때문에, 즉 행동적 결함이 있기 때문에 그들이 가끔씩 하는 새로운 시도는 불완전하게 시행된다. 적절하게 비적대적인 반응을 선택하여 실행하려고 한다면, 단어 선택, 어조, 얼굴표정 그리고 자세와 같은 언어적 및 비언어적 기술을 요한다. 대부분의 학생들은 이러한 사회적 기술들을 학교와 집에서 모델링과 연습을 통해 쉽게 학습할 수 있지만, 주○이와 같은 공격적인 아동은 적절한 사회적 기술을 습득할 수 있는 가정

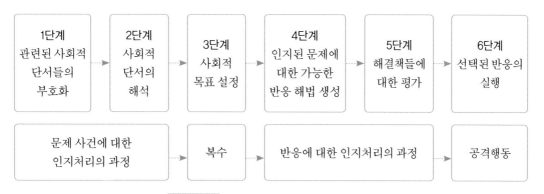

그림 11-2 공격성의 사회인지정보처리 과정

환경이 아니어서 학교에서 이들에 대한 지도와 개입이 더욱 필요하다는 사실을 교사들은 기억해야 한다. 지금까지 살펴본 공격성 아동의 사회인지 정보처리 과정에서의 왜곡과 결함을 설명하는 6단계 사회인지정보처리 과정을 도식화하여 [그림 11-2]에 제시하였다.

(3) 강압적인 가족과정

아동의 공격적인 행동 양상의 발달에 기여하는 비효율적인 부모관리기술과 악화되는 아동 행동문제 사이의 상호작용으로 이루어진 가족 패턴을 설명하기 위해 패터슨(Patterson, 1982)은 강압적인 가족과정이라는 용어로 설명하였다(Larson & Lochman, 2010에서 재인용). 즉, 아동이 공격적이고 말을 안 듣도록 훈련시키는 가족과정을 말한다.

공격성의 발달과 관련된 가족요인으로 알려진 위험요인에는 낮은 사회경제적 수준, 부모의 물질 남용, 부모의 범죄와 어머니의 우울증이 있으며, 이러한 위험요인은 실제로 강압적인 가족과정의 악화와 상당한 관련성이 있는 것으로 확인되었다(Reid & Patterson, 1991). 이런 특성들은 효과적인 양육 시도를 약화시키는 주요한 스트레스 요인으로 작용한다. 강압적 가족과정에서는 공격적이고 비순응적인 행동에 대한 부모의 엄격한 훈육이 없고, 오히려 강압적인 아동 행동을 강화하는 상호작용이 확인되고 있다. 강압적 가족에게서 부모의 서툰 양육이 하루에도 수십 번의 가족 내 상호작용 속에서 강압적인 아동 행동을 직접 강화하는 효과가 있는 것으로 발견되었다(Patterson, DeBaryshe, & Ramsey, 1989). 소위 '공격-반격-긍정적 결과'라는 연쇄반응으로부터 공격적 행동에 대한 강화가 발생한다. 예를 들어, 그런 연쇄반응에서 부모가 복종을 요구할 때(예: 공격-"당장 해."), 아동은 회피하기 위해 혐오스러운 행동을 사용하도록 학습한다(예: 반격-"나 안 해, 안 될

결?"), 아동과의 이 혐오스러운 상호작용으로부터 회피하는 게 가장 중요하다고 믿는 서투른 부모는 굴복하고 만다(예: 긍정적 결과-"좋아, 하지 마! 그리고 학교에 가서 선생님한테 혼나도 난 몰라"). 아동의 비순응적이고 강압적인 반응과 부모의 회피 행동 모두 강화되어 위협은 폭력이 되고 폭력은 더 큰 폭력이 되는 악순환의 무대가 완성된다(Larson & Lochman, 2010). 이러한 강화는 공격적인 행동 레퍼토리가 자신의 삶에서 원하는 것을 얻는 데 효율적인 기능이 있다는 것을 암묵적으로 학습하게 하는 결과를 가져오는 반면에, 비적대적인 대안 반응에 대해서 학습할 수 있는 기회가 사실상 많지 않다는 것이 공격적 아동이 속한 가족의 어려움이라 하겠다. 따라서 정상 범주를 넘어서는 공격적 행동을 보이는 학생에게 학교 환경은 비적대적인 반응의 레퍼토리를 학습할 수 있는 소중한 환경이므로, 학교상담과 생활지도는 이들을 위한 사회적 기술의 훈련과 같은 개입 프로그램을 마련하고 적용해야 할 것이다.

4) 공격성의 개입

3단계 긍정적 행동 지원 개입에 기초하여 분노조절을 위한 학교상담과 생활지도의 개입 방안을 살펴보도록 한다.

(1) 1단계. 보편적 예방 프로그램: 사회정서학습

공격성 발달 과정에 대한 사회학습이론과 사회인지정보처리이론에 의하면, 공격적 아동의 가정에서는 비적대적인 반응, 즉 친사회적 기술을 학습할 수 있는 기회는 부족한 반면에 공격적 행동에 대한 강화가 빈번하다는 것을 알 수 있었다. 따라서 분노조절 기술을 습득하기 전에 이들에게는 공격적 행동이 사회적 상황에서 적절하지 않다는 행동 규범과 교실 규칙, 사회정서적 교육이 필수적이다.

규범과 규칙은 미리 정해 놓은 바람직한 행동을 강화하기 위해 상황을 조작함으로써 문제행동을 예방하도록 되어 있기 때문에 선행사건 중심의 행동관리 프로그램이라 하겠다(Larson & Lochman, 2010). 사회정서적 학습은 감정을 인식하고 다루며, 문제를 효과적으로 해결하고, 다른 사람과 긍정적인 관계를 맺는 능력을 향상시키는 것으로, 보편적인 예방 프로그램으로서 모든 학생들에게 적용할 수가 있다. 사회정서학습으로서 학생들이 분노에 대한 반응을 평가하고 대처할 수 있도록 돕기 위한 연습을 사용할 수 있다(글상자 11-7).

글상자 11-7 **보편적 예방 프로그램의 예: 분노 반응 평가 연습**

※ 다음 상황을 읽고 체험한 감정, 신체적 반응, 행동, 사고에 대해 평가해 보자.

〈상황〉 당신이 하고 싶어 하는 동아리에 자리가 비어 지원할 수 있게 되어 흥분해 있다. 당신의 친한 친구에게 그 동아리에 대해 얘기했는데, 그 친구가 지원을 하는 동아리에 입회하게 되었다. 당신은 어떻게 할 것인가? 어떤 기분을 느끼는가? 어떻게 생각하는가? 당신의 생리적 반응은 어떠한가? 자신의 체험에 맞는 곳에 표시해 보자.

감정	신체적 반응
_____ 안도감을 느낌	_____ 심장박동이 빨라짐
_____ 상처를 느낌	_____ 긴장이 고조됨
_____ 행복감을 느낌	_____ 열이 남
_____ 화가 남	_____ 울기 시작함
_____ 기타	_____ 피곤함

행동	사고
_____ 큰소리로 비명 지름	_____ 그럴 수 있다고 생각함
_____ 달려 나감	_____ 그가 연락할 거라고 생각함
_____ 물건을 때리기 시작함	_____ 그가 밉다고 생각함
_____ 그 일에 대해 이야기함	_____ 어떤 이유가 있을 거라고 생각함
_____ 움직일 수 없음	_____ 되갚아 줄 거라고 생각함

● 조원들과 각자 체크한 내용에 대해 의견을 나누며 어떻게 분노를 조절하고 행동하는 것이 적절한지에 대해 토의해 보자.

출처: Studer(2005)에서 발췌, 수정.

(2) 2단계. 선택적 예방과정과 분노대처 프로그램

보편적 예방 프로그램을 통해서 충분히 효과가 없는 소수의 학생들을 다루기 위해서 교사와 학교상담자는 다음 과정을 진행해야 한다. 만성적으로 파괴적·공격적 행동을 보이는 학생은 보다 더 개별화된 지원과 더 집중적으로 학교에서 성공하기 위한 기술을 배울 기회가 주어져야 한다. 2단계 예방 전략은 심각한 공격적 행동과 심리·사회적으로 부정적인 결과의 위험이 높은 학생에게 추가적인 전략과 자원을 집중하는 것이다. 선택적 예방 전략으로는 행동기술 훈련, 학업지원, 행동 계약, 멘토링, 분노대처 프로그램을 활용한 집단상담 등의 개입이 있다. 외현화 행동 문제를 포함한 다양한 유형의 발달 정신병리에 대해 경험적으로 지지되는 치료와 예방 프로그램으로서 인지적 문제해결기술 훈련과 분노대처 프로그램이 유망한 인지행동 개입으로 알려져 있다(Eyberg, Nelson, & Boggs, 2008; Kazdin & Weisz, 1998; Smith, Larson, DeBaryshe & Salzman, 2000). 사회인지정보처리이론의 6단계에 따라 개발된 분노대처 프로그램의 구성은 〈표 11-6〉에서 살펴볼 수 있다. 이 프로그램의 매뉴얼은 Larson과 Lochman(2010)의 분노대처 프로그램 가이드북에 수록되어 있다. 사회인지정보처리 과정에서 인지적 왜곡을 수정하고 결함을 메우기 위한 과정으로 구성되어 있으며, 이 학습이 완료되면, 실제 상황에서 분노를 대처하는 연습을 동영상으로 제

표 11-6 분노대처 프로그램의 구성

회기	목표
1회기: 소개 및 집단규칙	• 집단의 목적과 구조를 제시한다. • 집단원 간에 친밀해진다. • 개인적인 인식과정에 초점을 맞춘다.
2회기: 목표 이해 및 기록	• 목표 설정 및 목표 실현 개념에 대해 복습하고 소개한다.
3회기: 분노관리 (인형을 이용한 자기통제 과제)	• 지난 회기와 목표를 복습한다. • 집단의 문제해결기술을 평가한다. • 자기대화와 여러 가지 분노관리기술을 소개한다.
4회기: 자기지시 이용	• 분노대처 및 자기조절 기술의 개념과 목표에 대해 학습한다. • 분노대처 및 자기통제 기술을 사용해서 훈련한다.
5회기: 관점 전환	• 지난 회기의 분노대처기술을 복습하고 목표를 복습한다. • 다른 해석이라는 개념을 확립한다.
6회기: 분노조망	• 목표와 점검하고 관점 전환에 대해 복습한다. • 상황에 따른 해석과 분노를 탐색한다.
7회기: 분노는 어떤 느낌일까	• 목표를 점검하고 분노의 개념에 대해 복습한다. • 분노에 대한 생리 반응을 확인한다.
8회기: 선택과 결과	• 목표를 점검하고 생리반응에 대해 복습한다. • 대안을 만든다.
9회기: 문제해결의 단계	• 목표를 점검하고 문제해결에 대해 복습한다.
10회기: 실전 문제해결	• 목표를 복습하고, 실전 문제해결 모형을 설명한다.
11회기: 동영상 제작	• 목표를 복습하고 학교에서의 문제를 확인한다. • 집단이 촬영 중이라는 점에서 둔해지게 한다.

작하여 피드백을 제공하고 사회적 기술의 향상을 촉진하는 것에 주안을 둔 프로그램이다.

(3) 3단계. 개별적 개입

학교에서 좀 더 만성적이고 심각한 정서 · 행동적 문제를 보이는 아주 소수의 학생들에 게는 좀 더 포괄적인 지원이 필요하고 3단계 예방으로서 개별적인 개입을 실시할 필요가 있다. 정서행동장애를 가진 학생이 학교 환경에서 만성적인 대인관계 공격성을 보일 때, 효과적인 행동 지원을 제공하는 것은 참으로 힘든 일이며 학교폭력 가해학생으로 징계 처 분을 내리는 것이 어찌 보면 훨씬 간단한 해결책이 될 수도 있다. 그러나 앞서 설명하였듯 이, 이들에게 학교 환경은 사회에 나가기 전에 행동 교정을 할 수 있는 최후의 보루이기 때 문에 이들을 쉽게 포기해서는 안 된다. 학교상담자는 이들의 행동 개선을 위한 옹호자로 서의 역할을 수행함으로써 3단계 개별적인 상담을 진행하고 지역사회와 연계하여 이들의 가족을 지원하는 포괄적인 서비스 계획을 세우고 지원할 필요가 있다.

Wee 스쿨에 의뢰하여 개별적인 지원을 충분히 받을 수 있게 연계하는 것도 필요하지 만, Wee 스쿨에서 퇴소하여 다시 일반 학교에 복귀하여서도 이들에 대한 교사와 학교상담 자의 개별관심과 지지는 이들의 행동변화를 위한 강화요인이 되므로 지속될 필요가 있다.

지금까지 다양한 정서 · 행동 문제의 원인과 학교상담에서 적용가능한 효과적인 개입 에 대해서 살펴보았다. 수업활동 11-1을 통해서 문제 영역별 사례를 조사하고 사례에 해 당되는 학생을 위해 어떠한 개입을 할 수 있을지에 대한 시연을 준비하고 발표해 봄으로써 상담과 생활지도의 실무 역량을 키울 수 있을 것이다.

수업활동 11-1 **정서 · 행동 문제 영역별 사례 조사와 상담 시연 발표하기**

◎ 조별 발표를 위한 안내

1. 우울장애, 자살행동, 불안장애, ADHD, 공격성 문제 중 하나를 선택하여 사례를 조사하고 학교상담과 생활지도의 방안을 시연해 보자.
   - 사례 및 학교상담 및 생활지도 방안을 직접 시연하여 수강 학생 모두가 참여할 수 있도록 준비한다.
   - 예비교사로서 학교 전체 학생을 위한 1차 개입, 또는 소수 학생을 위한 2, 3차 개입을 적용할 것인지 계획하여 상담 방안을 구성한다.

◎ 조별 발표 후 전체 소감 나누기

2. 발표를 준비한 학생들은 상담 시연 준비 과정과 발표 활동 후, 정서 · 행동 문제에 관한 학교상담과 생활지도에 대해서 새롭게 배우고 알게 된 점에 대한 소감을 발표해 본다.

3. 수업 참여 학생들은 동료 학생들이 준비한 학교상담과 생활지도의 개입 활동에 참여한 후, 소감을 발표해 본다.

참고문헌

교육부, 보건복지부, 질병관리본부(각 연도). 청소년건강행태조사 통계집.

교육부, 한국교육학술정보원(2018). 학생정서 · 행동특성검사 시스템: 사용자 설명서. 대구: 한국교육학술정보원.

김동일, 이윤희, 김경은, 안지영(2015). 재난대응 정신건강 · 위기상담 가이드라인의 분석: 트라우마 개입의 중다 지침을 위한 서설, 상담학연구, 16(3), 473-494.

김영선, 최윤정 (2016). 마음챙김 명상에 기초한 인지치료(MBCT)가 정서 · 행동 관심군 고등학생의 우울 및 자살생각 감소에 미치는 효과 및 상담 성과. 열린교육연구, 24(2), 261-284.

대구광역시서부교육지원청(2014). 자살위기개입 매뉴얼.

문효빈, 최윤정 (2018). 국내 ADHD 청소년 상담개입 성과 연구의 동향과 향후 과제. 청소년상담연구, 26(2), 91-115.

이승희 (2017). 정서행동장애개론. 서울: 학지사.

이정옥 (2004). 중등교사의 주의력결핍, 과잉행동장애에 대한 지식, 대처 및 교육적 중재. 한국학교보건학회지, 17(2), 35-16.

통계청(2011~2019). 사망원인통계.

통계청(2011~2019). 인구동향조사.

Abramson, L. Y., Metalsky, G. I., & Alloy, L. B. (1989). Hopelessness depression: A theory-based subtype of depression. *Psychological Review, 96*(2), 358-372.

Barkley, R. A. (2014). *ADHD and the nature of self-control.* NY: The Guilford press.

Barlow, D. H. (2002). *Anxiety and its disorders: The nature and treatment of anxiety and panic* (2nd ed.). NY: Guilford Press.

Burt, S. A. (2009). Rethinking shared environment as a source of variance underlying attention-deficit/hyperactivity disorder symptoms. *APA PsycNet*, 331-340.

Dadds, M. R., Barrett, P. M., & Ryan, S. (1996). Family process and child anxiety and aggression: An observational analysis. *Journal of Abnormal Child Psychology, 24*, 715-734.

Dodge, K. A. (1991). The structure and function of reactive and proactive aggression. In D. J. Peter & K. H. Rubin (Eds.), *Development and treatment of childhood aggression* (pp. 201-218). Hillsdale, NJ: Erlbaum.

Dodge, K. A. (1993). Social-cognitive mechanism in the development of conduct disorder and aggression. *Annual Review of Psychology, 44*, 559-584.

Dodge, K. A., Baltes, J. E., & Pettit, G. S. (1990). Mechanism in the cycle of violence. *Science, 250*, 1678-1683.

DuPaul, G. J., & Stoner, G. (2014). *ADHD in the Schools* (3rd ed.). NY: Guilford Press.

Evans, S. W. Axelrod, J., & Langberg, J. M. (2004). Efficacy of a School-Based Treatment Program for Middle School Youth With ADHD Pilot Data. *Behavior Modification, 28*(4), 528-547.

Eyberg, S. M., Nelson, M. M., & Boggs, S. R. (2008). Evidence-based psychosocial treatments for children and adolescents with disruptive behavior. *Journal of Clinical Child Adolescent Psychology, 37*(1), 215-237.

Garber, J., & Flynn, C. (2001). Vulnerability to depression in childhood and adolescence. In R. E. Ingram & J. M. Price (Eds.), *Vulnerability to psychopathology: Risk across the lifespan*. NY: Gilford press.

Hoogman et al. (2017). Subcortical brain volume differences of participants with ADHD across the lifespan: an ENIGMA collaboration. *The Lancet Psychiatry, 4*(4), 310-319.

Kazdin, A. E., & Weisz, J. K. (1998). Identifying and developing empirically supported child and adolescent treatments. *Journal of consulting and clinical Psychology, 66*(1), 19-36.

Kupersmidt, J. B., & Patterson, C. J. (1991). Childhood peer rejection, aggression, withdrawal, and perceived competence as predictors of self-reported behavior problems in preadolescence. *Journal of Abnormal Child Psychology, 19*(4), 427-449.

Larson, J., & Lochman, J. E. (2010). *Helping schoolchildren cope with anger(2nd ed.): A cognitive-behavioral intervention*. NY: Gilford press.

OECD (2018). PISA 2015 Results in Focus.

Patterson, G. R., DeBaryshe, B. D., & Ramsey, E. (1989). A developmental perspective on antisocial behavior. *American Psychologist, 44*, 329-335.

Pedersen, S., Vitaro, F., Barker, E. D., & Borge, A. I. H (2007). The Timing of Middle-Childhood Peer Rejection and Friendship: Linking Early Behavior to Early-Adolescent Adjustment. *Child*

Development, 78(4), 1037-1051.

Pliska, S. R. (2011). Anxiety disorders. In S. Goldstein & C. R. Reynolds (Eds.), *Handbook of neurodevelopment and genetic disorders in children* (2nd ed.). NY: The Guilford Press.

Rachman, S. J. (1991). Neo-conditioning and the classic theory of fear acquisition. *Clinical Psychology review, 11*, 155-173.

Reid, J. B., & Patterson, G. R. (1991). Early prevention and intervention with conduct problems: A social interactional model for the integration of research and practice. In G. Stoner, M. R. Shinn, & H. M. Walker (Eds.), *Interventions for achievement and behavior problems* (pp. 715-739). Bethesda, MD: National Asscoication of school Psychologists.

Silverman, W. K., Ortiz, C. D., Viswesvaran, C., Burns, B. J., Kolko, D. J., Putnam, F. W., & Amaya-Jackson, L. (2008). Evidence-based psychosocial treatments for children and adolescents exposed to traumatic events. *Journal of Clinical Child Adolescent Psychology, 37*(1), 156-183.

Silverman, W. K., Pina, A., & Viswesvaran, C. (2008). Evidence-based psychosocial treatments for phobic and anxiety disorders in children and adolescents. *Journal of Clinical Child Adolescent Psychology, 37*(1), 105-130.

Smith, D., Larson, J., DeBaryshe, B., & Salzman, M. (2000). Anger management for youths: What works and for whom? In D. S. Sandhu & C. B. Aspy (Eds.), *Violence in American schools: A practical guide for counselors* (pp. 217-230). Alexandria, VA: American Counseling Association.

Spence, S. H., Sheffield, J. K., & Donovan, C. L. (2005). Long-term outcome of a school-Based, universal approach to prevention of depression in adolescent. *Journal of Consulting and Clinical Psychology, 73*(1), 160-167.

Studer, J. R. (2005). *The professional school counselor: An advocate for students.* CA: Brooks Cole/Cengage Learning.

Wicks-Nelson, R. & Israel, A. C. (2016). *Abnormal child and adolescents psychology with DSM-V updates* (8th ed.). NY: Routledge.

Williams, J. M., Duggan, D. S., Crane, C., & Fennell, M. J. V. (2006). Mindfulness-based cognitive therapy for prevention of recurrence of suicidal behavior. *Journal of Clinical Psychology, 62*(2), 201-210.

제12장

학교폭력 예방을 위한 상담과 생활지도

　2017년 9월 부산 여중생 집단폭행 사건은 총 4명의 여학생이 한 명의 여학생을 집단으로 폭행해서 끔찍한 상해를 입힌 뒤에 그중 한 명이 아는 여자 선배에게 마치 자랑하듯 페이스북 메신저로 사진과 관련 내용을 보냈고, 이에 격분한 선배가 경찰에 신고 후 페이스북에 올려 수많은 커뮤니티로 이야기가 확산되면서 「소년법」 폐지에 대한 여론이 형성된 사건이다. 이들의 극악무도한 범죄 행위는 많은 사람에게 보복심리를 자아낼 수밖에 없었고, 아무리 청소년이 저지른 범죄라도 강력하게 처벌해야 한다는 여론을 들끓게 했다. 그러나 교사들조차 사회의 여론대로 이들을 강력범죄자로 인식하고 처벌해야 한다는 태도를 견지하는 것이 교육 전문가다운 행동일지에 대해서는 진지하게 생각해 볼 필요가 있다.

　현행과 같은 학교폭력 문제행동에 대한 처벌 중심의 대처방안은 진정한 인성 및 사회성 발달을 위한 교육적 개입이라 볼 수 없다. 겉으로 드러난 폭력 문제 이면에 '사랑과 돌봄의 부재와 박탈을 겪은 외상'에 대한 보상 심리를 이해하면서, 학교는 이들을 품어 줄 수 있는 사회적 대안 시스템의 역할을 해야 할 것이다. 학교에서 일어나는 도발과 공격을 무조건적으로 잘못된 것이며 있어서는 안 될 것으로 간주하고 접근하는 태도에서 벗어나, 분노와 공격성, 그리고 폭력 행동에 대한 2, 3단계 예방을 강화할 필요가 있다. 즉, 집단상담 및 개인상담을 강화하여 학교폭력의 위험요인을 줄이고 보호요인을 늘리는 포괄적인 예방과 상담을 통해서 최대한 학교가 학교폭력 가해 및 피해 학생들의 보호막과 울타리의 역할을 제공해야 할 것이다.

이 장은 예비교사들이 학생들의 정신건강 문제의 관점에서 학교폭력을 이해하고 이에 대한 적절한 개입 방안을 실천할 수 있는 실무 역량을 개발하는 데 목적이 있다. 구체적으로 학교폭력 현상에 대한 이해를 바탕으로 그 원인에 대해서 보호요인과 위험요인을 중심으로 학습하고, 긍정적 행동 개입 지원의 3차원 예방 구조에 따른 학교폭력 3단계 예방 접근과 학교 현장에서 실시되고 있는 학교폭력 사안 처리 과정에 대해서 살펴보기로 한다.

1. 학교폭력의 이해

최근 학교폭력에 대한 예방 교육 및 신속한 대처를 통해 매년 학교폭력 발생률이 점차 감소되고 있지만(교육부, 2016), 발생 빈도에 비해 학교폭력 사건의 질적 양상은 더욱 심각해지고 있다. 학교폭력이 발생할 때의 문제점은 가해자 역할을 하는 학생만의 문제가 아니라, 이를 방관하면서 가해자의 폭력 행위를 지지할 때 집단적으로 동조하는 분위기가 피해자에게 큰 상처를 안겨 줄 뿐만 아니라 타인을 공격하고 피해를 주는 행동을 암묵적으로 정당화하게 한다는 점에서 학생들의 건강한 인성 및 사회성 발달을 저해하는 데에 있다(강민규, 최윤정, 2017). 하루 대부분 시간 동안 학교 환경에서 생활하는 학생들의 행복한 학교생활을 위협하는 학교폭력이란 무엇인지 그 정의와 유형 그리고 원인에 대해 위험요인과 보호요인을 중심으로 살펴보기로 한다.

1) 학교폭력의 정의

「학교폭력예방 및 대책에 관한 법률」(이하 「학교폭력 예방법」이라 칭함.) 제2조 제1항에 의하면, '학교폭력'이란 학교 내외에서 학생을 대상으로 발생한 상해, 폭행, 감금, 협박, 약취·유인, 명예훼손·모욕, 공갈, 강요·강제적인 심부름 및 성폭력, 따돌림, 사이버따돌림, 정보통신망을 이용한 음란·폭력 정보 등에 의하여 신체·정신 또는 재산상의 피해를 수반하는 행위를 말한다. 1의 2항에서 '따돌림'이란 학교 내외에서 2명 이상의 학생들이 특정인이나 특정 집단의 학생들을 대상으로 지속적이거나 반복적으로 신체적 또는 심리적 공격을 가하여 상대방이 고통을 느끼도록 하는 일체의 행위를 말한다. 1의 3항에서는 다시 '사이버따돌림'에 대해서 다음과 같이 정의하고 있다. 인터넷, 휴대전화 등 정보통신기기를 이용하여 학생들이 특정 학생들을 대상으로 지속적·반복적으로 심리적 공격을 가하거나, 특정 학생과 관련된 개인정보 또는 허위사실을 유포하여 상대방이 고통을 느끼도록 하는 일체의 행위를 말한다.

　제2조 제2항에서는 학교폭력이 일어나는 구체적인 장소인 '학교'에 대해 「초·중등교육법」 제2조에 따른 초등학교·중학교·고등학교·특수학교 및 각종 학교와 같은 법 제61조에 따라 운영하는 학교로 명시하고 있다. 제3항과 제4항에서는 각각 가해학생과 피해학생에 대한 정의를 명시하고 있다. '가해학생'이란 가해자 중에서 학교폭력을 행사하거나 그 행위에 가담한 학생을 말하며 '피해학생'이란 학교폭력으로 인하여 피해를 입은 학생을 말한다.

　법률적 정의를 살펴보면, 학교폭력의 개념에 포함되는 요소는 누가 어디서 그리고 어떻게 행위를 하고 있는지에 대해 구체적으로 명시하고 있음을 알 수 있다. 학교폭력 현상을 기술하는 연구들(노순규, 2012; Coloroso, 2003; Olweus, 1993; Thomas, 2006)에서도 조금씩은 달라도 대체로 학교폭력의 주체가 되는 가해자와 피해자, 학교폭력이 일어나는 장소, 학교폭력으로 간주되는 행동의 특징 세 가지 요소로 정의하고 있다. 이에 대해 간략하게 살펴보면 다음과 같다.

(1) 학교폭력의 주체자

　학교폭력 관련 주체자에는 가해자, 피해자, 피해-가해자, 주변인이 있다. 이들에 대해 살펴보면 다음과 같다. 학교폭력의 가해자는 폭력을 직접적으로 제공하는 학생으로 공격적이고, 폭력에 대해 긍정적인 태도를 가지며, 충동적이고, 다른 사람들을 지배하고 싶어하는 욕구가 강한 특성이 있다(Olweus, 1991). 반면, 학교폭력의 피해자는 학교폭력을 당하는 학생으로 자존감이 낮고 자기 자신을 하찮게 여기며 우울하고 불안이 높고 덜 행복해하는 경향이 있는 것으로 보고되고 있다(James, 2010).

　한편, 피해학생 중 보복을 위해 가해자가 되는 경우를 공격적 피해자라 할 수 있는데 피해-가해자라 한다(Olweus, 1993). 일반적인 피해자와는 다르게 피해-가해자는 전형적인 피해자에 비해서 신체적으로 강하고, 자기주장을 하는 편이며, 복수의 대상에게 파괴적 행동을 보이고, 약한 학생에게 공격적인 행동을 하는 것으로 나타났다(정여주 외, 2018).

　끝으로 학교폭력과 관련된 주체자로서 피해자와 가해자 어느 쪽에도 속하지 않는 주변인이란 학교폭력에 의해 가해자와 피해자 등의 영향을 모두 받지만, 가해자, 피해자, 피해-가해자 등에 속하지 않는 학급 구성원이다. 학급 구성원은 학교폭력이 일어났을 때 가해자에 동조하고, 가해행동에 함께 참여하거나(동조자) 가해행동을 부추기고(강화자), 피해자를 방어할 수 있으며(방어자) 혹은 방관하는 것으로 괴롭힘 장면에 대응(방관자)하기도 한다. 이러한 주변인들은 학교폭력 상황에서 각기 다른 역할로 참여하면서 학교폭력 문제의 지속 여부에 영향을 미친다. 특히, 피해자에 대한 방어행동은 가해행동을 감소시키며 피해자의 심리적 적응을 도울 수 있기 때문에(박예라, 오인수, 2018), 학교생활 규범으로 이러한 방어행동을 조성하는 것이 필요하다.

(2) 학교폭력이 발생하는 장소

「학교폭력 예방법」에서 제시된 장소는 '학교 내외'라 명시하고 있다. 학교 안에서 일어나는 폭력뿐만 아니라 학교 주변과 등하굣길에서 발생하는 폭력 그리고 학교 밖에서 일어나는 폭력까지도 학교폭력으로 규정하고 있다. 여기서 학교 밖이란 집 주변, 학원 주변 등 교육과 관련된 장소와 현장을 의미한다(문용린 외, 2006). 그러나 교육과 관련된 장소라는 것이 명확하지 않기 때문에 사실상 법에서 규정하는 학교 내외란 모든 공간을 지칭하는 것으로 해석해야 할 것이다.

(3) 학교폭력 행동의 특징

대체로 학교폭력으로 규정하는 행동은 고의성, 반복성 그리고 힘의 불균형이라는 세 가지 특성이 있다(Coloroso, 2003). 학교폭력의 행동은 우연히 실수로 일어난 일이 아닌 피해자에게 상처를 주고 해를 끼치기 위한 의도적인 목적이 있는 행동임을 의미한다(Olweus, 1993). 학교폭력의 행동을 규정하기 위한 힘의 불균형이란 힘이 더 센 학생이 약한 학생을, 상급생이 하급생을, 다수의 학생이 한두 명의 소수 학생을 괴롭히는 것으로 정의하고 있다. 그러나 학교폭력의 사례를 통해 보면 가해자 집단이 선배와 후배가 섞여 있고 피해학생은 타학교 상급생인 경우도 있어 물리적인 힘의 불균형보다는 학교폭력에 가담하는 학생들의 병리적 공격성(Dodge, 1991)에 의한 행동 특징으로 살펴보는 것이 학교폭력의 행동을 더 잘 이해할 수 있다. 병리적 공격성의 특성을 지닌 학생의 1명보다 2명의 집합은 상대에게 해를 가하는 데 더 큰 힘을 행사할 수 있는 심리적인 특성이 있다는 점에서 힘의 불균형을 이해할 필요가 있다. 즉, 분노의 근원에 해를 가하는 적대적 공격성과 아무 죄책감 없이 공격성을 활용하여 자신이 원하는 것을 취하는 도구적 공격성을 발휘할 수 있는 심리적 힘의 불균형 측면에서 학교폭력의 행동을 규정할 필요가 있다.

이러한 세 가지 개념적 요소를 바탕으로 학교폭력을 정의하면, 학교폭력이란 학교 안 또는 학교 밖에서 학생을 대상으로 발생하는 부정적인 의도를 지닌 신체적·물리적·심리 정서적 공격 및 폭력행동으로, 한 명 또는 여러 명의 학생이 힘의 불균형 상황에서 자기보다 약한 상대나 집단의 암묵적인 규칙을 어긴 자를 지속적이거나 반복적으로 폭행, 협박, 따돌림 등에 의하여 신체적·정신적 또는 재산상의 피해를 수반하는 행위로 정의할 수 있다(송재홍 외, 2017). 〈표 12-1〉은 학교폭력의 개념요소를 정리한 것이다.

표 12-1 학교폭력 정의를 위한 개념요소

개념요소	내용
학교폭력의 주체자 (Who)	• 가해자 • 피해자 • 피해-가해자: 피해자 중 보복을 위해 가해를 하는 경우 • 주변인: 학교폭력에 직접적으로 가담하지 않은 학급 구성원(동조자, 강화자, 방관자, 방어자)
학교폭력의 장소 (Where)	• 학교 내외: 모든 곳에서 일어나는 폭력
학교폭력의 행동 특징 (How)	• 반복성: 어쩌다 한 번 일어난 행동이 아니라 반복적으로 되풀이되는 행동 • 고의성: 실수가 아닌 고의적으로 해를 입히거나 괴롭히는 말과 행동 • 힘의 불균형: 단순한 물리적 힘의 불균형이 아니라 병리적 공격성을 발휘할 수 있는 심리적 힘의 불균형의 정도

2) 학교폭력의 유형

학교폭력의 유형에는 신체폭력, 언어폭력, 금품갈취, 강요, 따돌림, 성폭력, 사이버 폭력이 있다(교육부, 2020; 송재홍 외, 2013; 정여주 외, 2018). 유형별 사례를 통해서 간략하게 살펴보자. 유형별 대처에 대해서는 교육부가 매년 발행하는 『학교폭력 사안처리 가이드북』을 참조하길 바란다.

(1) 신체폭력

신체폭력이란 신체적으로 해를 가하거나 재산상의 손실을 가져오는 행동을 말한다. 구체적인 예에는 신체를 손발로 때리는 등 고통을 주는 행위(상해죄, 폭행죄에 해당), 강제로 일정한 장소로 데리고 가는 행위(약취죄에 해당), 일정한 장소에서 쉽게 나오지 못하게 하는 행위(감금죄에 해당), 상대방을 속이거나 유혹해서 일정한 장소로 데리고 가는 행위(유인죄에 해당)가 있다.

📋 **글상자 12-1**   **신체폭력의 사례**

"그 골목에 애를 무릎을 꿇게 한 다음에 신발로 애 얼굴을 막 밟는 거예요. 슬리퍼 날아가고 이걸로 분이 안 풀린다면서 막 쇠파이프 같은 걸 가져오라면서 시키는 거예요, 애들한테. 그것도 그냥 보통 쇠파이프가 아니라 끝이 날카로운 거란 말이에요. 그걸로 애 머리를 내리찍으면서 그것도 엄청 세게 계속 그렇게 치는 거예요. 그러면서 막 병 같은 걸 가지고 오라면서 그 애 머리에다 소주병으로 내리치는 거예요. 눈물에서도 피눈물 같은 게 나오는 거예요. 그리고 막 음료수 병 아시죠? 그 단단한 걸로 애 머리를 치는데 안 깨진다면서 그걸 계속 치는 거예요."

출처: https://namu.wiki

---

(2) 언어폭력

언어폭력이란 말이나 글을 사용하여 심리적인 괴로움을 주는 행동으로 놀리기, 모함하기, 비난하기, 협박 메일 보내기, 욕하기, 고함치기, 모욕하기, 위협하기(말/쪽지/이메일), 거짓 소문 퍼뜨리기 등이 이에 해당된다.

📋 **글상자 12-2**   **언어폭력의 사례**

"지난 학기까지 친하게 지내던 친구가 있는데 어느 순간부터 말을 걸어도 무시하고 제 험담을 하고 다니는 걸 들었어요. 점점 학교 가기가 싫어져요."

"제가 우리 반에서 가장 작아서 친구가 자꾸 '난쟁이' '땅꼬마'라고 놀려요. 처음 한두 번은 참았는데 계속 그러니까 듣기 싫고 화가 나요. 그래서 그렇게 부르지 말라고 화도 내 보고 윽박도 질러 봤는데 변한 게 없어요. 이젠 학교 가는 게 너무 스트레스예요."

출처: http://easylaw.go.kr/

(3) 금품갈취

금품갈취란 공갈, 협박 등을 통해서 재물과 재산상의 피해를 입히는 것을 의미한다. 가해학생이 피해학생의 돈을 빼앗거나 물건을 빌려 간다고 가져가고 돌려주지 않는 등 피해학생의 재산을 갈취하고 빼앗아 가는 행위 외에도 물건을 망가뜨리거나 돈을 걷어 가는 행위 모두 이에 해당된다.

📋 글상자 12-3　금품갈취의 사례

○○고교 3학년 A모 군 외 4명이 학교 앞 주변 식당에서 수시로 술, 밥, 노래방, 담배 등의 유흥비를 마련하기 위하여 2학년 학생 7명에게 금품을 갈취할 목적으로 폭력을 행사하였으며, 이러한 상습적인 금품 갈취가 70여 만 원에 이르렀다. 이러한 고통을 견디지 못하고 학생들이 집단적으로 가출하게 되었고, 가출한 학생의 학부모가 가방 속에서 편지를 발견하여 학교에 진상 파악을 요구하게 되었다(신고). 파악한 결과, 품행이 좋지 않은 3학년 학생들이 아무런 죄의식도 없이 술과 담배 심부름을 강요하고, 후배들의 돈으로 사 오게 하거나 노래방 비용을 대납하게 하였으며, 후배들이 돈이 없어 요구를 수용하지 못하면 폭력을 행사하여 감당할 수 없는 수준에 이르자 가출한 것으로 밝혀졌다.

---

(4) 강요

강요란 폭행 또는 협박으로 상대방의 권리 행사를 방해하거나 의무가 없는 일을 하게 하는 행위(강요죄에 해당)를 말한다. 강제적인 심부름, 빵 셔틀, 와이파이 셔틀 등이 이에 해당된다. 빵 셔틀이란 힘센 학생의 강요에 의해 빵을 사다 주는 등의 잔심부름을 하는 학생이나 그 행위 자체를 의미한다(송재홍 외, 2013).

📋 글상자 12-4　강요의 사례

○○중학교 3학년 일진회 학생 3명은 리어카와 장비를 임대하여 후배 학생 8명에게 군고구마 장사를 강요하였다. 4천 원짜리 고구마 한 상자를 2만 원에 사게 했으며, 이를 구워 팔아서 매일 5만 원을 상납하게 하였고, 장사가 어려워졌는데도 수익금에 관련 없이 매일 7만 원씩 상납하도록 강요하였다. 처음에는 동급생들에게 돈을 빌려 상납하였으나 상납금이 감소하자, 군기가 빠졌다는 이유로 3학년 학생들이 2학년생들을 집단으로 폭행하여 전

치 4주의 피해를 입혔다. 3학년 일진회는 총 7명이나 이 중에서 힘이 약한 3명이 2학년생들에게 금품강요 심부름을 전담하고, 상납을 강요받은 2학년생들은 동급생들에게 돈을 뜯어 3학년 심부름 학생에게 상납하게 하는 구조를 형성하였다. 이렇게 마련한 돈으로 매일 담배를 사고 PC방, 노래방의 유흥비로 사용하였으며, 심지어는 PC방에서 아르바이트로 번 돈을 상납하게 하였고, 심한 경우에는 학교 급식을 집으로 가져오게 시켰으며, 오토바이를 훔치는 절도까지 강요하였다.

출처: 교육인적자원부(2005).

(5) 따돌림

따돌림은 학교 내외에서 2명 이상의 학생들이 특정인이나 특정집단의 학생들을 대상으로 지속적이거나 반복적으로 신체적 또는 심리적 공격을 가해 상대방이 고통을 느끼도록 하는 일체의 행위(「학교폭력예방 및 대책에 관한 법률」 제2조 제1호의 2)를 말한다. 따돌림의 예로는 고의적으로 따돌리는 행위, 말을 걸어도 대답하지 않고 무시하는 행위, 다른 친구들과 어울리지 못하게 하는 행위, 친구의 접근을 막는 등 따돌림을 부추기는 행위, 주변 친구들이 도우려는 것을 방해하는 행위, 책상과 소지품 등을 감추거나 버리는 행위가 있다.

> **글상자 12-5** **따돌림의 사례**
>
> "저를 포함해서 늘 같이 다니는 친구들이 다섯 명이 있어요. 등하교도 함께 하고 학원도 같이 다닐 정도로 친한데, 어느 날 한 친구가 제가 자기 욕을 하고 다닌다고 들었다면서 말을 걸어도 무시하고 다른 친구들도 저와 어울리지 못하게 했어요. 우리 반 인터넷 카페에 글을 올려도 어느 순간부터 제 글에 답글이 달리지 않고, 실시간 채팅도 거부당하고 있어요. 등하교도 혼자 하고 학원에 가도 왕따처럼 무시당하고 있어요."

출처: http://easylaw.go.kr/

(6) 성폭력

성폭력이란 상대방의 동의 없이 성적인 언동을 일방적으로 행하는 것을 의미하며, 개인의 성적자기결정권을 침해하는 범죄행위로 강간, 추행, 성희롱 등 모든 언어적 · 정신적 · 신체적 폭력을 포괄한다(여성가족부, 2017). 성적인 말과 행동을 성적 굴욕감과 수치감을 느끼도록 하는 것(성희롱), 폭행과 협박을 하면서 신체적인 접촉을 하는 것(성추행), 폭행과 협박을 하여 성행위를 강제로 하는 것(성폭력), 음란전화, 성기 노출 등이 성폭력에 해당된다.

학교에서 발생하는 성폭력은 관계 유형에 따라 학생(피해자)-학생(행위자) 유형, 교직원(피해자)-교직원(행위자) 유형, 학생(피해자)-교직원(행위자) 유형, 교직원(피해자)-학생(행위자) 유형이 있다. 성폭력 관계 유형별 사안 처리에 대해서는 학교에서 발생한 성폭력 사안에 대한 매뉴얼을 참고하길 바란다.

📋 **글상자 12-6 성폭력의 사례**

○○중학교에서 발생한 사안은 평소 알고 지내던 같은 학교의 여중생을 동네 공원으로 불러내어 술을 마시게 한 뒤 강제 추행한 경우이다. 행위(가해) 남학생과 피해 여학생은 평소 알고 지내던 사이로 사안이 발생한 당일은 남학생의 생일이었고, 피해 여학생은 10시가 넘은 늦은 시간이었지만 행위(가해) 남학생의 생일을 축하해 주기 위해 동네 근처 공원으로 나갔던 것이다. 피해 여학생은 분위기에 휩쓸려 행위(가해)자 측 친구들이 권하는 맥주를 마시게 되었다. 행위(가해)자와 행위자 친구들은 피해 여학생에게 짓궂은 농담과 장난을 쳤고, 신체를 만지는 등 심한 성적 수치감을 유발하는 행동을 하였다. 피해 여학생은 자신이 부모님을 속이고 나갔다가 발생한 문제에 대한 자책감, 남학생과 술을 마셨다는 교칙 위반 사실, 여러 명의 남학생이 소문낼 경우를 걱정하여 주변에 도움을 요청하지 못했다. 그러나 덮고 넘어갈 사안이 아니고, 당시 함께 있었던 남학생들의 지속적인 치근거림과 함부로 대하는 행동이나 말들로 인해 시간이 지날수록 수치심과 두려움이 커져 깊은 잠을 잘 수 없었다. 사건 발생 후 10여 일이 지나 고민 끝에 피해 여학생은 평소 따르던 사회 선생님을 찾아가 이 사실을 털어놓게 되었다.

출처: 여성가족부(2017).

---

(7) 사이버 폭력

'사이버 폭력'은 인터넷, 휴대전화 등 정보통신기기를 이용해서 학생들이 특정 학생들을 대상으로 지속적·반복적으로 심리적 공격을 가하거나, 특정 학생과 관련된 개인정보 또는 허위사실을 유포해서 상대방이 고통을 느끼도록 하는 일체의 행위(「학교폭력예방 및 대책에 관한 법률」 제2조 제1호의 3에서는 사이버 따돌림으로 명명하고 있음)를 말한다. 사이버 폭력의 예를 살펴보면, 학교 게시판이나 인터넷 사이트에 특정인에 대해 비방·험담하는 글을 올리는 행위, 특정인에게 이메일이나 휴대전화 등을 통해 비난하는 메시지를 보내는 행위, 특정인에 대해 안티카페를 만들어 험담하는 게시글을 올리고 공유하는 행위, 특정인에 대한 허위 사실을 다른 사람에게 휴대전화 문자로 발송하는 행위, 특정인의 휴대전화번호를 인터넷상에 유포하는 행위 등이 있다. 이러한 사이버 폭력은 비대면적이고 익명으로 이루어지고 상시적으로 일어난다는 특성이 있다. 사전에 휴대전화나 문자로 욕설이나 협박성 문자가 오면 어떠한 응답도 하지 않도록 지도하고 증거 확보를 위해 인터넷의 게시판이나 안티카페 등에서 공개적인 비방 및 욕설의 내용은 그 자체로 저장하도록 지도할 필요가 있다.

📋 글상자 12-7 **사이버 폭력의 사례**

"반 친구들이 인터넷에 저에 대한 안티카페를 만들어 험담하는 게시글을 쓰고, 욕을 한다고 합니다. 실제로 교실에서 특별히 따돌림을 당하는 것은 아니지만, 마음에 걸리고 기분이 나빠요."

"몇 명의 아이들이 계속 제 사진을 찍어 우스꽝스럽게 꾸며서 다른 아이들에게 휴대전화 메시지로 보내요. 기분 나빠서 하지 말라고 하는데도 장난이라며 그만두질 않아요."

출처: http://easylaw.go.kr/

---

2. 학교폭력의 원인

앞서 학교폭력의 개념과 유형을 통해서 살펴본 학교폭력의 문제는 성장과정에서 흔히 있을 수 있는 또래관계 갈등의 수준을 넘어 범죄행위로 규정되는 매우 잔악한 행위들도 포함하고 있는 것을 알 수 있다. 공격적인 아이들이 어떠한 경로로 타인을 향해 공격성을 발휘하게 되는지에 대해서 학교폭력과 관련된 위험요인과 보호요인을 중심으로 살펴보도록 한다. 학교폭력을 유발하는 개인 및 환경적인 위험요인을 줄이고 학교폭력을 억제하는 보호요인을 강화함으로써 학교폭력에 이르는 경로를 예방하고 차단할 수 있는 개입을 적용할 수 있을 것이다.

1) 위험요인

학교폭력을 유발하는 요인은 크게 개인요인과 환경요인으로 살펴볼 수 있으며, 환경요인에는 가정 관련 요인과 학교 관련 요인으로 구분하여 살펴볼 수 있다. 보룸(Borum, 2000)은 기존의 아동ㆍ청소년의 폭력에 관한 연구 결과들을 개관하여 성장배경 요인, 심리정서적 문제를 포함하는 임상적 요인, 맥락(환경)적 요인으로 폭력의 위험요인을 평가할 것을 제시하였다. 이러한 선행연구들에서 조사된 위험요인들에 대해서 개인특성요인과 환경요인 그리고 보룸(Borum, 2000)의 평가 요소로 재분류하여 정리한 내용을 〈표 12-2〉에 제시하였다. 각각의 내용을 살펴보면 다음과 같다.

(1) 개인특성 요인

성장배경에서 폭력의 노출과 폭력행동이 어릴 때부터 시작된다면 학교폭력의 위험이 더 높아진다. 어릴 때 겪은 학대 경험과 정서적 무시의 경험은 자신을 이해하고 조절할 수 있는 자기통제 능력의 발달에 지장을 줄 뿐만 아니라 부모의 폭력적 대응 방식을 모방하여 비공격적인 대안 방안을 학습하는 데 어려움이 있다. 결과적으로 이러한 성장사는 정서ㆍ행동의 문제를 유발하는 개인적 특성에 영향을 미친다. 이를테면, 사회적 상황에서 정보를 해석하는 과정에서 중요한 단서들을 왜곡하거나 아예 인지하지 못하는 인지적 결함(Dodge, 1993)이 발생한다. 부모가 비공격적인 대안 방식으로 소통을 하지 못하고 언어나 신체 폭력으로 정서를 표현하는 가족환경에서 성장하였다면, 자연스럽게 언어로 자신을 적절하게 표현할 수 있는 행동을 학습하기 어려우며 이것은 낮은 언어지능을 초래하게 된다. 강압적이고 폭력적인 가족환경에서 성장할수록 사회적 기술과 자기통제력이 부족하여 학교폭력의 위험을 높일 수 있다. 특히 개인의 기질상 충동적 성격과 공감 부족은 좀 더 쉽게 폭력행동에 가담하게 하는 위험요인이다(이경희, 고재홍, 2006; 이문자, 2003; Farrington, 2019).

개인 특유의 성장배경으로 인해 부족한 사회적 기술과 자기통제력이 학교폭력 행동의 위험을 높이기 때문에 학교에서는 이들에게 가정환경에서 학습하기 어려운 사회성기술을 훈련시키고 분노조절 프로그램 등을 활용하여 선택적으로 개입하는 학교상담과 생활지도를 실시함으로써 인성 및 사회성의 발달을 촉진할 필요가 있다.

(2) 가족요인

가족 관련 요인으로는 가족 내 갈등과 강압적 가족과정(Patterson, Reid, & Dishion, 1992), 역기능적인 가족(부모의 정신장애, 부모의 범죄성 등), 부모의 가혹한 폭력, 경제적 곤란 등이 제시되고 있다(Farrington, 2019). 강압적 가족과정은 서투른 부모와 아동의 상호작용 과정에서 공격적 행동에 대한 긍정적인 강화가 '공격-반격-긍정적 결과'라는 연쇄반응에서 발생하는 가족의 상호작용이다(Patterson et al., 1989). 이에 대해서는 제11장을 참조하기 바란다. 교사는 학교폭력과 관련된 학생들의 부모를 비난하기보다 이들도 그들의 부모로부터 학습한 또 다른 희생자일 수 있으므로 학생이 원만하게 성장할 수 있도록 부모들의 협력을 이끌어 내는 리더십을 발휘할 필요가 있다.

(3) 환경요인

환경적 위험요인 중 학교 관련 요인에는 쾌적하지 못한 학교환경, 또래의 동조 압력과 비행친구와의 접촉 경험 등이 있다(Dishion & Dodge, 2005; Heilbron & Prinstein, 2008; Novak & Clayton, 2001). 노박과 클레이튼(Novak & Clayton, 2001)에 의하면, 보다 낮은 수준의 훈육과 개입이 이루어지는 학교 풍토와 비행 또래들과의 교제는 아동의 내재화 및 외현화 문제 수준을 높이는 것으로 보고하였다. 특히, 비행 또래들의 영향은 흡연이나 학교폭력과 같은 외현화 문제행동뿐만 아니라 우울 성향과 약물 남용과 같은 내재화 문제행동을 강력하게 예측하는 변인으로 일관되게 지지되고 있다(Heilbron & Prinstein, 2008). 따라서 학생들의 건강한 인성 및 사회성 발달을 위해서는 학교 환경을 개선하는 방안과 적극적인 훈육을 통해 학생들이 비행에 가담하여 스스로 보호하려는 방어기제를 이해하고 교사와 학교상담자가 이들의 보호자로서의 역할을 수행할 필요가 있다.

표 12-2 **아동·청소년 폭력의 위험요인**

위험요인		세부 내용
개인특성 요인	성장 배경	• 과거의 폭력 및 비행: 이전 폭력행동은 미래 폭력을 예측하는 가장 강력한 예측 요인임. • 어린 나이의 조기 폭력: 폭력이 조기에 시작될수록 미래의 폭력위험은 높아짐. • 학교 관련 문제: 낮은 수준의 교육적 성취와 학업성적, 교육에 대한 낮은 관심, 무단결석, 중도탈락 잠재성, 학교 구성원과의 결속력 및 애착 부족 • 어릴 적 학대나 비난(무시)의 희생자: 비난, 무시, 학대의 경험자는 폭력을 모방하거나 폭력을 강화 또는 보상하는 성향을 지님.

개인특성 요인	임상 요인	• 알코올, 약물 등의 물질 사용: 불법 약물 사용은 폭력행동과 폭력 상습성의 강력한 위험요인 • 정신적 · 행동적 장애: 정신분열, 양극성 장애, 우울증, ADHD • 정신병: 정신병 소유자는 대인관계 및 정서적 측면에서 볼 때 타인에게 이기적이고 무정하며 냉정한 특성을 보임. 만성적으로 불안정한 생활양식에 의해서 일탈상태에 있게 되어 폭력의 가능성이 높아짐. • 충동성과 위험감수 행동: 충동성은 아동 · 청소년의 폭력 위험을 증가시키고, 위험행동이 모험 추구 행동, 무모한 행동, 반항적 행동, 반사회적 행동 등과 결합되어 부정적 폭력행동의 증가를 가져옴. • 개인의 반사회적 태도나 사회인지적 결함: 대인관계 갈등 상황에서 비공격적인 해결전략을 구사하지 못하고 폭력행동을 사용하며, 상대 또한 적개심을 갖고 있거나 공격적 의도를 갖고 있다고 왜곡하여 지각하는 경향이 높음. • 왜곡된 자기존중감이나 낮은 자기존중감: 자기 가치에 대해 과장된 감정을 가진 경우 자신의 자아나 자아 심상을 위협하는 어떤 행위에 대해 매우 민감하며 부정적 평가나 피드백에 대해 공격적임. 자기이상화와 자기유능성에 대한 과장된 평가가 공격성과 폭력행동을 나타냄.
가족 요인		• 가족 내 부적응 행동: 부모의 범죄성, 부모의 문제적 양육태도, 가족 내 불일치와 갈등 및 폭력행동, 역기능적 가족 • 부모의 통제 및 감시 부족: 부모의 자녀에 대한 훈육이 극단적이거나 비일관적일 때, 자녀양육에 대한 부모 간의 갈등이 높을 때, 부모의 감독이 소홀할 때 자녀의 반항 및 폭력성이 증가함. 부모와 자녀 간의 의사소통이 빈약하고 가정의 기능적 결손이 높을 때 공격 및 폭력성 문제가 많아짐.
맥락적(환경) 요인	학교	• 맥락적 환경에서의 스트레스와 상실 경험: 스트레스를 주는 생활사건, 중요한 대상의 상실 경험, 지위나 영향력의 상실은 폭력의 주요 원인이 될 수 있음. • 낮은 수준의 훈육과 개입이 이루어지는 학교 풍토
	친구	• 부정적인 또래관계: 또래에 의한 거부, 비행 또래와의 친구관계는 폭력행동 및 반사회적 행동의 주요 예측요인이 됨. • 사회적 지지의 결핍: 가족과 친구들의 지지가 거의 없다고 지각하는 아동 · 청소년일수록 분노를 지나치게 공격적으로 표현하며, 사회적 지지 체계 내의 적대적이거나 갈등적 관계는 폭력의 위험성을 증가시킴.
	지역 사회	• 지역사회의 범죄와 폭력적 환경: 지역사회의 유해환경과 무질서는 아동 · 청소년들이 어릴 적부터 폭력을 시작할 수 있도록 조장함. 지역사회의 유해한 폭력환경에 많이 노출될수록 폭력행동과 문제행동이 증가함. 폭력적인 매체(예: TV, 비디오, 게임, 영화)에 더 많이 노출될수록 세상을 폭력적으로 지각하고, 폭력을 모방하며, 폭력에 대한 둔감화 현상도 높아짐.

2) 보호요인

학교폭력을 예방하기 위해서는 학교폭력을 유발하는 위험요인은 미리 차단하고 학교폭력을 완충하는 보호요인은 교육적 개입을 통해 강화하여 학생들의 인성 및 사회성 발달을 촉진하는 것이 필요하다. 보호요인이란 폭력의 위험요인과 폭력행동 간의 관계를 차단 또는 완충해 주는 역할을 하는 요인이다. 보호요인을 향상시킨다면, 학교폭력의 위험요인의 영향을 약화시키거나 적응력을 높여 줌으로써 폭력의 위험요인을 감소시킬 수 있다. 선행연구들(이세정, 고은숙, 이호준, 2018; 이숙정, 박소연, 이희현, 유지현, 2015; Steffgen, Recchia & Viechtbauer, 2013)에서 제시하고 개관한 보호요인을 개인특성·가족·맥락 요인(학교/지역사회, 친구)으로 분류하여 살펴보면 〈표 12-3〉과 같다.

(1) 개인특성 요인

특정 생활 상황에서 적절하게 반응하고 자신이 원하는 것을 적절하게 환경으로부터 얻을 수 있도록 환경을 효율적으로 다루는 능력인 사회적 유능성이 높을수록 학교폭력과 같은 학교부적응이 낮아지는 것으로 나타났다. 사회적 유능성은 청소년기에 또래와의 원만한 관계를 예언하고 교사나 또래로부터 사회적 지지를 얻음으로써 학교폭력과 같은 부적응을 완화하는 중요한 보호요인으로서, 학교에서는 학생들의 사회적 유능성을 높일 수 있는 개입을 적용하는 것이 필요하다(김내현, 최윤정, 2020). 학교폭력의 위험요인으로 충동성, 위험감수와 같은 개인적 특성이 학교폭력을 강력하게 예언하는 요인인 반면에, 이러한 충동성과 위험감수를 조절하는 자기통제력은 학교폭력의 문제를 차단하는 개인특성요인이다. 따라서 학생들의 인성 및 사회성 발달을 조력하여 학교폭력을 예방하기 위해서는 자기통제력이나 자기조절능력을 향상시킬 수 있는 개입이 필요함을 알 수 있다. 마음챙김 명상 관련 개입이 공격성 감소에 미치는 효과(Fix & Fix, 2012)와 학교폭력 가해학생들을 대상으로 한 단기 마음챙김 명상이 이들의 공감능력과 자기조절능력 향상에 미치는 효과(강민규, 최윤정, 2017)가 있는 것으로 보고된 바와 같이, 학교폭력에 대한 1단계 보편적인 예방 프로그램으로 학교 전체 단위로 명상 교육(제8장 참조)을 도입한다면, 자신에 대한 이해를 바탕으로 타인을 이해하고 배려하는 인성과 사회성을 향상시킬 수 있을 것이다.

(2) 가족요인

학교폭력을 예방할 수 있는 가족요인으로는 부모의 권위적인 양육태도이다. 권위적(민주적) 양육방식을 가진 부모의 자녀는 독립적이며 사회적으로 책임감이 있고, 친사회적 성향이 높았으며, 내적인 자신감이 높은 것으로 나타났다. 반면에, 권위주의적이고 무관심한 양육방식을 가진 부모의 자녀는 위축, 불안, 의존성, 무책임, 공격성, 반사회적 행동과 학교 문제행동을 더 많이 보이는 것으로 나타났다. 부모의 양육태도에 대해서는 학교가 개입하는 것이 어려운 부분이기는 하나, 부모교육을 통한 자녀의 건강한 성장을 도모할 수 있을 것이다.

(3) 환경요인

학교에 대해 긍정적으로 지각하고 학교 분위기가 긍정적일수록 학교폭력은 감소하는 것으로 확인되고 있다. 특히, 학생들이 학교의 의사결정과 학교행사와 관련해 많이 관여할 수 있는 분위기의 학교일수록 가출행동과 같은 문제행동이 줄어드는 것으로 나타났다(Moos, 1991). 학생과 교사와의 갈등 관계가 깊을수록 학교환경에서 과잉행동과 반사회적 문제가 증가하는(Hirata & Sako, 1998) 반면, 교사와의 원만한 관계를 맺고 이들로부터 사회적 지지를 받을수록 학교부적응은 감소하였다(김내현, 최윤정, 2020). 또한 정서적 방임을 경험한 청소년일수록 학교 부적응을 더 많이 경험하지만, 학교환경에서 또래로부터의 지지를 많이 받을수록 학교 부적응은 감소하는 것으로 나타났다. 따라서 학교에서 학교폭

표 12-3 **학교폭력의 보호요인**

보호요인	세부 내용
개인특성 요인	• 사회적 유능성: 특정 생활상황에 적절하게 반응하고 환경을 효율적으로 다루는 개인의 능력을 뜻함. 사회적 유능성이 낮은 유아나 아동은 또래와의 부적절한 상호작용으로 인해 사회적 고립을 초래할 뿐만 아니라 사회적 기술을 발달시키고 실행할 기회가 점차 감소되며, 자신과 사회에 대해 부정적인 개념을 형성하기도 함. 또 학업 성취도 낮고 학습곤란이나 낙제를 경험하기도 하며, 청소년 범죄와 같은 행동상의 문제를 가질 수 있고, 청소년기와 성인기에 대인관계에서의 부적응과 정신건강상의 위험을 초래함. • 문제해결력: 문제 상황이 벌어졌을 때 그 상황을 지혜롭게 해결하는 능력 • 자기통제력: 바람직하지 못한 행동을 자기 스스로 조절, 억제, 수정하는 것. 자기통제는 눈앞의 작은 목표보다 좀 더 지속적이고 더 나은 목표를 달성하기 위해 현재의 충동이나 욕망을 조절하고 즉시의 만족감이나 즐거움을 지연시키는 능력. • 긍정적인 가치관: 자신의 삶에서 좀 더 긍정적인 방향으로 행동하고 긍정적인 것을 지향함. • 공감 능력: 상대방의 입장이 되어 그의 주관적 세계를 이해할 수 있는 능력

가족 요인		• 부모의 권위 있는 양육태도 • 적절한 가족경계 • 부모의 정서적 지지
맥락적(환경) 요인	학교	• 긍정적인 학교 분위기 • 학교 환경에 대한 학생의 긍정적 지각 • 학업에 대한 열의 • 교사와의 관계, 교사 애착
	친구	• 긍정적 또래관계 및 또래의 사회적 지지
	지역사회	• 보호 성인의 존재 및 성인들과의 긍정적 관계 • 건강한 단체활동 참여

력을 예방하기 위해서는 교사와 학생 간 그리고 학생들 간의 인간관계에서 서로를 지지하고 격려하는 학교 분위기를 조성하는 것이 무엇보다도 중요한 학교상담과 생활지도의 방안이 될 수 있음을 알 수 있다. 교사뿐만 아니라 직원들이 학생에 대해 관심을 갖고 학생의 문제행동에 대해 개입하는 학교 풍토는 학생들의 흡연율을 줄이는 등 주변의 보호 성인이 많을수록 학생들은 건강하게 성장할 수 있다. 즉, 가정, 학교, 지역사회가 학생들을 억압하기보다는 이들이 안전한 보호막 안에서 자율성과 독립심을 키울 수 있도록 격려하고 지지하는 사회 분위기를 만들어 가는 것이 무엇보다도 필요하겠다.

3. 학교폭력 3단계 예방 접근

학교상담과 생활지도의 이론적 배경에서 학습한 긍정적 행동 개입 지원의 3차원적 예방 구조에 따라 학교폭력의 3단계 예방 접근을 살펴보기로 한다. 각 단계는 지원의 강도가 증가하는 형태를 띤다.

1) 1단계: 안전하고 학교폭력에 민감한 학교 분위기 조성

1단계에서의 질문은 '예방 프로그램 과정에서 모든 학생이 필요로 하는 것은 무엇인가?'이다. 80~90%의 일반 학생은 일차 예방 계획만으로도 충분하다. 1단계 예방 접근은 전반적으로 안전한 학교 분위기를 조성하는 것에 목표를 둔다. 이를 위해 학생들에게 폭력의

표 12-4 보편적 학교폭력 예방 프로그램의 예

프로그램명	프로그램 내용	개발자
내가 바로 지킴이	• 초 · 중 · 고등학생 대상으로 1회기로 이루어짐. • 학교폭력에 대한 개념 정리, 학교폭력 예방과 대처 방법 제시, 예방을 위한 협동심과 책임감 배양을 위한 활동으로 구성됨. • 학급 단위 또는 학교 전체 단위 프로그램으로서 자료화면 제시 후, 모둠활동을 통해 학교폭력의 개념과 대처 방법에 대한 이해를 도모함. • 중 · 고등학생용의 경우, 역할극을 통해 피해자와 가해자의 입장을 구체적으로 이해할 수 있는 활동이 포함되어 있음.	청소년 폭력예방 재단
어울림 프로그램	• 학교폭력을 예방하고 안전한 학교 문화를 형성하기 위해 학생, 교사, 학부모를 대상으로 실시함. • 초등 저학년/고학년, 중학교, 고등학교의 4개 학교급별 프로그램으로 구성되어 있음. • 학교폭력 예방을 위해 필요한 핵심 역량인 공감, 의사소통, 갈등해결, 감정조절, 자기존중감, 학교폭력 인식 및 대처 모듈로 구성되어 있음.	한국교육 개발원
청소년을 위한 비폭력 대화	• 자신의 마음을 이해하고 적절하게 표현하는 비폭력대화의 능력을 향상시킴으로써 안전하고 평화로운 학교 풍토를 조성할 수 있는 보편적 예방 프로그램(제5장 참조)	김미경
청소년 학교폭력 예방 프로그램	• 다가가기, 역할극, 다독이기로 구성된 프로그램임. • 다가가기는 역할극과 다독이기를 진행하기 전 참가자들 간의 친밀한 관계 형성에 초점을 둠. • 역할극에서는 가해자, 피해자, 주변인으로 구성된 역할극을 진행함. • 다독이기는 역할극을 진행한 후에 이에 대해서 토의하며 이야기를 나누는 시간으로 구성됨.	최승원, 이연주, 배유빈, 오다영

개념과 폭력을 예방하는 방법을 교육하고, 학교폭력을 방지하기 위한 교칙 규정, 행동규범, 교실 규칙 등을 학생들이 함께 참여하여 마련하는 것을 통해 안전한 학교 분위기를 형성할 필요가 있다. 학생의 인성 · 사회성 발달을 위한 사회적 기술 훈련, 갈등해소 프로그램, 교사교육, 부모교육 등을 통해 폭력이 없는 학교문화를 형성할 수가 있다. 이 단계에서 실시할 수 있는 학교폭력예방 프로그램을 〈표 12-4〉에 제시하였다.

2) 2단계: 선택적 예방 조치

2단계 예방 접근은 학교폭력의 위험을 조기에 발견하는 것이다. 학교폭력이 심각한 수

준에 이르거나 큰 문제가 일어나기 전에 미리 위험요인을 발견해서 사전 개입을 통해 문제 발생이나 악화를 예방하는 것에 목표가 있다. 개인적인 특성이나 환경적인 요인들이 학업 과 문제행동을 지속시키는 위험을 가지고 있는 비교적 적은 규모(5~10%)의 학생들을 위한 예방 접근이다. 이때 사용할 수 있는 개입 전략은 학교폭력의 위험에 노출되어 있는 학생들을 조기에 감지하고 선별하는 선택적 예방 조치이다. 조기에 학교폭력의 위험을 감지할 수 있는 평가 활동 자체는 예방 개입인 동시에 2차 예방 서비스 대상자를 조기에 발견하여 2단계 선택적 예방을 위한 개입을 실시할 수 있게 한다.

행동 관찰과 학생 정서·행동 특성검사(AMPQ-Ⅲ, 4장과 11장 참조)나 학교폭력 피해학생과 가해학생을 구별할 수 있는 질문지 등을 활용하여 선택적 개입을 필요로 하는 학생들을 확인할 수 있다. 선별된 학생을 대상으로 분노대처 프로그램, 친사회적 기술 향상 프로그램과 같은 소집단 프로그램이 이 수준의 개입을 필요로 하는 학생에게 적용될 수 있다.

(1) 학교폭력 관련 행동 관찰

학교와 가정에서 학교폭력으로 피해를 입거나 또는 가해를 하는 경우에 관찰할 수 있는 행동 단서들에 대해 기존의 문헌들(교육부, 2020; 송재홍 외, 2017; 정여주 외, 2018)을 바탕으로 정리하여 〈표 12-5〉에 제시하였다. 피해학생의 경우에는 학교나 가정에서 관찰할 수

표 12-5 **학교폭력 관련 행동 단서**

장소		행동 단서	
		피해학생	가해학생
학교	수업 시간	• 특정 아이를 빼고 이를 둘러싼 아이들이 이유를 알 수 없는 웃음을 짓는다. • 교복이 젖어 있거나 찢겨 있어 물어보면 별일 아니라고 대답한다. • 평상시와 달리 수업에 집중하지 못하고 불안해 보인다. • 교과서가 없거나 필기도구가 없다. • 자주 준비물을 챙겨 오지 않아 야단을 맞는다. • 교과서와 노트, 가방에 낙서가 많다. • 종종 무슨 생각에 골몰해 있는지 정신이 팔려 있다.	• '잘 나가는' 아이들 혹은 '일진'과 가깝게 지내며 이들 이외 친구에 대해서 배타적인 태도가 있다. • 친구와 어울리는 것에 큰 비중을 두어 귀가시간이 늦어지고 불규칙해지며, 친구 집에서 외박하는 경우가 있다. • 문제행동을 하는 친구와 어울리며 흡연, 음주, 유흥업소(노래방, 술집)에 출입한다. • 주위 학생을 상대로 '빵'을 뜯고 자신보다 어린 후배들을 괴롭힌다.

학교	점심 시간 또는 쉬는 시간	• 자주 점심을 먹지 않는다. • 점심을 혼자 먹을 때가 많고 빨리 먹는다. • 친구들과 어울리기보다 교무실이나 교과전담실로 와 선생님과 어울리려 한다. • 자기 교실에 있기보다는 다른 반을 떠돈다. • 같이 어울리는 친구가 거의 없거나, 소수의 학생과 어울린다. • 교실 안보다 교실 밖에서 시간을 보내려 한다.	• 자기보다 약한 학생, 약점 잡힌 학생이나 상대적으로 방어능력이 없는 학생들을 목표로 해서 욕이나 조롱의 대상으로 부추긴다. • 교사의 권위에 도전하는 행동을 종종 나타낸다. • 친구에게 받았다고 하면서 비싼 물건을 가지고 다닌다. • 지각 및 결석을 자주 한다. • 등하교 시 가방을 들어 주는 친구나 후배가 있다. • 쉽게 흥분하고 다른 학생들을 때리며 힘을 과시하려는 행동을 보인다. • 쉬는 시간이나 점심 시간에 여러 친구와 뭉쳐 은밀한 장소로 이동한다. • 학생들이 말을 아끼고 눈치를 보는 대상이다. • 자신의 문제행동에 대해서 이유와 핑계가 많다. • 폭력과 장난을 구별하지 못해 갈등상황에 자주 노출된다. • 평소 욕설 및 친구를 비하하는 표현을 자주 한다.
	기타	• 자주 지각을 한다. • 자신의 집과 방향이 다른 노선의 버스를 탄다. • 다른 학생보다 빨리 혹은 아주 늦게 학교에서 나간다. • 학교 성적이 급격히 떨어진다. • 이전과 달리 수업에 흥미를 보이지 않는다. • 수련회, 수학여행 및 체육대회 등 학교 행사에 참여하지 않는다. • 무단결석을 한다. • 작은 일에도 예민하고 신경질적으로 반응한다.	
가정	학교 생활	• 갑자기 학교를 그만두거나 전학을 하고 싶어 한다. • 학원이나 학교에 무단결석한다. • 학교생활을 묻는 질문에 답하기 싫어하거나 대답을 회피한다. • 자주 옷이나 학용품이 망가진 채로 하교한다.	

가정	친구 관계	• 다른 학생들의 괴롭힘 때문에 입은 피해에 대해 자주 말한다. • 문자를 하거나 메신저를 할 친구가 없다. • 친구의 전화를 받고 갑자기 외출하는 경우가 많다. • 전화벨이 울리면 불안해 하며 전화를 받지 않는다. • 우연히 동네에서 친구를 마주쳤을 때 크게 당황한다. • 친구들에 대한 이야기를 거의 하지 않는다. • 온라인 커뮤니티 사람들과의 관계에 지나치게 몰입한다. • 자신이 아끼는 물건(휴대전화, 게임기, 옷 등)을 자주 친구에게 빌려주었다고 한다.	• 부모에게 반항하거나 화를 잘 낸다. • 사 주지 않은 고가의 물건을 가지고 다니며, 친구가 빌려준 것이라고 한다. • 친구관계를 중요시하며 밤늦게까지 친구들과 어울리느라 귀가 시간이 늦거나 불규칙하다. • 외출이 잦고 친구들의 전화에 신경을 많이 쓴다. • 비행 전력이 있는 친구, 폭력 집단의 친구들과 자주 어울린다. • 집에서 주는 용돈보다 씀씀이가 크다. • 술, 담배 또는 약물을 접한다. • 참을성이 없고 말투가 거칠다.
	신체적 특징	• 몸에 상처나 멍 자국이 있다. • 머리나 배 등이 아프다고 자주 호소한다. • 집에 돌아오면 피곤한 듯 주저앉거나 누워 있다. • 작은 일에도 깜짝깜짝 놀라고 신경질적으로 반응한다. • 혼자 자기 방에 있기를 좋아한다. • 학교에서 돌아오면 배고프다며 폭식을 한다. • 이명, 이인감 등을 보고한다.	
	정서 행동적 특징	• 내성적이고 소심하며 초조한 기색을 보인다. • 전보다 표정의 변화가 없고 어둡다. • 부모와 눈을 잘 마주치지 않고 피한다. • 쉬는 날 밖에 나가지 않고 주로 컴퓨터 게임에 몰두하며 게임을 과도하게 한다. • 휴대전화를 확인하고 자주 한숨을 짓는다. • 본인이 사용한 것에 비해 데이터 사용량이 급격하게 늘었다. • 전보다 자주 용돈을 달라고 하고, 때로는 돈을 훔치기도 한다.	

있는 행동 단서들이 다양하지만 가해학생의 경우에는 비행이나 불법행동을 하지 않는 경우에 외관상 학교에 잘 다니고, 또래들과 특별한 문제가 드러나지 않아 가해 징후로 나타나는 단서를 쉽게 찾는 것이 어려울 수 있다(송재홍 외, 2017).

(2) 검사나 질문지를 통한 학교폭력 평가

앞서 학교상담과 생활지도의 방법으로 학생 및 학생의 환경평가를 학습한 것처럼, 학교폭력과 관련된 학생들의 인식이나 태도 그리고 학급 내 역학 관계를 평가하는 활동 그 자체는 학교폭력을 예방하는 보편적 개입의 기능을 할 수 있다. 교사와 학교가 학생들의 학

📋 **글상자 12-8** **학교폭력 피해학생과 가해학생 구별을 위한 질문지**

※ 다음의 행동들은 여러분의 친구관계에서 자주 일어날 수 있는 일들입니다. 다음의 질문들과 관련된 우리 반의 친구들을 생각해 봅시다.

1. 안 좋은 별명으로 불리며 놀림을 받거나, 발표할 때 야유를 듣거나, 빈정거림/욕을 듣는 친구는 누구입니까?   (,   ,   )
   위의 친구들에 대한 행동을 주로 시작하거나 적극적으로 참여하는 친구는 누구입니까?
   (,   ,   )

2. 반 친구들의 놀이나 대화에 잘 끼지 못하고, 급식을 혼자 먹거나 소외당하는 친구는 누구입니까?   (,   ,   )
   위의 친구들에 대한 행동을 주로 시작하거나 적극적으로 참여하는 친구는 누구입니까?
   (,   ,   )

3. 지나가면서 다른 사람들이 일부러 툭툭 치거나 의도적으로 발을 걸고, 혹은 장난을 빙자한 구타를 당하는 친구는 누구입니까?
   (,   ,   )
   위의 친구들에 대한 행동을 주로 시작하거나 적극적으로 참여하는 친구는 누구입니까?
   (,   ,   )

채점기준	교사가 학급명부에 각 학생별로 학급 구성원들이 지목한 횟수를 체크하여 기록한다.
선별기준	학급 구성원이 30% 이상 지목한 학생을 피해자와 가해자로 판별한다. 예를 들면, 학급원이 30명인 경우 9명 이상이 지목한 학생은 가해자와 피해자로 판별할 수 있다.

출처: 유형근 외(2010).

교생활에 관심을 갖고 이에 대한 개입을 한다는 메시지를 전달하는 것은 학교폭력을 예방하는 학교 풍토를 조성할 수 있기 때문이다. 동시에 이러한 평가 활동을 통해서 학교폭력으로 인해 실제 힘들어하는 소수 학생들을 조기에 선별하여 2, 3차 예방을 위한 사전 개입을 진행할 수 있다.

학생에게 직접 질의할 수 있는 질문지를 사용하거나 교육부에서 전체 학생을 대상으로 실시하고 있는 학생 정서·행동 특성검사 중 학교폭력 관련 문항을 통해 확인할 수 있다. 학생 정서·행동 특성검사는 제11장 정서·행동 문제 유형별 상담과 생활지도에서 자세히 살펴볼 수 있다. 학급 내에서 담임교사가 학교폭력 발생이 어느 수준이고 누가 가담하고 있는지를 살펴볼 수 있는 질문지를 글상자 12-8에 제시하였다.

한편, 담임교사나 교과 교사들에게도 질문지를 활용해서 학교폭력 징후의 단서가 보이

📋 글상자 12-9 학생 정서·행동 특성검사 교사용

학생	이름				
	학교	( ) 학교		학년	( ) 학년
	반	( ) 반		번호	( ) 번
	연령	만 ( ) 세		성별	□남 □여
작성자(직급)					

이 설문은 선생님께서 답변하는 문항입니다. 다음 각 문항을 읽고, 최근 1개월 간 해당 학생 모습에 해당된다고 생각하는 곳에 ○표 해 주십시오.

	문항	전혀 아니다	조금 그렇다	그렇다	매우 그렇다
1	화를 참지 못하고 쉽게 흥분한다.	0	1	2	3
2	다른 아이를 괴롭히고 피해를 준다.	0	1	2	3
3	친구 없이 혼자 다니는 것 같다.	0	1	2	3
4	심각한 규칙 위반(무단결석, 무단조퇴, 상습흡연 등)을 한다.	0	1	2	3
5	말이나 행동을 신뢰하기 어렵다.	0	1	2	3
6	다른 아이로부터 따돌림을 당하는 것 같다.	0	1	2	3
7	자살이나 자해의 위험성이 있다.	0	1	2	3
8	고집이 세서 지시나 충고를 받아들이지 않는다.	0	1	2	3
9	우울해 보인다.	0	1	2	3

출처: 교육부(2018).

는 학생들을 선별할 수 있다. 학생 정서·행동 특성검사 내 교사들이 응답하는 검사 내용을 글상자 12-9에 제시하였다.

3) 3단계: 개별적 개입

가장 적은 수의 학생들로 구성된 3단계는 행동적·정신건강 프로그램과 지원이 가장 많이 필요한 학생을 위한 것이다(Larson & Lochman, 2010). 3차 예방 접근은 부적절한 행동에 대해 효과적으로 대응하는 것을 목표로 한다. 3차 예방 서비스는 보편적 혹은 선별된 2차 예방 과정에 반응하지 않아 결국 학교폭력에 연루된 학생을 위한 것이라 하겠다. 소집단 상담이나 개인상담의 개별적인 개입의 효과는 학교 전체나 학급 수준에서 더 큰 행동 지원의 맥락 속에서 이루어지는 것을 전제로 한다.

학교폭력은 관련된 학생과 부모 그리고 교사에게 지울 수 없는 상처와 큰 스트레스를 경험하게 하는 사건이다. 학교상담과 생활지도의 기능이 원만하게 이루어져 학교폭력 사건이 발생하지 않길 바라지만, 이미 발생하였다면 학교폭력의 영향을 최소화하고 관련된 사람들의 건강한 발달을 위해 학교는 적극적으로 노력해야 한다(송재홍 외, 2017). 학교상담자들은 학교폭력 관련 학생들과 학부모에 대한 개인상담을 통한 3차 예방의 전문가로서의 역할을 수행해야 하고 그 밖의 교원들도 학교상담자와 적극적으로 협조하는 자세가 필요하다. 학교폭력 사안이 발생할 경우의 공식적인 사안 처리는 다음 절에서 살펴보기로 하고, 이 절에서는 개별 접근으로서 학교폭력 관련 학생의 사후지도로서 개인상담 방안에 대해서 살펴보기로 한다.

(1) 피해학생의 위기상담

피해학생을 위한 위기상담은 정서적인 지지를 중심으로 하는 심리상담을 통해 정서적으로 안정시키고, 피해 상황을 구체적으로 파악하여 문제를 해결하여 그 문제가 확대되거나 재발하지 않도록 하며, 후유증이 최소화하도록 하는 것에 목표를 두어야 한다(송재홍 외, 2017). 여기서는 트라우마이론과 대인과정 접근이론에 기초하여 김혜령(2009)이 제안한 학교폭력 피해학생 상담모델을 중심으로 상담 단계별 상담의 주안점을 살펴보기로 한다.

① 1단계: 안전 확립과 심리적 지지체계 구축

학교폭력 가해학생의 처벌 및 중재로 피해학생의 신체적 안전을 확보한 후, 위기상담을 진행한다. 학교상담자는 피해경험의 탐색을 지연하고 관계형성에 초점을 둘 필요가 있다. 피해학생이 겪은 일에 대해 일어나서는 안 될 일이 일어난 상황이라는 것에 심리적 지지를 제공하여 평가나 질책에 대한 두려움을 느끼지 않도록 충분한 돌봄을 제공할 필요가 있다. 피해학생이 충분히 안전하다고 느끼고 상담자와 라포가 형성되면, 내담자의 강점을 찾아 지지하여 자신감을 갖도록 조력한다.

② 2단계: 외상의 기억과 애도, 복합적인 정서에 반응하기

학교폭력 피해 경험에 대한 탐색을 통해 피해학생이 경험한 핵심감정을 찾아 감정을 표현할 수 있도록 수용하고, 감정을 반영하여 피해경험에 대한 노출을 시도한다. 피해상황에 대한 사실의 확인보다는 감정의 탐색에 초점을 둔다. 개방질문과 감정반영을 활용하여 미해결된 감정을 충분히 표현할 수 있도록 한다. 피해경험에 대한 충분한 타당화가 이루어진 후에, 상황에 대한 재해석을 돕고 심리적인 지지에 초점을 둔다. 자신에 대한 긍정적인 self-talk를 생성하도록 돕는 것이 효과적이다(오인수, 김혜지, 이승연, 이미진, 2016).

③ 3단계: 새로운 관계 모색, 대인 대처전략의 이해와 적용

피해경험에 대한 충분한 타당화 작업이 이루어진 이후에는 새로운 관계를 모색하고 인간관계에서 이전보다 효율적인 대처 전략을 구사할 수 있도록 조력한다. 피해경험의 외상으로부터 벗어날 수 있도록 피해경험이라 명명된 것이지만 피해경험의 본질은 인간관계 기술의 부족이라는 점을 볼 수 있도록 재해석하여 외상후 성장에 초점을 둘 필요가 있다(오인수 외, 2016). 고립감과 무력감에서 벗어나 타인과의 신뢰를 회복하고 상담자와 자신이 과거에 맺었던 관계패턴이 아닌 새로운 대인관계 방식과 전략을 연습하도록 개입한다.

④ 4단계: 가족상담적 개입

상담과정에서 상담자와 맺은 새로운 관계 패턴을 부모와 형제, 자매와 새로운 대인관계 방식을 연습하고 가족 내에서 의사소통의 방법을 변화하여 자신이 원하는 것을 분명하게 전달하여 환경을 통제할 수 있는 힘을 키울 수 있도록 조력한다. 가족 구성원 간에 개방적이고 원만한 의사소통 방식으로 대화할 수 있는 가족의 분위기가 아닌 경우가 많기 때문에, 상담자는 학부모를 자문하고 협력을 요청할 필요가 있다(제7장 참조).

⑤ 5단계: 또래관계로의 확장, 단절된 관계의 연결

적응적이고 유연한 또래관계를 형성할 수 있도록 상담과정에서 학습한 사회적 기술을 교실 상황에서 적용할 수 있도록 지지하고 격려한다. 함께 어울리면서도 혼자 지낼 수 있는 내적인 힘을 키울 수 있도록 이 단계에서 상담자는 작은 실천에도 피해학생의 힘을 북돋아 주어 행동 변화를 이끌 필요가 있다.

(2) 가해학생 상담

대부분의 가해자는 가해 사실을 피해자가 생각하는 것 만큼 인정하지 않으며, 가해자가 집단일 경우에는 더욱 인정하지 않고 합리화하려고 하거나 최소화하려고 한다(송재홍 외, 2017). 학부모의 경우에도 마찬가지로 자녀의 폭력을 인정하지 않으려 하고 최대한 자녀를 보호하는 것에 급급하여 사태를 명확하게 보려 하지 않는 경우가 많다. 가해학생을 대상으로 개인상담을 진행할 경우에는 다음의 단계에 따라 진행할 수 있다.

첫째, 사소한 폭력도 폭력행위라는 것을 알게 하고 어떤 경우에도 폭력은 정당하지 못하다는 것을 인식시키는 것에서부터 상담이 진행될 필요가 있다. 또한 피해학생이 당한 피해 상황을 있는 사실대로 알려 주고 그 충격을 이해할 수 있도록 한다. 추후 어떤 조치가 취해질 수 있는지에 대해서도 규정대로 알려 줌으로써 폭력행동의 결과에 대한 현실적인 상황에 대한 이해를 할 수 있도록 조력해야 한다.

둘째, 폭력의 비정당성에 대한 인식을 대전제로 가해학생의 상담은 자신의 폭력적 행위의 원인이 타인에게 있는 것이 아니라 자신에게 있고, 그러한 행위의 결과에 대해 책임을 느낄 수 있도록 하는 데 목표를 두어야 한다. 그러나 겉으로 드러난 폭력행동의 이면에 가해학생의 심리적인 상황을 공감하고 수용하여 신뢰로운 상담 관계를 형성할 필요가 있다. 가해학생은 주변의 관계에서 도덕적 판단에 의해 평가나 처벌을 받은 경험이 많기 때문에 상담자와의 상담도 처벌로 인식하기 쉬울 수 있다. 따라서 상담자는 최대한 훈계나 처벌 위주의 이야기는 삼가야 한다.

셋째, 폭력행동의 이면에 어떤 욕구가 있었는지를 파악하고 비공격적인 대안 행동에 대해 학습할 수 있도록 상담을 진행할 필요가 있다. 제7장 집단지도와 집단상담에서 학습한 비폭력대화의 방법을 활용하여 학생의 내면의 욕구가 무엇인지 공감하고 수용하면서 함께 그 욕구가 무엇인지 찾아 공격적인 방식이 아닌 다른 대안적 행동에 대해 연습할 수 있는 기회를 제공한다.

넷째, 공격적인 성향이 강한 가해학생인 경우에는 사회인지적 정보처리 과정에서 인지적 왜곡과 결함의 문제가 있을 수 있으므로, 분노조절 사회기술 훈련 모형(Larson & Lochman, 2014)을 적용할 수 있다. 이에 대해서는 제11장에서 공격성 문제에 대한 상담내용을 참고하길 바란다.

4. 학교폭력 사안 처리

학교폭력을 감지 또는 인지하게 되면 사안 처리 절차에 따라서 학교폭력의 문제가 더 악화되기 전에 사전 개입을 하고 더 큰 문제를 예방해야 한다. 「학교폭력 예방법」에 기초한 사안 처리의 흐름은 초기 대응, 사안 조사, 학교장 자체해결 여부 심의, 심의위원 조치 결정, 조치이행의 순서로 진행된다([그림 12-1]). 흐름도에 따라서 사안 처리 안내 사항에 대해서 간략히 살펴보기로 한다.

1) 초기 대응

「학교폭력 예방법」 제20조(학교폭력의 신고의무) 제4항에 의해서 누구라도 학교폭력의 예비, 음모 등을 알게 된 자는 이를 학교의 장 또는 심의위원회에 고발할 수가 있다. 「학교폭력 예방법」 제14조(전문상담교사 배치 및 전담기구 구성) 제4항에 의해 학교의 장은 학교폭력 사태를 인지한 경우 지체 없이 전담기구 또는 소속 교원으로 하여금 가해 및 피해 사실 여부를 확인하도록 하고, 전담기구(교감, 책임교사, 보건교사, 상담교사)로 하여금 제13조의 2에 따른 학교장의 자체해결 부의 여부를 심의하여야 한다.

(1) 학교폭력 감지 · 인지 노력

교사는 학교에서 많은 시간을 학생들과 같이 보내므로, 학교폭력의 행동 단서들에 주의를 기울여 학교폭력 발생 전에 그 징후를 발견할 필요가 있다. 학생들의 행동이나 교실 분위기 등을 보고 학교폭력이라고 느끼어 알게 되거나(감지), 학생 또는 학부모의 직접 신고, 목격자 신고, 제3자 신고, 기관통보, 언론 및 방송 보도, 상담 등으로 학교폭력 사안을 알게 되는 경우(인지)에 신속하고 적극적으로 개입해야 한다(교육부, 2020).

(2) 신고접수

다양한 경로를 통해 학교폭력 신고를 하게 되면 신고접수 대장에 기록을 하고 학교장에게 즉시 보고해야 한다. 또한 보호자와 해당학교에 통보하고 인지한 후 48시간 이내 교육청에 보고한다. 이후 초기개입으로 관련 학생들의 안전 조치를 취한다. 보호자에게 연락을 하고 폭력 유형별 초기 대응을 실시한다.

신고방법에는 학생의 구두, 신고함, 설문조사, 이메일 등의 교내 신고가 있으며 교외 신고방법은 117 학교폭력 신고센터를 통해 접수할 수 있다. 전국에서 국번 없이 117, 문자 #0117, 인터넷 안전Dream(또는 검색어 117)으로 신고할 수 있으며, 117센터에 직접 방문하여 신고할 수도 있다. 신고할 경우 신변 비밀보장에 대해 학생들에게 꼭 알려 주고 보호조치를 취한다는 사실을 인식할 수 있도록 한다.

2) 사안 조사

학교폭력 전담기구는 신고받은 사안에 대해 기록, 관리하고 학부모에게 통보해야 한다. 전담기구란 「학교폭력 예방법」 제14조(전문상담교사 배치 및 전담기구 구성) 제3항에 의해 구성된다. 즉, 학교의 장은 교감, 전문상담교사, 보건교사 및 책임교사(학교폭력문제를 담당하는 교사), 학부모 등 학교폭력 문제를 담당하는 전담기구를 구성해야 한다. 이 경우 학부모는 전담기구 구성원의 3분의 1 이상이어야 한다.

(1) 전담기구의 역할

전담기구는 피해 및 가해 사실 여부에 대해 조사하고 사안 조사 결과를 보고서로 작성하여 학교장에게 보고해야 한다. 관련 학생의 면담, 주변학생 조사, 설문조사, 객관적인 입증자료 등을 수집하고 피해 및 가해학생에 대해 심층면담을 실시한다. 심층면담 조사 시 전문가를 활용할 수 있으며 학교폭력 행위의 유형별 중점적으로 파악할 내용을 조사한다. 필요한 경우, 보호자 면담을 통해 각각의 요구사항을 파악하고 사안과 관련하여 조사된 내용을 관련 학생의 보호자가 충분히 이해할 수 있도록 안내한다.

(2) 학교폭력 행위의 유형별 중점 파악 요소

심층면담 시 사안의 학교폭력 유형에 따라 다음의 중점 내용을 파악한다. 신체적 폭력의 경우 상해의 심각성, 감금 · 신체적 구속 여부, 성폭력 여부를 확인하고, 경제적 폭력의

그림 12-1 학교폭력 사안 처리 흐름도

경우, 피해의 심각성(액수, 빈도, 지속성), 반환 여부, 손괴 여부, 협박/강요의 정도를 파악한다. 정서적 폭력의 경우 지속성 여부, 협박/강요의 정도, 성희롱 여부, 언어적 폭력인 경우, 사용된 욕설/비속어, 허위 정보 유출 등의 허위성, 성희롱 여부 등을 확인한다. 끝으로 사이버 폭력인 경우, 명의 도용, 폭력성/음란성 유포의 정도, 사이버 성폭력 여부 등을 파악한다.

(3) 피해학생 보호를 위한 긴급조치

학교장은 「학교폭력 예방법」 제16조(피해학생의 보호)에 의거, 피해학생의 보호를 위하여 긴급하다고 인정하거나, 피해학생이 긴급보호 요청을 하는 경우에는 학교장 자체해결 혹은 심의위원회 개최 요청 전에 제1호, 제2호 및 제6호의 조치를 할 수 있다(제1호: 학내외 전문가에 의한 심리상담 및 조언, 제2호: 일시보호, 제6호: 그 밖에 피해학생의 보호를 위하여 필요한 조치). 피해학생에 대한 긴급조치는 심의위원회에 즉시 보고해야 한다.

(4) 가해학생 선도를 위한 긴급조치

학교장은「학교폭력 예방법」제17조(가행학생에 대한 조치)에 의거, 가해학생에 대한 선도가 긴급하다고 인정할 경우 우선 제1호(피해학생에 대한 서면사과), 제2호(피해학생 및 신고발 학생에 대한 접촉, 협박 및 보복 행위의 금지), 제3호(학교에서의 봉사), 제5호(학내외 전문가에 의한 특별교육이수 또는 심리치료) 및 제6호(출석정지)의 조치를 취할 수 있으며, 제5호와 제6호는 병과조치할 수 있다.

학교장이 우선 출석정지를 할 수 있는 사안은 2명 이상이 고의적·지속적으로 폭력을 행사한 경우, 전치 2주 이상의 상해를 입힌 경우, 신고, 진술, 자료제공 등에 대한 보복을 목적으로 폭력을 행사한 경우, 학교장이 피해학생을 가해학생으로부터 긴급하게 보호할 필요가 있다고 판단하는 경우이다(시행령 제21조). 가해학생에 대한 긴급조치는 심의위원회에 즉시 보고하고 추인을 받아야 한다. '일부추인'이나 '추인하지 않음'을 결정하였더라도 긴급조치를 결정할 당시에 그 필요성이 인정된다면 '긴급조치'가 문제되지는 않는다.

(5) 학생 및 보호자 상담

피해학생, 가해학생 모두 개별적으로 상담을 진행한다. 집단폭행이나 목격학생을 조사할 때에는 관련 학생 모두를 한꺼번에 불러 다른 장소에서 일제히 조사하는 것이 바람직하다. 그렇지 않으면 상황을 조작할 가능성이 있고, 소수 학생의 의견에 다른 학생들이 동조할 위험이 있다. 피해학생과 가해학생의 상담 시 주의 사항에 대해서는 앞 절에서 다루었기 때문에 여기에서는 생략한다.

보호자를 상담할 경우에, 학교에서 책임을 회피하는 태도, 학생과 가정의 책임으로 전가하는 태도, 사안을 축소하는 태도 등을 지양하고 공정하게 사안을 조사하고 학생들을 지도할 것에 대해 정중하게 알릴 필요가 있다. 또한 보호자의 심정을 충분히 공감하고 이해하며 경청하는 태도로 상담에 임해야 한다.

3) 학교장 자체해결 여부 심의

학교장 자체해결의 객관적 요건 충족 여부 및 피해학생과 그 보호자의 학교폭력대책심의위원회 개최요구 의사를 확인한다. 자체해결 요건은 2주 이상의 신체적·정신적 치료를 요하는 진단서를 발급받지 않은 경우, 재산상 피해가 없거나 즉각 복구된 경우, 학교폭력이 지속적이지 않은 경우, 학교폭력에 대한 신고, 진술, 자료제공 등에 대한 보복행위가 아닌 경우를 말한다. 자체해결 요건이 충족되더라도 피해학생 및 보호자가 학교폭력대책심의위원회 개최를 요구하면, 반드시 심의위원회 개최를 요청한다. 만약 자체해결에 동의를 하여 서면 확인서를 제출할 경우, 심의위원회를 개최할 수 없음을 알려야 한다. 자체해결 요건 미충족 시, 학교폭력대책심의위원회를 개최하여 위원회는 피해 및 가해 사실 내용에 대해 종합적으로 정리하여 학교의 장 및 심의위원회에 보고한다.

4) 심의위원회 조치결정

심의위원회의 구성 및 운영, 심의위원회 절차에 따른 학교의 역할, 조치결정 이후의 절차에 대해서 살펴보도록 한다.

(1) 심의위원회의 구성 및 운영

「학교폭력 예방법」 제12조(학교폭력대책심의위원회 설치·기능), 제13조(심의위원회 구성·운영), 「학교폭력 예방법 시행령」 제13조(심의위원회 설치 및 심의사항) 등에 의해서 심의위원회는 학교폭력의 예방 및 대책에 관련된 사항을 심의하는 교육지원청 내의 법정위원회이다. 심의위원회에서 심의할 사항은 학교폭력의 예방 및 대책, 피해학생의 보호, 가해학생에 대한 선도 및 징계, 피해 및 가해 학생 간의 분쟁조정, 그 밖에 대통령령으로 정하는 사항이다.

심의위원회는 위원장 1인을 포함하여 10명이상 50명 이내의 위원으로 구성하되, 「학교폭력 예방법」(제13조 제1항)에 따라 3분의 1이상을 해당 교육지원 관할 구역 내 학교에 소속된 학부모로 위촉하여야 한다. 심의방식은 대면 심의를 원칙으로 한다. 즉, 피해 및 가해 학생 및 보호자가 심의위원회에 직접 출석하여 진술해야 한다.

(2) 심의위원회 절차에 따른 학교의 역할

심의위원회 절차에 따른 학교의 역할을 살펴보면, 학교폭력대책심의위원회 개최 요청에 대한 공문을 접수하고 학교폭력 사안 조사 보고서 등을 제출하게 되면 심의위원회가 소집이 되고 심의위원회 준비를 위해 관련자료 제출 등의 협조를 한다. 심의위원회의 요청에 따라 해당 학교의 관련 교원에게 의견을 들을 수 있으므로 학교는 이에 최대한 협조하여야 한다.

(3) 조치결정 이후의 절차

교육장은 심의위원회 조치결정 후, 피해 및 가해 측에 서면으로 조치결정을 통보한다. 관련학생에게 내려진 조치뿐만 아니라, 조치가 내려진 근거와 이유를 제시해야 한다. 피해학생 보호조치는 「학교폭력 예방법」 제16조 제1항, 가해학생에 대한 조치는 동법 제17조 제1항에 따른다. 이에 대한 내용을 〈표 12-6〉에 제시하였다.

교육장은 조치결정 후 학교에 공문으로 조치결정을 통보하고 이때 학교장은 교육장의

표 12-6　피해학생 보호조치 및 가해학생에 대한 조치 사항

피해학생 보호조치(법률 제16조 제1항)		가해학생에 대한 조치(법률 제17조 제1항)	
• 제1호: 학내외 전문가에 의한 심리상담 및 조언	• 학교폭력으로 받은 정신적 · 심리적 충격으로부터 회복할 수 있도록 학교 내외의 심리상담 전문가로부터 심리상담 및 조언을 받도록 하는 조치 • 학교 내 상담교사가 없을 시 지역 내 피해학생 전담지원 기관, Wee센터, 정신건강복지센터, 청소년상담복지센터, 전문상담기관 등 외부기관을 통하여 진행할 수 있음.	• 제1호: 피해학생에 대한 서면 사과	• 가해학생이 피해학생에게 서면으로 그동안의 폭력행위에 대하여 사과하는 조치
• 제2호: 일시 보호	• 가해학생으로부터 지속적인 폭력이나 보복을 당할 우려가 있는 경우, 일시적으로 보호시설이나 집 또는 학교상담실 등에서 보호를 받을 수 있도록 하는 조치	• 제2호: 피해학생 및 신고 · 고발 학생에 대한 접촉, 협박 및 보복행위의 금지	• 피해학생이나 신고 · 고발 학생에 대한 가해학생의 접근을 막아 더 이상의 폭력이나 보복을 막기 위한 조치

• 제3호: 치료 및 치료를 위한 요양	• 학교폭력으로 인하여 생긴 신체적 · 정신적 상처의 치유를 위하여 의료기관 등에서 치료를 받도록 하는 조치 • 피해학생이 보호조치로 집이나 요양기관에서 신체적 · 심리적 치료를 받을 때는 치료기간이 명시된 진단서 또는 관련 증빙자료를 첨부하여 학교에 제출하도록 보호자에게 안내할 수 있음.	• 제3호: 학교에서의 봉사	• 교내에서 봉사활동을 통해 자신의 행동을 반성하는 기회를 주기 위한 조치
• 제4호: 학급 교체	• 지속적인 학교폭력 상황 및 정신적 상처에서 벗어나도록 하기 위해서 피해학생을 동일 학교 내의 다른 학급으로 소속을 옮겨 주는 조치 • 피해학생 입장에서 새로운 학급에 적응해야 하는 부담이 있으므로, 조치결정에 있어 피해학생 및 보호자의 의견을 적극 반영하는 것이 바람직함.	• 제4호: 사회봉사	• 학교 밖 행정 및 공공기관 등 관련기관에서 사회구성원으로서의 책임감을 느끼고, 봉사를 통해 반성하는 시간을 마련하기 위한 조치
• 제5호: 삭제	〈2012. 3. 21〉	• 제5호: 학내외 전문가에 의한 특별교육 이수 또는 심리치료	• 교육감이 정한 기관에서 특별교육을 이수하거나 심리치료를 받아야 하며, 그 기간은 심의위원회에서 정함.
		• 제6호: 출석정지	• 가해학생을 수업에 출석하지 못하게 함으로써 일시적으로 피해학생과 격리시켜 피해학생을 보고하고, 가해학생에게는 반성의 기회를 주기 위한 조치 • 가해학생에 대한 출석정지 기간은 출석일수에 산입하지 않음.
		• 제7호: 학급교체	• 가해학생을 피해학생으로부터 격리하기 위해 같은 학교 내의 다른 학급으로 옮기는 조치

		• 제8호: 전학	• 가해학생을 피해학생으로부터 격리시키고 피해학생에 대해 더 이상의 폭력행위를 하지 못하도록 하기 위해 다른 학교로 소속을 옮기도록 하는 조치 • 전학 처분 시 교육감 또는 교육장은 전학 조치된 가해학생과 피해학생이 상급학교에 진학할 때 각각 다른 학교를 배정해야 함. 이 경우 피해학생이 입학할 학교를 우선적으로 배정함.
		• 제9호: 퇴학처분	• 피해학생을 보호하고 가해학생을 선도·교육할 수 없다고 인정될 때 취하는 조치. 다만 의무교육과정에 있는 가해학생에 대하여는 적용하지 아니함.

조치결정에 따른 조치의 이해에 협조하여야 한다(「학교폭력 예방법」 제19조 제1항, 학교장의 의무). 학교장은 가해측이 조치결정을 통보받은 후 조치이행이 이루어질 수 있도록 한다. 조치를 이행한 후에는 교육(지원)청에 그 결과를 보고한다.

5) 조치이행과 조치불복 절차

피해학생 및 가해학생에 대한 조치가 결정되어 통보되면 학교장은 조치를 이행하고 해당 교육청에 보고해야 한다. 만약, 조치에 대하여 이의가 있는 피해학생 또는 그 보호자와 가해학생 또는 그 보호자는 「행정심판법」에 따른 행정심판을 청구할 수 있다.

(1) 행정심판

행정심판이란 행정청의 위법·부당한 처분이나 부작위로 권리 또는 이익을 침해받은 국민이 이를 회복하기 위하여 행정기관에 제기하는 권리구제제도이다. 교육장의 조치에 대하여는 처분이 있음을 알게 된 날부터 90일 이내, 처분이 있었던 날부터 180일 이내에 행정심판을 청구할 수 있다. 이 두 기간 중 어느 하나라도 도과하면 행정심판청구를 할 수 없다. 자세한 행정심판의 절차는 중앙행정심판위원회(http://center.simpan.go.kr)를 참조하면 된다.

(2) 행정소송

행정소송이란 행정청의 위법한 처분 그 밖에 공권력의 행사·불행사 등으로 인한 국민의 권리 또는 이익의 침해를 구제하고 공법상의 권리관계 또는 법적용에 관한 다툼을 적정하게 해결하기 위하여 법원이 행하는 재판절차이다. 교육장의 조치에 대하여 이의가 있는 당사자는 행정심판을 거치지 않고 바로 행정소송을 제기할 수 있다. 취소소송은 처분이 있음을 안 날부터 90일 이내에 제기하여야 하며, 처분이 있은 날로부터 1년을 경과하면 제기할 수 없다(「행정소송법」 제20조).

지금까지 학교폭력 예방 및 상담에 대해 살펴보았다. 학교폭력의 문제가 질적으로 흉포화되어 이를 막기 위해 「학교폭력 예방법」을 강화하여 학교폭력의 사안 처리의 과정이 관련 법률에 의거하여 이루어지고 있음을 알 수 있다. 학생들의 인성 및 사회성 발달을 위한 학교상담과 생활지도가 학교 제도 안에서 그 기능을 제대로 발휘하는 것을 대전제로 법률적 조치가 적용될 때, 교육의 본질이 훼손되지 않을 것이다. 학생들의 인성 및 사회성 발달을 등한시한 채 학교에서 발생하는 폭력행동에 대해 폭력 사안으로 처리하는 것은 학교가 교육기관이 아니라 범죄 수사 기관으로 전락하는 것이나 다름이 없다. 따라서 학교상담과 생활지도를 강화하여 학교폭력을 예방해야 할 것이다.

수업활동 12-1 **영화 〈친구〉를 통해 본 폭력에 대한 사회문화적 인식에 대한 토의**

◎ 우리 사회는 "아이들은 싸우면서 큰다."라는 말을 흔히 사용하면서 학교폭력 문제에 대해서 관대한 문화적 성향이 있었다. 과거에 흥행한 유명한 영화 〈친구〉는 학교폭력의 전형적인 사례일 수도 있지만, 대중매체는 '친구의 의리'라는 것으로 포장하여 암묵적으로 학교에서 발생하는 폭력에 대해 성장기 과정 동안 경험할 수 있는 학교 문화로 인식하게 한 문제가 있다. 이러한 맥락적 상황에서는 폭력을 행사한 가해자는 크게 문제의식을 갖지 못하는 반면, 피해자는 피해를 당한 것에 대해 수치심을 느끼고 숨기려는 경향이 있다. 폭력에 대한 이러한 사회문화적 인식의 문제점은 무엇인지 그리고 폭력에 대한 바람직한 인식을 갖게 하기 위해서 가정, 학교, 지역사회에서 이루어져야 할 방안에 대해서 토의하고 발표해 보자.

1. 우리 사회의 폭력에 대한 관대한 사회문화적 인식에 대한 문제점

_____

_____

2. 폭력에 대한 바람직한 인식 형성을 위한 실행 방안

_____

_____

참고문헌

강민규, 최윤정(2017). 단기 마음챙김 명상이 학교폭력 가해 청소년의 공감 및 자기조절능력에 미치는 효과. 상담학연구, 18(5), 191-212.

교육부(2016). 학교폭력 실태조사 결과.

교육부 (2020). 학교폭력 사안처리 가이드북(개정판).

교육인적자원부(2005). 학교폭력 유형별 대처사례집.

김내현, 최윤정(2020). 청소년이 지각한 가정에서의 정서적 학대 및 방임 경험과 학교부적응의 관계: 대인관계 유능성을 통한 사회적 지지의 조절된 매개효과. 교육혁신연구, 30(1), 219-238.

김혜령(2009). 학교폭력 피해 학생의 상담적 접근을 위한 방안 연구: 트라우마 이론과 대인과정접근 이론을 중심으로. 서울여자대학교 대학원 석사학위논문.

문용린, 김준호, 임영식, 곽금주, 최지영, 박병식, 박효정, 이규미, 정규원, 김충식, 이정희, 신순갑, 진태원, 장현우, 박종효, 강주현, 이유미, 이주연, 박명진(2006). 학교폭력 예방과 상담. 서울: 학지사.

박예라, 오인수(2018). 초등학생의 괴롭힘 경험과 주변인행동의 관계: 또래동조성과 학급규준의 조절효과를 중심으로. 아시아교육연구, 19(1), 1-17.

송재홍, 김광수, 박성희, 안이환, 오익수, 은혁기, 정종진, 조붕환, 홍종관, 황매향(2017). 학교폭력의 예방과 상담-이론과 실제(2판). 서울: 학지사.

여성가족부(2017). 학교 성희롱 · 성폭력 사건처리 표준매뉴얼 개발.

오인수, 김혜미, 이승연, 이미진(2016). 학교폭력의 맥락적 이해에 기초한 효과적인 상담전략. 상담학연구, 17(2), 257-279.

유형근, 권순영, 신미진, 이은영(2010). 집단 따돌림에 갇힌 아이들. 서울: 학지사.

이경희, 고재홍(2006). 유형별 초등학생 집단따돌림 발생원인의 비교: 사회관계모형 분석. 한국심리

학회지 일반 Vol. 25, No.1 (2006----), 23-45.

이세정, 고은숙, 이호준(2018). 학교폭력 가해 청소년의 보호요인과 위험요인에 대한 영향. 한국엔터
    테인먼트산업학회논문지, 17(5), 147-156.

이숙정, 박소연, 이희현, 유지현(2015). 학교폭력 피해경험 관련 학교차원 보호요인에 대한 메타분
    석. 교육심리연구, 29(3), 633-652.

이승연, 오인수, 이주연(2014). 초등학교 학교폭력 가해, 피해, 가해-피해 집단의 심리사회적 특성.
    청소년학연구, 21(5), 391-416.

정여주, 선혜연, 신윤정, 이지연, 오정희, 김한별, 김옥미(2018). 학교폭력 예방 및 학생의 이해. 서울:
    학지사.

청소년폭력예방재단 (2014). 학교폭력실태 조사.

Borum, R. (2000). Assessing violence risk among youth. *Journal of Clinical Psychology, Volume
    56, Issue 10*, 1263-1288.

Coloroso, B. (2003). *The Bully, Bullied and the Bystander*. NY: Harper Collins.

Dishion, T. J., & Dodge, K. A. (2005). Peer contagion in interventions for children and
    adolescents: Moving towards an understanding of the ecology and dynamics of change.
    Journal of Abnormal Child Psychology, 33(3), 395-400.

Dodge, K. A. (1993). Social-cognitive mechanism in the development of conduct disorder and
    aggression. *Annual Review of Psychology, 44*, 559-584.

Dodge, K.A. (1991) The structure and function of reactive and proactive aggression. In: Pepler,
    D. and Rubin, K., (Eds.), *The Development and treatment of Childhood aggression* (pp. 201-
    218). Hillsdale, NJ: Erlbaum.

Farrington, D. (2019). The development of violence from age 8 to 61. *Aggressive Behavior, 45*(4),
    365-376.

Fix, R. L., & Fix, S. T. (2012). The effects of mindfulness-based treatments for aggression: A
    critical review. *Aggression and Violent Behavior, 18*, 219-227.

Heilbron, N., & Prinstein, M. J. (2008). Peer influence and adolescent nonsuicidal self-injury: A
    theoretical review of mechanisms and moderators. *Applied and Preventive Psychology, 12*,
    169-177.

Hirata, S., & Sako, T. (1998). Perceptions of school environment among Japanese junior high
    school, non-attendant, and juvenile delinquent students. *Learning Environments Research 1*,
    321-331.

James, A. (2010). School bullying. London: NSPCC. www. nspcc.org.uk/inform/

Larson, J., & Lochman, J. E. (2010). *Helping schoolchildren cope with anger* (2nd ed.): A *cognitive-behavioral intervention*. NY: Gilford press.

Moos, R. H. (1991). Connections between school, work, and family settings. In B. J. Fraser & H.J. Walberg (Eds.), *Educational environments: evaluation, antecedents and consequences* (pp. 29-54). Oxford: Pergamon Press.

Novak, S. P., & Clayton, R. R. (2001). The influence of school environment and self-regulation on transitions between stages of cigarette smoking. *Health Psychology, 20*(3), 196-207.

Olweus, D. (1991). Bully/victim problems among schoolchildren: Basic facts and effects of a school based intervention programme. In D. Pepler & K. Rubin (Eds.), *The development and treatment of childhood aggression* (pp. 411-448). Hillsdale, NJ: Erlbaum.

Olweus, D. (1993). *Bullying at school: What we know and what we can do*. MA: Blackwell.

Patterson, G. R., Reid, J. B., & Dishion, T. J. (1992). *Antisocial boys*. OR: Castalia.

Steffgen, G., Recchia, S., & Viechtbauer, W. (2012). The link between school climate and violence in school: A meta-analytic review. *Aggression and Violent Behavior, 18*, 300-309.

Thomas, M. R. (2006). *Violence in America's schools: Understanding, prevention, and responses*. CT: Praeger Publishers.

http://easylaw.go.kr/
https://namu.wiki

제4부

학교상담과 생활지도의 책무성 실현

제13장 _ 학교상담 개입의 평가

청소년 정신건강의 개선과 예방을 위한 상담과 심리적 지원의 필요성은 학생들의 학업, 진로, 인성 및 사회성 발달을 조력하는 학교상담 서비스 기능의 확대를 요구한다. 학교에서 학생의 정의적 영역의 발달을 담당하고 있는 학교상담 영역에서 제공하는 개입이 학교 현장에서 다양하게 실행되고 있는 오늘날, 이러한 개입들이 본래 취지에 맞게 실행되고 그 목표를 달성하는지에 대한 지속적인 모니터링과 평가는 학교상담이 학생들을 위한 효과적인 개입이라는 증거를 제시할 수 있다. 이러한 평가 활동은 학교상담이 학교에서 진정한 교육으로 자리매김할 수 있는 수단이 되기도 한다.

이 책의 마지막 제4부는 학생의 인성 및 사회성, 학업, 그리고 진로 발달을 촉진하기 위한 종합적인 학교상담 프로그램과 정책들이 학생들의 정의적 영역의 발달과 적응을 향상시키는 데 효과가 있는지에 대한 평가를 통해 교육의 책무성을 실현시킬 수 있는 방안을 학습하는 것에 목표가 있다.

제13장

학교상담 개입의 평가

학교상담의 새로운 프로그램과 정책이 교육이 목표로 하는 효과성을 가져오는지에 대한 과학적인 연구는 증거-기반 실제로서 학교상담의 질적 향상을 가져올 뿐만 아니라, 그 자체는 상담과 교육의 책무성을 확인할 수 있는 방법으로 잠재적인 서비스 대상자인 학생들에게 유익한 일이기도 하다. 이러한 증거-기반 실제를 위한 학교상담 개입의 평가는 학교상담자, 교사, 부모 그리고 교육 행정가 등 학교 공동체 구성원들에게 보다 효과적인 상담 개입에 대한 실증적 정보를 제공함으로써 교육의 책무성(서울대특수교육연구소, 2012; Schmidt, 2014)을 실현하는 데 기여할 수 있다.

이 장은 학교상담이 본래의 목표를 달성하고 있는지 그리고 목표를 성취한다면 어떠한 성과로 나타나는지를 확인할 수 있는 평가의 방법을 학습하고, 왜 이러한 평가활동이 학교상담에서 중요한가에 대해 교육의 책무성 측면에서 살펴보고자 한다. 구체적으로, 학교상담 맥락에서의 책무성, 학교상담 프로그램의 평가, 증거-기반 실제를 위한 학교상담의 효과성 연구, 학교상담자 수행평가에 대해서 알아보기로 한다.

1. 학교상담 맥락에서의 책무성

미국의 경우, 1960년대 초반부터 책무성(accountability)의 문제가 학교상담자의 역할과 기능에 필수적인 것으로 나타나기 시작했다(Erford, 2011; Schmidt, 2014; Stone & Dahir, 2011). 책무는 행위에 대한 단순 책임을 나타내는 것이 아니라, 행위 이행자는 자신의 책임을 이행할 의무를 지니고 행위 요구자는 이를 평가할 의무를 지닌다는 점에서 책임보다 책무가 더 포괄적인 의미로서 평가의 요소가 포함된다(책임⊂책무). 미국의 경우, 이러한 책무성이 강조된 배경은 교육재정이 줄어든 문제와 결부되는데, 교육재정이 줄어들면서 어설프고 비효율적으로 보이는 인력과 프로그램들이 학교현장에서 수시로 제거되었고, 이때 학교상담 프로그램이 이러한 제거 대상에 포함되는 경우가 흔했기 때문이다(Schmidt, 2014). 따라서 학교상담자들은 학교상담이 유익하고 비용 면에서도 효율적이라는 점을 정당화하고 방어할 필요가 있었다.

우리나라의 경우, 1964년 교도교사제도가 시작된 이래로 약 60년의 학교상담 발전사 속에서 학교상담의 체제가 구축되어 괄목할 만한 성장을 해 왔고, 이제는 이러한 책무성을 바탕으로 정의적인 영역에서 학생들의 성취를 보여 줌으로써 학교교육에서 학교상담의 입지를 공고히 할 필요가 있다. 따라서 학교상담자들은 자신이 적용하는 다양한 상담 서비스의 성과가 무엇이고 어떤 개입들이 보다 효과적인지에 대한 정보를 제공해야 할 것이다.

1) 책무성에 대한 저항

몇몇 상담자는 이러한 책무성에 대해 다양한 이유로 저항해 왔다(Baker & Gerler, 2008). 미국의 학교상담자를 대상으로 조사된 상담자의 책무성에 대한 저항 이유(Schmidt, 2014; Studer, 2005)에는 상담자들이 프로그램을 계획하고 평가해야 하는 시간이 부족하고, 조력관계에서 상담자들이 하는 내용에 대해 측정하는 것에 대한 거부감, 연구와 책무 사이의 차이에 대한 혼란, 상담자들의 효율성을 평가할 수 있는 자료를 수집하여 나올 수 있는 결과에 대한 두려움 등으로 나타났다. 국내 초·중·고·대학 및 일반상담기관에서 근무 중인 125명의 상담전문가를 대상으로 책무성 평가가 수용되지 못하는 이유를 조사한 임경희(2015)의 연구 결과에 의하면, '상담 성과를 단기간에 입증하기 어려워서(M=3.38)' '평가결과가 서열화로 연결된다는 부정적인 인식(M=3.37)' '책무성 평가에 대한 심리적인 부담감 때문에(M=3.11)'의 순이었다.

2) 책무성의 중요성

이와 같은 책무성에 대한 저항에도 불구하고 학교상담자들은 대중에게 그들의 가치를 증명하기 위해 책무활동을 수행해야 하며, 책무활동에 필요한 기술을 획득할 필요가 있다. 전문상담교사의 역할과 직무에 대한 국내 연구자들에 의하면, 전문상담교사의 역할 중 교육자 및 연구자의 역할과 연구 활동의 직무에 대해서 강조하고 있다(제2장, 〈표 2-5〉 참조).

글래딩(Gladding, 2009)은 프로그램의 효과를 입증해 내지 못하는 것은 비윤리적 행동에 가까운 행위라 언급하였으며 스투더(Studer, 2005)는 평가가 이루어지지 않으면 평범한 서비스를 제공하는 데 그치게 된다고 하면서 학교상담자의 책무성을 강조한 바 있다. 그러나 국내 학교상담자들에게 책무성 평가에 대한 인지도를 조사한 결과(임경희, 2015), 책무성 평가가 무엇인지 모르는 상담자의 비율이 50.4%로 절반을 넘는 것으로 나타났다. 예산과 시간을 마련하여 학생들에게 제공하는 학교상담 개입이 실제 어떠한 효과가 있고 교육의 목표의 측면에서 얼마나 성과가 있는지에 대한 신뢰로운 정보를 제공하는 일은 학교상담의 전문성을 담보하는 것이다. 책무활동을 수행하는 일은 잠재적인 서비스 대상자인 학생들과 정책 결정자 그리고 학교상담자 자신에게도 필요한 정보를 제공하기 때문에 학교상담 개입의 성과평가 역량은 학교상담자의 필수 역량이라 하겠다. 따라서 예비교사나 전문상담교사들의 양성 과정에서 학교상담의 책무성이 왜 중요한지에 대한 교육이 이루어질 필요가 있다.

3) 책무성에 대한 원칙과 지침

학교의 효과성을 평가하기 위해서 교사에 대한 학생 및 학부모의 평가가 있듯이, 학교상담자들도 똑같이 평가가 이루어질 필요가 있다. 특히, 상담 서비스는 상담자의 전문적·인성적 자질에 의해서 크게 영향을 받기 때문에 상담자는 상담 도구로서 자신을 객관화하여 살피고 평가하는 일을 두려워하기보다는 전문성 향상과 발달의 측면에서 평가 활동에 임해야 할 것이다. 여러 상담연구 문헌에 제시된 모형과 방법들은 책무성 실현을 위해 몇 가지 원칙과 지침들을 공유하고 있다(Stone & Dahir, 2011). 이에 대해 글상자 13-1에 제시하였다.

글상자 13-1 책무성 실현을 위한 원칙과 지침들

1. 평가 과정에 참여하는 모든 사람이 학교상담 프로그램의 목표를 정의하고 그에 동의해야 한다.
2. 학교상담 프로그램에 참여하고 서비스를 받는 모든 사람들이 평가과정에 참여해야 한다.
3. 평가자료를 수집하는 데 사용된 도구와 과정은 학교상담 프로그램의 목표와 서비스의 평가에 타당해야 한다.
4. 프로그램 평가는 유용한 서비스와 효과적인 서비스 방법이 무엇인지 확인하는 것을 목표로 하는 지속적인 과정이다.
5. 국가와 지역의 적극적인 리더십이 필수적이다.
6. 상담자 수행평가의 주요 목적은 학교가 임무를 달성하도록 돕는 상담자를 원조하는 것이다.
7. 상담자의 전문성을 발달시키고 숙련되도록 고무하는 것과 관련된 목적은 학교가 학교의 목표를 달성하도록 돕는 데 있어 똑같이 중요하다.
8. 프로그램 평가와 상담자 수행평가는 평가과정을 통해 수집된 결과들을 근거로 발생된다.
9. 평가는 평가자들이 그것의 긍정적인 목표를 강조할 때 가장 유용하고 효과적이다.
10. 만약 학교상담자의 고용 목적이 학생의 성공적인 학업적 성취를 돕고자 하는 것이라면, 학생의 성공과 관련된 적절한 변인이 책무성의 절차를 활용하여 측정되어야 한다.

스톤과 다히르(Stone & Dahir, 2011)는 상담자 책무성 모형의 여섯 가지 단계를 제시하였는데, 이른바 두문자로 'MEASURE'라 칭하였다. 6단계 모형은 학교상담자들이 종합적인 학교상담 모형이나 또 다른 포괄적인 상담 모형을 채택하든지 간에 학교상담 개입의 성공을 증명하는 데 사용할 수 있는 책무성 모형이다. 이를 간략히 정리한 내용을 〈표 13-1〉에서 살펴볼 수 있다.

표 13-1 MEASURE: 상담자 책무성 모형의 6단계

임무: Mission(M)	상담자는 종합적 상담 프로그램과 학교의 전반적인 임무를 연결 지어야 함.
요소: Element(E)	학교의 자문위원회 더불어 상담자는 학교의 계획을 개선할 수 있는 중요한 요소들과 데이터를 확인해야 함.

분석: Analyze(A)	상담자와 자문위원회는 다양한 기술을 활용하여 데이터 요소를 분석해야 하며, 학생의 성취를 위협하는 요인을 확인해야 함.
이해 당사자: Stakeholders-Unite(S)	상담자와 자문위원회는 학교 시스템과 자문위원회가 포함된 공동체로부터 이해 당사자를 선택해야 함.
결과: Results(R)	자문위원회와 상담자는 목표로 하는 요소들을 다루기 위해 활용된 활동과 서비스의 결과를 확인해야 함. 이러한 평가에 기초하여, 학교와 상담자는 종합적 서비스 프로그램을 변화시키고 수정해야 함.
교육: Educate(E)	결과물의 출판과 보급은 이해당사자들(예: 상담 관련 정책 입안자와 정책 결정자, 상담 활동에 대한 재정적 지원을 하는 예산담당자, 학교장, 교사, 학생, 학부모 등)이 학교상담 프로그램의 영향에 대한 교육이 일어나게 함. 이는 이해 당사자들이 어떻게 종합적 프로그램이 학생의 성취에 있어서 긍정적 결과를 도출하고 학교에서 학교상담자의 역할에 대한 명확한 이해를 얻는 데 있어서 매우 중요함.

2. 학교상담 프로그램의 평가

이 절에서는 학교상담 개입의 구체적인 평가를 위한 단위로서 프로그램이라는 용어를 혼용하여 사용하고자 한다. 제3장에서 이미 설명하였듯이, 개입이란 심리적 문제의 체계적인 예방과 치료 모두에 적용되는 포괄적인 용어로, 이 책에서는 학교상담과 생활지도에서 학생들의 전인적 성장을 위해 적용하는 상담과 예방을 위한 교육의 의미를 포함하는 것으로 사용하였다. 학교상담에서의 개입이란 전체 학생을 위한 보편적인 예방 개입과 소수의 학생을 위한 선택적인 예방 개입으로서 집단지도나 집단상담 그리고 집중적인 개인상담 모두를 의미한다.

이러한 개입을 흔히 프로그램이라는 용어를 사용하기도 하는데, 상담과 치료를 위한 처치의 구체적인 내용을 의미한다. 프로그램이란 정해진 기간 동안 학교상담을 실행하기 위한 지침들의 모음으로, 개입에 따라서 프로그램의 내용은 달라지기 마련이다. 예를 들어, 학교폭력 가해학생들을 위한 선택적 예방 개입으로서 분노조절 사회기술 훈련 프로그램을 활용하여 개입할 수 있고 학교상담자는 공격성과 분노 표출의 문제행동을 개입하기 위해 적용한 사회기술 훈련 프로그램의 성과를 평가할 수 있다.

1) 평가의 종류

학교상담자가 학생들의 인성 및 사회성, 진로, 그리고 학업 발달에 개입하기 위해 적용한 프로그램을 통해서 학생들이 얼마나 성취하였는지를 평가할 수 있는 방법은 다양하다. 평가의 종류에 대한 지식은 상담자로 하여금 상담과정에 적합한 평가를 선택할 수 있도록 도움을 준다. 만약 상담자가 평가의 과정에 참여하지 않고 다른 사람들이 평가를 한다면, 상담과정에 가장 적합한 방법이 아닐 수도 있는 방법들을 채택할 수 있기 때문에(Studer, 2005), 상담자들은 이에 대한 지식을 갖춰 평가를 통한 책무성을 이행할 필요가 있다. 평가의 종류에 대해 간략하게 살펴보기로 한다.

(1) 형성평가와 총괄평가

형성평가는 서비스 프로그램 개선의 목적을 위해 지속적으로 정보와 데이터를 수집해 나가는 과정에서 실시하지만, 총괄평가는 프로그램의 선택과 지속, 확장 등을 최종적으로 결정하기 위한 정보를 제공한다. 형성평가를 통해 수집된 자료들은 비효율적인 전략들을 변경하거나 대치 또는 제거하는 데 이용된다. 이것은 지속적인 과정으로 형성평가는 자연스럽게 총괄평가로 이어진다. 총괄평가는 상담자의 노력이나 프로그램의 최종 효과를 결정하기 위해 프로그램 종결 단계에서 이루어진다(Studer, 2005).

(2) 과정평가

형성평가와 총괄평가는 프로그램의 개발 과정에서 이루어지는 평가라고 한다면, 과정평가란 이미 개발된 프로그램을 적용하는 과정을 평가하는 것이다. 즉, 프로그램을 위해 계획된 서비스와 전략이 절차대로 수행되었는가의 여부를 평가한다.

(3) 요구사정평가

이는 상담자와 학교가 다양한 학교 공동체 구성원의 인구구조를 이해하는 것을 돕고, 상담자가 프로그램의 특성을 정립하고 방향을 제시하는 데 도움이 된다. 학생과 교사 그리고 학부모들이 학교상담자에게 요구하는 프로그램의 내용이 다를 수밖에 없기 때문에, 이해 당사자들의 입장에서 어떠한 요구가 있는지 파악하고 그 요구에 맞는 프로그램을 기획하고 제공하는 것은 학교상담의 효율성을 높일 수 있다.

(4) 성과평가

상담자가 종합적 프로그램에서 제공하는 서비스의 성과를 평가하는 것으로, 성과에 대해서 효과 또는 효과성 등으로 평가를 한다. 학교상담 개입의 전반적인 목적은 학생의 인성 및 사회성, 학업 그리고 진로발달을 촉진하는 것인 만큼 학교상담 프로그램들이 이러한 발달적 영역에서 학생들의 변화를 얼마나 이끌어 냈는지에 대한 평가라 하겠다. 즉, 성과평가란 각각의 프로그램들이 의도한 목표를 달성한 정도를 평가하는 것이다. 이에 대해서는 다음 절에서 살펴보기로 한다.

2) 학교상담 프로그램 성과평가의 유형

무엇을 성과로 제시할 것인가에 대해서는 크게 프로그램이 제시한 목표의 달성 여부, 즉 프로그램을 통해서 서비스 대상자가 학습할 것으로 예상되는 것을 평가하거나 학교상담 서비스 이용에 대한 양적 결과를 평가할 수 있다.

(1) 학습과 관련된 목표

학습과 관련된 목표를 성취했는지를 평가하기 위해서는 측정할 수 있는 평가 도구가 필요하다. 여기서 학습이란 행동 변화와 새로운 지식, 기술, 태도가 습득되는 과정을 말한다. 학습된 결과를 평가할 수 있는 신뢰롭고 타당한 측정도구가 있다면 다행이지만, 관련 내용을 측정할 수 있는 평가 도구가 없다면 서비스를 받은 사람들이 학습할 것으로 예상되는 특별한 학습을 측정하는 도구의 개발 과정이 필요하다. 예를 들어, 진로 자각 프로그램을 실시하여 학생들이 자신의 진로에 대한 자각이 얼마나 향상되었는지를 평가하기 위해서는 관련 측정 도구가 있어야 한다. 그 예시를 글상자 13-2에 제시하였다.

> **📖 글상자 13-2   학생 진로 자각 질문지(학생용)**
>
> 당신이 참가한 진로 탐색집단에 관한 당신의 생각과 감정을 알아보기 위한 질문지입니다. 각 질문을 읽고 해당하는 응답에 ✔ 하십시오. 감사합니다.

1.	이 집단은 내가 전에 알지 못했던 내 자신에 대해 더 알게 해 주었다.	예	아니요	잘 모르겠음
2.	이 집단은 나에게 서로 다른 진로에 대해 알게 해 주었다.	예	아니요	잘 모르겠음
3.	내가 원하는 직업을 얻으려면 어떤 교육이 필요한지 보다 잘 이해하게 되었다.	예	아니요	잘 모르겠음
4.	상담자는 나의 문제를 경청하고 이해해 주었다.	예	아니요	잘 모르겠음
5.	나는 다른 학생들에게 이 집단을 권하고 싶다.	예	아니요	잘 모르겠음

당신이 관심을 갖고 있는 진로와 그 진로를 갖기 위해 성취할 교육목표를 기록하시오. (교육목표: 고등학교, 공업학교, 2년제 대학, 4년제 대학, 대학원, 대학원 이상)

관심 있는 진로	교육목표
_____	_____
_____	_____

출처: Schmidt (2014).

(2) 서비스와 관련된 목표

서비스 관련 목표는 서비스가 제공되는 사례 수를 단순 보고하거나, 그 서비스에 참여한 학생의 수를 세거나(글상자 13-3 참조), 특별한 서비스에 관한 학생들의 의견을 알아보는 조사(글상자 13-4)를 실시하는 것과 같은 방법으로 평가될 수 있다. 서비스를 계량화함으

📋 **글상자 13-3** 상담자의 집단상담 보고서 견본

달: _____

1.	이달에 실시한 소집단상담의 회기 수: _____
2.	이달에 집단상담에 참여한 총 학생 수: _____
3.	이달에 실시한 집단 생활지도 회기 수: _____
4.	집단 생활지도에 참여한 총 학생 수: _____

집단상담의 이슈와 주제: _____
_____

집단 생활지도의 주제: _____
_____

출처: Schmidt (2014).

📋 **글상자 13-4**   **교사의 집단상담 서비스에 대한 평가(교사용)**

다음 질문지는 이번 학기에 학교상담 프로그램의 일부로 실시된 집단상담을 평가하기 위한 것입니다. 각 문항을 읽고 숫자 1~5 중 해당하는 것에 ✓ 해 주세요. 1은 당신이 전혀 동의하지 않는다는 것을 의미하고 5는 당신이 매우 동의한다는 것을 의미합니다. 감사합니다.

1.	집단상담에 참여한 학생들은 서비스로부터 도움을 받았다.	1	2	3	4	5
2.	나는 집단상담에 참여한 일부 학생들의 행동이 변한 것을 관찰했다.	1	2	3	4	5
3.	상담자는 집단에 참여한 학생들에 관한 적절한 피드백을 나에게 주었다.	1	2	3	4	5
4.	나는 더 많은 학생들이 집단상담에 참여하게 되길 바란다.	1	2	3	4	5
5.	상담자는 이번 학기에 이용 가능한 수의 집단을 이끌었다.	1	2	3	4	5
6.	상담자로부터 받았던 정보에 근거해 볼 때, 집단상담 회기의 초점은 적절했던 것 같다.	1	2	3	4	5
7.	집단상담에 참여한 학생들의 피드백은 대부분 긍정적이었다.	1	2	3	4	5
8.	집단상담 일정은 수업을 방해하지 않았다.	1	2	3	4	5
9.	부모들은 집단상담에 참여하는 자녀에 대해 관심을 표현했다.	1	2	3	4	5
10.	나는 이 집단에서 진행되는 것에 대해 보다 많은 정보를 필요로 한다.	1	2	3	4	5

출처: Schmidt (2014).

로써 상담자는 어떻게 프로그램을 조정할 것인가 그리고 보다 많은 학생, 부모, 교사의 요구를 충족시키기 위해 무엇을 강조할 것인가에 대한 결정을 내릴 수 있다. 그러나 프로그램의 성과를 평가하는 것만으로는 프로그램의 실질적인 효과를 확인할 수 없기 때문에 학생 성과에 대한 평가가 필요하다.

3) 학생 성과평가

만약 상담 서비스가 행동 변화를 목표로 하는 것이라면, 상담자는 학생의 성취를 통해 서비스의 실질적인 효과를 평가할 수 있어야 한다. 예컨대, '학생들의 결석률 10% 이하로 감소시키기'라는 목표가 있다면, 상담 프로그램이 적용되기 이전과 이후의 결석률을 비교해 봄으로써 이러한 목표가 상담에 의해 어떻게 변화되었는지 측정할 수 있을 것이다. 그러나 이러한 집단 단위의 성과평가는 학생 개개인이 어떻게 기능하는지 확인할 수 없다는 문제를 지닌다. 따라서 학생 개개인의 요구를 다루기 위하여, 상담자는 개인상담 자료뿐만 아니라 집단 활동의 성과 자료를 함께 검토하고 분석할 필요가 있다(Schmidt, 2014).

학교상담 프로그램을 통해서 학생들의 실질적 성과를 평가하기 위한 방법은 사전-사후 평가, 실험설계, 단일 사례 연구방법론과 같은 비교방법을 활용하는 것이다.

(1) 사전-사후 검사 비교

상담자는 학생들이 프로그램에 참여하기 전에 학생들에게 사전검사를 실시하고, 프로그램 종결 후에 사후검사를 실시한다. 개입의 효과로 인하여 학생 성장을 알아보기 위해서 사전 점수와 사후 점수를 비교한다. 예를 들어, 우울증으로 인하여 자살생각이 있는 위험집단을 대상으로 마음챙김에 기반한 인지행동 치료를 적용한다고 한다면, 사전에 우울과 자살생각에 대한 검사를 실시하고 프로그램 종결 후에 우울과 자살생각에 대해 다시 검사를 실시하여, 그 둘의 점수를 비교하여 실질적으로 우울 증상과 자살생각이 감소하였는지를 평가하는 방식이다. 그러나 이러한 단일 집단의 사전-사후 점수의 비교만으로는 프로그램 처치에 의한 효과인지 판단하기 어렵기 때문에 상담의 효과를 측정하기 위해서는 실험연구를 권장한다.

(2) 실험연구

이 연구방법은 동등한 집단의 학생들을 비교하는 것이다. 특정 프로그램에 참여한 학생(실험집단)과 참여하지 않은 학생(통제집단)을 비교하기 위해서 실험집단과 통제집단 두 집단 간 실험설계에 기초하여 진행할 수 있다. 여기서 두 집단이 동등한 집단이라는 것을 가정하기 위해서 무선 할당을 하여 한 집단에 소속되는 집단의 개인적 특성의 차이를 확률적으로 동등하게 하는 조건이 필요하다. 예컨대, 학교폭력 가해학생들을 대상으로 공감능력 향상 집단상담 프로그램을 실시한다고 하자. 상담자는 학생들이 집단상담에 집중을 해야 프로그램의 처치가 좀 더 효과적일 수 있는데 그동안 만난 학교폭력 가해학생들이 집단상담에 집중하여 참여하는 정도가 떨어진다고 생각했다. 그래서 마음챙김 명상이 주의집중력을 높여 주고 자기조절능력을 개선하는 데 효과가 있다는 연구 결과에 착안하여, 공감능력향상 프로그램을 실시할 때 시작 전에 5분 동안 명상을 짧게 하면 효과가 더 좋을 수 있을 것이라 판단, 실험설계에 기초하여 실험집단에는 5분간의 마음챙김 명상과 공감프로그램을 병행하고 통제집단은 공감프로그램만 실시하였다. 이때 실험집단과 통제집단으로 참여자를 배정한 방식은 학생들이 제비뽑기를 하여 무선 할당하여, 두 집단이 동등하다는 조건을 갖추었다. 실험결과, 단기 마음챙김 명상을 병행한 실험집단이 사회적 기술의 공감능력에서 더 큰 향상이 있었고 자기조절능력에서 유의한 증가가 있었으나, 통제집단에서는 변화가 없는 것으로 나타났다(강민규, 최윤정, 2017). 이러한 결과는 5분간의 마음챙김 명상에 의한 처치가 학교폭력 가해학생들에게 필요한 공감능력과 자기조절 능력을 향상시키는 데 효과가 있다는 것을 의미한다.

(3) 단일 사례 연구법

개인상담은 한 명의 학생을 대상으로 하기 때문에 평가를 실시할 때 학생의 자기보고와 상담자의 평가에 의존하는 경우가 많다. 그러나 실험연구의 한 방법인 단일 사례 연구법을 적용하여 상담의 효과에 대한 근거를 제시할 수 있다. 단일 사례 연구법은 처치에 따른 점수의 변화를 추적할 수 있는데, 최초 기저선 점수(비교 기준)를 측정하여 상담이 진행되는 과정에서 여러 차례 증상이나 문제행동의 변화를 측정하여 프로그램으로 인한 학생의 변화를 평가할 수 있다. 이에 대한 자세한 방법은 상담 연구 방법 관련 서적을 참고하기 바란다.

(4) 질적 평가

비교방법을 통한 효과 평가를 포함하여 학생들에게 서비스에 대한 그들의 생각을 묻고, 학생을 잘 관찰할 수 있는 그들의 부모와 교사들에게 학생들의 행동과 학습의 변화와 관련된 것을 관찰하고 이를 기록하도록 부탁하여 학생의 성과를 좀 더 실질적으로 평가할 수 있다. 예를 들어, 설문지, 문제행동 체크리스트, 평가 척도 등을 활용하여 변화의 질적인 측면을 살펴볼 필요가 있다.

4) 만족도 평가

상담자가 학생 개개인의 성과를 평가하는 자료를 수집하는 것은 매우 어려운 일이다. 이에 수요자에게 그들이 상담을 통해 느낀 만족 수준을 측정하는 것도 하나의 평가 방법이 된다. 학교상담의 책무성을 다하기 위해서 생활지도와 상담 서비스의 수요자들인 학생, 부모, 교사들에게 그들이 생각하는 것을 묻는 것은 필요한 일이다. 왜냐하면 상담자와 수퍼바이저는 학교상담 서비스의 수요자들로부터 자료를 수집함으로써 프로그램의 미래 방향과 의미 있는 결정을 할 수 있기 때문이다(Schmidt, 2014). 글상자 13-5는 학생 대상으로 한 상담 서비스 만족도 평가를 위한 질문지의 예시이다.

| 글상자 13-5　고등학생 대상 상담 서비스 만족도 평가 질문지 |

※ 올해에 당신이 받은 상담 서비스에 대한 만족 정도에 ✓ 표해 주십시오. 응답해 주서서 감사합니다.

문항		예	아니요	불확실
1.	올해 내가 도움이 필요했을 때 상담자를 만나는 것이 가능했다.			
2.	상담자는 나의 문제를 경청하고 나를 이해하는 것 같았다.			
3.	상담 회기는 내가 나의 문제에 초점을 맞추게 하고 결정을 내리는 데 도움을 주었다.			
4.	상담자는 비밀을 유지했다.			
5.	나는 상담이 필요한 다른 학생에게 상담자를 추천할 것이다.			

5) 전문가 평가

상담자와 수퍼바이저는 때때로 외부적 관점에서 평가과정에 개입하는 외부 전문가들에게 도움을 구할 수도 있다(Schmidt, 2014). 외부 전문가가 정보를 수집하면, 평가과정의 객관성이 높아지므로 보다 신뢰할 만한 결과의 확보가 가능하나 비용이 많이 드는 문제가 있다. 상담자와 수퍼바이저가 외부평가를 계획한다면 다음의 질문들에 답을 하면서 평가를 의뢰할 필요가 있다. 우리가 알기 원하는 것은 무엇인가? 누가 평가를 계획하는 데 참여해야 하는가? 평가를 수행하는 외부 전문가는 누구인가? 평가의 일부로 어떤 도구와 과정이 개발되어야 하는가? 누가 연구 결과를 받고 어떻게 그것을 활용할 것인가?

3. 증거-기반 실제를 위한 학교상담 효과성 평가

상담 및 심리치료의 연구에서 증거-기반 실제(evidence-based practice)의 경향은 상담 실제의 효과성을 이끌어 내기 위한 책임 있는 상담 실제의 노력을 이끌어 냈다(Lambert, Bergin, & Garfield, 2004). 효과적이고 효율적인 실제를 위한 보다 더 많은 증거를 확보하고자 하는 연구의 노력은 그 증거가 정책과 실제에 반영된다면, 결과적으로 잠재적인 서비스 대상자들에게 유익한 일이 된다. 이러한 증거-기반 실제의 출현은 비단 상담 및 심리치료의 분야뿐만 아니라 학교교육에서도 새로운 프로그램과 정책이 과연 얼마나 수요자들에게 교육이 목표로 하는 효과성을 가져오는지에 대한 증거-기반 실제를 촉구하고 있다(서울대특수교육연구소, 2012; Whiston, 2007). 학교상담 분야에서 보다 효과적이고 효율적인 학교상담 개입에 관한 효과성 연구는 학교상담 개입 실제의 질을 향상시키는 과학적인 증거를 제공함으로써 상담과 교육의 책무성을 확인할 수 있을 뿐만 아니라, 상담자 및 교육자들에게 보다 효과적인 개입에 대한 정보를 제공할 수 있다는 점에서 매우 필요한 연구이다.

이 절에서는 학교상담 개입이 경험적으로 지지되는 실제로서 발전하기 위한 효과성 연구방법에 대해 상담 실제와 연구의 통합을 위한 두 가지 흐름과 가장 신뢰롭고 믿을 만한 효과성에 대한 증거를 제시하는 메타분석 연구방법에 대해 살펴보도록 한다.

1) 상담 실제와 연구의 통합

학교상담이 효과가 있다는 사실을 어떻게 설득할 수 있겠는가? 학교상담자들은 자신이 수행하고 있는 다양한 개입들이 어떤 효과가 있는지 그리고 자신이 적용하는 개입방법들이 경험적으로 효과가 있는 것으로 확인된 것을 적용하고 있는지에 대한 정보를 상담 서비스 수혜자들에게 제공할 의무가 있다. 즉, 학교상담이 효과가 있다는 사실을 설득하기 위한 증거를 지속적으로 수집할 필요가 있고, 그 증거 또한 보다 신뢰로운 절차에 의해서 검증된 것을 제시할 필요가 있다. 상담 실제와 연구의 통합을 위한 상담 및 심리치료 분야에서 상담 실제와 연구의 통합을 이루기 위한 두 가지 연구의 경향을 바탕으로, 학교상담 개입이 증거-기반 실제로서 발전할 수 있는 연구의 방안을 살펴보기로 한다.

(1) 경험적으로 지지된 치료를 위한 연구

미국 심리학회 임상분과(12분과)는 의학적 모델에 기초하여 경험적으로 지지되는 치료(Empirically Supported Treatments: ESTs)의 준거를 만들고 배포하였다. 경험적으로 지지되는 치료로 입증되기 위해서는 매우 엄격한 실험설계를 기초로 진단된 사례에 특정 개입을 적용하고 비교군(대기자, 대안 치료, 일상적 치료)을 분석하여 새로운 치료 개입의 유익한 변화의 정도를 결정한다(Kendall, Hombeck, & Verduin, 2004). 그런데 이러한 준거는 매우 구조화된 단기 인지행동적 치료에 이점이 있고, 무엇보다도 상담 및 심리치료에서 특정한 증상에 대한 특수한 처치라는 의학적 모델의 결과들이 일관적이지 않다는 연구의 증거들

(Wampold, 2006)은 상담 및 심리치료의 효과성 검증을 위한 대안적인 연구 모델을 개발하게 하였다(최윤정, 이지은, 2014).

(2) 공통요인 모델

공통요인 모델과 상담의 질적 관리의 접근의 연구들은 실제와 연구의 차이를 좁혀 치료성과를 개선할 수 있음을 보여 주고 있다. 공통요인 모델은 서로 다른 치료가 내담자들에게 서로 다른 경험을 제공하더라도 내담자의 성과에 차이가 없다는 지속적인 결과들에 관한 대안적 설명을 제공한다(Imel, Wampold, Miller, & Flerning, 2008). 즉, 서로 다른 상담 및 심리치료라 할지라도 내담자의 성과에 공통적으로 기여하는 요인들(예: 상담자-내담자 관계, 작업동맹 등)을 확인하는 연구이다. 또한 상담의 질적 관리나 성과 관리의 연구들은, 상담 종결 이후에 내담자의 성과를 분석함으로써 더 이상 내담자에게 도움이 되지 않는 실험설계에 기초한 연구들의 맹점에 주목하여, 실제 상담 과정에서 내담자의 변화에 기여할 수 있는 상담 과정을 모니터링하거나 피드백을 제공하는 노력들을 통해서 상담 실제와 연구의 간격을 좁혀 가는 연구의 방법이다(Lambert et al., 2001: 최윤정, 이지은, 2014에서 재인용).

이러한 두 가지 연구의 경향을 통해서 볼 때, 학교상담 효과성에 대한 보다 타당하고 신뢰로운 증거를 제시하기 위해서는 실험연구가 좀 더 이루어질 필요가 있고, 동시에 다양한 개입이 어떤 공통요인에 의해서 효과를 가져오는지 그리고 그동안 학교상담 현장에서 양적 · 질적으로 성과를 평가해 온 기초 연구들도 지속적으로 이루어질 필요가 있다.

2) 상담 효과성에 대한 메타분석 연구

상담의 효과가 있는지의 여부를 파악하고자 하는 연구들을 효과성(efficacy) 연구라 한다. 구체적으로, 효과성 연구란 과학적으로 잘 준비된 실험설계에 기초한 연구 결과로서 어떤 처치나 개입 등이 '효과 있음' 또는 '효과 없음'을 검증하기 위한 연구를 말한다(김계현, 2002). 그런데 소수의 집단을 대상으로 어떤 상담 개입의 효과성이 검증되었다 할지라도, 그 개입이 다른 집단에게도 효과가 있으리라 확신할 수는 없다. 그 효과성에 대해 상당히 입증된 것이라 받아들일 수 있는 수준의 효과성을 제시하기 위해서는 실험설계에 기초한 복수의 임의화 비교 실험이나 관찰 연구를 통해 보고된 결과를 종합하여 효과 크기를 제시하는 체계적인 메타분석을 요한다.

상담 개입의 효과성을 설득하기 위한 증거의 계층구조가 있는데, 이는 전문가의 의견,

기초 실험 → 역학, 관찰 연구 → 무선할당을 통한 비교 실험 → 메타분석의 순서로 증거의 설득력이 높아진다. 현재 학교상담 개입의 연구들은 가장 낮은 수준의 증거를 제시하는 사전-사후 비교를 하는 기초 실험연구가 대부분이다. 이러한 기초 수준의 연구 결과들이 많으면 많을수록 동종의 상담 개입에 대한 메타분석을 실시할 수 있기 때문에 기초 실험연구라도 계속 진행할 필요가 있다. 그러나 상담의 효과성에 대한 보다 설득력 있는 증거를 제시할 수 있으려면 무선할당을 통한 비교 실험연구들이 좀 더 많이 수행될 필요가 있다. 무선할당의 비교 실험연구 결과들이 어느 정도 누적된다면 가장 강력한 증거를 제공할 수 있는 메타분석을 실시할 수 있기 때문이다.

(1) 상담 효과성 분석을 위한 메타분석

메타분석은 어떤 주제에 대해 요약·정리된 실증적인 지식을 산출하기 위해 여러 연구에서 추출된 계량적 연구 결과를 종합·분석하는 통계적 방법이다(Littell, Corcran, & Pillai, 2008). 메타분석에서 연구 대상은 이미 연구 결과를 발표한 선행연구들이다. 연구 목적에 따라 메타분석의 연구 대상의 선별 과정은 달라진다. 상담 개입의 효과성에 대한 메타분석을 실시하고자 할 때, 증거의 설득력을 고려한다면, 무선할당을 통한 비교 실험연구 결과들을 종합할 경우에 가장 강력한 증거를 제공할 수 있다. 그러나 국내 상담심리학 분야 내에서도 엄격한 실험설계에 기초한 임의화 비교 실험연구들이 수행된 지 얼마 안 되었고, 특히 학교상담 분야는 학교 현장이라 점 때문에 임의화 비교 실험연구들을 수행하는 것이 현실적인 난제여서 기초 실험연구 수준에서 이루어지고 있다. 그래도 기초 실험연구 결과들이 모이면 그보다 나은 효과성에 대한 증거를 제시할 수 있는 메타분석을 실시할 수 있기 때문에 학교상담자들은 자신들이 실시하는 상담 처치에 대한 효과 연구를 지속해야 한다.

수집된 연구들의 통계적 결과들을 종합하여 분석하기 위해서 효과 크기(Effec Size: ES)를 계산한다. 효과 크기란 상담 개입을 받은 집단과 그렇지 않은 집단 간 차이를 통제집단 표준편차로 나눈 값으로 일종의 표준점수이다(김계현, 2002). 만약 공격성 행동 개입을 위한 사회인지 정보처리이론에 근거한 분노조절 사회성 기술 훈련의 효과성을 보여 준 실험연구 30편을 대상으로 효과 크기를 계산했는데 사회성 기술 향상에서 효과 크기가 .67이었다면 30편의 연구들의 효과성 평균이 .67 수준으로, 분노조절 사회성 기술 훈련을 받지 않은 공격행동 문제가 있는 청소년들에 비해서 실험집단의 사회성 기술 수준이 .67 표준편차만큼 높게 향상되었다는 뜻이다.

(2) 메타분석을 통한 효과성 정보의 효용성

메타분석을 통한 상담의 효과성 정보는 다음과 같은 효용성이 있다(김계현, 2002). 첫째는 순수한 과학적 목적을 충족시킨다. 예컨대, 학교상담 개입으로 적용되고 있는 학교폭력 예방 프로그램이 효과가 있는지, 그 효과의 크기는 어느 정도인지에 대한 지식은 연구자와 상담 실무자에게 중요한 정보이다. 둘째, 이 지식은 학교상담 관련 정책 입안자 및 정책 결정자와 같은 교육 행정가에게 필수적인 정보이다. 상담 관련 정책 입안자와 정책 결정자, 학교상담 활동에 대한 재정적 지원을 하는 예산 담당자 등도 상담의 효과성에 대한 정보가 있어야 근거를 가지고 필요한 결정을 내릴 수가 있다. 한두 편의 연구 결과를 근거로 결정하기보다는 보다 강력한 증거가 되는 메타분석 연구 결과를 근거로 결정하는 것이 더 타당할 것이다. 셋째, 학생과 학부모 등 상담 서비스 수혜자들이 상담 효과성에 대한 정보를 알게 된다면, 상담에 대한 동기가 높아질 것이다. 학교에서 제공하는 학교상담 개입에 대한 신뢰를 갖고 상담에 참여하여 그 효과를 더 높일 수 있는 방안이 된다.

4. 학교상담자 수행평가

평가와 책무가 강조되고 있지만, 전체적으로 학교상담자에 대해 적절하게 평가가 이루어지는 경우는 거의 없다. 상담자 평가의 중요성은 10년 동안 상담자 효율성을 연구한 위긴스(Wiggins, 1993)에 의해 강조되었다. 230명 이상의 상담자들에 대한 10년에 걸친 인구통계학적 조사와 그들의 수퍼바이저에게 '수행에 대한 만족' 조사를 실시하였는데, 최초 조사에서 단 12명의 상담자만이 평점에서 향상되었고, 최초 조사에서 낮은 평가를 받은 상담자는 10년 후에도 그대로였다. 즉, 상담자가 향상될 수 있도록 제공되는 도움이 거의 없었다는 것을 의미한다. 이러한 연구 결과는 미국에서 1990년대 이후 학교상담자에 대한 평가가 진지하게 주목을 받게 하는 데 견인차가 되었다.

국내 초·중·고 학교상담자들을 포함한 상담자들에게 책무성 평가 영역의 중요도를 조사한 임경희(2015)의 연구 결과에 의하면, 학교상담자에 대한 평가(M=3.54)를 가장 중요하다고 생각하고 있었으며, 다음으로 학교상담 시스템(물적·인적 자원)에 대한 평가(M=3.22), 학교상담 개입 성과에 대한 평가(M=3.02), 상담 프로그램 운영 실적에 대한 평가(M=3.00) 순이었다. 즉, 학교상담의 책무성에는 학교상담을 수행하는 학교상담자가 그 중심에 있다는 것을 상담자들도 잘 인식하고 있는 것이라 하겠다. 그렇다면 학교상담자의 수행에 대한 평가를 어떻게 할 수 있을지 구체적으로 평가의 내용, 방법 그리고 누가 평가할 수 있는지 평가의 주체에 대해 살펴보기로 한다.

1) 평가의 내용: 무엇이 평가될 것인가

학교상담자를 위한 적절한 평가 절차를 개발하는 첫 번째 단계는, 그들의 본질적 기능을 확인하고 그러한 기능을 정의하는 구체적 활동을 확인하는 것이다. 학교상담 프로그램의 본질적 기능은 개인상담과 집단상담, 학생, 부모, 교사에 대한 개인적이고 집단적인 자문, 학생들의 흥미, 능력, 행동, 전반적인 교육적 진전도 평가, 그리고 학교상담 개입 서비스의 계획과 조정 등이다. 다음 단계는 수행평가의 내용에 따라 사용될 도구를 결정하는 것이다. 예컨대, 사회성 기술 향상을 위한 집단상담을 실시하고 보편적 예방 프로그램으로서 비폭력 대화의 방법에 대한 심리교육을 실시하였다면, 그에 맞는 특별한 실천과 활동의 성과를 평가해야 한다.

국내 학교상담자들에게 책무성 평가요소의 중요도를 조사한 임경희(2015)의 연구 결과에 의하면, 학교상담자로서의 인성적 자질이 가장 높았으며(M=3.81), 상담자의 윤리(M=3.80), 전문적 상담능력(M=3.67) 등의 순이었고, 가장 낮은 요인은 상담실적(M=2.57)이었다. 학교상담자들은 책무성에 대한 평가에서 이들의 수행에 대한 평가보다는 인성적 자질이 더 중요하다고 지각하고 있는데 상담 수행의 질은 상담자의 인성적 자질과 전문적 자질 모두에서 나오므로 인성적 자질을 포함한 수행을 평가할 필요가 있다.

2) 평가의 방법: 어떻게 평가할 수 있는가

학교상담자를 평가하기 위해서는 다양한 데이터와 문서에 의존한다. 관찰 자료, 오디오 및 비디오 녹음, 면담, 자가진단 및 포트폴리오, 상담자가 작성한 결과물, 수요자 피드백, 계획표와 기록 등의 자료를 통해서 평가를 실시할 수 있다. 이에 대한 내용은 〈표 13-2〉에서 살펴볼 수 있다.

표 13-2 평가 자료의 출처와 내용

평가 자료의 출처	내용
관찰 자료	• 구조화되고 계획된 관찰인 체계적 관찰 • 우연적 관찰로서 덜 구조화되고 보다 비공식적인 것
오디오 및 비디오 녹음	• 녹화가 평가 과정의 부분으로 사용될 때는 내담자들의 허가를 받아야 함. • 오디오 및 비디오 녹음을 통해 상담자를 평가하는 수퍼바이저들은 평가하고 자 하는 기술에 고도로 숙련된 사람이어야 함.
면담	• 구조화된 양식을 사용하여 학교상담 프로그램의 구체적 문제, 기술 등에 초점을 두어 면담 실시 • 같은 주제에 대해 구조화된 일련의 면담을 연속하는 것이 바람직함.
자가진단 및 포트폴리오	• 상담자의 자가진단은 그들의 수행에 대한 자료와 결과, 데이터 등을 포트폴리 오로 축적할 수 있도록 함. • 자가진단은 상담자 자신의 강점과 약점 그리고 그들의 전문적 실제에 대한 인 식을 확인할 수 있도록 해 줌.
결과물	• 학교상담자들이 만들어 낸 결과물(자료 및 보고서 등)에 대한 검토 • 작문, 프로그램 기획, 대인관계, 창의성과 같은 구체적 유능성 확인 가능
수요자 피드백	• 학생, 부모, 교사들에게 상담자의 기능과 활동을 평가하도록 하고 이들의 의 견을 들음. • 우연히 유발된 수요자들의 상담자에 대한 평가가 평가과정에 포함되어서는 안 됨.
계획표와 기록	• 계획표와 기록은 비밀유지의 의무라는 측면에서 수퍼바이저 혹은 교장에게 공개되면 안 됨. • 그러나 상담자는 필요한 예방조치를 취한 후 기록의 공개 가능(① 의사결정 기록, ② 성과 기록) • 내담자의 신원을 지우고 익명으로 함. • 상담자가 다루었던 문제가 무엇인지, 그러한 문제를 다루는 데 왜 그 서비스 와 기법을 택했는지, 제공된 서비스 결과는 무엇이었는지 등을 평가함.

3) 평가의 주체: 누가 평가할 것인가

학교 교장들은 전문 학교상담자들의 본질적·실제적 기능에 대해 거의 훈련을 받지 못하였다. 만약 학교 교장이 상담교사 출신이라면 학교상담자들의 본질적 기능에 대한 파악이 가능하겠지만, 일반적으로 학교 교장은 상담에 대한 지식과 기술, 태도를 평가할 만한 전문적 역량이 부족하다. 학생 서비스의 전반적인 목적을 이해하는 상담 자격이 있는 교장은 학교상담의 종합적 프로그램을 평가할 수 있으나, 교장이 이를 훈련받은 경우는 상당히 드물다. 우리나라 대부분의 조직에 속해 있는 상담자는 조직의 장이 상담자가 아닌 경우가 많기 때문에(예: 학교상담자, 고용센터 직업상담사, 청소년 상담센터 등), 상담자를 평가하는 주체는 기관 내 임상 수퍼바이저의 역할을 담당하는 상담 실무자가 조직의 장과 협력하여 평가하는 방안이 필요하다.

학교장은 행정 수퍼바이저로서 상담자가 학교 조직의 근무자로서 지니는 역할 및 책임과 관련된 문제들(예: 인사문제, 시간관리, 기록관리 등)을 평가하고 임상 수퍼바이저는 학교상담의 본질적·실제적 수행 기능에 초점을 두고 평가를 하는 협력적 방안이 구축될 필요가 있다. 앞으로 학교상담이 발전하기 위해서는 조직 내 임상 수퍼비전을 실시할 수 있는 경력 있는 상담교사들이 상주할 필요가 있다. 현재 학교상담자들의 상담 수행에 대한 임상적 수퍼비전은 대부분 외부 전문가를 통해서 실시하고 있으나 학교상담자들의 심리적 소진과 전문성 향상을 위해서는 임상 수퍼바이저의 역할을 담당하는 인력을 보강할 필요가 있다. 지역 내 학교들의 '리더 상담자'가 수퍼바이저 역할을 맡아 다른 동료 상담자들의 임상적·기술적 수행을 평가하는 데 도움을 줄 수도 있다(Schmidt, 2014).

국내 학교상담자들에게 책무성 평가의 주체에 대한 인식을 조사한 결과(임경희, 2015), 책무성 평가의 주체는 '외부 전문상담기관'이어야 한다는 비율이 가장 많았으며(M=2.96), 다음으로 학교상담자 간 상호평가(M=2.87), 학생(M=2.82), 학부모(M=2.59), 지역교육청(M=2.34)의 순이었다. 이러한 결과는 학교상담자들의 상담 수행의 전문성을 평가하기 위해서는 관련 전문가에 의한 평가가 필요하다는 인식이 두드러진 것을 알 수 있다. 외부 전문상담기관에 의뢰할 경우에 드는 비용 문제를 고려한다면, 향후 학교상담 제도 내에서 임상 수퍼바이저의 역할을 수행할 수 있는 수석 전문상담교사들을 양성할 필요가 있어 보인다.

지금까지 학생의 인성 및 사회성, 학업 그리고 진로발달을 촉진하기 위한 종합적인 학교상담 프로그램과 정책들이 학생들의 정의적 영역의 발달과 적응을 향상시키는 데 효과가 있는지에 대한 평가를 통해 교육의 책무성을 실현할 수 있는 방안을 학습하였다. 수업활동 13-1을 통해서 학교상담 현장에서 상담 효과성 평가가 어떻게 이루어지고 있는지 학교상담자를 방문하여 현장 조사를 통해 우리나라 학교상담 책무성의 이행 정도를 평가해 보자.

수업활동 13-1 **상담의 효과 평가에 대한 조사**

◎ 학교상담자를 방문하여 학교상담자들이 실제 자신들이 제공하는 개인상담이나 집단상담 프로그램의 효과를 평가하기 위해 활용하는 방법에 대해 조사해 보자.

1. 학교상담자가 공유할 만한 양식을 가지고 있다면, 다른 조원들이 방문하여 가져온 양식과 비교해 보자.

_____

_____

2. 현장 방문을 통해 학교상담자가 학교에서 책임을 다하기 위해 하고 있는 것은 무엇이며 하고 있지 않은 일은 무엇인지 토의해 보자.

_____

_____

참고문헌

강민규, 최윤정(2017). 단기 마음챙김 명상이 학교 폭력 가해 청소년의 공감 및 자기조절능력에 미치는 효과. **상담학연구, 18**(5), 191-212.

교육부(2018). **학생정서 · 행동특성검사 시스템: 사용자 설명서.** 대구: 한국교육학술정보원.

김계현(2002). 교육상담에서의 효과성 연구와 메타분석. **아시아교육연구, 3**, 131-155.

서울대학교 특수교육연구소(2012). 특수교육 연구의 실제: 증거기반 교육실천을 위한 주제와 방법론. 서울: 학지사.

임경희(2015). 학교상담자의 책무성 평가에 대한 인식. **초등상담연구, 14**(2), 149-173.

최윤정, 이지은(2014). 진로개입 성과 연구의 동향과 향후 과제. **상담학연구, 15**(1), 321-341.

Baker, S. B., & Gerler, E. R. Jr. (2008). *School counseling for the 21st century* (5th ed.). Pearson.

Erford, B. T. (2011). *Transforming the school counseling profession* (3rd ed.). MA: Pearson.

Gladding, S. T. (2009). *Counseling: A comprehensive profession* (6th ed.). Pearson.

Imel, Z. E., Wampold, b. E., Miller, S. D., & Flerning, R. R. (2008). Distinctions Without a Difference: Direct Comparisons of Psychotherapies for Alcohol Use Disorders. *Psychology of*

Addictive Behaviors, 22(4), 533-543.

Kendall, P. C., Hombeck, G., & Verduin, T. (2004). Methodology, design, and evaluation in psychotherapy research. Introduction an historical overview. In M. J. Lambert (Ed.), *Bergin and Garfield's Handbook of Psychotherapy and behavior change* (5th ed., pp.16-43). John Wiley & Son.

Lambert, M. J., Bergin, A. E., & Garflied, S. L. (2004). Introduction an historical overview. In M. J. Lambert (Ed.), *Bergin and Garfield's Handbook of Psychotherapy and behavior change* (5th ed., pp.3-15). John Wiley & Son.

Littel, H. J., Corcoran, J., & Pillai, V. (2008). *Systematic reviews and meta-analysis.* New York: Oxford University Press.

Schmidt, J. J. (2014). Couseling in schools: *Comprehensive programs of responsive services for all students* (6th ed.). NJ: Pearson, Inc.

Stone, C. B., & Dahir, C. A. (2011). *School counselor accountability: A measure of student success* (3rd ed.). NJ: Pearson.

Studer, J. R. (2005). *The professional school counselor: An advocate for students.* CA: Brooks/Cole-Thomson Learning.

Wampold, B. E. (2006). Do therapies designated as empirically supported treatments for specific disorders produce outcomes superior to non- empirically supported treatment therapies? In J. C. Norcross, L. E. Beutler, & R. F. Levant (Eds.), *Evidence-based practices in mental health: Debate and dialogue on the fundamental questions* (pp. 299-328).

Whiston, S. C. (2007). Outcomes research on school counseling interventions and programs. In B. T. Erford (Ed.), *Transforming the school counseling profession* (2nd ed.). NJ: Pearson.

Wiggins, J. D. (2007). A 10-year follow-up of counselors rated high, average, or low in effectiveness. *The School Counselor, 40,* 380-383.

http://easylaw.go.kr
http://namu.wiki

찾아보기

내용

저자 소개

최윤정(Choi, Yoonjung)
연세대학교 교육학과 학사 및 동 대학원 석사(상담심리 전공)
서울대학교 교육학과 박사(교육상담 전공)

현 강원대학교 교육학과 교수(교육상담 전공)
　　한국생애개발상담학회(한국상담학회) 기획정책위원장
　　한국교육상담학회(한국교육학회) 사례관리위원장
　　한국명상학회 편집위원장

학교상담과 생활지도
-학교폭력의 예방-
Counseling in Schools: School Violence Prevention

2020년 9월 15일 1판 1쇄 인쇄
2020년 9월 20일 1판 1쇄 발행

지은이 • 최윤정
펴낸이 • 김진환
펴낸곳 • ㈜ 학지사

04031 서울특별시 마포구 양화로 15길 20 마인드월드빌딩
대표전화 • 02-330-5114　팩스 • 02-324-2345
등록번호 • 제313-2006-000265호

홈페이지 • http://www.hakjisa.co.kr
페이스북 • https://www.facebook.com/hakjisa

ISBN 978-89-997-2189-2　93370

정가 22,000원

이 도서의 국립중앙도서관 출판시도서목록(CIP)은 서지정보유통지
원시스템 홈페이지(http://seoji.nl.go.kr)와 국가자료공동목록시스템
(http://www.nl.go.kr/kolisnet)에서 이용하실 수 있습니다.
(CIP 제어번호: CIP2020035291)

출판 · 교육 · 미디어기업 학지사

간호보건의학출판 **학지사메디컬** www.hakjisamd.co.kr
심리검사연구소 **인싸이트** www.inpsyt.co.kr
학술논문서비스 **뉴논문** www.newnonmun.com
원격교육연수원 **카운피아** www.counpia.com